第四版前言

党的二十大报告指出，要"完善中国特色现代企业制度，弘扬企业家精神，加快建设世界一流企业"。完善的公司治理体系是国家治理体系现代化的基石。作为推进国家治理体系与治理能力现代化的重要组成部分，公司治理现代化是实现中国式现代化的企业微观基础。伴随中国公司治理改革实践的深入，我国在探索中国特色公司治理模式道路上的新兴治理实践对公司治理教育提出了新的要求。正是在这一背景下，本书对有关内容进行了修订升级，以期有效融合公司治理实践前沿与公司治理理论教学，激发教师开展公司治理教学研究，引起学生对公司治理问题深入探究的兴趣，推动公司治理课程与其他核心课程形成有效衔接。

本书以公司治理为主线，在阐述公司治理的基本概念和理论的基础上，从公司的内部和外部治理两个方面，全面介绍和分析了公司治理的相关制度和问题，包括公司股东权利制度、董事会制度、监事会制度、高层管理者激励制度、员工参与制度、外部制约机制及公司治理方面的最新法律制度，最后从公司经营风险管理与控制的角度分析了如何完善公司治理。

本书的写作思路和特色是将原理与案例相结合，以引例导入问题，结合案例诠释原理，运用原理剖析案例，对要点及疑难问题都有释例说明，力求简明扼要、通俗易懂，从而达到对原理和规则融会贯通的效果。此次修订，在保留以往内容结构的基础上，还特别引入了"思政引领"的公司治理案例专栏，从立德树人这一教育的基本任务角度，让学生不仅能够理解经典公司治理理论，而且能与中国特色的公司治理实践相结合，培养学生了解中国、热爱中国、服务中国的爱国情怀。同时，本书的每章最后均配有本章思考题及案例分析题，用以启发学生思维，组织学生开展讨论；同时还有推荐阅读资料和相关网站，便于学生查阅自学。本书适合经管类和法学类的本科生和硕士研究生、MBA、EMBA等学生使用，也可作为企业强化公司治理的参考读物。

本次修订，我们在参考已有最新公司治理研究成果的基础上，同时参阅相关公司治理教材等作为修订参考资料。在以前版次作者（沈乐平、张咏莲、袁楚芹、肖丹、段静、辛香兰、朱信贵、唐海凤、黄文瑜、陈永参）编写的各章节内容基础上，由张咏莲和王励翔合作完成了本书第四版的修订工作，最后由张咏莲统稿、定稿。新版本内容力求精练，表达准确，以适应公司治理教学和实践的现实要求。除了对法律法规、教学案例、统计数据以及参考文献等内容进行更新之外，我们在教材内容上做了三个方面的更新。第一，在每一章内容开头的部分导入"思政引领"的公司治理案例。第二，更新了公司治理的发展前沿趋势，完善了中国特色公司治理探索的部分，补充了当前ESG发展新趋势的相关内容。第三，将原第三版中的第9章与第10章内容进行对调，在讲解完公司外部治理的内容之后，再从风险控制的视角就如何提升公司治理有效性问题进行探讨。

　　最后，特别感谢东北财经大学出版社的支持和本书编辑的细心工作，使本书得以最后完成和出版。公司治理在中国仍是一个正在不断探索的课题，由于我们的知识水平有限，书中难免有疏漏和不足之处，欢迎读者批评指正，使之日臻完善。

编　者

2023 年 6 月

目　录

21世纪高等院校工商管理精品教材

公司治理学

Corporate Governance

（第四版）
Fourth Edition

王励翔　张咏莲　主编

东北财经大学出版社　大连
Dongbei University of Finance & Economics Press

图书在版编目（CIP）数据

公司治理学 / 王励翔，张咏莲主编 . —4 版 . —大连：东北财经大学出版社，2023.8（2024.11 重印）
（21 世纪高等院校工商管理精品教材）
ISBN 978-7-5654-4903-1

Ⅰ．公…　Ⅱ．①王…②张…　Ⅲ．公司-企业管理-高等学校-教材　Ⅳ．F276.6

中国国家版本馆 CIP 数据核字（2023）第 134278 号

东北财经大学出版社出版
（大连市黑石礁尖山街 217 号　邮政编码　116025）
网　　址：http://www.dufep.cn
读者信箱：dufep@dufe.edu.cn
大连天骄彩色印刷有限公司印刷　东北财经大学出版社发行
幅面尺寸：185mm×260mm　字数：427 千字　印张：19　插页：1
2023 年 8 月第 4 版　　　　　　　　2024 年 11 月第 2 次印刷
责任编辑：刘东威　　　　　　　　　责任校对：何　群
封面设计：张智波　　　　　　　　　版式设计：原　皓
定价：59.00 元

教学支持　售后服务　联系电话：（0411）84710309
版权所有　侵权必究　举报电话：（0411）84710523
如有印装质量问题，请联系营销部：（0411）84710711

第7章　　　公司高管追责机制制度 / 166

第8章　　　公司治理与员工参与制度 / 190

第9章　　　公司治理的外部制约机制 / 220

第10章   经营风险管理与控制制度 / 270

第1章　公司治理与公司治理理论

学习目标

- 了解公司治理问题产生的根本原因，理解企业制度的演变；
- 掌握公司治理的概念，理解公司治理的内容；
- 了解目前公司治理的基本模式，理解各种模式的特点；
- 重点掌握两种观点的公司治理理论，并对这两种理论进行分析比较；
- 理解公司治理的趋同性。

思政引领

完善中国特色现代企业制度　建设世界一流企业

党的二十大报告指出，完善中国特色现代企业制度，弘扬企业家精神，加快建设世界一流企业。党的十九届四中全会明确提出，深化国有企业改革，完善中国特色现代企业制度。要认识到，坚持党对国有企业的领导是重大政治原则，必须一以贯之，建立现代企业制度是国有企业改革的方向，也必须一以贯之。完善中国特色现代企业制度，关键是要抓住党的领导与公司治理相结合这个关键，通过强化制度建设，使党的领导与公司治理高度统一、有机融合。

公司治理是相伴公司制而来的，有效的公司治理是现代企业制度建设的重点所在。我国国有企业从20世纪90年代开始公司制改革，学习借鉴当今世界企业经营管理的先进经验和成功实践，结合中国实际，积极进行探索，不断深入推进。在现代企业制度建设方面，借鉴国际上现代企业制度建设的通行做法，并结合中国实际适当进行了中国化改造，使中国的企业制度模式具有了中国特色。正如习近平总书记所指出的，中国特色现代国有企业制度，"特"就特在把党的领导融入公司治理各环节，把企业党组织内嵌到公司治理结构之中，明确和落实党组织在公司法人治理结构中的法定地位，做到组织落实、干部到位、职责明确、监督严格。应该说，这种制度安排是中国所独有的，是与国外现代企业制度的重要区别，也是对现代企业制度的重大创新。

对中国的企业来说，在探索建立现代企业制度的过程中，既要借鉴国际上成熟先进的现代企业制度的一般准则和规范，又要根据自身经济、文化等特点，把现代企业制度的一般原理与我国企业的具体实际相结合，探索出一个具有自身特色的现代企业制度模式。把党的领导引入国有企业公司治理中，是符合我国基本国情和国有企业具体实际的，是现代企业制度中国化的有益探索。

一方面，把党的领导引入国有企业的公司治理中是坚持党的全面领导的具体体现。党政军民学，东西南北中，党是领导一切的。把党的领导引入国有企业的公司治理中，就在于把党总揽全局、协调各方与企业的董事会、监事会和经营管理层等依法依章履行职能、开展工作统一起来，使党的主张通过法定程序成为企业的经营策略、政策、制度，使党组织推荐的人选通过法定程序成为企业的领导和管理人员。

另一方面，把党的领导引入国有企业的公司治理中是国有企业更好发展的必然选择。国有企业是中国特色社会主义的重要物质基础和政治基础，是我们党执政兴国的重要支柱和依靠力量。必须将党组织的地位和作用在公司治理结构中明朗化和制度化，通过合理的制度设计，最大程度地发挥党组织在推动国有企业发展中的作用，使国有企业坚持正确的政治方向，全面贯彻落实党和国家的基本路线方针政策，使国有企业真正成为党执政兴国的重要支柱和依靠力量。

中国特色现代企业制度把党的领导引入国有企业的公司治理中，根本目的是要发挥党组织在国有企业中的领导核心和政治核心作用。根据党章的规定，党组织在国有企业中发挥领导核心和政治核心作用，主要体现在：国有企业党委（党组）发挥领导作用，把方向、管大局、促落实，依照规定讨论和决定企业重大事项。保证监督党和国家的方针、政策在本企业的贯彻执行；支持股东会、董事会、监事会和经理（厂长）依法行使职权；全心全意依靠职工群众，支持职工代表大会开展工作；参与企业重大问题的决策；加强党组织的自身建设，领导思想政治工作、精神文明建设和工会、共青团等群团组织。

总的来看，把党的领导引入国有企业的公司治理中，不仅更加有利于平衡兼顾利益的多元性，更加有利于增强激励约束的有效性，而且更加有利于增强监督的全面性和实效性，我们要一以贯之地坚持下去。

资料来源　周万阜.完善中国特色现代企业制度［EB/OL］.［2019-12-12］.http：//www.qstheory.cn/economy/2019-12/12/c_1125337145.htm.引用有删减.

1.1　公司治理问题的产生

公司治理问题自企业制度产生以来一直存在，但是直到20世纪80年代，公司治理引发的问题层出不穷，并且对国家的经济产生了重要的影响，才引起人们的广泛关注。公司治理问题是如何产生的？公司治理问题包括哪些内容？良好的公司治理应该是什么样的？公司治理有没有固定的模式？如何解决公司治理问题？

在20世纪八九十年代，美国资本市场上的敌意接管、杠杆收购频繁发生，表面上公司兼并是改善公司治理不良的状况，但实际上造成了资本市场的动荡，导致公司经营的不稳定，影响了公司的发展，在很大程度上损害了股东的利益。

美国市场上高层经理的薪酬与公司业绩显著不成比例，高管薪酬大幅增加，而公司同期的业绩却没有同比例增加，甚至有些企业出现了大幅度的亏损，这引起了股东的普遍不满。

几乎同时期，以中国为代表的许多社会主义国家进行了经济改革，在计划经济向市场经济转轨过程中，企业改革率先进行。由于经营者利益与国家利益的不同，所有者与经营者激励不相容，国家在拥有企业信息方面处于不利地位，从而产生了企业实际上被经营者所控制、国有资产流失严重等问题。转轨经济国家的公司治理问题引起了人们的关注。

20世纪80年代，日本和联邦德国的企业迅速崛起，特别是日本公司在汽车、消费电子、半导体等市场上占据了大量的市场份额，这引起了美国政府和企业界的不安，开始反思美国的治理模式，学习日德的治理模式。而到了90年代，金融危机的爆发使人们又对看好的日德模式的公司治理产生了怀疑，以美国为主的公司治理又受到了追捧。进入21世纪，美国资本市场上的大量财务造假事件，再次引发了人们对公司治理的反思和探讨。

1.1.1 企业制度的演进

公司治理问题是伴随着企业制度的出现而产生，并且随着企业制度的演进而发展变化的。企业制度是指有关企业组织、运作和管理的制度的总称。从法律形式上看，企业制度主要包括业主制、合伙制和公司制三种形式，通常把业主制和合伙制称为古典企业制度。

1）业主制

业主制是指企业由个人独立出资兴办并进行经营管理的一种组织形式。业主制企业的所有者也是企业的经营者，经营权和所有权合二为一，所有者承担无限责任，也即承担其决策所带来的所有收益和风险。优点是形式简单、成立容易、经营灵活、运行效率高，不会产生推诿扯皮现象；缺点是企业全靠自有资本的积累，难以得到银行的贷款，资金限制使其难以从事需要大规模投资的商业活动，因而企业规模小，业务范围狭窄，发展缓慢。同时由于所有者对企业债务负有无限责任，如果经营失败，业主要以自己的全部财产予以赔偿，因此所有者面临的风险非常大。业主制企业容易随着业主生命期的结束而结束，这导致其寿命短暂。业主制企业是最早的一种企业组织形式，因其灵活性使得这一形式至今仍然存在，目前大多数民营企业、家族企业都是从这一形式发展而来的。

2）合伙制

合伙制是指企业由两个或两个以上的合伙人共同出资，所有合伙人共享所有权利和剩余权利，企业的利润和亏损按合伙人出资比例或合同约定共同分担。

相比业主制，合伙制更容易筹集资本，企业的偿债能力有所提高，规模有所扩大。但是合伙制企业同样有着业主制企业无法克服的缺陷，即无限责任所带来的问题。由于每个合伙人对企业债务负有连带的无限清偿责任，因此当企业经营破产时，如果某一合伙人无力偿还其所应承担的债务，其他合伙人就要负连带责任，有义务用自己的财产替他偿还债务，因而合伙人的投资风险非常高。这使得合伙人通常限于亲戚朋友之间，因此导致企业融资能力差，限制了企业规模的进一步扩大。合伙制企业和业主制企业一样，不具有法人地位，受合伙人生命周期或合伙人退出的限制，企业不能稳定发展。同时由于每个合伙人都有参与经营管理的权利，合伙人之间相互协调难，意见难以统一，导致企业管理和决策效率低下。特别是由于合伙企业的基础主要是"人合"，合伙人进入和退出企业，都要经过其他合伙人的同意，因此当部分合伙人进入或退出时都会引起合伙关系的改变，导致合伙人之间的重新谈判成本以及合作成本加大，不利于企业的稳定和发展。

合伙制由来已久，最早可追溯到公元前18世纪的《汉谟拉比法典》中关于自由民和自由合伙的记载，目前一些小型的高新技术企业以及律师事务所和会计事务所采用的都是合伙制。

3）公司制

相比业主制和合伙制，公司制的主要特点是：一是法人性，即公司在法律上具有法人地位，公司拥有独立人格和独立的公司资产。股东的资产一经投入公司就不能抽回，股东只拥有最终的所有权，这使得公司不因个别股东的死亡或股权变更而终止，公司在法律上成为"永久性"的公司。这保证了公司得以稳定和存续。二是有限责任，股东对公司债务只是以其出资份额为限承担责任，如果公司财产不足以承担债务，股东没有义务用自己的财产予以清偿，从而降低了股东偿付债务的风险。三是股份可以自由转让，股东进出自由，降低了其投资的风险。由于法人性、有限责任和股份自由转让的特性，公司制极大地保护了股东利益，从而易于集中零星的小额资本，拓宽资金筹集渠道，有助于企业规模的进一步扩大，增强企业在市场上的竞争力。

特别是公司制有效地解决了单个资本无力满足需要投入巨额资本且历时较长、范围较广的商业项目问题，如铁路、石油等大型建设项目需要巨额投资并且风险很高，不是单个投资者所能支付得起和承受得起的，而公司制能够筹集所需的资本并分散风险，从而适应了当时的需要，因此得以迅速发展，并成为目前主要的企业组织形式。马克思指出："假如必须等待积累资本去使某些单个资本增长到能够修建铁路的程度，那么恐怕直到今天世界上还没有铁路，但是通过股份公司转瞬之间就把这件事完成了。"美国著名法学家巴特勒曾称赞："公司是现代社会最伟大的独一无二的发明。就连蒸汽机和电都无法与之媲美，而且倘若没有公司，蒸汽机和电的重要性更会相应地萎缩。"[①]
资料

公司制最早可追溯到15世纪末。1600年，英国成立了由政府特许的东印度公司，标志着公司制企业的诞生，但当时的股份公司还不成熟。之后，为了对东方进行殖民掠夺和垄断东方贸易，荷兰在1602年成立了荷兰东印度公司。在资本中，阿姆斯特丹商会持有56.9%的股份，其余通过全国性募集，股东大会是公司最高权力机构。股东大会选出60名董事组成董事会，负责公司决策，董事会选出17人组成经理会，主持日常的经营事务，公司所得按股权分配。

---

① 汉密尔顿 R W. 公司法 [M]. 4版. 刘俊海，译. 北京：中国人民大学出版社，2001.

1.1.2 公司治理问题的产生和表现

正是伴随着企业制度的产生和发展，公司治理问题也随之产生并且不断发展，公司治理问题在各个阶段的特征有所不同。

1）业主制企业的治理问题特征

在个人独资拥有的企业，由于企业的经营权和所有权都归属同一人，此时不存在控制权的转移，因而不存在分权和平衡问题。但这一形式存在的治理问题则表现为作为企业主自身的管理能力和决策能力不足以应对所产生的问题。这一问题属于广义的公司治理问题。

2）合伙制企业的治理问题特征

在合伙制企业中，不管是有限合伙还是无限合伙，并不是所有的合伙人都参与经营，这就在出资合伙人和管理合伙人之间产生了代理问题。这是最早的公司治理问题。

3）公司制企业的治理问题特征

随着公司制企业的出现，出资人仅承担有限责任的特点使得公司融资市场逐渐形成，股东不得不选聘职业经理人来负责公司日常经营，股权结构日益分散，所有权和控制权分离，公司治理问题进入大众视野，成为现代公司的焦点问题。

（1）内部人控制问题

随着公司制企业筹集资金数额的增加，公司股东人数也在不断增加。空间和时间问题使大量的投资者远离企业的日常经营活动，而且伴随着企业规模扩大、业务复杂，大多数股东并不具备管理企业的知识和技能，因此让每一个股东都参与经营管理和决策，并对企业的未来发展作出及时准确的判断，在现实上和理论上都已经不可能。职业经理人拥有特殊的经营管理知识和技能，他们的出现可以有效地解决股东分散所带来的效率低下问题和股东管理知识及技能匮乏问题，为公司提供更加有效的管理。但随着他们对公司管理的加强，他们对公司的控制权也加强了。这就出现了第一类公司治理问题，即经理内部人控制。美国学者钱德勒指出：新技术带来规模和范围成本优势的一些企业，开始通过我们称为管理资本主义的那种制度来经营。是由领取薪水的经理，而不是由企业主来对经营的业务活动和长期的发展及投资进行决策，他们的决策决定了企业及他们在其中经营的工业进行竞争和发展的能力。[①]

经理人对企业控制力加强，但是经理人与股东的利益却并不一致，这导致了经理人并不会完全为股东利益最大化的目标进行经营管理。

①经理人的薪酬问题。经理人的风险偏好与经理人在公司中的财富比例相关联。当经理人的薪酬主要由固定的薪金组成时，经理人倾向投资于风险比较小、成本较低且见效快的项目，而忽略具有长远利益但成本较高或见效慢的项目，这不利于企业的长期发展。当经理人的薪酬与企业的财富、业绩、规模有关系（如采取股票期权）时，经理人偏好于风险较大的项目。一方面，人们普遍认为企业规模越大，经理人的才能就越突

---

① 钱德勒. 企业规模经济与范围经济 [M]. 张逸人，等译. 北京：中国社会科学出版社，2001：9.

出，因而企业规模的扩大有利于经理人声誉的提高，导致经理人偏向于扩张企业的规模，特别是通过投资风险较大的项目、扩大企业的规模来提高企业的业绩。另一方面，当投资于风险巨大的项目时，一旦成功，经理人就可以获得巨额的回报；如果失败则由股东承担所有的风险，而经理人损失的只是自己的薪酬而已。

释例   退休后还拿近1亿元年薪 联想高管天价薪酬引争议

近日，联想集团的高管薪酬问题也在互联网上引起了轩然大波，部分媒体、自媒体质疑联想集团创始人柳传志及董事退休后依然通过联想控股领取高额年薪的合理性。

对于柳传志的年薪问题，联想控股 2020 年年报中显示，一直处于半归隐状态的联想控股原董事长柳传志实际上 2019 年年底才正式卸任。不过，联想控股 2019 年年报显示，柳传志卸任前从联想控股领到的薪资仍旧高达 7 603.5 万元；而高管朱立南 2020 年 1 月 1 日起从联想控股的执行董事卸任，转为非执行董事。财报显示，朱立南 2019 年通过联想控股拿到了 4 799.7 万元，担任非执行董事后 2020 年朱立南的薪酬反而上涨到了 6 198.1 万元。整体来看，2019 年、2020 年联想控股前四名关键执行及非执行董事的薪酬合计分别达到了 1.57 亿元和 1.74 亿元。以 2020 年计算，四位董事平均每人拿到的薪酬为 4 357 万元。

根据联想集团 2020 年财报，杨元庆的薪酬已经达到了 2 616.6 万美元（约合人民币 1.69 亿元），此时非执行董事朱立南和赵令欢的薪酬均为 32 万美元（约合人民币 206.19 万元）。此外，联想集团还于 2021 年及 2020 年截止于 3 月 31 日的两个年度支付了 150 万美元（约合人民币 966.53 万元）退休金给退休董事柳传志。

资料来源 澎湃新闻.退休后还拿近1亿元年薪！联想高管天价薪酬引争议［EB/OL］.［2021-10-11］.https://m.thepaper.cn/baijiahao_14868181.引文有删减.

②管理腐败问题。如今经理人的在职消费已经成为关注的热点。经理人的过度消费（如使用豪华的办公室和专车等）将会减少股东的财富，而经理人却只需为此消费承担很小的一部分支出。

释例   国美电器"控制权之争"

国美电器控制权争夺的主人公是大股东黄光裕和职业经理人陈晓。黄光裕 17 岁创业，在北京盘下了一个 100 平方米的"国美"门面，先卖服装，后来改卖进口电器。1987 年 1 月 1 日，第一家"国美电器店"正式挂牌。2004 年年底，国美电器已在全国和东南亚地区拥有了 190 个门店，并于 2004 年 6 月在中国香港证券交易所成功上市（港交所代码：HK0493）。黄光裕极富个人威望，他头脑清醒，市场洞察力强，且行动果决，"坚持零售，薄利多销"。在他的强势领导下，国美电器发展成为中国家电零售连锁的领头企业。陈晓于 1996 年创办了上海永乐家电，仅仅 7 年，永乐的销售额便破 100 亿元，跻身国内家电连锁业前三强，并于 2005 年成功在中国香港上市；2006 年被国美收购，陈晓出任国美总裁。

2008 年 11 月 17 日，时任国美电器董事局主席黄光裕因非法经营和内幕交易等问题被公安机关带走调查。他辞去国美电器董事职务，董事会主席身份自动终止。2009 年 1 月，陈晓正式出任国美电器董事会主席，并兼任总裁。

黄光裕入狱后，为解决国美电器资金链危机，2009年6月，陈晓引入贝恩资本，为国美带来了急需的现金。但黄氏家族认为融资协议的附属条款过于苛刻，而陈晓则认为贝恩只是通过"协议"进行必要的自我保护。这直接导致黄光裕对以陈晓为代表的职业经理人产生了信任危机。在公司发展战略上，陈晓颠覆了黄光裕的"快速扩张"战略，贯彻精细化管理理念，提倡"质量优先，提高单店盈利能力"，关停了部分盈利欠佳的门店，门店数量不增反降，这让黄光裕十分不满。

2009年7月，陈晓再次采取行动。国美电器推出"管理层股权激励方案"，包括陈晓在内的105位管理层获得总计3.83亿股的股票期权，约占已发行股本的3%。而此事明显未事先得到黄光裕的认同，得知股权激励方案后，黄光裕要求董事会取消股权激励，但他的意见并没有被采纳。同月，国美董事会又发布公告决定公开发售股票，此次公开发售的股份占其现有已发行股本的18.0%，占其经发行公开发售股份扩大后的已发行股本的15.3%。虽然黄光裕作为第一大股东，可以按18%的比例等额配售认购，但时间紧迫、资金短缺等问题使得狱中的黄光裕十分为难。

面对陈晓领导的管理层作出的种种"去黄化"动作，黄氏家族对陈晓已彻底失去信任，继而与陈晓展开了一系列的控制权争夺。2011年3月，陈晓辞去董事局主席一职，国美"控制权"之争落下帷幕。

资料来源 徐细雄. 国美电器控制权之争 [G]. 中国管理案例共享中心，2011.

（2）股权结构集中和股权结构分散的公司治理问题

为了实现企业规模的扩大，受限于资金约束，直接管理企业的企业家只能提供部分资金，公司发起人选择通过融资市场发行股份进行融资，而投资者通过认购股份参与投资。股权的高度分散化，使得控股股东不需要持有半数以上的股票就可以控制企业，带来了股权结构的分散化发展，这就出现了大股东控制和小股东控制两类公司治理问题。

①股权结构集中的公司治理问题。在通常情况下，由于大股东拥有股份多，公司经营的好坏直接影响到大股东特别是控股大股东的利益，因此大股东比小股东更有积极性监督公司的经营状况；同时由于大股东相对小股东拥有一定的信息渠道，有着成本和信息的优势，因此大股东相比小股东也更有能力对公司管理层进行监管。但是正是由于大股东具有控股地位，在企业的决策中有着较大的发言权，因此大股东很容易利用这一优势操纵被控制公司按照自己的利益要求行事，从而偏离整体公司的利益，损害中小股东的利益。这就出现了大股东的"掏空效应"，也就是第二类代理问题。譬如，我国上市公司中就出现了大量的大股东侵害小股东利益的事件，他们或者利用上市公司进行圈钱，或者进行不正当的关联交易，或者抽逃上市公司资金，或者让上市公司为自己作担保，最终导致上市公司经营失败。

释例   控股股东操纵被控制公司

陕西华泽是华泽钴镍的全资子公司，华泽钴镍控股股东王涛一方面安排陕西华泽通过天慕灏锦、臻泰融佳向星王集团（王涛家族控股）以银行存款转账和少量库存现金转款方式提供资金，另一方面令陕西华泽通过陕西盛华、陕西青润和、陕西天港向关联方提供资金，实际并无商品购销出入库记录，往来凭证所附的购销合同也未实际履行。截至2013年年末占用资金余额为820 240 000元，截至2014年年末占用资金余额为1 154 153 937元，截至2015年6月30日占用资金余额为1 329 340 121元。陕西华泽连续亏损，甚至拖欠官网运营费。

资料来源　整理自中国证券监督管理委员会. 中国证监会市场禁入决定书（王涛、王应虎、郭立红）[EB/OL]. (2018-01-23) [2019-05-07]. http: //www.csrc.gov.cn/pub/zjhpublic/G00306212/201802/t20180206_333802.htm.

在实证研究方面，LLS (La Porta, R., Lopezde Silanes, F., Shleifer, A., 合称为 LLS，1999) 通过对27个发达国家的公司所有权进行分析发现，公司被广泛持股的比例太小，大多数则是由国家或家族最终控制。控股股东通过金字塔结构或参与管理的形式而获得超过其所拥有的现金流权对公司的控制能力。LLSV (La Porta, R., Lope-zde Silanes, F., Shleifer, A., Vishny R.W., 合称为 LLSV，1998) 指出，在法律完善和法律保护较好的国家，大股东剥夺中小股东的现象较少且程度较轻，而在法律制度不完善或法律执行效力较差的国家，大股东剥夺中小股东的现象普遍而且非常严重。因此，虽然伯利和米恩斯指出所有权与控制权分离可能会导致的管理层权力过大，但是在股权结构集中且外部制度建设不完善的国家中更容易出现大股东侵害小股东利益的现象。

释例　　　　　　　　　　**大股东对增发的态度**

万科A的第一大股东是华润股份有限公司。2006年12月19日，万科A向包括公司第一大股东华润股份有限公司在内的10家特定对象定向增发了40 000万股A股，增发价格为10.5元/股。当时万科A股的市场价达到了14元以上，中小投资者却被剥夺了参与定向增发的机会。由于增发价格相对便宜（万科A的定向增发，最初确定的增发价格为不低于5.67元/股，只是由于中国证券监督管理委员会（以下简称中国证监会）的干预，最后增发价调到了10.5元/股），所以作为公司大股东的华润股份有限公司，一下子就认购了11 000万股，占40 000万股发行规模的27.5%。2007年8月24日到8月28日万科A实施了公开增发，共计发行317 158 261股A股，融资规模近100亿元人民币，发行价格为31.53元/股。发行价格超过了前次增发的3倍，发行市盈率达到95.84倍，增发价格略低于二级市场价格，市场风险较大。而公司第一大股东华润股份有限公司并没有参加这一次的增发，把这种有较大投资风险的增发机会让给了社会公众投资者。面对公开增发价格略低于市场价的诱惑，难有大股东那样获得暴利机会的中小投资者，尽管明知其中也有风险，还是不愿意放过这样的机会。

资料来源　整理自皮海洲. 大股东在增发中处于不败地位 [EB/OL]. [2007-09-03]. http: //stock.it54.com/stock/20070903/346715.html.

②股权结构分散的公司治理问题。持股较少的小股东会通过金字塔结构或交叉持股结构，联合搭建一个复杂的企业集团，然后通过非常隐蔽的手段实现控股。同大股东控制相比，小股东控制更加隐秘。比如，在集团里有一个上市公司，这个上市公司的控制权完全可以把持在一个持股量非常少的控制人手里，这个控制人的现金流权非常少，可

以低于10%。这个实际控制人会非常隐蔽，从外界很难看出这个控制人是谁。

释例　　　　　　　　　　　**4股之控**①

　　奥地利的一家上市公司被一个实际控制人Duck先生用4股股票实现控制。他先注册了两家公司，一家是C公司，一家是R公司。这两家公司完全是用于控制性目的的公司。在注册过程中，Duck先生让这两家公司相互持股，各持50%-1股，而自己对这两家公司的直接控股都是每家2股，剩余股份用来吸收社会资金。由于在C公司里，Duck先生可以代表R公司的持股和自己的持股，共计50%-1股，再加上自己的2股，刚好是50%+1股，是绝对的多数控制，因此，他控制了C公司。如法炮制，他又控制了R公司。这样他就成了C公司的董事长和R公司的董事长。当Duck先生牢牢控制了C公司和R公司这两家公司之后，他又瞄准一家大的上市公司。上市公司的股权是这样的：公众持有50%-1股，C公司持有25%-1股，R公司持有25%-1股，而Duck先生本人在市场上购买了3股，于是，两个25%-1股加上自己的3股，刚好是50%+1股，从而实现了对上市公司的绝对控制，他也成为上市公司的董事长。

　　资料来源　宁向东. 公司治理理论［M］. 北京：中国发展出版社，2005.内容有改动.

　　（3）债权人利益与有限责任的问题

　　尽管资本市场的繁荣可以有效解决公司发展所需资本不足的问题，但是由于现代企业规模的扩大和复杂程度的提高，企业还需要从银行等金融机构贷款获取资金支持，这时银行就成为企业的债权人。作为债权人，在公司破产时银行拥有优先获得赔偿的权利。但是由于现代企业制度是以有限责任为基础的，这就使得企业的债务只能以企业的剩余财产为限，股东只承担有限责任，这容易使股东利用有限责任回避债权人利益，使得债权人的利益不能得到充分的保障，这就产生了第三类代理问题，债权人利益与股东有限责任的问题。

释例　　　　**武汉当代集团2亿美元债违约　公司成立在岸债权人委员会**

　　2023年3月23日，武汉当代科技产业集团股份有限公司（简称"武汉当代集团"）发布公告称，其控股子公司当代国际投资有限公司（简称"当代国际投资"）所发行的票息率为9.0%的DANDAI 9 03/07/23本息未能按时完成兑付。该票据由当代国际投资发行，武汉当代集团提供担保，票据上的所有未偿付本金金额（2亿美元）以及应计和未付利息将于2023年3月7日到期应付。鉴于当代国际投资的流动资金状况，无法在到期日支付应付金额，未能按时付款构成该票据项下的违约事件。由于该票据于2023年3月7日到期，其将在当日从港交所摘牌退市。

　　武汉当代集团表示，公司集团内部整体债务负担重，且当代国际投资面临的集中偿债压力大。当代国际投资票据逾期后，考虑到公司集团内部后续资产处置等事项存在不确定性，随着公司债务陆续到期，公司流动性压力或将进一步上升。为有效维护公司债权人的利益，公司已成立在岸债权人委员会，由中国华融资产管理股份有限公司湖北分行牵头的一批精选金融机构负责。且公司将寻求潜在的解决方案，包括但不限于业务重

――――――――――
　　①　宁向东. 公司治理理论［M］. 2版. 北京：中国发展出版社，2006：97-98.

组、资产重组、资本管理和引入战略投资者。

资料来源　金融界．武汉当代集团2亿美元债违约 公司已成立在岸债权人委员会［EB/OL］．［2023-03-24］．https://baijiahao.baidu.com/s? id=1761217604946764175&wfr=spider&for=pc.

1.1.3　公司治理的意义

自20世纪80年代以来，国际上许多大公司因管理不善、治理结构不合理相继倒闭，特别是美国的安然公司会计造假案、世界通信破产案以及安达信的审计丑闻等案件，国内市场诸如银广夏、中航油事件，这一系列事件给资本市场、投资者带来巨大的损失，给企业带来毁灭性的打击，更严重的是给整个国家经济的稳定和繁荣带来了巨大的影响，人们逐渐意识到公司治理的重要性。特别是我国经济正处于向高质量发展转型关键期，公司治理改革深化正处在攻坚阶段，公司治理的水平直接关系到我国企业的市场竞争力，影响国民经济的发展，因此公司治理在实践上和理论上都有着重要的意义。

1）良好的公司治理有助于公司的权力平衡和公司组织的稳定

良好的公司治理首先是明确了公司内部机构的权力分配，同时对各自的权力、责任进行了有效的制衡，从而确保公司的有效运行。在公司中主要是股东会、董事会、监事会和经理层之间权力的合理分配和有效制衡。股东会通常是企业的最高权力机构，股东拥有企业的所有权，股东会授权给董事会经营决策的权力，董事对企业的经营决策负有责任；监事会对股东会负责，主要是行使对董事会和经理层的监督权力；经理层主要由董事会任命，执行董事会作出的决议，经理层拥有管理权，主持公司的日常经营活动。四者之间既相互依赖又相互制约，使得公司的组织相对稳定，有利于公司的稳定发展。

2）良好的公司治理有助于公司的融资及企业业绩的提高

良好的公司治理向投资者传递着公司运营良好的信息，使投资者对公司充满信心，愿意投资于公司，公司也容易从资本市场上募集企业发展所需要的资金，而治理不好的公司则遭到投资者的摒弃。

公司治理既包括公司内部股东、董事、经理的治理，还包括市场的治理、政府的宏观调控、民间审计的监督以及舆论的监督等外部治理。良好的公司治理有助于企业建立科学的决策机制、分权与制衡机制、有效的内外部激励与约束机制，从而最终提高公司绩效。根据研究，公司治理对保持和提高企业绩效的作用是显著的，公司绩效与治理机制效率存在比较显著的正相关关系。

3）良好的公司治理有助于资本市场的稳定和繁荣及国家经济的良好运行

良好的公司治理使投资者对资本市场充满信心，有利于资本市场的稳定和繁荣，从而维护整个经济的正常运行。而公司治理水平低下，特别是如果大型企业或大批企业治理水平出现问题，将会打击投资者的信心，引起资本市场的动荡，严重的将导致经济的萧条。安然事件、世界通信、施乐公司等一系列案件给美国乃至世界经济带来了前所未有的震动，特别是这些事件发生在被公认为公司治理体系发育最完备的美国，而且是世界级企业出了问题，这使得市场对美国的经济产生了前所未有的信任危机。而在中国，诸如银广夏、猴王股份等案件对中国经济也产生了不容忽视的负面影响。

1.2　公司治理的概念及内容

1.2.1　公司治理的概念

公司治理的英文是 Corporate Governance，在我国也译为公司法人治理、公司法人治理结构、公司监管等，本书认为公司治理不只是法人治理和治理结构的内容，"公司治理"可以更有效地涵盖目前所出现的问题，因此本书采用"公司治理"这一译法。尽管学术界、企业界对公司治理问题进行了大量的研究，但是对公司治理的定义各有不同，经济学家、管理学家等都从不同的角度对公司治理进行了定义。

1）经济学：主要是制度学说

柯林·梅耶认为，公司治理是"公司赖以代表和服务于它的投资者利益的一种组织安排。它包括从公司董事会到执行人员激励计划的一切东西……公司治理的需求随市场经济中现代股份公司所有权与控制权相分离而产生"①。

钱颖一认为，在经济学家看来，公司治理结构是一套制度安排，用以支配若干在企业中有重大利害关系的团体——投资者、经理人、职工之间的关系，并从这种联盟中实现经济利益。公司治理结构包括：如何配置和行使控制权，如何监督和评价董事会、经理人和职工，如何设计和实施激励机制。一般而言，良好的公司治理结构能够利用这些制度安排的互补性质，并选择一种结构来降低代理人的成本。②

张维迎把公司治理结构与企业所有权相联系。他认为：狭义地讲，公司治理结构是指有关公司董事会的功能、结构、股东的权力等方面的制度安排；广义地讲，是指有关公司控制权和剩余索取权分配的一整套法律、文化和制度性安排，这些安排决定公司的目标，谁在什么状态下实施控制，如何控制，风险和收益如何在不同企业成员之间分配这样一些问题。因此广义的公司治理结构与企业所有权安排几乎是同一个意思，或者更准确地讲，公司治理结构只是企业所有权安排的具体化，企业所有权是公司治理结构的一个抽象概括。③

2）管理学：主要是决策学说和组织结构说

奥利弗·哈特提出了公司治理决策机制说，他认为"治理结构被看作是一个决策机制，而这些决策在初始合约中没有明确设定，更准确地说，治理结构分配公司非人力资本的剩余控制权，即资产使用权如果在初始合约中没有详尽设定的话，治理结构将决定其如何使用"④。

---

① 柯林 M.市场经济和过渡经济的企业治理机制［J］//费方域. 什么是公司治理. 上海经济研究，1996：6.
② 青木昌彦，钱颖一. 转轨经济中的公司治理结构：内部人控制和银行的作用［M］. 北京：中国经济出版社，1995：133.
③ 张维迎. 所有制、治理结构及委托-代理关系——兼评崔之元和周其仁的一些观点［J］. 经济研究，1996（9）.
④ 奥利弗 H. 公司治理：理论与启示［J］. 经济学动态，1996（6）.

李维安指出：公司治理是通过一套包括正式或非正式的、内部或外部的制度或机制来协调公司与所有利益相关者之间的利益关系，以保证公司决策的科学化，从而最终维护各方面利益的一种制度安排。公司治理的目标不仅是股东利益的最大化，而且要保证公司决策的科学化，从而保证公司各方面的利益相关者的利益最大化，因此公司治理的核心和目的是保证公司决策科学化，而利益相关者的相互制衡只是保证公司科学决策的方式和途径。[①]

吴敬琏认为，所谓公司治理结构，是指由所有者、董事会和高级执行人员即高级经理人员三者组成的一种组织结构。在这种结构中，上述三者之间形成一定的制衡关系。通过这一结构，所有者将自己的资产交由公司董事会托管；公司董事会是公司的最高决策机构，拥有对高级经理人员的聘用、奖惩以及解雇权；高级经理人员受雇于董事会，组成在董事会领导下的执行机构，在董事会的授权范围内经营企业。[②]

3）经济合作与发展组织（OECD）对公司治理的定义

OECD认为，公司治理是一种据以对工商业公司进行管理和控制的体系，应明确规定公司的各个参与者，诸如董事会、经理层、股东和其他利益相关者的责任和权力分布，并清楚地说明决策公司事务时应遵循的规则和程序，使之用以设置公司目标以及提供实现公司目标和监控经营的手段。[③]

综上所述，可以看出公司治理是一个多角度、多层次的概念。从公司治理这一问题所涉及的内容以及公司治理问题目前的发展趋势角度出发，本书认为从广义的角度来把握公司治理的定义，更能反映目前对公司治理的要求。公司治理应是通过各种制度或机制协调公司各方利益关系，从而在保证公司相关各方利益最大化的基础上实现公司价值最大化。对公司内部，公司治理是协调股东、董事、监事、经理层的权力制衡关系；对公司外部，则是协调公司与供应商、雇员、债权人、政府和企业所在社区等之间的利益平衡关系的机制或制度的总称。

1.2.2　公司治理的内容

公司治理的内容因其内涵的不同而不同，甚至有学者指出公司治理问题就是对付经理人的"招"。从本书对公司治理的定义出发，从广义的角度去研究公司治理的体系，也即从利益相关者的角度出发，从内外部治理角度可分为：

一是内部治理，主要是公司权力的分配和制衡，即在股东会、董事会、监事会、管理者之间如何分配权力并进行制衡的组织结构安排以及机制的安排，保证公司内部利益的最大化。

从公司治理的具体内部治理对象来看，公司治理不仅包括权力的制衡，还包括组织治理、人事治理、财务治理、企业战略管理系统、激励制度、企业文化等一切与企业发展有关的其他制度。其中财务治理是公司治理内容最根本的体现形式。经济行为都以经

[①] 李维安. 公司治理学［M］. 北京：高等教育出版社，2019：12.
[②] 吴敬琏. 现代公司与企业改革［M］. 北京：人民出版社，1994：185.
[③] 于东智. 公司治理［M］. 北京：中国人民大学出版社，2005：4-7.

济利益为中心，公司治理问题更多的是由财务问题引发的，在公司治理活动的操作中更多的是通过财务治理体现。

二是外部治理，即如何从外部对公司的决策和经营施加影响，迫使公司选择良好的治理结构安排，主要是从外部相关利益者的角度出发，诸如资本市场、产品市场、劳动力市场、法律制度、声誉和社会舆论等方面。

1.3　公司治理的基本模式

公司治理模式是指对具有相同或类似的公司治理外在表现形式的概括或框架。由于各个国家的政治环境、经济制度、文化传统、法律环境等背景的不同，公司治理模式也不相同。目前对公司治理模式的分类主要包括：（1）依据传统法律体系的不同进行的分类：盎格鲁－撒克逊模式（包括美国、英国及英属殖民地国家或地区），法国模式（包括法国、西班牙、葡萄牙殖民地影响范围），德国模式（包括中欧和日本），以及斯堪的纳维亚模式（主要包括北欧国家）。（2）以融资体制为基础进行的分类：市场基础型模式（市场取向型）和银行主导型模式（欧洲大陆模式或信贷基础型模式）。（3）以一国的经济制度为基础进行的分类：规制型与发展型治理模式。① （4）按照法律体系以及在实践中的具体表现形式进行的分类：外部控制主导型的英美公司治理模式、银行内部控制主导的日德治理模式、东南亚的家族治理模式，以及转轨经济国家的治理模式四种。鉴于家族治理模式以及转轨经济国家的治理模式在目前的经济生活中处于非常重要的地位，本书将重点介绍。

1.3.1　外部控制主导型的英美公司治理模式——证券市场主导

1）背景

英美国家是经过了长期的资本主义市场经济发展起来的，证券市场非常发达，企业长期发展所需要的资金主要通过证券市场来筹集。强调个人主义和经济主体的自由，反对金融聚集。特别是1933年，美国通过《格拉斯-斯蒂格尔法案》，规定投资银行和商业银行必须分离。此外，商业银行只能经营7年期以内的中短期贷款，这使得银行对企业的渗透没有日本和德国那样深入。

2）特点

（1）股权结构分散，内部人控制问题突出

公司治理结构主要由股东大会、董事会和经理层组成。股东大会是公司的最高权力机构，负有最高决策权。董事会是由股东大会授权的机构，负责公司日常经营决策权，但是要对股东大会负责。董事会下设各职能委员会，主要包括审计委员会、报酬委员会和提名委员会，监督职能由董事会下属的内部审计委员会承担。经理层则负责执行董事

---

① 于东智. 公司治理［M］. 北京：中国人民大学出版社，2005：21-25.

会的决策和具体的日常管理。总经理是公司政策执行机构的最高负责人。

（2）"用脚投票"与接管重组形成了外部治理

由于股权的高度分散，股东人数过多，大多数股东无法直接参与公司治理，以手投票的成本太高；同时由于证券市场发达，股份能够自由转让，因此股东参与公司治理更多的是"用脚投票"，即当公司业绩差的时候，股东在证券市场上卖出股票，当大量的股票被抛售时，引起了公司股票价格的大幅下跌，从而影响企业的经营管理，同时在资本市场上存在大量的机会主义者，他们到处寻找股价低而公司估值高的企业，当股价跌到一定程度，就会大举买入公司股票，等股价上升后再卖出去，以此获利。有的投资者甚至会通过大量买入公司股票的形式进行恶意收购。这种股票的买卖和接管重组的威胁，对公司构成了巨大的外部压力。

（3）机构投资者的作用越来越大

一直以来，美国机构投资者对所投资公司的经营管理持消极的态度，当公司业绩不好时，他们会通过证券市场卖掉股票。但是由于机构投资者所持有的股份数额巨大，股票的大量抛出必然会引起市场的动荡，从而导致股票价格下跌，机构投资者损失惨重。因此美国机构投资者开始关注公司的经营，从而在公司治理中发挥着越来越积极的作用。

1.3.2　日德公司治理模式：银行的外部主导和双层内部主导的治理模式

1）背景

日德公司治理模式起源于第二次世界大战以后。日德两国是战败国，国内资源短缺，同时面临战后经济的迅速发展。证券市场极不发达，企业融资只能依赖于银行，因此银行在公司治理中起着决定性的作用。德国在历史上曾是空想社会主义和工人运动极为活跃的国家，深受共产主义思想的影响，工人在企业中有着重要的地位；而日本深受儒家文化的影响，强调家族观念、以人为本，因此日德公司治理模式都特别强调员工参与治理。

2）特点

德国银行不仅是主要的债权人，而且可以自己持有公司股份，同时银行还保管个人股东所持股票，拥有大量的委托投票权，因此德国银行凭借债权人、股东和代理股东，成为全能银行，对公司的经营决策有着决定性的权力，但是通常在公司运营正常时银行并不干预，当公司出现严重问题时，银行才介入。德国公司则更依赖于大股东的直接控制，由于大公司的股权十分集中，使得大股东有足够的动力去监控经理阶层。另外，由于德国公司更多地依赖于内部资金融通，因而德国银行不像日本银行那样能够通过控制外部资金来源对企业施加有效的影响。

日本是主银行制。主银行是指在主办银行制度中，企业与之保持长期关系，按企业融资顺序被列为第一位的银行。主银行是公司最大的债权人，但并不必然是企业的最大股东，因为日本法律禁止银行持有任何公司5%以上的股权，但是由于交叉持股以及债权人的角色，使得主银行能够及时准确地获得公司的经营信息，从而实现对公司积极、有效、严密的监督。特别是在企业遇到财务危机时，主银行是其主要的救助者，同时当公司经营日益恶化时，它还可以通过召开股东大会或董事会来更换公司的最高领导层。日本的主银行制是一个多面体，主要包括三个基本层面：一是银企关系层面，即企业与主银行之间在融资、持股、信息交流和管理等方面结成的关系；二是银银关系层面，即指银行之间基于企业的联系而形成的关系；三是政银关系，即指政府管制当局与银行业之间的关系。这三层关系相互交错、相互制约，共同构成一个有机的整体，或称为以银行为中心的、通过企业的相互持股而结成的网络。①

（1）德国法律规定，股份公司必须设立双层董事会，包括监事会和董事会，分别行使监督权和业务决策权。监事会对董事会具有工作监督的权力，并提出具体意见。董事会负责管理公司的日常经营业务，并代表公司同外界打交道。董事会对监事会负责，定期报告公司经营状况。

监事会拥有最终的决策权，由股东代表和职工代表组成。股东代表由股东大会选举产生，通常由大股东或掌握委托投票权的全能银行和关系企业代表担任，职工代表由职工选举产生。德国公司监事会的成员具有比较突出的专业特长和丰富的管理经验。监事会主席由监事会成员选举，须经2/3以上成员投赞成票确定，监事会主席在表决时有两票决定权。监事会决定公司的基本政策，任免董事会成员，决定董事会成员的报酬，监督董事会的工作，审核公司账簿，并在必要时召集股东大会。由于监事会有决策权，银行和大股东都非常重视在监事会中的席位。

释例　　　　　　　　德意志银行公司的治理结构

德意志银行公司是一家老牌全能银行，是德国最大的金融控股公司。20世纪90年代以来，德意志银行正由全能银行的体制逐步转变成为全球性的多元化金融公司。从股权结构上看，德意志银行的大股东都是机构投资者，占到80%以上的份额，雇员持股占到11%。

德意志银行的公司治理实行双层决策体系，包括董事会和监事会。董事会由8名董事组成，下设决策委员会和功能委员会。决策委员会的职责：（1）为董事会及时提供有关银行业务发展和交易情况的信息；（2）定期汇报各个业务部门的状况；（3）与董事会磋商并向董事会建议银行的发展战略；（4）董事会决策的准备工作。功能委员会帮助董事会进行跨部门的战略管理、资源分配、控制以及风险管理，主要包括如下部门：（1）财务委员会；（2）投资委员会；（3）风险委员会；（4）资产/负债委员会；（5）投资/选择性资产委员会；（6）信息技术和管理委员会；（7）人力资源委员会；（8）合规委员会。

监事会是任命、监督董事会并为董事会提供咨询的机构。监事会负责决定董事会成员的薪酬及结构。监事会下设4个常务委员会：（1）主席委员会；（2）协调委员会；（3）审计委员会；（4）信用和市场风险委员会。

银行主要的常设管理部门是管理董事会（Board of Managing Directors），共有8人，

---

① 佚名.德日模式本质特征［EB/OL］.［2010-12-06］. http://wenku.baidu.com/view184eda42bcfc789eb172 dc 8eb.html.

没有CEO，只有一个发言人兼任两大业务系统之一的客户和资产管理系统的主席，还兼任公司股权投资部门的主席，同时设有COO、CFO、CRO。

资料来源　整理自窦洪权. 国外银行公司治理模式比较及案例分析［J］. 国际金融研究，2006（12）.

（2）日本公司治理结构类似英美的单层制结构，拥有股东会、董事会、经理层，但是却有着实质的不同。在日本，董事会成员通常是公司雇员经过长期的努力被提拔上来的，是典型的内部人，他们对公司的经营现状非常了解，因此公司董事会的工作重点是作出战略性和经营性决定。日本企业的股权结构集中，法人相互持股现象比较普遍。高层管理人员一般从法人大股东中选出，其变动受大股东影响，在董事会中大多数成员都是由公司各事业部部长或分厂的领导兼任的，也即董事会更多的是由内部人组成的，这就使得日本的董事会具有双重职能，既是公司的决策机构，又是公司的执行机构，决策权和执行权相统一。对董事会的监督主要通过法定监事进行外部监督，法定监事不能同时是公司的董事或雇员。另外，资本额达到50亿日元以上的公司以及债务额达到20亿日元以上的公司，除了一个财务监事外，还必须至少有3个法定监事。这些监事组成一个监事会，并且他们之中至少有一个人是"独立"的个人，即他在过去的5年中既不是公司的董事，也不是公司的雇员。在现实中，独立监事大约占法定监事的一半，他们通常来自重要的商业伙伴。①

第二次世界大战后，为了防止来自日本之外的经济力量的侵入，也为了稳定经营活动，日本的主要工业公司和银行发起了一场交叉持股运动。通过交叉持股运动，形成了你中有我、我中有你的控制结构。在日本，法律上对法人相互持股没有限制。交叉持股通常是根据企业的战略发展意图安排的，它们大多数是国内的银行和保险公司以及重要的商业伙伴。交叉持股有利于企业法人之间的长期合作，使企业的股权结构更加稳定，有效地防止恶意并购的威胁，同时保证日本经济的持续增长。据统计，1949—1984年，日本个人股东的持股率从69.1%下降为26.3%，而法人股东的持股率则从15.5%上升为67%，到1989年日本个人股东的持股率下降为22.6%，法人股东持股率则进一步上升为72%。因此在股东数量急剧增加、股权日益分散多元化的日本企业股权结构中，股权并没有向个人集中而是向法人集中，由此形成了日本企业股权法人化现象。法人相互持股有两种：一种是垂直持股，如丰田、住友公司，它们通过建立母子公司的关系，达到加强生产、技术、流通和服务等方面相互协作的目的。另一种是环状持股，如三菱公司、第一劝银集团等，其目的是相互之间建立起稳定的资产和经营关系。②

1.3.3　韩国和东南亚的家族企业治理模式

家族企业起源很早，大多数企业都是由家族企业发展而来的。家族企业因凝聚力、决策和执行的统一性而备受关注。至今这种形式仍然非常活跃，在世界经济发展中占有

---

① 青木昌彦. 日本的公司治理［M］//胡鞍钢，等. 公司治理的中外比较. 北京：新华出版社，2004：217.
② 佚名. 德日模式本质特征［EB/OL］.［2010-12-06］.http://wenku.baidu.com/view184eda42bcfc789eb172dc8eb.html.

重要的地位。家族企业因其独特的背景常被分为两类：以欧美企业为代表的家族企业及以韩国和东南亚企业为代表的家族企业。在英美，家族企业由于股权的不断稀释，家族的特征已经淡化，而韩国和东南亚的家族企业治理模式仍在其所在国经济中发挥着重要的作用。

1）背景

在东南亚国家，华人家族企业由于受到政府的限制和当地经济的排挤，只能依靠家族成员寻求发展。韩国的家族企业主要源自第二次世界大战结束后，政府把被没收的日本统治时期的公营企业和日本人的私人企业以低价出售给私人等，使家族企业得到发展。

2）特点

（1）银行参与公司治理力度微弱。东南亚国家的证券市场极不发达，家族企业融资除了依靠家族企业内部，主要依赖银行，但银行只有在企业破产时才能参与治理。由于政府对企业涉足银行没有太多限制，因此为了能够获取银行的贷款，大多数家族企业都涉足银行业，而属于家族企业的银行对家族企业的监管力度很显然是非常弱的。而在韩国，银行由政府控制，是政府进行宏观经济调控的工具，只要企业的经营活动符合政府的政策就可以获得贷款，因此银行并不关注企业的公司治理。

（2）家族企业拥有对企业的经营决策权。大多数家族企业是典型的家长制，家族成员拥有对企业的绝对控制权，因此尽管许多家族企业进行了股权的不断稀释，但是企业的控制权还是掌握在家族成员手中。

（3）韩国和东南亚国家深受儒家文化的熏陶，因此在家族企业中非常重视血缘亲缘关系，在内部治理上更是以家族成员为主体，同时还把儒家的"和谐"和"泛爱众"思想用于家族成员的团结上，并且推广应用于对员工的管理上，在企业中创造和培育一种家庭式的氛围，使员工产生一种归属感和成就感。

1.3.4 转轨经济国家的公司治理模式

1）背景

这种模式主要存在于苏联、东欧和中国等转轨经济国家。20世纪90年代这些国家进行了从计划经济向市场经济的转变，在这一过程中，由于转轨国家的经济体制、市场发展、政策、法律制度等在转型中仍不完善，导致企业的治理极具特殊性。

2）特点

（1）法律制度还不完善，特别是对投资者缺乏保护，导致大股东利用控股地位剥夺小股东利益频频发生。

（2）内部人控制。转轨经济中的内部人控制不同于我们在英美公司治理模式中的内部人控制。青木昌彦认为：内部人控制是指在私有化的场合，多数或相当大量的股权为内部人持有，在企业仍为国有的场合，在企业的重大战略决策中，内部人的利益得到有力的强调。①这里的内部人包括经营者和员工。同时由于在转轨经济的国家中，国有企业数量众多，且在国民经济中所占的比例高，因此在转轨经济中，内部人还包括国有大股东，即"一股独大"的国有股东。

（3）预算软约束。出于社会的压力，政府对大量的国有企业提供再融资，银行以政策为导向发放贷款，同时银行自身治理问题重重，因此银行对企业的约束是软约束，从而减少了企业治理结构变革的压力。

（4）控制权市场弱。转轨经济国家的证券市场、经理人市场发展缓慢且不完善，股票流动性差，市场不能对内部人实施有效的制约，导致公司治理的外部控制权市场不能像英美国家那样发挥应有的作用，内部人控制现象严重。

1.4　公司治理的理论概述

鉴于人们从不同的视角对公司治理进行研究，因而形成了丰富多样的公司治理理论。本书主要介绍两种观点的治理理论：以股东利益为中心的公司治理理论和以利益相关者为中心的公司治理理论。

1.4.1　以股东利益为中心的公司治理理论

股东是原始资本的投入者，而正是由于股东的投入，才能购买设备、原材料，雇用工人，进行企业的经营，所以股东是企业风险和收益的最终承担者。因此公司治理的基本理念就是如何实现股东利益的最大化。建立在这一理念基础之上，企业治理机构的设置、治理机制的安排都是围绕保证股东资产的保值和升值，并提升股东的价值展开的。以股东利益为中心的公司治理理论以两权分离为基础，主要以代理理论为代表，在实践中主要是以英美的公司治理模式为代表。

1）两权分离的背景

两权分离即所有权和控制权的分离。现代公司的特征是所有权和控制权的分离。1932年伯利和米恩斯在其《现代公司与所有财产》一书中公开了对美国公司所有权和控制权结构进行实证研究的结果。他们将1930年美国最大的200家非金融工业公司作为调查样本。实证结果表明，现代公司中股权越来越分散，企业实际上是把持在职业经理人的手中，而所有者权力实际上越来越是名义上的。由此，他们认为，控制着公司主要权力且不受监督的职业经理人可能会以损害股东权益的方式追求他们自己的利益。

2）代理理论

正是基于两权分离，企业中出现了委托-代理的关系。由于股东的分散，股东不直接从事企业的决策管理，而授权给董事会行使决策权，这就形成第一层次的委托-代理关系。股东大会为委托人，董事会和董事为代理人。由于专业的分工，董事会将会选择

---

①　青木昌彦，钱颖一. 转轨经济中的公司治理结构：内部人控制和银行的作用 [M]. 北京：中国经济出版社，1995：22.

高层管理者进行日常的经营管理，这就形成了第二层次的委托-代理关系。董事会为委托人，经理层为代理人。更广义的还有第三层次的委托-代理关系，经理层为委托人，员工为代理人。在实践中争论最多的是股东和经理的委托-代理关系。

首先，从"经济人"角度，委托-代理关系双方都追求利益最大化，代理人追求自身利益最大化的行为并不一定与股东的利益最大化的目标一致。股东期望公司的利润最大化，而经理则期望自己通过在公司的经营得到更多的收入，同时提高自己的声誉，从而获得更好的前途。这些行为可能会损害公司的整体利益。

其次，委托人与代理人的风险偏好和风险承担能力不同。大多数委托人偏好于保守，承担风险能力差，而代理人由于风险投资的收益与其承担的风险不成比例，所以代理人更偏好风险。

最后，委托人内部利益不一致，如大股东或机构投资者倾向于长期投资，而一些中小股东更注重公司股票在股市中的表现，从而进行短期的套利行为，这导致一方面代理人在经营过程中很难平衡，另一方面代理人可以利用委托人之间的利益不一致从而选择对自己最有利的行动。因此在这种情况下，委托-代理关系更加复杂。

委托-代理关系的出现会产生两类问题：第一，如何授权，使得决策更加有效率。第二，如何监督和激励，使得代理人利益与公司利益或股东利益一致化并且最大化。

委托-代理关系的存在并不一定就会产生代理问题。如果能够清楚地预测到所有可能发生的事情，并清楚地写入委托-代理合同中，就可以解决由此产生的代理问题。信息不对称、不确定性和有限理性、契约不完备性是产生代理问题的主要原因。

（1）信息不对称。信息不对称是指交易中一方拥有完全的信息而另一方并不知情。在代理关系中代理人对自己的品质、能力、努力程度是非常清楚的，而委托人却不能完全了解代理人的全部信息。由于信息的不对称，代理人就可以利用信息优势谋求自己的利益而损害委托人的利益，主要有两种行为：道德风险和逆向选择。逆向选择是事先的行为，在签订合约之前，委托人——股东（雇主）不知道代理人——经理（工人）的能力、可靠程度、努力程度等，而代理人则清楚地知道自己的能力，他会隐瞒对自己不利的信息而签订对自己有利的合约。道德风险是指在签订合约之后，代理人利用自己的信息和地位的优势，采取有利于自己而不是最大化股东利益的行为，如躲避风险、追求在职消费、偷懒等，而这些则会损害公司和股东的利益。

（2）不确定性和有限理性。由于未来的环境是未知的、不确定的，而人们对事物的认识是有限的，代理人无法准确地预知未来的环境变化而采取正确的行动，从而一方面会导致计划与实际的偏差，另一方面经营业绩也未必能真实地反映代理人的真实情况。

（3）契约不完备性。在复杂的不可预测的环境中，人们不可能预测到所有未来发生的事情，从而写入合同中。即使能够做到，也很难用语言文字清楚地描述于合同中。

正是由于信息不对称、不确定性和有限理性以及契约不完备性，因此委托人想设计一份完备的合同是不可能的。因此代理理论下的公司治理主要是从委托人（股东）的角度出发解决如何降低代理成本，如何使经理层维护股东的利益，保证经理层为股东的利益最大化服务的问题。

1.4.2　以利益相关者为中心的公司治理理论

随着企业股权结构的变化，以及人力资本在企业经营中地位的提升，特别是股东利益主义导致了对企业外部环境的忽视，近几年来对企业社会责任的要求越来越高，从而引发了人们对股东利益至上主义的怀疑。特别是20世纪80年代，美国兴起了一场公司之间恶意收购的浪潮，在这一过程中股东利益至上理论表现出巨大的缺陷，恶意收购通过短期的套利使股东、员工、经理层乃至债权人的利益受损。

1）人力资本理论背景

马歇尔认为，在生产过程中以土地、生产者数量和体力构成的要素具有报酬递减的趋势，而以人的知识构成的人力资本要素却具有报酬递增的趋势。在人类迈向知识经济的今天，人们愈来愈认识到人所拥有的知识和技能通过管理和技术创新给企业带来的价值是不可忽视的，因此与货币资本相对应的人力资本概念受到重视。人力资本理论由美国经济学家舒尔茨创立。人力资本是凝聚在人身上的知识和技能，它不能脱离人而存在。人力资本主要包括技术创新者和经理人，因此人力资本是独立于土地劳动力和货币的一种独特的资本。当今企业的竞争力，集中体现在核心技术和管理水平上。传统的由货币资本家独享企业的剩余收益已经不能满足目前企业的发展要求，这就要求人力资本和货币资本一起参与剩余分配。因此公司治理由原来以两权分离，即以货币资本的所有权和经营权的分离为基础，以货币资本的所有者和经营者的关系如何界定为内容的公司治理，转向以货币资本和人力资本为基础、以这两种资本的关系如何协调为中心来进行安排。这两种资本的关系处理好了，企业才能够持续发展。[①]

2）利益相关者理论

企业不仅是一个独立的经济主体，也是社会中的一部分，不可能脱离其他个人和团体存在，其发展也对周围的环境产生作用，如企业对其所在的社区环境和就业等产生影响。周围的环境也对企业产生影响，如政策的导向、经济环境的变化都对企业的经营产生重要的影响。因此企业是一个开放的主体，它同所在的环境相互作用、相互影响。企业所涉及的当事人包括：股东、债权人、经营者、雇员、供应商、客户、社区、政府。企业不仅要对股东负责，还要对与企业有利益关系的相关者负责。

利益相关者思想最早起源于1932年，哈佛大学法学院的学者Dodd在驳斥伯利发表的一篇论文中指出：公司董事会必须成为真正的受托人，他们不仅要代表股东的利益，而且要代表其他利益主体的利益。Blair（1995）指出，公司应该兼顾所有相关利益主体的利益。Freeman（1984）认为，利益相关者是"那些能够影响企业目标实现，或者能够被企业实现目标的过程影响的任何人和群体"，这种影响可能是单向的，也可能是双

① 魏杰．人力资本激励约束是公司治理的关键［N］．中国证券报，2001-08-07.

向的。Carrol 和 Buchholtz（2004）认为，利益相关者是与一个组织相互作用的或相互依存的，在组织里有着某种"权益"或既得利益的一些群体或个人，每一个利益相关者群体还可进一步分为更具体的子群。狭义定义则试图指出对企业经营产生直接影响的主要利益相关者。[①] 20 世纪 80 年代至 90 年代中后期，美国相继有 29 个州修改了公司法，要求经理人员对企业各利益相关者负责。[②]《二十国集团/经合组织公司治理原则》的第 3 条也指出："建立公司治理框架时，应当考虑其对整体经济绩效和市场完整性的影响，其为市场参与者创设的激励，以及其对透明、运作良好市场的促进作用。"利益相关者在公司治理中的作用引起了广泛的关注。它适应了知识经济的要求，同时有助于整个社会经济效益的提高。基于利益相关者理论，所有的利益相关者都应该参与到公司治理中去，由此共同治理就成为利益相关者理论的自然推论。近年来，ESG 理念逐渐成为企业实践利益相关者理论的时代潮流。

释例　　　　　　　　　　践行 ESG 理念　服务经济高质量发展

　　ESG，即环境（Environmental）、社会（Social）和治理（Governance），是近年来兴起的企业管理和金融投资的重要理念。该理念认为，企业活动和金融投资不应仅着眼于经济指标，同时应考虑环境保护、社会责任和治理成效等多方面因素，进而实现人类社会的可持续发展。ESG 倡导企业在环境、社会和治理等多维度均衡发展，是可持续发展理念在企业界的具象投影。ESG 的内涵既包括企业追求可持续发展所应遵循的核心纲领，也包括可助力企业践行可持续发展的指南与工具。

　　"十四五"期间我国将继续推动高质量发展。企业是经济社会运行的基本单元，经济社会的发展转型离不开企业的重要作用。ESG 理念强调企业要注重生态环境保护、履行社会责任、提高治理水平，与高质量发展这一主题不谋而合。在理论上，ESG 可为企业在环境、社会和治理三方面发展提供指导性原则，为企业高质量发展指明道路；在实践中，ESG 可给出评价企业在环境、社会和治理三方面表现的方法和指标，为企业践行高质量发展提供必要的工具。

　　"十四五"期间我国经济社会发展要贯彻新发展理念。ESG 涵盖的诸多指标和新发展理念高度契合。在环境方面，ESG 关注企业的污染治理、可再生能源利用、温室气体排放等因素，这些因素与绿色发展理念契合。在社会方面，ESG 关注企业的工作环境、供应链标准、慈善活动、社区关系、员工福利等因素，这些因素与协调、共享发展理念契合。在治理方面，ESG 关注企业的商业道德、反竞争行为、股东权益保护等因素，这些因素与创新、共享发展理念契合。ESG 是国际主流的投资理念，指导着万亿美元的资本流动。ESG 可促进国内企业按照更高的标准走向国际、融入国际大循环，实现高水平的走出去和金融市场的双向开放。因此，ESG 也有助于企业贯彻开放发展理念。

　　此外，ESG 是国际主流的企业非财务信息披露体系。我国从 20 世纪 80 年代开始，逐步按照国际惯例，制定了针对财务信息披露的企业会计准则，显著提高了我国企业的财务透明度，有力推进了证券市场发展和国际经济交流。当前，越来越多的国家和地区

---

① 经济合作与发展组织. 二十国集团/经合组织公司治理原则［M］. OECD Publishing, Paris., 2016: 9.
② 崔之元. 美国二十九个州公司法变革的理论背景及对我国的启发［J］. 经济研究，1996（4）.

已不满足于企业自愿披露ESG信息，已出台或正在制定强制性的ESG披露标准。建立基于ESG理念和符合我国国情的非财务信息披露规则，可为我国企业提供融入国际大循环的通行证。

资料来源　黄洁，王大地.践行ESG理念　服务经济高质量发展［EB/OL］.［2021-11-23］. https：//m.gmw.cn/baijia/2021-11/23/1302690145.html.

但是目前利益相关者理论也受到质疑。由于众多不同利益相关者的存在，不同利益相关者有着不同的利益要求，并可能存在利益冲突，因此导致企业由原来的单一目标——股东利益最大化变成了多目标——不同利益主体的利益最大化，从而产生以下问题：

（1）经营者很难兼顾多方面利益，并使其都达到最大化，导致经营者无所适从。

（2）利益相关者之间可能形成相互制衡的关系，从而导致对经营者的监管弱化，经营者权力过大，有可能背离利益相关者的利益。

（3）不同利益相关者对经营者进行过度监管，导致经营者不能很好地进行经营管理。

而在实践中利益相关者理论更是难以实施，一是利益相关者的范围不易界定。二是众多的利益相关者参与治理不容易做到在重大行动方面协调一致，阻碍企业的发展。[①]三是无法量化经营者的绩效，因此难以对经营者进行业绩评价。而股东利益最大化的好处在于它以股东资产最大化为准，能够清楚地量化，并不会产生这种无所适从的状况。

1.5　公司治理的新发展

伴随着全球化和网络经济的迅速发展，公司治理的内容也发生了众多的变化，特别是对公司治理模式的趋同、网络治理和ESG的研究引起了理论界的更多关注和探讨。

1.5.1　全球化的背景

1）金融市场的全球化

金融市场的不断整合是推进公司治理趋同的重要力量。大多数国家的投资者越来越接受这个命题：持有一个国际化的资产证券投资组合，比仅持有一个国内的证券组合可以有更高的回报率和更低的风险。现在，在大多数机构投资已经发展很好的国家，这种国际化投资组合的现象非常普遍。同时，非金融机构意识到扩大投资者范围将会降低它们的资本成本，还可能降低公司股票价格的波动性。投资者和发行者都越来越希望在国际资本市场上运作，而这在一定程度上要求对共同价值和标准的认同。机构投资者设定股东价值预期目标，并要求公司实现利润目标，产生有竞争力的资本投资回报。机构投资者还坚持公司尊重国际治理标准，尤其关注管理当局的义务等。因此公司除了应对国

① 赵修春.企业的利益相关者理论及其对国有企业改革的借鉴意义［J］.经济体制改革，2007（5）.

内所发生的法律和制度变化，还被迫调整它们的行为以与国际资本市场相适应。①

2）产品市场的全球化

产品市场的全球化也促进了公司治理标准与国际趋同。

（1）竞争的加剧使得企业意识到为了获得更高的生产效率有必要全面改进公司治理方法，包括利益相关方（如雇员和供应商）与企业相互作用的方式；公司融资方式（和相应的治理权力）与创新、研究、发展密切相关；工业企业里更高的生产效率和相应的竞争优势可能部分依赖于决策和策略的制定方法。

（2）公司的专属供应商的角色正在改变，对公司的重要性也正在降低。全球化及信息革命使得即使是小公司也可以简单地在世界范围内寻找供应商。许多国家的企业发现，撤回对供应商的投资并集中精力为股东创造更多的回报，这样做将更有益处。②

3）法律制度的趋同

不同的国家其公司法和有价证券规则存在广泛的不同。然而现在这些不同并不像表面上看起来那么重要，而且随着全球化的进展，这些重要性也越来越小。首先确定的是所有的国家都意识到所有权上的优势是公司策略的最终仲裁方法，并将剩余概念作为公司治理结构的核心。其次是权益资本市场的日益重要使得大部分公司受制于有价证券规则。③

1.5.2　各种公司治理模式的缺陷

1）英美模式的缺陷

股权高度的分散化和流动性，一方面导致了股东的短视行为，在资本市场上股票买卖频繁，使股票价格波动频繁，资本结构稳定性差，损害了公司的长期发展，同时并购频繁发生，影响了经营者积极性的发挥；另一方面导致了内部人控制问题的出现，经理层控制了企业经营，侵害了公司股东权益。

2）日德模式的缺陷

资本市场发展缓慢，资本流动性差，由于法人的相互持股，容易形成经理人内部控制，同时难以平衡利益相关者之间的利益。融资较为单一，只限于银行。

3）家族模式的缺陷

权力过于集中于家族成员手中，导致决策效率低下，家族成员的经营管理水平无法适应大规模企业的发展。同时家族成员之间容易产生矛盾，导致企业发生内耗。

4）转轨经济国家模式的缺陷

内部人控制，特别是国有股"一股独大"导致了国有企业资产流失严重，治理效率低下，中小股东的利益被严重漠视，影响了整个市场的发展和国家经济的健康

①　内斯特 S，汤普森 J.OECD 国家的公司治理模式：是否在进程中趋同［M］//胡鞍钢，等. 公司治理的中外比较. 北京：新华出版社，2004：147.
②　内斯特 S，汤普森 J.OECD 国家的公司治理模式：是否在进程中趋同［M］//胡鞍钢，等. 公司治理的中外比较. 北京：新华出版社，2004：147–148.
③　内斯特 S，汤普森 J.OECD 国家的公司治理模式：是否在进程中趋同［M］//胡鞍钢，等. 公司治理的中外比较. 北京：新华出版社，2004：147，150.

运行。

1.5.3　治理趋同

在全球化的背景下，不同的公司治理模式面对自身模式的不足，开始取长补短，显示出趋同倾向。

1）日德公司治理倾向于证券市场治理

1997年亚洲金融危机给东南亚国家带来了持续的经济衰退，就连欧洲大陆的一些老牌经济发达国家也受到亚洲金融危机的牵连。这些国家在公司治理模式上与日本和德国相似。反思这场危机，人们开始重新评价日德的公司治理模式，采取日德模式的企业开始借鉴英美的公司治理模式。

释例　　　　　　　　　　　西门子公司的治理模式

西门子股份公司总部设在德国柏林和慕尼黑，因此西门子公司有着德国公司典型的治理模式，即"双层董事会制"，并遵循德国的公司治理准则。同时西门子公司于美国纽约股票交易所上市，严格遵循美国资本市场的规则。两种公司化治理模式在西门子公司得以结合，并给西门子公司带来了巨大的成功。

资料来源　张华军，王德发. 西门子股份公司的治理模式［J］. 决策与信息，2006（9）.

释例　　　　　　　　　　　索尼公司治理国际化

索尼公司一直努力推进公司治理的改革和与国际接轨。如在经理期权计划尚未得到日本法律认可的情况下，索尼公司运用某种金融手段创造了一种类似经理期权计划的激励契约，成为日本第一家引进经理期权计划的企业。索尼公司董事会结构和组成也进行了大幅度的改革。1997年，索尼公司将其董事会规模由38人减少为10人，其中有3名外部董事。从2004年开始，索尼宣布与日本家长制式的经营模式决裂，采用美国的公司治理模式。索尼设立"指名委员会""薪酬委员会""监察委员会"三个委员会，分别负责董事会成员的任命、经营者薪酬以及监督。这三个委员会中的委员一半以上必须由公司以外的人担任，从而打破了日本企业90%以上的董事会成员是本公司人员的传统方式。索尼公司还任命霍华德·斯特林格担任该公司的董事长兼首席执行官，从而使索尼成为从严格意义上讲第一家由外国人担任最高领导人的日本企业。

资料来源　佚名. 拯救者斯特林格难题：找个支点撬动索尼公司［N］. 第一财经日报，2005-03-21.

2）英美公司治理倾向于利益相关者治理

进入20世纪，美国大批重量级企业，如安然、世界通信等由于财务造假等公司治理问题而破产，引发了美国人对一向自认为优秀的治理模式产生了怀疑，特别是对股东利益至上的治理模式产生了怀疑，这些公司有着良好的公司治理系统，却没有发挥其应有的作用，自此开始注重利益相关者的利益。

3）韩国东南亚国家家族治理倾向于市场治理

亚洲金融危机给韩国和东南亚国家的经济带来了重创，到底是什么原因导致这一严重的危机？这些国家的企业开始反思自己的治理模式，意识到家族企业治理模式的缺陷，并开始学习和借鉴欧美企业的治理模式。

释例   **三星治理结构的改变**

三星治理结构的改变始于1997年那场严重的亚洲金融危机，最严重时月亏损达2.15亿美元。这场危机让李健熙发现了三星经营管理体制的薄弱之处。借鉴欧美的治理体制，他对三星的治理结构不断进行改革，从而使三星公司从危机中走出来。1998年董事会成员由100人减少为20人，并且引进6名外部独立董事。2001年3月9日董事会成员进一步缩减到14名，其中7名为外部独立董事。2004年，三星电子董事会更是缩减到由7名外部独立董事和6名高管组成的13人董事会。董事会设四个委员会，管理委员会、审计委员会、独立董事推荐委员会以及关联交易委员会（2004年4月新设立）。管理委员会由尹钟龙牵头；审计委员会由清一色的独立董事组成；独立董事推荐委员会由外部与内部董事联合组成；关联交易委员会则由3名独立董事组成，对所有的关联交易进行审查并具有交易的决定权。由外部董事组成的审计委员会与关联交易委员会，在三星的公司治理中起到了重要作用。随时随地的监督、审计，可以避免到不可收拾时才去施以惩罚。

资料来源　佚名. 李健熙为挽救三星不惜牺牲名誉 [EB/OL]. [2008-04-08]. http://www.cnad.com/html/Article/2008/0408.

4）转轨经济国家的公司治理——中国特色公司治理的探索

以中国为例，针对我国在转轨经济中出现的公司治理问题，我国在公司治理方面借鉴英美和日德公司治理模式，并进行了不断的改革。

（1）改善上市公司治理活动。2002年中国证监会和经贸委联合发布上市公司治理准则，我国的公司治理结构是双层委员会制，类似于德国的治理结构但又有所不同。在监督机制上，我国除了监事会之外，又引入了独立董事制度，2007年3月中国证监会相继发布《关于做好加强上市公司治理专项活动有关工作的通知》和《关于开展加强上市公司治理专项活动有关事项的通知》，要求各上市公司董事会、监事会、高级管理人员积极部署开展公司治理专项活动工作。从此上市公司都开始了公司治理的专项整改活动，上市公司治理活动得到了有效的改善。

（2）建立健全相关法律制度，加强执法力度，为我国企业改善公司治理提供一个比较好的治理环境，从而发挥对公司治理的硬约束。《公司法》第一百五十一条规定："董事、高级管理人员有本法第一百四十九条规定的情形的，有限责任公司的股东、股份有限公司连续一百八十日以上单独或者合计持有公司百分之一以上股份的股东，可以书面请求监事会或者不设监事会的有限责任公司的监事向人民法院提起诉讼；监事有本法第一百四十九条规定的情形的，前述股东可以书面请求董事会或者不设董事会的有限责任公司的执行董事向人民法院提起诉讼。监事会、不设监事会的有限责任公司的监事，或者董事会、执行董事收到前款规定的股东书面请求后拒绝提起诉讼，或者自收到请求之日起三十日内未提起诉讼，或者情况紧急、不立即提起诉讼将会使公司利益受到难以弥补的损害的，前款规定的股东有权为了公司的利益以自己的名义直接向人民法院提起诉讼。他人侵犯公司合法权益，给公司造成损失的，本条第一款规定的股东可以依照前两款的规定向人民法院提起诉讼。"以法律形式正式确立了股东代表诉讼制度，有力地保护了股东的利益。通过累积投票制的规定，有力地保护了中小股东的权益。

（3）发展混合所有制经济，有序推进混合所有制改革。产权是市场经济的基石，国有企业是国有资本产权的一种组织形式，加快构建现代产权制度既是国有企业进行改制重组的重要内容，也是国有企业参与混合所有制的前提和基础。自党的十八大以来，混合所有制改革加速推进，十八届三中全会进一步提出积极发展混合所有制经济。国企混改的有序推进，通过引入外部投资者，尤其是非国有资本，实现国有资本资源优势和非国有资本机制优势的互补，从而提升国企活力和效率。

（4）加强对国有商业银行的治理，发挥银行对贷款企业的监督和控制，从而进一步提高公司治理的效率。

（5）建立健全市场竞争机制，完善经理人市场。有效的产品市场竞争，促进企业改善其治理状况；经理人市场的培育，可以有效地遏制内部控制现象。

（6）发展和完善资本市场，积极培育机构投资者。加强资本市场的监督，完善资本市场。同时随着越来越多的国际投资者的进入，机构投资者实力得以增强，我国的资本市场开始发挥其作为资源配置手段的作用，从而对企业形成强有力的外部制约。

（7）发挥党在国有企业的领导作用。将党的领导融入公司治理，是新时代全面加强党对国有企业领导的根本要求。党的十九大修订的《中国共产党章程》和2019年出台的《中国共产党国有企业基层组织工作条例（试行）》均明确规定，国有企业党委（党组）发挥领导作用，把方向、管大局、保落实，依照规定讨论和决定企业重大事项。2019年新修订的《中国共产党党组工作条例》规定，党组发挥把方向、管大局、保落实的领导作用，全面履行领导责任。这些规定进一步明确了国有企业党委（党组）发挥领导作用、履行领导责任的功能定位。

综上所述，公司治理出现了趋同的迹象，但是由于不同的治理模式根植于各自的成长环境中，深受其历史、政治、经济、法律与文化等背景的影响，因此在相当长的时间内主要是在自我模式的基础上进行适当的调整，趋同的演进过程将是长期而且曲折的。

1.5.4　环保、社会责任与公司治理（ESG）

在当今全球化的商业环境中，企业不仅需要关注经济效益，还需要关注环境、社会和公司治理等方面的影响。这些因素被统称为ESG（环境、社会和治理），它们对企业的长期成功和可持续发展具有重要意义。具体来看，ESG包含三个方面的主要内容：

（1）环境（Environmental）：环境因素主要关注企业在生产经营过程中对环境的影响，以及企业如何应对气候变化、资源消耗、废物排放等环境问题。投资者会关注企业的环境政策、节能减排措施、可再生能源利用等方面的表现，以评估企业的环境风险和机会。

（2）社会（Social）：社会因素主要关注企业在与员工、客户、供应商等利益相关方的互动中承担的社会责任。投资者会关注企业的劳动条件、员工福利、健康与安全、社区关系、供应链管理等方面的表现，以评估企业的社会风险和机会。

（3）治理（Governance）：治理因素主要关注企业的公司治理结构和制度，以及企业在诚信经营、反腐败、信息披露等方面的表现。投资者会关注企业的董事会结构、股东权益、激励机制、内部控制等方面的表现，以评估企业的治理风险和机会。

在投资领域，ESG投资是指在投资决策过程中，考虑到企业在环境保护、社会责任和公司治理等方面的表现，以实现可持续发展和长期价值创造。ESG投资的核心理念是，关注这些非财务因素有助于更全面地评估企业的风险和机会，从而实现更好的投资回报。而在企业的信息披露中，ESG也逐渐成为企业信息披露的风向标。ESG披露有助于提高企业的透明度，使投资者、监管机构和其他利益相关方了解企业在ESG方面的风险和机会。企业可以通过发布年度报告、可持续发展报告、企业社会责任报告等方式进行ESG披露。

目前，ESG已经成为越来越多投资者关注的重点，尤其是在欧洲和美国。数据显示，截至2019年年底，ESG相关资产管理总规模已经超过30万亿美元。越来越多的投资者已经认识到ESG的重要性，对于不遵守ESG原则的企业，投资者不仅将担心企业的"软性风险"，同时也会忧虑它们的财务表现难以维持长期稳定。未来，ESG在企业社会责任和可持续发展方面的作用将会被进一步强调。政府和监管机构可能会出台更加严格的政策和法规，要求企业在ESG方面的表现更加严格，ESG评级机构的角色也会更加突出。随着全球气候变化、资源紧张和社会责任等问题日益突出，ESG投资将继续发挥重要作用，推动企业实现可持续发展和长期价值创造。

1.5.5　网络治理

网络治理有两种含义：一是指借用网络进行治理；二是指网络组织的治理。这里主要是第二种。

1）网络经济对公司治理的影响

网络经济是指以经济全球化为背景，以现代电子信息技术为基础，以国际互联网为载体，以电子商务为主导，以中介服务为保障，以知本家为核心，以不断创新为特点，实现信息、资金和物资的流动，促进整个经济持续增长的全新的社会经济发展形态。[1]网络经济使公司面临的环境更加复杂和不确定，因此公司治理的内容、方式等都发生了巨大的变化，如公司产权关系虚拟化、治理对象网络化、公司资源网络制式化、治理主体网络化、治理信息网络化、治理决策权分散化、治理技术网络信息化。[2]

2）网络组织是一种广义的组织间关系制度安排

网络治理的关系契约基础不仅使得网络治理的研究边界相对模糊，而且包括的内容很多、很复杂。网络治理的内涵取决于经济组织特别是企业网络组织影响经济主体决策行为的条件、方式和价值创造机制。网络治理研究大致包括三个方面的内容：网络组织之间的决策科学化问题，网络技术条件下的公司治理问题，以及网络组织自身的决策科学化问题。作为一种新的组织形式，网络治理相比于市场治理和层级治理这样的组织交

① 吴冬梅. 公司治理概论［M］. 北京：首都经济贸易大学出版社，2006：53.
② 吴冬梅. 公司治理概论［M］. 北京：首都经济贸易大学出版社，2006：51.

易模式，逐渐形成了自身特有的为经济主体创造价值的路径和机制。[①]

　　在全球化的背景下，对网络治理的研究正在日益成为全球学术界研究的重要内容。对网络治理的研究有助于改革传统公司治理体制中不合理的地方，引导公司在变化的环境中发展。

1.6　公司治理学学科研究

1.6.1　公司治理学学科的研究对象

　　公司治理学是以公司治理问题的产生和发展为研究对象，对其现象进行解释并挖掘其基本的原理、运作和方法，并为公司治理实践提供指导方针的科学，主要包括两方面：一是对公司治理的现象进行研究；二是对公司治理的实质进行深入研究，用以解决公司治理问题并指导公司治理实践的发展。

1.6.2　公司治理学学科的性质

1）公司治理学交叉性很强

　　它涉及经济学、管理学、法学、社会学等诸多学科，因此对公司治理的研究不能孤立地从某一个方面进行，这样难免以偏概全。同时由于交叉性的特点，公司治理自身的理论体系仍在建构的过程当中。从目前所取得的成果看，多数与经济学、法学、管理学、会计学相关。

2）公司治理学实践性非常强

　　公司治理问题是伴随着企业的发展而产生的，正是对公司治理实践中产生的问题进行研究，公司治理理论才得以形成和发展。

1.6.3　公司治理学的研究方法

　　公司治理学的研究方法主要是定性研究和定量研究：定性研究主要是对各种公司治理问题的现象进行描述和分析，所使用的方法主要基于政治经济学、法学、管理学和历史学。定量方法则包括统计实证和案例实证方法，主要研究公司治理的前因及后果。

1.6.4　公司治理学学科的发展

　　目前公司治理已经从一种理论发展成为一门学科，国外的许多高校在本科、MBA、EMBA、硕士、博士等不同层次开设了公司治理的课程，部分高校开始招收公司治理的博士生。在国内，公司治理课程在许多高校得以开设，对公司治理的深入研究也逐渐

---

① 李维安，周建. 网络治理：内涵、结构、机制与价值创造［J］. 天津社会科学，2005（5）.

开始。

1.6.5　目前对公司治理的研究

对公司治理的研究目前主要集中于以下几个方面：

1）对公司治理理论的研究

理论界对公司治理的研究日渐丰富，如经济学从产权论、超产权论，管理学从总裁认知模型进行研究；在法学上，如 LLSV 研究了不同法系条件下的投资者法律保护、法律起源及执法质量，还有的则是从成文法和判例法角度对公司治理进行理论的研究。

2）对公司治理实践的研究

学者们对公司治理实践的研究范围涵盖英、美、日、德、东南亚地区以及转轨经济国家中的俄罗斯、中东欧及中国。

3）对影响公司治理因素的研究

理论界对影响公司治理因素的研究包括董事会的规模、独立董事的人数、独立性、股权结构、经理报酬、机构投资者、资本市场、公司伦理道德等方面。

4）对公司治理原则的研究

英国于1992年出台了《卡德伯利报告》；1998年4月，OECD建立了公司治理专门委员会，1999年制定了OECD公司治理原则，并先后于2004年、2016年对其进行修订优化。其后许多国家的机构和组织都出台了公司治理的准则或原则，如中国证监会也于2002年出台，并于2018年修订了上市公司治理准则，美国教师保险和年金协会出台了公司治理结构评估与公司治理结构原则。一些企业也制定了公司治理的准则，如通用汽车公司制定和实施了通用汽车公司董事会公司治理原则。

5）对公司治理评价的研究

如美国的《商业周刊》、标准普尔定期对美国各大上市公司的治理状况进行评价，中国南开大学中国治理评价课题组也制定了公司治理的评价指标并进行评价。

6）对公司治理的未来发展的研究

展望对公司治理的未来发展的研究，有很多研究视角，如对网络时代下的新型组织公司治理以及公司治理的趋同等问题的研究。

本章思考题

（1）企业制度演变与公司治理的关系如何？

（2）股东利益至上理论和利益相关者理论有何不同？

（3）企业理论对公司治理的影响有哪些？

（4）如何看待公司治理的趋同？

案例分析题

中国工商银行的公司治理改革①

2006年，中国工商银行遵守《公司法》《商业银行法》等相关法律，按照监管部门颁布的相关法规要求，继续提升公司治理水平，不断完善由股东大会、董事会、监事会和高级管理层构建的现代股份制公司治理架构，进一步修订了公司章程，各方按照公司章程赋予的职责依法独立运行，履行各自的权利和义务。按照中国香港上市规则附录十四《企业管治常规守则》，中国工商银行逐渐建立和完善了有关制度，目前已符合《企业管治常规守则》中的规定，同时符合其中所列明的绝大多数建议最佳常规。中国工商银行亦遵循经营所在地的法律、法规以及相关监管机构的各项规定和指引。

中国工商银行公司治理架构核心为董事会。董事会负责给予高级管理层指引和有效监控，并与高级管理层的经营管理相分离。董事会主要负责决定本行的战略方针和经营计划；制订年度财务预算、利润分配等重大方案；批准年度及中期业绩；聘任专业委员会委员和高级管理人员；审定本行基本管理制度；提请聘请、续聘或更换为中国工商银行审计的会计师事务所；听取高级管理层的工作汇报并检查高级管理层的工作。

董事会下设战略发展委员会、稽核委员会、风险政策委员会、人事和薪酬委员会、关联交易控制委员会，负责从不同方面协助董事会履行职责。为避免权力过度集中，董事长和行长由两人分别担任。

中国工商银行公司治理架构图如图1-1所示。

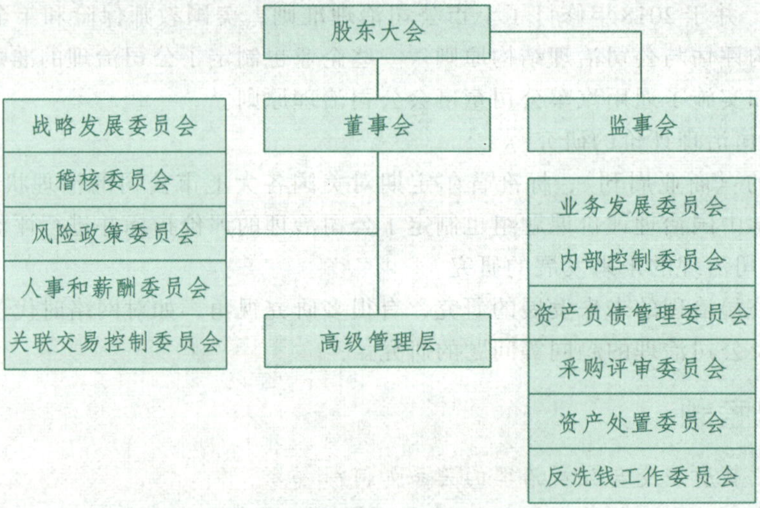

图1-1 中国工商银行公司治理架构图

思考

（1）中国工商银行为什么要进行公司治理改革？

（2）中国工商银行的公司治理结构与英美和日德模式有什么区别？

---

① 整理自中国工商银行网站，http：//www.boc.cn/cn/common/fourth.jsp？category=1155518745100。

（3）试述中国工商银行公司治理改革的效果。

推荐阅读资料

（1）张维迎 . 企业的企业家——契约理论［M］. 上海：上海人民出版社，2015.

（2）吴敬琏 . 现代公司与企业改革［M］. 天津：天津人民出版社，1994.

（3）伯利，米恩斯 . 现代公司与私有财产［M］. 甘华鸣，罗锐韧，蔡如海，译 . 北京：商务印书馆，2005.

（4）钱德勒 . 企业规模经济与范围经济［M］. 张逸人，等译 . 北京：中国社会科学出版社，2001.

（5）钱德勒 . 看得见的手——美国企业的管理革命［M］. 重武，译 . 北京：商务印书馆，2014.

（6）李明辉 . 公司治理全球趋同研究［M］. 大连：东北财经大学出版社，2006.

（7）格尔根 . 公司治理［M］. 王世权，等译 . 北京：机械工业出版社，2014.

（8）经济合作与发展组织 . 二十国集团/经合组织公司治理原则［M］. OECD Publishing，Paris，2016.

网络资源

（1）中国证券报，http：//www.cs.com.cn

（2）中国上市公司网，http：//www.cnlist.com

（3）中国证券监督管理委员会，http：//www.csrc.gov.cn

（4）法律教育网，http：//www.chinalawedu.com

参考文献

［1］陈文浩 . 公司治理［M］. 2版 . 上海：上海财经大学出版社，2011.

［2］郭金林 . 企业产权契约与公司治理结构：演进与创新［M］. 北京：经济管理出版社，2002.

［3］何自力，等 . 公司治理：理论、机制和模式［M］. 天津：天津人民出版社，2006.

［4］胡鞍钢，等 . 公司治理的中外比较［M］. 北京：新华出版社，2004.

［5］李维安 . 中国公司治理原则与国际比较［M］. 北京：中国财政经济出版社，2005.

［6］李维安 . 公司治理学［M］. 4版 . 北京：高等教育出版社，2019.

［7］梁能 . 公司治理结构：中国的实践与美国的经验［M］. 北京：中国人民大学出版社，2000.

［8］宁向东 . 公司治理理论［M］. 2版 . 北京：中国发展出版社，2006.

［9］青木昌彦，钱颖一 . 转轨中的公司治理结构：内部人控制和银行的作用［M］. 北京：中国经济出版社，1995.

［10］ 王国顺，等. 企业理论：契约理论［M］. 北京：中国经济出版社，2006.

［11］ 吴淑琨，席酉民. 公司治理与中国企业改革［M］. 北京：机械工业出版社，2001.

［12］ 吴冬梅. 公司治理概论［M］. 北京：首都经济贸易大学出版社，2006.

［13］ 于东智. 公司治理［M］. 北京：中国人民大学出版社，2005.

［14］ 于东智. 转轨经济中的上市公司治理［M］. 北京：中国人民大学出版社，2005.

［15］ 中国商业联合会，中国企业联合会. 公司治理［M］. 上海：上海人民出版社，2006.

［16］ 周其仁. 市场里的企业：一个人力资本与非人力资本的特别合约［J］. 经济研究，1996（6）.

［17］ 李维安，周建. 网络治理：内涵、结构、机制与价值创造［J］. 天津社会科学，2005（5）.

［18］ 李维安. "治理一般"与"治理思维"［J］. 南开管理评论，2011（6）.

［19］ 李维安. 独立性：治理有效性的基础［J］. 南开管理评论，2016（3）.

［20］ 张维迎. 所有制、治理结构与委托-代理关系［J］. 经济研究，1996（9）.

［21］ LA PORTA R，LOPEZ‐DE‐SILANES F，SHLEIFER A. Corporate ownership around the world［J］. The Journal of Finance，1999，54（2）：471-517.

［22］ JENSEN M C，MECKLING W H. Theory of the firm：Managerial behavior，agency costs and ownership structure［J］. Journal of Financial Economics，1976，3（4）：305-360.

第2章 公司治理与股东权利制度

学习目标

- 理解股东的概念并掌握股东权利分类的内容，掌握中国股东权利制度相关规定；
- 理解股东会的概念并掌握股东会决议等相关内容；
- 了解股东投票方式，重点掌握几种常用投票制度；
- 了解中国公司治理中小股东现状，掌握中小股东权益保护救济制度。

思政引领

从"管资产"到"管资本"的转变

实现由管资产向管资本转变，是国企改革的重要一环。2017年5月，国务院国资委发布《关于以管资本为主加快国有资产监管职能转变的实施意见》（简称《实施意见》）。在深化国资国企改革的背景下，《实施意见》回答了什么是管资本、如何管资本等一系列问题，是加快国有资产监管职能转变的行动指南，将有力促进国有经济的高质量发展。

《实施意见》围绕"管资本"的主线，从总体要求、重点措施、主要路径、支撑保障四个维度，构建以管资本为主加快国有资产监管职能转变的工作体系。根据新形势新任务，针对当前问题，《实施意见》从监管理念、监管重点、监管方式、监管导向等方面作出转变。包括从对企业的直接管理转向更加强调基于出资关系的监管，从关注企业个体发展转向更加注重国有资本整体功能，从习惯于行政化管理转向更多运用市场化法治化手段，从关注规模速度转向更加注重提升质量效益。

《实施意见》进一步细化明确了管资本的实质内涵，突出五项职能。具体来说，聚焦优化国有资本配置，管好资本布局，通过加强整体调控，构建全国国有资本规划体系，引导企业聚焦主责主业，进一步发挥国有资本功能作用；聚焦增强国有企业活力，管好资本运作，通过加强国有资本运作统筹谋划和基础管理，更好地发挥国有资本投资、运营公司的功能作用，进一步提高国有资本运营效率；聚焦提高国有资本回报，管好资本收益，通过完善考核指标体系，发挥考核导向作用，推动资本预算市场化运作，进一步促进国有资产保值增值；聚焦防止国有资产流失，管好资本安全，通过健全覆盖国资监管全部业务领域的出资人监督制度，构建业务监督、综合监督、责任追究三位一体的监督工作闭环，进一步筑牢防止国有资产流失的底线；聚焦加强党的领导，管好国有企业党的建设，坚持"两个一以贯之"，坚持管资本就要管党建，进一步以高质量党建引领国有企业高质量发展。

在优化管资本的方式手段方面，《实施意见》强调在明确管资本重点内容的基础上，同步调整优化监管方式，实现监管职能与方式相互融合、相互促进，增强向管资本转变的系统性和有效性。主要包括以国资委权力责任清单为基础，厘清职责边界；以法人治理结构为载体，规范行权履职；以分类授权放权为手段，激发企业活力；以加强事中事后监管为重点，提高监管效能。

资料来源 整理节选自周雷.优化国有资本配置，构建国有资本规划体系［EB/OL］.［2019-11-28］.https：//www.gov.cn/xinwen/2019-11-28/content_5456533.htm.

2.1 \ 股东与股东权利

2.1.1 股东

1）股东的概念

股东是指公司投资或基于其他合法的原因而持有公司资本的一定份额并享有股东权利的主体。投资者通过认购公司的出资或股份而获得股东资格，主要包括发起人的认购、发起人以外的认购人的认购、公司成立后投资人对公司新增资本的认购。[①]

2）股东资格的确认

依照相关法律规定，股东资格的确认须具备以下条件：

（1）股东姓名或名称应当记载在公司章程中，一旦投资人的姓名或者名称被记载在公司章程中，则该姓名或名称所代表的人或公司、企业单位、社会组织就应该是公司的股东，除非有确切的证据表明记载有误。

（2）股东名册记载。股东名册记载通常可确认股东资格，但股东名册未记载的股东也不是必然没有股东资格，这不能产生剥夺股东资格的效力。

（3）股东出资须具备合法验资机构的验资证明，所有股东以货币、实物、知识产权、土地所有权等出资后必须依法经合法的验资机构验资并取得验资证明，这是具备股东资格的必要条件。

（4）公司工商注册登记中载明股东或发起人的姓名或名称、认缴或实缴的出资额、出资时间、出资方式，对善意第三人宣示股东资格。

释例   **股东资格确认**

2003年5月16日，山东省某公司通过改制方案，决定将某公司改制为经营者持大股、内部职工参股组成的有限责任公司。公司注册资本为1 388万元，股东39人。6月26日，被告某公司通过了公司章程，该章程中表明原告（职工李某）以货币出资15万元。此外，被告的工商档案材料中会计师事务所的验资证明和银行出资证明均表明原告

---

① 赵旭东.新公司法实务精答［M］.北京：人民法院出版社，2005：6.

的投资款为15万元。但原告只自愿向被告缴纳入股款1.5万元，其他款项由他人认缴。6月30日，山东省威海市工商局向被告颁发了企业营业执照，登记注册材料中显示原告的入股款仍是15万元。2004年2月，原告向被告提出辞职申请，同年3月12日从被告处领取股份金1.5万元，原告原持有的股份现由被告的职工持股会持有。2005年9月，被告向全体股东发放了股权证，股份总额为1 388万元，并设立了股东名册，因原告已离开A公司并办理了退股手续，故股东名册中没有原告的名字。后原告以公司章程以及登记注册的投入资本金为15万元，且其退股系被告所迫，被告违反了法律不准抽逃注册资金的规定为由，诉至法院，要求依法确认其股东资格，其享有的股权额为15万元。法院认为，股东名册未将原告作为股东记录在册，故原告要求确认其股东资格并享有15万元出资额的诉讼请求理由不当，不予支持。

一般来讲，在合法、规范的情况下，公司章程的记载、股东名册的记载、登记机关的登记内容应当是一致的，能够客观反映公司股东的情况。但有时因公司操作不规范，上述记载内容可能与实际情况不一致，这就需要综合考虑多种因素，根据当事人真实意思表示选择确认股东资格的标准。通常情况下，当公司或其股东与公司外部人员对股东资格发生争议时，应当根据登记注册时的记载认定股东资格；当股东与公司之间或股东之间就股东资格发生争议时，应优先考虑股东名册的记载。从本案例来看，在设立股东名册时，原告已经离开A公司且办理了退股手续，故原告的请求——确认股东资格及享有15万元出资额的诉讼请求不符合条件。

3）股东特征

一般来说，股东具有资合性、平等性与责任有限性三大特征。

（1）资合性，是指股东间因共同对公司投资而拥有公司的股票或股权，以此发生的公司法上的关系。

（2）平等性，是指股东具备股东资格后，公司与股东以及股东之间发生的法律关系中，股东依照所持有股份的性质、内容和数额而享有平等的待遇。股东的平等性不仅体现在法律地位上的平等，而且体现在股东从公司获取利益的平等等方面。

（3）责任有限性，是指股东依其出资额的多少对公司承担责任。责任有限性鼓励投资者投资，也加快了公司治理中所有权和经营权的分离，同时促进了公司规模的扩大。但责任有限性并非绝对的，在某些情况下股东的有限责任例外适用，原本享受有限责任保护的股东，不仅不能再以有限责任为借口取得相应的保护，而且可能面临完全的个人责任。

释例　　　　　　　硅肺病农民工索赔案中责任有限性的例外

2005年12月20日完结的赤峰航峰矿产开发公司（简称"航峰公司"）硅肺病农民工索赔一案，是一起股东有限责任例外适用的典型案例。在本案中，北京航星公司和松山区老府镇政府为投资方，同时双方也是航峰公司的管理方。作为出资人，出资双方都按时履行了出资义务，不存在虚假出资和抽逃资金等问题，但是由于双方都参与到航峰公司的管理中，应该知晓公司在经营过程中存在的忽视工人生命健康安全问题，所以在明知经营运作可能致使工人患硅肺病的情况下，仍然维持公司的原有运作，给工人带来了不可挽回的伤害。因公司1999年已宣告破产，北京航星公司以责任有限性和自己完全履行出资义务作为该索赔案的抗辩理由，松山区人民法院一审认为北京航星公司与原告患硅肺病存在法律上的因果关系，判定北京航星公司承担60%的赔偿责任。2005年3月，赤峰市中级人民法院驳回了一审判决，后在同年12月中级人民法院作出终审判决，维持松山区人民法院判决，批复"为了充分保护劳动者的合法权益，破产公司原股东因过错对职工遭受的人身损害应当承担民事责任"，硅肺病农民工获得被执行人北京航星公司230多万元赔偿金。

从责任有限性的规定可以看出，北京航星公司和松山区老府镇政府参与了航峰公司的经营运作，故双方应该知晓工人生命健康安全问题，在明知可能致病的情况下仍然维持原有运作，为此双方须承担完全责任。

4）股东分类

股东按照不同的分类标准可以分为发起人股东与非发起人股东、自然人股东与法人股东、公司设立时的股东与公司设立后的股东、控股股东与少数股东。

（1）发起人股东与非发起人股东

发起人股东参加公司设立活动并对公司设立承担责任，为公司首批股东，并依公司法规定必须持有一定比例的公司股份；除发起人股东外，任何在公司设立时或公司成立后认购或受让公司出资或股份的股东被称为非发起人股东。

（2）自然人股东与法人股东

自然人与法人均可成为公司的股东，自然人股东包括中国公民和具有外国国籍的人，可以通过出资组建公司或继受取得出资、股份而成为有限责任公司、股份有限公司的股东。此处自然人作为股份有限公司的发起人股东，作为参加有限责任公司组建的设立人股东，应该具有完全行为能力，还应符合国家关于特殊自然人股东主体资格的限制性规定。例如，我国有关组织法规定，国家公务人员不能成为有限责任公司的股东、股份有限公司的发起人股东。

法人股东在我国包括企业法人（含外国企业、公司）、社团法人以及各类投资基金组织和代表国家进行投资的机构，但法律规定禁止设立公司的法人（如党政机关、军队）不能成为公司法人。

（3）公司设立时的股东与设立后的股东

公司设立时的股东是指认购公司首次发行股份或原始出资的股东，包括参加公司设立活动的有限责任公司首批股东（设立人股东）、股份有限公司的发起人股东，也包括认购公司首次发行股份的股份有限公司非发起人股东。

公司设立后的股东包括设立后通过继受方式取得公司股份的继受股东和公司设立后因公司增资而认购新股的股东。继受股东是指公司设立后从原始股东手中继受取得股东资格的人，包括因股东的依法转让、赠与、继承或法院强制执行等原因而取得股份或出资成为公司股东的人。新股东是指公司设立后增资扩股时因认购新增资本或股份而成为公司股东的人。新股东不同于继受股东，从股东资格的取得方式看，他们是从公司直接取得股份，而不是从原始股东手中继受取得，因而也属于股东资格的原始取得。这类股东也不同于公司设立时的原始股东，他们没有参加公司的设立活动，其出资没有构成公司的原始资本，只构成公司的新增资本。

释例　　　　　　　　　　　　　　**继受股东**

王某、李某、张某分别出资30万元、29万元、31万元共同成立了一家有限责任公司，公司章程中没有对股东去世后的股权如何处理作出约定。后李某因故身亡，其女要求继承其父的股权成为公司股东。依《公司法》第七十五条规定，自然人股东死亡后，其合法继承人可以继承股东资格，公司章程另有规定的除外。李某之女有权继承其父的股权，成为公司的完全股东，此类股东即为公司成立后的继受股东。

从本释例可以看出，李某之女依其继承权而成为该公司成立后的继受股东，符合法律规定的要求。

（4）控股股东与少数股东

控股股东与少数股东同前面分类的股东多有重合，单独将此作为股东的一种分类，是因为一些公司治理的问题常涉及它，如控股股东控制股东会、少数股东利益受到侵害等问题。控股股东，也称为大股东，是指出资额占有限责任公司资本总额50%以上或者其持有的股份占股份有限公司股本总额50%以上的股东；出资额或者持有股份的比例虽然不足50%，但依其出资额或者持有的股份所享有的表决权已足以对股东会、股东大会的决议产生重大影响的股东。

除此以外的股东统称为少数股东，也称为非控股股东。

2.1.2　股东权利

1）股东权利的概念

股东权利是指股东因为出资而享有的对公司的权利。股东权利可界定为：①出售股票的权利；②选举代理人的权利；③如果公司的董事和管理层没能尽到义务，有提起诉讼的权利；④从公司获取一定信息的权利；⑤公司破产时，在债权人和其他提出要求者获得偿付后对某些剩余的索取权或根据《公司法》提出重组的权利。美国公司法股东权利体现为表决权、诉讼权和资讯权，日本学者依行使目的将股东权利分为自益权和公益权。自益权是指为股东自己的利益而行使的权利，如股利分配权、新股认购权、剩余财产分配权等；公益权则是指为公司利益和兼为自己利益而行使的权利，如表决权、提问权等。

2）股东权利内容分类

根据我国《公司法》以及相关法律、法规对股东权利的规定，可将股东权利划分为四大类：财产权、管理权、知情权和救济权。

（1）财产权。股东依其出资额享有对公司现有净资产、运营所得现实利润、公司整体价值潜在增加值的分配权，包括股利分配权、清算剩余分配权、优先受让和新股认购权。

①股利分配权。股利分配权是股东基于其公司股东的资格和地位所享有的参与公司利润分配权，是公司股东的一种固有权利，由公司的盈利本质所决定，反映股东投资目

的的必然要求。

②清算剩余分配权。清算剩余分配权是公司被解散、撤销、破产或人格被注销之前,公司一切债权、债务关系清算完毕后,公司的资产还有剩余,股东有权参与剩余财产分配。

释例   **张某请求股东权利实为清算剩余财产分配权**

丙公司成立后,两大法人股东分别为甲公司与乙公司。后甲公司将其所持股份转让给张某,登记注册局未作更改,但甲公司与张某之间的股权转让以及张某的实际投资足以认定张某为丙公司的股东,且乙公司对此事实知情并无异议。丙公司破产清算后,张某提出获得股权利益。其实,张某是在请求公司清算后剩余财产的分配权。

在本释例中,虽然在登记注册局未更改股东名称,但甲公司股份转让事实成立,且张某的实际投资也充分认定其为丙公司股东,为此破产清算后,张某有权请求清算剩余财产的分配。

③优先受让和新股认购权。经股东同意转让的出资,在同等条件下,其他股东对该出资有优先购买权;在公司增资发行新股时,股东基于其公司股东的资格享有优于一般人而按照原有的持股比例认购新股的权利。

释例   **优先认购权**

德众股份有限公司成立于1994年,其大股东为A公司,持股比例为20%,B、C分别持股15%和10%,成为第二、第三大股东。1998年德众公司在上海证券交易所上市。1999年6月德众公司决定增发新股,股东大会就新股种类及数额、新股发行价格、新股发行的起止日期、向原有股东发行新股的种类和数额等事项作出决议。在B和C的联合操纵下,股东大会决议规定,公司增发新股100万股,其中A按其持股比例的1%享有新股优先认购权,B和C按其持股比例的2%享有新股优先认购权,优先认购股票的价格为正常价格的80%。

资料来源 钱卫清. 公司诉讼 [M]. 北京:人民法院出版社,2006:51.

优先受让与认购是公司股东转让或公司增发新股时,在同等条件下,公司其他股东以其持股比例享有新股优先认购权或受让权,为此本释例公司增发新股,A、B、C应分别按其持股比例享有新股优先认购权。

此处讲到股东优先受让与认购新股,自然会涉及股权转让,当然也有单个股东股权转让,通常通过证券交易所完成。公司治理中股权转让不仅涉及股东自身利益,还涉及整个公司的股权结构、法人治理结构的变更,是股权改革的常用方式,因此也常出现法律纠纷。

(2)管理权。股东以其所持比例参与管理的权利。股东可通过各种途径对公司经营事务施加直接的影响,主要有参与股东大会权、表决权、召集权、提议权、咨询权。

①参加股东大会权。这是一种固有权利,是行使管理权的一种先决权利。只要在股东大会召开前、停止过户期间之前登记在册,股东就能够行使这种权利,公司不得以任何理由排除,也不得附加任何其他行使条件。

②表决权。此权利是指股东基于其股东地位而享有的就股东大会的议案作出一定意

思表示的权利。股东表决权包括两类：一是对涉及公司事务根本性变化的事项表决；二是对公司董事、监事的选举。这是一种固有权利，不得绝对排除，通行一股一权。除非发行表决权受限制的股票，以及有法律、章程规定，不得对表决权施加任何相对限制，或剥夺其权利。

释例   **股东大会参与权与表决权的侵害**

某市侨兴股份有限公司因经营管理不善造成亏损，公司未弥补的亏损达股本的1/4，公司董事长李某决定召开临时股东大会，讨论如何解决公司面临的困境。董事长李某发出召开临时股东大会会议的通知，其内容如下：为讨论解决本公司面临的亏损问题，凡持有股份10万股（含10万股）以上的股东直接参加股东大会，小股东不必参加股东大会。股东大会如期召开，会议议程为两项：①讨论解决公司经营所遇困难的措施；②改选公司监事2人。

出席会议的有90名股东，大家经讨论，认为目前公司效益太差，无扭亏希望，于是表决解散公司。表决结果是80名股东（占出席大会股东表决权的3/5）同意解散公司，于是董事会决议解散公司。会后某小股东认为公司的上述行为侵犯了其合法权益，向人民法院提起诉讼。

该案例中董事长剥夺了中小股东参加股东大会的权利，也剥夺了股东表决的权利。

大股东侵害中小股东权益是公司治理过程中常出现的问题，尤其在我国更为普遍，中小股东权益最初始的表现是在股东代表大会中行使参与和表决权，为此公司不得以任何理由排除，也不得附加任何其他的行使条件妨碍股东行使该权利；除非发行表决权受限制的股票，以及有法律规定或章程规定，不得对股东表决权施加任何相对限制和予以剥夺，因此本释例股东的参与权与表决权均不应受到侵害。

③召集权与提议权。股东可以提议召开临时股东大会，也可以提议股东大会讨论事项、表决事项。只有持有法律规定的最低比例或者以上公司股份的股东才有召集权。而提议权则为每个股东所享有，但提议的范围受股东大会可以决议的事项所限，并不得向临时股东大会提议。股东提议还必须经过董事会的筛选，故不是所有的提议都能记载到股东大会的开会通知上。

释例   **股东会召集权与提议权**

杨某与周某共同出资注册成立了北京某装饰有限公司，周某任执行董事和法定代表人，杨某任监事。杨某认为作为公司股东有权召集股东会，但多次召集，周某均拒绝参加，致使公司的一些事务无法处理。多次拒绝后，杨某将周某诉至法院，请求确认其有权召集股东会并判令周某参加股东会。

依照法律规定，股东会的召集一般由董事会和监事会召集。本案中作为执行董事的周某才有权召集股东会，而杨某作为公司的另一名股东仅有提议召开股东会的提议权。

（3）知情权。知情权就是股东有权获得管理、监督、救济的资讯。知情权的内容主要包括财务会计报告查阅权、会计账簿查阅权、对股东大会记录和公司章程的查阅权、对股东名册的查阅权、对公司重大事项的知情权，以及请求法院指定专门审计人，对公司的业务进行审计。

释例　　　　　　　股东知情权案宣判——股东查账合理

长沙市化学试剂玻璃仪器公司（国有企业）经有关部门批准改制，并更名为"长沙市化学试剂玻璃仪器有限公司"，员工柳义等6人随之转换身份成为公司股东。在转换经营过程中，部分股东质疑公司的财务状况。公司委托的一家审计事务所公布的财务审计结果显示：公司存在购货发票未及时到账、报损固定资产处置情况无记载、"白条"较多等问题。随后，部分股东要求清查财务账簿及原始凭证，但遭到拒绝。公司的态度引起了这些股东的不满，他们将公司诉讼至长沙市天心区法院，要求获得"公司改制以来财务会计报告、会计账簿、原始凭证、销售发票"的知情权。

知情权作为股东的基本权利也受法律保护，上述长沙市化学试剂玻璃仪器有限公司部分股东所要求的公司财务状况知情权即为知情权的具体表现，为此长沙市天心区法院应支持股东的知情权诉讼。

（4）救济权。所谓救济权，是指股东利益因与经营相关的行为或决定而受到损害或可能受到损害时，股东有权运用各种救济手段予以救济，大体包括股份买入请求权、危害行为停止请求权、申请法院解散或者清算公司的权利和股东诉讼权。

① 股份买入请求权。在某些情况下，如有限责任公司中股份转让有限制而股东又要转让其股份，或股东大会通过公司营业转让或者公司合并的决议，有些股东反对该决议，请求公司以公正的价格买入自己股份的权利。

② 危害行为停止请求权。危害行为发生前的消极防卫权利，是股东对董事违法行为的制止。当公司的董事或其他高级人员对外代表公司活动时超越公司组织章程或条例，违反公司的规定，公司的股东有权请求董事或其他高级人员停止其越权或违法行为。

③ 申请法院解散或者清算公司的权利。当控股股东滥用控制力对其他股东进行压榨，严重损害公司或中小股东利益时，若有理由相信股东共存于一个公司的基本信赖基础已经丧失，中小股东有权申请法院质疑公司是否应该继续存在，包括提请法院解散公司、对公司进行重组。

④ 股东诉讼权，即当股东个人权利或公司权利受到侵害时，应当给予股东请求法院进行保护的权利，包括为了个人利益的直接诉讼权和为了公司利益的派生诉讼权。直接诉讼权指当股东的个人利益受到侵害时，他可以基于其作为公司所有权人的股东身份提起旨在保护自己利益的诉讼，解决股东与公司之间的矛盾。派生诉讼权则指当公司的合法权益受到不法侵害而公司却怠于起诉时，为了保护公司的整体利益，公司的股东以自己的名义代表公司起诉的权利。

释例　　　　　　　派生诉讼权——恒通公司案

无锡新江南事业股份有限公司（简称"新江南"）三大主要股东为江苏省无锡市南长区房地产经营公司（简称"南长公司"），持有1 450万元股份，占注册资金的18.125%；上海浦东国有资产投资管理有限公司（简称"浦东公司"），持有400万元股份，占注册资金的5%；控股股东为广东恒通集团股份有限公司（简称"恒通公司"），持有4 400万元股份，占注册资金的55%。股本金共计8 000万元，其余由各小股东持有。新江南成立时，恒通公司派张某任新江南公司的董事长、法定代表人，并由张某提名任命恒通公司的石某为新江南的总经理。

1998年8月20日，恒通公司与新江南签订了一份债权债务处理协议书，确认至同年6月30日，恒通公司欠薪江南3 971万元。恒通公司将其在深圳上水径工业区的房产作价40 352 784元给新江南冲抵债务，抵债后余额作为房产过户费用。

1999年5月6日，新江南董事会作出决议：责成经营班子对恒通公司抵债的房产组织评估工作。评估后如价值缩水，以恒通公司股权冲抵。经评估，恒通公司的抵债房产价值为2 516.88万元。为此新江南的其他非控股股东认为恒通公司利用担任新江南公司董事长、总经理的优势地位，损害了新江南和其他股东的利益，遂起诉。

此案被称为中国股东派生诉讼权第一案。

资料来源　钱卫清. 公司诉讼［M］. 北京：人民法院出版社，2006：90.

股东诉讼权作为股东权益受侵害的法律保护措施，除直接诉讼权外，派生诉讼权作为维护公司利益进而维护中小股东利益的有效手段日益受到重视，我国《公司法》里也写入了这点。

2.2　股东（大）会

引　例

某股份有限公司董事会决定在2016年召开临时股东大会。董事长发出《关于召开2016年临时股东大会会议的通知》，通知如下：

兹定于2016年2月20日召开临时股东大会会议，现将有关事项通知如下：

（1）凡是持股数在30万股以上（含30万股）的股东可以径自参加股东大会会议，凡是持股数在10万股以上（含10万股）、30万股以下的股东可以按照本通知所列会议议程填写表决票，于2月20日前寄送本公司董事会。

（2）会议议程：讨论解决公司经营方向的转型问题；补选董事一人。

（3）会议地点：某市某宾馆会议室。

（4）附件：关于公司所遇经营困难以及经营转型方向的报告；董事候选人简介；表决票一张。

2016年2月20日，120名股东出席了临时股东大会，经过认真讨论，认为公司的经营所遇困难无法解决，经大会表决，90名股东同意解散公司。董事长王某认为，赞成决议者超过出席人数的2/3，决议有效。会后，小股东李某认为公司仅让其以通信方式表决，以董事会侵害其股东的合法权益为由向人民法院提起诉讼。

问题：

（1）该股东大会的召开有哪些违法之处？

（2）作为小股东的李某，其哪些权益受到了损害？

2.2.1   股东（大）会

股东（大）会（有限公司称"股东会"，股份公司称"股东大会"，以下统称"股东会"），是指由公司的全体股东组成的一个公司机构，它是公司的最高权力机关，是股东行使股东权的组织。

在公司治理结构中，股东会作为公司的权力机构是不可或缺的，股东会具有以下特征：

1）股东会由全体股东组成

由全体股东组成股东会为各国公司立法普遍采取，我国的《公司法》对此也作了明确的规定。公司的股东是公司股东会的当然成员，任何一名股东都有权出席股东会会议，而不论该股东所持股份的多少、所持股份的性质（如持有无表决权的优先股股东）。任何股东都有权行使作为股东会的一员所应当享有的权利，同样也应该履行作为股东所应尽的义务。上述案例中，小股东李某参加股东会的权利被剥夺显然是违法的。

2）股东会是公司的最高权力机构

公司的资本来源于股东的出资，作为公司资产所有者的股东，理应对公司的运营、发展提出自己的要求，公司的发展应体现股东的意志。股东会最高权力机构的地位是从公司内部来说的，对外，股东会不代表公司进行活动。对于股东会的权利，我国《公司法》作了具体的规定。

3）股东会是公司的必设机构

只有在特殊情况下，才可以不设立股东会，如我国《公司法》第六十六条关于国有独资公司的特别规定：国有独资公司不设股东会，由国有资产监督管理机构行使股东会职权。此处所称国有独资公司，是指国家单独出资、由国务院或者地方人民政府委托本级人民政府国有资产监督管理机构履行出资人职责的有限责任公司。

2.2.2   股东会的权利

股东会的职权通常与股东会的地位和作用有关。在股东会中心主义时代，公司法赋予股东会广泛的权利。随着社会的发展，公司也发生了重大的变化，先前的股东会中心主义已经不能适应公司发展的需要，进而发展到董事会中心主义时代。随着社会对效率要求的提高，公司发展到今天，出现了经理和经营者中心主义。虽然在当今时代，股东会不再是公司的中心，但其仍是公司的权力机构。股东是公司的真正所有者，这就决定了股东会必须拥有足以维护广大股东利益的职权，一些重要的事项还是要由股东会作出决议的。无论公司发展到哪种地步，股东作为所有者都会想办法来保护自身的利益，法律也应该赋予股东足够保护自身利益的权利。

我国《公司法》对于股东会的权利作了规定。依据我国《公司法》第三十七条、第九十九条的规定，有限责任公司和股份有限公司股东会的权利是一致的，股东会依法享有以下权利：

（1）决定公司的经营方针和投资计划；

（2）选举和更换非由职工代表担任的董事、监事，决定有关董事、监事的报酬事项；

（3）审议批准董事会的报告；

（4）审议批准监事会或者监事的报告；

（5）审议批准公司的年度财务预算方案、决算方案；

（6）审议批准公司的利润分配方案和弥补亏损方案；

（7）对公司增加或者减少注册资本作出决议；

（8）对发行公司债券作出决议；

（9）对公司合并、分立、变更公司形式、解散和清算等事项作出决议；

（10）修改公司章程；

（11）公司章程规定的其他职权。

2.2.3　股东会会议的基本类型及运行机制

由于股东会是由全体股东组成的，而股东会作为最高权力机构必须形成自己的意志，因此股东会只能通过会议的方式来形成决议，行使股东对于公司的控制权。但股东会与股东会会议是不同的两个概念，股东会是指公司的组织机构，而股东会会议是指股东会的工作方式，是股东会为了解决公司的问题，依据公司法或者公司的章程而召开的会议。

1）股东会会议类型

股东会会议一般分为定期会议和临时会议两类。

（1）定期会议，也称为普通会议、股东会议、股东年会，是指依据法律或者公司章程的规定，在一定时间内必须召开的股东会议。定期会议每两次会议之间有最长的时间期限，各国对此的规定有所不同。

我国《公司法》对于有限责任公司和股份有限公司的股东会定期会议分别作了规定，第三十九条规定有限责任公司的股东会会议分为定期会议和临时会议，定期会议应当按照公司章程的规定按时召开；第一百条规定股份有限公司股东大会应当每年召开一次年会。上市公司召开股东大会都会通过报纸、网络作出公告，说明召开会议的日程安排以及股东会决议事项。以下释例即为格力电器在深圳证券交易所发布的一则股东大会召开通知。

释例　　　　　**格力电器：公布召开 2018 年度股东大会的通知**

珠海格力电器股份有限公司董事会决定于：2019 年 6 月 26 日 14：30 召开 2018 年度股东大会，会议采用现场投票和网络投票相结合的表决方式进行。网络投票时间方面，通过深圳证券交易所交易系统进行网络投票的时间为：2019 年 6 月 26 日交易日 9：30—11：30，13：00—15：00；通过深圳证券交易所互联网投票系统投票的开始时间（2019 年 6 月 25 日 15：00）至投票结束时间（2019 年 6 月 26 日 15：00）间的任意时间，审议公司 2018 年度董事会工作报告、2018 年度财务报告、2018 年度利润分配预案等事项。

股东大会的年度大会一般一年召开一次，通常是在每一会计年度终结后的6个月内召开，大都为法律所强制，召开之前发布通知，内容多为选举董事、变更公司章程、宣布股息、讨论增加或者减少公司资本、审查董事会提出的营业报告等，一般在证券类、相关财经网络、公司网页发布。

（2）临时会议，也称为特别会议，是指在必要的时候，根据法定事由或者根据有权人员的提议而临时召开的股东会会议，是相对于定期会议而言的。

我国现行《公司法》第三十九条规定，代表十分之一以上表决权的股东、三分之一以上的董事、监事会或者不设监事会的公司的监事提议召开临时会议的，应当召开临时会议。第一百条规定，有下列情形之一的，应当在两个月内召开临时股东大会：

① 董事人数不足本法规定人数或者公司章程所定人数的三分之二时；

② 公司未弥补的亏损达实收股本总额三分之一时；

③ 单独或者合计持有公司百分之十以上股份的股东请求时；

④ 董事会认为必要时；

⑤ 监事会提议召开时；

⑥ 公司章程规定的其他情形。

释例   **TCL临时股东大会**

2019年4月23日，TCL董事会发布公告召开2019年第三次临时股东大会，会议将审议的议案包括：《关于审议TCL集团股份有限公司第二期全球合伙人计划（草案）及其摘要的议案》《TCL集团股份有限公司第二期全球合伙人计划管理办法》《TCL集团股份有限公司第二期全球合伙人计划管理办法》《关于审议TCL集团股份有限公司2019年限制性股票激励计划暨"第二期全球创享计划"（草案）及其摘要的议案》《TCL集团股份有限公司2019年限制性股票激励计划暨"第二期全球创享计划"实施考核管理办法》《关于提请股东大会授权董事会办理与2019年限制性股票激励计划相关事宜的议案》等。

2019年5月8日下午14：30，会议如期举行，在公司副董事长刘斌的主持下，通过现场投票与网络投票相结合的方式，股东大会最终审议并通过了《关于审议TCL集团股份有限公司第二期全球合伙人计划（草案）及其摘要的议案》等全部议案。

临时股东大会的召开通常讨论紧急问题，无法等到年会召开时进行，为此依法召开临时会议作出决议。TCL本次股东大会的召集及召开程序合法，出席会议人员的资格合法有效，表决程序符合有关法律法规及公司章程的规定，表决结果合法有效。

2）股东大会的召集

（1）会议的召集人

股东会是由所有股东组成的，当股东会要开会时需要有人来召集。我国现行《公司法》第四十条规定，有限责任公司设立董事会的，股东会会议由董事会召集，董事长主持；董事长不能履行职务或者不履行职务的，由副董事长主持；副董事长不能履行职务或者不履行职务的，由半数以上董事共同推举一名董事主持。不设董事会的，股东会会议由执行董事召集和主持。董事会或者执行董事不能履行或者不履行召集股东会会议职责的，由监事会或者不设监事会的公司监事召集和主持；监事会或者监事不召集和主持的，代表十分之一以上表决权的股东可以自行召集和主持。

对于股份有限公司，我国现行《公司法》第一百零一条规定，股东大会会议由董事会召集，董事长主持；董事长不能履行职务或者不履行职务的，由副董事长主持；副董事长不能履行职务或者不履行职务的，由半数以上董事共同推举一名董事主持。董事会不能履行或者不履行召集股东大会会议职责的，监事会应当及时召集和主持；监事会不召集和主持的，连续九十日以上单独或者合计持有公司百分之十以上股份的股东可以自行召集和主持。

（2）召集通知和时间

股东会是由全体股东组成的，所以召开股东会会议时要通知，这样才可能保证股东知情并来参加会议。我国现行《公司法》第四十一条规定，召开股东会会议，应当于会议召开十五日以前通知全体股东，公司章程另有规定或者全体股东另有约定的除外。第九十条规定，发起人应当在创立大会召开十五日前将会议通知各认股人或者予以公告。

（3）股东会的议事规则

股东会作为公司的最高权力机构，其权力是通过股东会会议来行使的，股东会会议对于公司来说是很重要的，股东会会议的召开有一定的议事规则，主要包括：

①股东的出席率

股东的出席率是指出席股东会会议的股东占全体股东的百分比。法律为了保护广大小股东的利益，避免大股东运用自己对公司的控制优势损害中小股东的利益，规定股东会会议必须有一定比例的股东出席才能召开，这样通过的决议才合法有效。对于股东出席率，我国现行《公司法》第九十条规定，创立大会应有代表股份总数过半数的发起人、认股人出席，方可举行。

②表决要求

一项决议的通过要经过股东会会议的表决，而在表决时一般都要求经过出席会议的多数表决权通过，学界称此为多数决规则。多数决规则又可以分为简单多数和绝对多数。简单多数是指一项事件的通过只需要简单多数，即1/2通过即可。绝对多数是指一项事件在表决通过时，要求绝对多数（2/3）同意才能通过。我国现行《公司法》对此有明确的规定。

对于有限责任公司，我国现行《公司法》第四十三条规定，股东会的议事方式和表决程序，除本法有规定的外，由公司章程规定。股东会会议作出修改公司章程、增加或者减少注册资本的决议，以及公司合并、分立、解散或者变更公司形式的决议，必须经代表三分之二以上表决权的股东通过。由此可以看出，我国《公司法》对一般决议的表决要求规定得不是很严格，把它赋予公司自己去解决。

对于股份有限公司，现行《公司法》第一百零三条规定，股东大会作出决议，必须经出席会议的股东所持表决权过半数通过。但是，股东大会作出修改公司章程、增加或者减少注册资本的决议，以及公司合并、分立、解散或者变更公司形式的决议，必须经出席会议的股东所持表决权的三分之二以上通过。

释例   **股东大会决议无效**

    某上市公司某年度股东大会临近尾声时，部分股东突然发难，相继有15名股东及代理人退场，留下122名股东及代理人参加投票表决，其代表的股份占公司总股份的43.23%经投票否决了部分股东联名提交的10送8转增2的分配方案，通过了董事会提交的10送2分配预案。会后有部分股东对表决结果发表声明，指认本次股东大会普通决议获得的同意票所代表的股份不符合法定要求，故决议无效。该上市公司则针锋相对，认为这是少数股东借机修改分配方案，企图操纵二级市场股价，股东大会风波继而演变成诉讼。股东奕某等人以侵害股东权益为名向法院起诉公司董事会，并请求宣告该公司该年度股东大会决议无效并赔偿损失。

    同很多大会决议要求一样，股东大会决议的通过有严格的人数要求，而此处的人数为有效决议权票数的多少。从本例中我们看到，该上市公司股东大会的有效决议不足法定标准，仅有43.23%的股份持有人参加投票表决，属无效决议。

    ③表决方式

    对于有限责任公司，我国现行《公司法》第四十二条规定，股东会会议由股东按照出资比例行使表决权；但是，公司章程另有规定的除外。我国现行《公司法》对于表决方式的规定较为灵活，给予了充分自由。股东表决权行使的方式包括：一是本人投票制与委托投票制；二是现场投票制与通信投票制；三是直接投票制与累积投票制。

    对于股份有限公司，我国现行《公司法》第一百零三条规定，股东出席股东大会，所持每一股份有一个表决权；但是，公司持有的本公司股份没有表决权。第一百零六条规定，股东大会会议选举董事、监事，可以根据公司章程的规定或者股东大会的决议，实行累积投票制。第一百零六条规定，股份有限公司的股东可以委托代理人出席股东大会会议，代理人在授权范围内行使表决权。

    ④会议记录

    现行《公司法》第四十一条规定，有限责任公司的股东会应当对所议事项的决定作成会议记录，出席会议的股东应当在会议记录上签名。

    现行《公司法》第一百零七条规定，股份有限公司的股东大会应当对所议事项的决定作成会议记录，主持人、出席会议的董事应当在会议记录上签名。会议记录应当与出席会议股东的签名册及代理出席的委托书一并保存。

释例   **格力电器临时股东大会**

珠海格力电器股份有限公司2019年第一次临时股东大会表决会议记录。

时间：2019年1月16日下午14：30

地点：珠海格力电器股份有限公司办公楼会议室

表决方式：现场投票与网络投票相结合的方式

召集人：公司董事会

主持人：董事长董明珠女士

与会人员：珠海格力电器股份有限公司股东及委托代理人，公司董事、监事、董事

会秘书及其他高级管理人员，股东大会见证律师广东非凡律师事务所邵长富律师、王振兴律师，股东大会工作人员

会议内容：

股东发言（分别记录发言内容）

董事长讲话（记录讲话内容）

总经理办公室
2019 年 1 月 16 日

股东大会进行过程中须做好会议记录，并由主持人、董事分别签名方可生效，要与出席会议股东的签名册及代理出席的委托书一并保存，以备后续查阅参考。

2.3 股东投票制度

股东大会是公司最高权力机构，股东通过投票对重大事项作出决议，通过行使投票权直接施压于公司经营层。本节将着重阐述几种典型的投票制度。

2.3.1 股东投票原则与一股一票制

基于公平与效率的要求，当今世界各国公司均遵从股东平等的投票原则，也称为一股一票原则，是指股东依其持有股份数享有与其股份数同等数量的投票权。一股一票制也就意味着所有股东均有权参加股东大会会议，每一股份平等地拥有一份投票权。在实际施行中，一股一票制只适用于公司法律规定或公司章程约束下有资格投票的股东，但股东因自身利害关系，可能对公司利益造成影响，则不得自行或委托他人行使投票权。

资料　　　　　　　　　　关于一股一票的争议

1986 年，纽约证券交易所向证券交易委员会发出请求，希望取消长期以来对在该交易所上市公司一股一票的要求。一股一票是指投资数量和投票权数量严格成比例的资本化方式；与此不同的是，在双类或多类系统下，某类股票一股可以有多个投票权，这使得少于 1% 资本的投入者，可以凭借他们特殊种类的股票获得超过 50% 的投票权。

对机构投资者介入和对管理层责任的担心，导致公司管理层设法剥夺股东权利。基于此，纽约证券交易所担心，该交易所一股一票的规定可能给该所上市公司带来竞争劣势，并导致该交易所上市公司转投其他规定更为宽松的交易所。而一些公司，尤其是家族企业，既想获取公众资本又不想放弃对企业的控制权，这就给股票交易所带来了改变一股一票规定的压力。

但问题实际上并不是公司是否能够发行具有不同投票权的股票，而是投票权受到限制的股票是以何种方式提供给股东的。比如，在存在一定价格补贴的情况下，允许公司用投票权受到限制的股票交换有完全投票权的股票。

所以，关于一股一票的争议就在于如何设置保护性程序，保证投票权受到限制的股

票在提供给股东时，股东能够作出公平并且经济上合理的选择。

资料来源 蒙克斯R，米诺N.公司治理［M］.李维安，周建，等译.北京：中国财政经济出版社，2004：85-86.

一股一票制与一股多票制有显著的差异，一股多票在持有股份较少的条件下仍然能实现"以少胜多"。本案例中的争议点即为此，"存在双类或多类系统下，少于1%资本的投入者，却可以凭借特殊种类股票获得超过50%的投票权"，这就可能导致恶意股东投票权损害公司及其他股东的利益。

2.3.2 股东投票制度类型

1）本人投票制和代理投票制

本人投票制是指具备投票资格的股东亲自出席股东大会并行使投票权。在股东不能参加股东大会行使投票权的情况下，公司通过制定书面表决制度或委托投票制度行使投票权。

代理投票制则是指不能出席股东大会的股东、上市公司或公众公司股东通过代理人在股东大会上行使投票权的法律制度。依据各国公司治理的情况，代理制度大体分为三类：一是委托公司的经营者或其他人代理，常见的有董事为代理人，英美法多采用此制；二是因董事会不得收购委托代理书，也不得作为股东的代理人，一些有组织的中间人行使代理权，如银行，德国常采用此制；三是法国公司法类型，即允许银行换购空白委托书，但要求在股东会开会前，将代理权转交给董事会。

我国《公司法》第一百零六条规定，股东可以委托代理人出席股东大会会议，代理人应当向公司提交股东授权委托书，并在授权范围内行使表决权。

代理权通常由投票权、建议权以及投票代理权三项权利内容组成。

投票代理权是在分散股东出席股东大会成本大大超过由此带来利益的情况下产生的，早期实践并未得到认可。1934年美国《证券交易法》首次对投票代理权立法，次年美国证券交易委员会根据此条款制定了世界上第一部投票代理权操作规则。历经半个世纪的发展，投票代理权已成为现代公司治理的重要制度。

虽然代理制度因各国治理模式不同而有所差异，但本质上贯彻意思自治的原则，以便达到法定出席人数，股东大会顺利召开并及时决议公司的重要事项，提高公司的运作效率。但施行代理投票制容易出现代理投票征集问题，即当投资者不满意公司现行运营状况时，通过向公司股东征集代理权委托书的形式，征集到足够多的委托书，在股东大会上运用自己所拥有的代理权表达意见。

释例 **神开股份独立董事公开征集投票权**

2018年8月25日，神开股份在巨潮资讯网发布《上海神开石油化工装备股份有限公司独立董事公开征集投票权公告》，公司独立董事孙大建和金炳荣作为征集人，就公司于2018年8月30日召开的2018年第一次临时股东大会的下述议案向公司全体股东征集投票权：《关于罢免刘国华董事职务的议案》、《关于罢免李芳英董事职务的议案》、《关于罢免顾承宇董事职务的议案》、《关于罢免叶明董事职务的议案》、《关于罢免孙大建独立董事职务的议案》、《关于罢免金炳荣独立董事职务的议案》、《关于罢免谢圣辉监事职务的议案》和《关于罢免陆灿芳监事职务的议案》。征集时间为2018年8月25日至2018年8月27日（上午9：00—11：30，下午13：30—17：00）。在独立董事征集投票权期间，共有153名股东委托独立董事投票，总共代表有表决权的股份数为3 286 553股，占公司股份总数的0.9031%。未持有公司股票的独立董事通过代理权征集方式在股东大会上对相关议案进行投票，维护股东自身或公司的利益。

2）直接投票制和累积投票制

直接投票制奉行资本多数决原则，贯彻大股东控制公司的权利义务对等理念。股东会决议与大股东意志一致，在行使表决权时，针对某一项决议，股东只能将其持有股份代表的表决票数一次性直接投在这些决议上。

累积投票制产生于美国伊利诺伊州。美国《标准公司法》第33条明确规定了累积投票制度，随后这一制度在许多国家和地区相继得到确认，目前为大多数西方国家所运用。我国现行《公司法》第一百零五条也规定：股东大会选举董事、监事，可以依照公司章程的规定或者股东大会的决议，实行累积投票制。

累积投票制是指股东大会选举董事或监事时，每一股份拥有与应选董事或者监事人数相同的表决权，股东拥有的表决权可以集中使用，即股东大会在选举两名以上董事时，一个股东可以投票的总数等于其所持有的股份数额乘以应选董事的人数；票数多的董事候选人将按顺序当选，股东可以不必为每位董事投票，而将其总票数投给一位或几位候选人，从而产生代表己方利益的董事。

这两种投票制均以同股同权、一股一权为基础，但在表决票数的计算和具体投向上存在根本差异。

如何保证小股东选举候选人的最低股份数？威廉姆斯和坎贝尔关于精确计算股东选举特定董事所需的股份数有公式如下：

$$X=(Y×N_1)/(N_2+1)+1$$

其中，X代表某位股东欲选出特定数额的董事所需的最低股份数；Y代表股东大会上享有投票权的股份总数；N_1代表某股东欲选出的董事人数，N_2代表应选出的董事总人数。

由上述公式可知，被选举人数越少，累积投票制发挥的作用就越小，在极限状态下，即仅有1名候选人的情况下，与直接投票制度一致，没有差别。

累积投票制同上述投票权征集一样，也是为了保护中小股东权益而设立的。同直接投票制不同，累积投票制可在股份相对较少的情况下，仍然能集中选票，为代表己方利益的候选人争得席位。但在大股东股份占绝对优势的情况下或候选人数量太少的情况下，效果与直接投票制无二。

释例　　　　　　　　累积投票制的作用

累积投票制可使股东将所有的票数累积，合并投到某候选人名下，以得票数决定当选与否。例如，一家公司共有100股，股东甲拥有15股，乙拥有另外85股。每股具有等同于待选董事或监事人数的表决权（如选7人即每股有7票）。如果要选7名董事或监事，股东甲共有 105 个表决权，乙拥有 595 个表决权。在实行普通投票制的情况下，甲给自己提出的 7 个候选人每人的表决权不会多于 15 个，远低于乙投给其提出的 7 个候选人每人 85 个表决权。此时甲不可能选出自己提名的董事或监事。如果实行累积投票制，甲可以集中将他拥有的 105 个表决权给自己提名的一名董事或监事，而乙无论如何分配其总共拥有的 595 个表决权，也不可能使其提名的 7 个候选人每人获得的表决权多于 85 个，更不可能多于 105 个。累积投票制的功能就在于保障中小股东可能选出自己信任的董事或监事。

我国《上市公司治理准则》第十七条规定，董事、监事的选举，应当充分反映中小股东意见。股东大会在董事、监事选举中应当积极推行累积投票制。单一股东及其一致行动人拥有权益的股份比例在 30% 及以上的上市公司，应当采用累积投票制。采用累积投票制的上市公司应当在公司章程中规定实施细则。

实施累积投票制需要满足以下要求：①以中小股东的积极参与投票为前提。②以小股东持有或合计持有一定数量的表决权为条件；若小股东持股数量过低，与大股东相差太大或者中小股东一致行动缺乏有效性，则累积投票制难以发挥积极作用。③中小股东有自己的候选人，否则累积投票制度无实质意义。④大股东即控股股东不可利用其控制权设置障碍。

累积投票制给予小股东将其代言人选入董事会的机会，在一定程度上达到抑制大股东操纵公司的目的。由前面的公式可知，待选举的董事人数越多，对小股东持股份额的要求越低，也就越容易选举出可能代表己方利益的董事人选。

累积投票制在不违背资本多数决的原则下，有效补充了其不足，实现实质意义上的股权平等。该投票制度也是现代公司"三权分立"领导体制的权力制衡方式，有利于保障公司准确决策、统一执行和有效监督。小股东选举的董事牵制代表大股东的董事的行为，最重要的体现是公司治理的目的——保护中小股东的权益，刺激小股东的投资积极性、参与监督的积极性，有利于中小股东"用脚投票"转为"用手投票"，弱化投机行为，完善股票市场。

3）现场投票制与通信投票制

现场投票是亲自或委托他人参加股东大会而作出的投票；通信投票则是随着通信工具、网络的出现与使用，运用这些工具作出投票的形式。

通信投票制是为弥补现场投票制成本太高等缺陷而出现的，我国《上市公司治理准则》第十五条明确规定，股东大会会议应当设置会场，以现场会议与网络投票相结合的方式召开。现场会议时间、地点的选择应当便于股东参加。上市公司应当保证股东大会会议合法、有效，为股东参加会议提供便利。我国《上市公司股东大会规则》对通信投票也作出了明确的规定，如第二十一条规定，公司应当在股东大会通知中明确载明网络或其他方式的表决时间以及表决程序。第三十七条规定，通过网络或其他方式投票的公司股东或代理人，有权通过相应的投票系统查验自己的投票结果。

各证券交易所也对网络投票流程作出了明确的规定，以方便股东有效投票，保护中小股东权益。图 2-1 为具体网络投票流程操作步骤。

投资者网络投票开始

登录网站 http://www.chinaclear.com.cn（注1）

输入网上用户名、密码及附加码（注2）

点击"投票表决"下的"网上行权"

浏览股东大会列表，选择具体的投票方式

登记现场参会及网上直接投票

查看投票资料

现场参会登记（注3）

确认现场参会登记成功

网上直接投票

选择表决态度

提交电子选票（注4）

确认网上直接投票成功

征集人公开征集投票权的股东大会

查看征集资料

委托征集人投票

选择表决态度

提交电子授权委托书（注4）

确认委托征集人投票成功

登记现场参会　　　网上直接投票　　　委托征集人投票

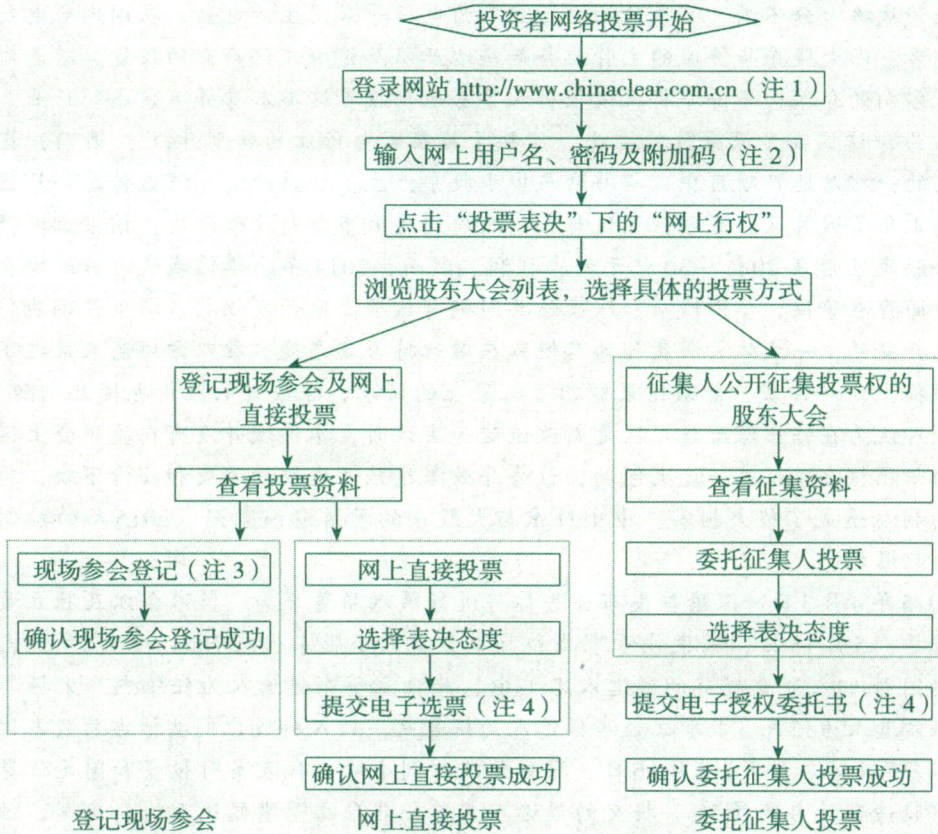

图2-1　网络投票流程操作步骤

注1：使用电脑通过互联网登录中国结算网站后，点击页面左上角的"投资者"，选择"登录"。

注2：附加码由系统自动产生，并显示在页面上。

注3：对同一股东大会，投资者办理了现场参会登记后，则不能再进行网上直接投票或委托征集人投票，除非撤销现场参会登记。

注4：投资者提交电子选票或电子授权委托书时，若电子身份证书已安装，则系统会自动搜寻并识别电子身份证书；若电子身份证书尚未安装，投资者须安装电子身份证书后方可进行网上直接投票或委托征集人投票。

2.4　中小股东权利保护

引　例

深康佳蛇象之争

长期以来，大股东华侨城一直主宰着深康佳的命运。随着中小股东的维权意识逐渐增强，在利益遭受损害的情况下，中小股东开始站出来与大股东进行抗衡。

此次控制权争夺战的爆发有两个主要原因。第一，中小股东对华侨城掌权时期深康佳的经营战略十分不满。深康佳的主营业务为电视等家用生活电器，在国内彩电行业处于领跑者。而大股东华侨城的主营业务是房地产以及旅游文化产业的投资，随着对深康佳经营方向的介入，华侨城将深康佳引入了房地产投资这类本身并不熟悉的行业。中小股东认为，这偏离了深康佳的主业，不利于其在家电行业的转型升级。第二，在深康佳涉足的一些房地产项目中，华侨城与中小股东产生了利益冲突。深康佳总部厂区位于深圳南山华侨城片区，地理位置优越，被政府列为城市更新改造地块，该宗土地开发预计会给深康佳带来 20 亿～30 亿元的净利润。然而，2014 年，华侨城认为该地块在产权归属方面存在争议，华侨城应和深康佳共同拥有该项土地开发权利，深康佳不能作为该项土地开发的唯一主体。深康佳的其他股东对此持否定态度。在双方协商未果之下，该事件被提交法院仲裁，仲裁结果驳回了深康佳的请求，深康佳的股价也因此剧烈波动。夏锐等人认为在作出深康佳厂区更新改造这一决议时，华侨城并没有在董事会上提出过土地的归属权有争议这一重大问题，最终导致深康佳开发权的流失和股价下跌，对中小股东的利益造成了极大损害。中小股东与大股东的矛盾愈演愈烈，2015 年的控制权争夺战由此爆发。

2015 年 4 月 3 日，深康佳发布公告称将进行第八届董事局、监事会以及独立董事的换届选举。5 月 15 日，深康佳董事局和监事会收到小股东代表 Nam Ngai、夏锐、孙祯祥、蔡国新 四人联合提交的候选人名单中，非独立董事候选人为任维杰、宋振华，独立董事候选人为张民，非职工监事候选人为张光辉。四人持股比例共计占总股本比例超过 3%，可以提名董事。5 月 16 日，深康佳又收到小股东代表圣时投资和国元证券两个股东（股份合计占比约 5%）提交的候选人名单：非独立董事候选人为靳庆军，独立董事候选人为肖祖核，非职工监事候选人为石开荣。圣时投资由择股能力和盈利能力很强的散户黄木顺实际控制。

夏锐四人和圣时、国元两方中小股东提名的候选人名单并不相同。若按照持股比例来进行表决的话，夏锐一方和圣时、国元一方均不可能获得成功。于是夏锐四人和圣时、国元方决定联合，共同推选能够代表双方利益的候选人。与此同时，借助网络舆情的力量，一封号召中小股东积极参与换届投票的公开信在各大深康佳 A 股吧广泛传播。公开信表达了对深康佳近几年经营的不满，呼吁中小股东支持他们的代表进入董事局、监事会。公开信还表示，著名职业投资人"牛散"黄木顺作为中小股东代表拟向即将召开的深康佳股东大会提交一份临时议案，要求在该次深康佳股东大会上，通过董、监事会的换届选举，推举代表进入深康佳公司董事局和监事会，参与深康佳公司的经营管理。面对中小股东的"强势来袭"，华侨城集团则以增持作为回应。5 月 19 日，华侨城集团及其全资子公司嘉隆投资，通过大宗交易和二级市场增持了深康佳 A 股和 B 股的股票，对深康佳的持股比例达到了 25%。

2015 年 5 月 28 日，深康佳进行第八届董事局、监事会和独立董事的换届选举。会议采取累积投票制和网络投票制的方式。夏锐四人和圣时、国元成功将代表自身利益的宋振华（夏锐方代表）、靳庆军（圣时、国元方代表）、张民（夏锐方代表）以及肖祖核（圣时、国元方代表）四人扶持到董事局队伍中。夏锐方代表张民担任董事局主席。华侨城集团在深康佳董事局中只剩两个董事席位和一个独立董事席位。此时深康佳董事局成员中，由中小股东提名的董事，占据七个董事局席位中的四个，中小股东代表成功占到董事局成员一半以上，双方的联合取得了初步胜利。

资料来源 毛文娟，高小帅. 蛇象之争，鹿死谁手——深康佳控制权之争 [G]. 中国管理案例共享中心，2018.

问题：

（1）本案例中小股东的哪些权利受到了侵害？

（2）保护中小股东权益有哪些措施？

对中小股东权利的保护是公司治理的核心。作为公平和正义的价值体现，股东平等是各国公司立法的基本原则。从主体角度界定平等，要求实现实质的、具体的平等。我国法学理论及实践长期奉行同股同权、同股同利、一股一决等原则来保护股东权利，但从引例中可以看出，中小股东权益受到侵害时有发生，为此本节在前面股东、股东会、投票制度的基础上就股东平等与股权权益保护作出阐述。

2.4.1 股东平等与异化

1）股东平等原则的界定

股东平等原则是指股东在参与公司的法律关系中，平等地享有权利。平等有两层含义：一是形式的平等，即一股一权，凡公司发行的每股股份均对应同等的权利、利益、风险、责任，各股东以其持有股份数额承担风险，分享收益，实现比例上的平等；二是实质的平等，股东按照所持有的股份性质和数额得到平等的对待，不得在股东间制造人为的不平等，如大股东不得利用自身的特定优势通过某些途径获取额外利益，也不得以某种方式单独弥补自身投资收益的损失。

2）股东平等与股权平等

现代公司具备法人资格，以营利为目的，其股东承担的风险与投资数额成正比，故其平等的标准也按股东对公司的投资数额衡量，按比例平等享有股权。股东平等并非简单异化为股权平等，也就是常说的同股同权、同股同利。股东平等要求实质的、具体的平等，绝非股权平等这种形式上、表面的平等，股权平等不能取代股东平等。正是这种实质与形式上的平等差异造成我国中小股东权益受到损害，亟待保护。

为此中国证监会在《上市公司治理准则》中就中小股东权益的保护作了明确规定："上市公司治理应当健全、有效、透明，强化内部和外部的监督制衡，保障股东的合法权利并确保其得到公平对待。"第八条规定："在上市公司治理中，应当依法保障股东权利，注重保护中小股东合法权益。"第六十三条规定，控股股东、实际控制人对上市公司及其他股东负有诚信义务。控股股东对其所控股的上市公司应当依法行使股东权利，履行股东义务。控股股东、实际控制人不得利用其控制权损害上市公司及其他股东的合法权益，不得利用对上市公司的控制地位谋取非法利益。第十七条又明确指出："董事、监事的选举，应当充分反映中小股东意见。股东大会在董事、监事选举中应当积极推行累积投票制。单一股东及其一致行动人拥有权益的股份比例在30%及以上的上市公司，应当采用累积投票制。采用累积投票制的上市公司应当在公司章程中规定实施细则。"随着公司实践与理论界的认识升华,《公司法》进一步设立了一系列体现股东平等原则的制度规范,如第二十条规定,公司股东应当遵守法律、行政法规和公司章程,依法行使股东权利,不得滥用股东权利损害公司或者其他股东的利益。在中外合资情况下,也存在因没有话语权而实质不平等的问题,所以只有获得了话语权才能实现实质的平等。

释例　　　　　　　　　　奇瑞-菲亚特股权平等的合资模式

奇瑞与菲亚特合资,与上海大众、北京现代、东风日产等合资企业相同,都是50:50的股权比例,中方想在合资中获得平等甚至主导地位。在奇瑞与菲亚特的股权平等中渗透着真正的责权利平等,是一种全新的中外汽车企业合资模式。在奇瑞与菲亚特的合资中,生产的不仅有菲亚特的车型,还有奇瑞旗下的车型,更重要的是合资公司生产的阿尔法·罗密欧也将采用奇瑞ACTECO发动机,注入了核心技术和产品的奇瑞自然在合资公司中拥有了话语权。奇瑞总经理曾经多次表示,奇瑞愿意合资,但前提是在合资公司中控权,并保留自己的品牌。在菲亚特在中国市场的发展不尽如人意的情况下,奇瑞选择与其合资,充分掌握了话语权,从而构建了真正的股权平等的合资模式。

股权平等的核心是妥善处理股东之间包括大小股东之间的利益关系,构建控股股东与非控股股东各得其所、相互尊重、和谐相处的股东利益共同体。在中外合资过程中,中方企业往往会因为股权的重新分配而失去话语权,从而失去原有的控制权而处于被动地位,上述案例正是为实现真正的股权平等而构建的一种新型合资模式。

3) 股东平等的异化

股东平等的异化来源于资本多数决原则,该原则是由于实质平等与形式平等的出发点不同而引申出来的。实质平等从主体角度出发,体现股东不论持股多少,均为平等的经济行为主体,在履行了出资等义务后都享有由出资带来的完整的权益;而形式平等,即股权平等则从资产角度出发,体现"所有权神圣"和"私法自治"理念,在股东出资不一的情况下,按少数资本服从多数资本原则决定公司事务,也就是所谓的资本多数决原则。

资本多数决原则并未在实践中得到落实,出现了异化。少数股东实际上处于多数股东的支配之下,依资本多数决原则形成的公司意思实际上是握有多数资本的股东的意思。一股一权形式上的平等造成了大股东和小股东之间实质上的不平等,资本多数决原则被滥用,股东间利益失衡。

股东平等异化的进一步表现是股东大会完全形式化,支配公司的股东或经营者忽视其他众多股东的意思,使公司私有化。少数股东由于持有股票的限制,没有动机对公司的经营活动施加影响,分散投资者的股份日益集中于机构投资者,而机构投资者的目的在于获得投资收益,而非支配公司,这就进一步形成了控股股东与被控股股东的分化。

中小股东权利受侵害是一种常见的纠纷形式,前文释例"派生诉讼权——恒通公司案"即是如此。

2.4.2 中小股东的法律救济

由于资本多数决原则的滥用以及股东平等与股权平等的差异，大股东利用自己的优势损害中小股东利益是普遍现象。在我国上市公司中，由于"一股独大"的股权结构，大股东之间制衡机制缺乏，市场外部制约与大股东的信誉约束还没有完全建立起来，这就使得中小股东利益更可能受到控股股东的侵害。为此，对中小股东的法律救济就更有意义，是更为迫切的任务。

1）中小股东的概念

中小股东是一个相对概念，只有在具体的公司内比较才能得到准确的说明，所谓中小股东的持股比例少到什么程度，一般难以作出具体规定。在股权分布绝对集中的企业，第一大股东与第二大股东持股相差很大，可能持有20%、30%的股份就是中小股东；在股权分布相对分散的企业，中小股东持股比例要小得多。

如何判断中小股东？一般来说，中小股东有如下特征：持有公司股份的比例相对小，与大股东相比，差距悬殊；分布广泛，难以集中，沟通困难；主要活跃在证券市场，对公司事务持有"理性冷漠"的消极态度；无法对公司产生有效影响，处于弱势地位，实际上受控股股东的支配。

2）中小股东的法律救济

在资本多数决原则下，各国通过实体法或程序法对中小股东的特殊保护不断加强，主要包括事前预防和事后补救两种措施。事前预防措施主要有累积投票制度、股东表决权排除制度、小股东的股东大会召集请求权，以及召集权、股东提案权和股东质询权等；事后补救措施主要体现为小股东有权直接对大股东提起诉讼。

综观各国的做法，对中小股东保护的法律机制大体可分为扩大诚信义务的适用范围、明确扩大中小股东的权利内容和有效进行事后补救三种类型。

2.4.3 股东派生诉讼

1）中小股东的直接诉讼

股东的直接诉讼是指股东以自己的名义作为原告提起诉讼，一般是股东因公司或其代理人的作为或不作为的侵权行为，为了自己的利益对公司或其他侵权人所提起的一种诉讼，诉讼的目的在于使股东受侵害的权益得到责任人的直接弥补。

《公司法》第一百五十二条规定，董事、高级管理人员违反法律、行政法规或者公司章程的规定，损害股东利益的，股东可以向人民法院提起诉讼。

直接诉讼的原告可以是公司的任何股东，且无持股比例的限制；直接诉讼的被告可以是公司，也可以是公司的大股东、董事、监事或高级管理人员。诉讼内容可分为股东大会决议、董事会决议无效之诉，股东大会决议、董事会决议撤销之诉，损害赔偿之诉以及查阅权请求之诉。

释例   股东直接诉讼维权

2017年4月17日，中证中小投资者服务中心（以下简称"投服中心"）以普通股股东身份，向海利生物发出股东质询建议函，就海利生物公司章程中对单独或合计持股3%以上股东的董事提名权增加"持股90日以上"条件提出质询，认为该条款涉嫌侵害中小投资者合法权益，不合理地限制股东对董事的提名权，违反《公司法》及相关规定，建议取消此限制类条款。对此，海利生物在回复函中表示，公司章程相关条款未违反《公司法》的规定，投服中心对此并不认可，并于6月26日以海利生物公司章程相关条款限制股东董事提名权，涉嫌违反《公司法》有关规定，向上海奉贤区法院提起诉讼并获法院受理。

法院审理认为，根据《公司法》的规定，只要具有公司股东身份，就有选择包括非独立董事候选人在内的管理者的权利，在权利的行使上并未附加任何限制条件，被告海利生物在有关公司章程中设定"持股90日以上"的条件，违反了《公司法》的规定，限制了部分股东就非独立董事候选人提出临时提案的权利，相关条款内容应认定为无效。2017年7月，海利生物公布了最新修订版公司章程，删去了"持股90日以上"的条件。

资料来源　佚名. 投服中心首例股东诉讼案获胜意义重大［EB/OL］．［2018-05-24］．http：//www.shfinancialnews.com/xww/2009jrb/node5019/node5036/fz/u1ai204304.html.

2）股东派生诉讼

股东派生诉讼，又称股东代表诉讼，也被称为衍生诉讼和代位诉讼，是指当公司的董事、监事、高级管理人员等主体侵害了公司权益，而公司怠于通过诉讼追究其责任时，具备法定条件的一个或多个股东为了公司的利益，以自己的名义代表股东提起的诉讼。直接诉讼与派生诉讼的本质区别不在于起诉的主体，而在于诉因和目的。

公司的法人资格决定了公司利益受损时，公司作为原告，有权决定起诉与否。股东在提起诉讼之前，应当先向公司董事会或监事会提出请求，让公司以自己的名义起诉。如果此种请求被拒绝，或在合理的期限内未得到答复，且公司未自行起诉不法行为人，股东才可以向法院提起派生诉讼。

依此界定可知，股东派生诉讼有以下特征：一是基于股东所在公司的法律救济请求权而产生，由公司本身的权利决定，股东行使；二是原告须是公司的股东，防止某些恶意股东滥用此权，一般对有限责任公司股东未作限制，但对股份有限公司股东要求连续180日以上单独或合计持有公司1%以上股份；三是诉讼判决结果直接由公司承担或享有，作为名义诉讼方的股东并不能获得任何权益；四是只有在公司不通过诉讼手段行使合法权利，可能造成公司权益遭受损失的情况下，股东才能提起派生诉讼。

《公司法》第二十二条、七十四条、一百五十一条、一百五十二条对股东诉讼制度进行了规定，股东依法代替或代表行使诉讼权，公司是股东派生诉讼权益的真正享有者。如果股东胜诉，其所有权益均应归属于公司，股东作为原告所得很少或根本得不到任何补偿；如果股东败诉了，所有与诉讼相关的费用则由原告股东自己完全承担；若因诉讼而使公司遭受损失，公司还有权对股东进行追偿。由此可见，股东提起派生诉讼的风险非常大。

释例　　　　　　股东会决定的法定代表是否具有诉讼代表权？

2004年5月27日，原告上海同心制药有限公司向法院提起诉讼，请求解除与被告上海公房资产经营公司之间的土地使用权转让协议。起诉时，原告诉状所列法定代表人为公司董事长周国柱，与登记注册机关颁发的企业法人营业执照记载一致。同年7月16日，原告又向法院出具法定代表人为张鑫国的撤诉申请书，提出同心公司已更换了法定代表人，正在办理变更登记手续，认为周国柱提起的诉讼不符合公司及股东的利益，故提出撤回起诉。该申请书盖有与登记注册一致的原告公司公章，双方遂就对方是否具有公司的诉讼代表权发生争议。经查，原告原属中外合资企业，股东分别为重庆同心制药有限公司和美国纽约日升有限公司。2002年12月，原告上述股东与上海绿地（集团）有限公司、上海市绿地东部房地产开发有限公司签订了股权转让协议，分别由绿地（集团）公司受让60%的股份，绿地东部房地产开发有限公司受让40%的股份。2003年1月，转让双方办理了审批和产权交易手续。2003年2月19日，原告的新股东会作出决议，任命张鑫国为公司董事长、法定代表人，原股东委派的董事长不再继续担任原职。但更换法定代表人，公司尚未办理变更登记。

在登记注册时载明的法定代表人与公司股东会决议的法定代表人不一致的情况下，究竟何者具有公司诉讼代表权的问题，实质上是公司治理结构中管理层与股东之间权力平衡的问题。

3）股东派生诉讼的具体要求

（1）股东派生诉讼原告持股比例要求

作为股东派生诉讼中的原告，在英美法系，单个股东可提出诉讼，没有持股比例的限制。在大陆法系，为确保诉讼的代表性，对提起诉讼的股东要求持有一定比例的股份：法国为5%以上，德国、日本为10%以上。除持股比例限制要求外，各国、各地区公司法对股东持股的时间限制也影响股东派生诉讼。美国采用当时股份拥有原则，即提起派生诉讼的原告必须在其起诉的不正当行为发生当时持有公司的股份，原则上股东不得对其成为股东之前受到的损害提起派生诉讼。同样为了防止恶意诉讼、敲诈或投机，在被起诉的不正当行为发生后收购的股票一般也无权提起诉讼，法律规定的特殊情况除外。英国、澳大利亚则采用原告在提起派生诉讼时必须为公司股东名簿上记载的原则，认为派生诉讼是行使公司的权利，故提起派生诉讼的股东不受提起派生诉讼的原告拥有股份的日期的影响。而德国、日本则规定，作为提起派生诉讼的原告，在起诉之前的持股期限必须达到法定时间。

（2）保证诉讼的公正性

股东派生诉讼的结果对其他股东和公司产生既判力，直接关系公司和其他股东的利益，为此必须保证诉讼的公正性。这就要求曾参加、批准或默许所诉不正当行为的股东不能提起派生诉讼，对不正当行为的发生负有疏忽责任的股东不能提起派生诉讼。恶意诉讼依法律的善意原则将被法院驳回。

（3）股东提起派生诉讼担保原则

为了防止个别股东滥用派生诉讼权或代表诉讼的权利，避免公司败诉而遭受损失，一些国家和地区的公司法均规定，在诉讼开始之前，被告有权请求法院为避免被告可能付出的诉讼费用而要求原告提供适当的担保。

本章思考题

（1）什么是股东？公司的股东可分成哪些类型？

（2）什么是股东大会？临时股东大会与定期股东大会有何区别？作用如何？·

（3）股东投票制度如何操作？有哪些适用制度？

（4）中小股东权益保护如何进行？可用途径有哪些？有何限制条件？

案例分析题

青岛金天祺科技开发有限公司股东代表诉讼案

2016年4月24日，经过多次审理，青岛金天祺科技开发有限公司（以下简称"青岛金天祺"）与航天信息股份有限公司（以下简称"航天信息"）、青岛航天信息有限公司（以下简称"青岛航天"）、第三人青岛航天金穗电子技术有限公司清算组（以下简称"青岛金穗清算组"）股东代表诉讼纠纷一案在最高人民法院处终于尘埃落定，青岛金穗清算组最终获赔8 469 728元。

2003年3月11日，青岛金天祺与航天信息共同组建青岛金穗公司，青岛金天祺出资49%，航天信息公司出资51%。青岛金穗公司章程明确约定航天信息公司除投入约定的资金外，还应投入防伪税控业务及唯一省级服务单位资格，其他股东除投入资金外，还要投入原在青岛地区开展涉税业务的社会资源，以便于得到青岛当地相关部门的工作支持，使青岛金穗公司取得青岛地区的防伪税控服务市场。自2003年3月设立至2006年3月，青岛金穗公司3年间共创造净利润6 920 026.83元，总资产由100万元增加到541万元，2004年向股东分配红利104万元，2005年分配120万元。

2004年10月，航天信息要求青岛金穗公司取得青岛全部防伪税控业务服务市场，但因其方案侵害了青岛金天祺在青岛金穗公司的权益，青岛金天祺没有接受，导致该方案暂时搁置。2005年8月8日，航天信息通过对其控制下的青岛金穗公司董事会委派其在青岛金穗公司的董事王英猛出任总经理，实现了其对青岛金穗公司的绝对控制权。2005年12月，航天信息再次提出的新的整合方案仍是以损害青岛金天祺股权权益为代价，青岛金天祺不能接受。

2005年11月28日，航天信息为整合青岛市防伪税控服务系统，为青岛金天祺拟定《青岛航天信息公司信息有限公司组建协议》（以下简称《组建协议》）及章程。根据草拟的《组建协议》规定，青岛航天注册资本500万元；由航天信息、运达公司、青岛金天祺、金科公司四方共同出资，持股比例分别为51%、19%、19%和11%。青岛航天设立后按照航天信息的规范要求，专门从事青岛市范围内防伪税控系统的销售、培训和技术服务工作，在青岛市范围内，协议各方均不再经营防伪税控及相关业务。青岛金天祺认为该《组建协议》和章程扩大了航天信息公司的权益，侵害了青岛金天祺的权益，故未在《组建协议》及章程上签字盖章。

2006年3月22日，航天信息与运达公司、金科公司签署青岛航天信息公司章程，约定三方共同出资500万元设立青岛航天信息公司，航天信息持股61%、运达公司持股

25%、金科公司持股14%。3月27日，青岛航天正式注册成立，注册资本为500万元。

2006年4月25日，航天信息发出关于取缔青岛航天金穗电子技术有限公司增值税防伪税控系统青岛市省级服务单位资格的通知，称鉴于青岛金穗在增值税防伪税控系统技术服务工作中存在诸多严重违规行为，已经危害到青岛市增值税防伪税控系统的推广和稳定运行，依据国办发〔2000〕12号和国税发〔2000〕183号文件中"防伪税控系统省级服务单位和省内服务网络应由航天金穗高技术有限公司负责建立和管理的要求"，决定取缔青岛金穗公司增值税防伪税控系统青岛市省级服务单位的资格。当日，航天信息向青岛市国家税务局发出关于青岛市增值税防伪税控系统服务网络整合情况的函，称依据国办发〔2000〕12号和国税发〔2000〕183号文件中"防伪税控系统省级服务单位和省内服务网络应由航天金穗高技术有限公司负责建立和管理的要求"，决定对青岛市增值税防伪税控系统服务网络进行整合，具体如下：取缔青岛金穗公司增值税防伪税控系统青岛市省级服务单位资格，同时终止该公司负责区域内一切与增值税防伪税控系统相关的技术服务工作，上述职能由青岛航天信息公司承担；终止运达公司和金科公司服务单位资格，上述单位的技术服务工作都由青岛航天信息公司承担。经过上述整合，青岛航天作为青岛市增值税防伪税控系统唯一的技术服务单位，全面承担青岛市省级服务单位职责。同年4月29日，山东省青岛市国家税务局转发航天信息公司的通知（青国税函〔2006〕96号），通知自2006年5月10日起，青岛市所有新办增值税一般纳税人统一到青岛航天信息公司进行防伪税控系统的培训、安装，并由该公司提供售后服务；2006年5月10日前安装的防伪税控系统，由各基层税务局监督原技术服务单位与青岛航天信息公司的移交工作，同时向纳税人公告。

2007年11月29日，青岛金穗公司因未参加2006年度年检被吊销企业法人营业执照。

2008年3月28日，青岛金天祺向北京市第一中级人民法院提起诉讼，请求：（1）判令航天信息公司停止对青岛金穗公司的侵权行为，恢复青岛金穗公司的正常经营，即恢复其防伪税控服务单位资格；（2）判令航天信息公司及青岛航天信息公司连带赔偿青岛金穗公司1457.92万元；（3）航天信息公司和青岛航天信息公司承担本案所有的诉讼费用。

由于航天信息是国家税务总局指定的增值税防伪税控系统的服务商，该业务属于特许经营业务，故青岛金穗公司章程中关于青岛金穗公司开展防伪税控业务的条款，表明了双方当事人设立青岛金穗公司的目的是更好地在青岛市开展防伪税控系统的服务业务，同时该业务系青岛金穗公司的主营业务。青岛金穗服务资格的取消，显然会直接影响青岛金穗的经营，故青岛金穗服务资格的取消与青岛金穗利益的减少之间具有一定的利害关系。另外，在2008年2月14日，青岛金天祺科技公司分别向青岛金穗公司董事会和两名监事发出关于依法维护公司权益的函，提出因航天信息公司将公司主营业务交其控股公司青岛航天信息公司，致使青岛金穗公司无法按照公司章程正常经营，系航天信息公司利用关联关系侵害了青岛金穗公司的权益，请董事会、监事依法代表公司提起诉讼。在公司董事会和监事拒绝提起诉讼的情况下，青岛金天祺有权代表青岛金穗提起诉讼，青岛金天祺向一审法院提起本案诉讼，符合法律规定，被认定为股东代表处理诉讼纠纷。

青岛金穗公司一审未到庭，亦未提交书面答辩意见。

北京市第一中级人民法院于 2008 年 12 月 20 日作出判决：一、航天信息于判决生效后 10 日内赔偿青岛金穗公司损失 2 776 960 元；二、驳回青岛金天祺科技公司其他诉讼请求。案件受理费 109 275 元，由青岛金天祺科技公司负担 87 420 元，由航天信息公司负担 21 855 元。青岛金天祺等不服上述民事判决，向北京市高级人民法院提起上诉，北京市高级人民法院两次审理都维持原判。青岛金天祺仍旧不服，向最高人民法院申请再审，最高人民法院审理判决如下：

一、撤销北京市高级人民法院（2009）高民终字第 2318 号、（2011）高民再终字第 4080 号民事判决；二、变更北京市第一中级人民法院（2008）一中民初字第 5325 号民事判决第一项即"航天信息的赔偿金额 2 776 960 元为 8 469 728 元；三、维持北京市第一中级人民法院（2008）一中民初字第 5325 号民事判决第二项即"驳回青岛金天祺科技公司其他诉讼请求"。此为终审判决。

资料来源 北大法宝网司法案例. http：//www.pkulaw.cn.

思考

（1）本案涉及股东的哪些权利？

（2）本案股东派生诉讼是否符合我国现行《公司法》的相关规定？

（3）该案对公司治理有何启示？

推荐阅读资料

（1）李维安，张俊喜. 公司治理前沿［M］. 北京：中国财政经济出版社，2003.

（2）蒙克斯 R，米诺 N. 公司治理［M］. 李维安，周建，等译. 北京：中国财政经济出版社，2004.

（3）郑志刚. 中国公司治理的理论与证据［M］. 北京：北京大学出版社，2016.

（4）姜付秀，等. 公司治理：西方理论与中国实践［M］. 北京：北京大学出版社，2016.

（5）拉克尔 D，泰安 B. 公司治理：组织视角［M］. 严若森，等译. 2 版. 北京：中国人民大学出版社，2018.

网络资源

（1）法律教育网，http：//www.chinalawedu.com

（2）北大法宝网，http：//www.pkulaw.cn

参考文献

［1］翁孙哲，万政伟. 股东代表诉讼的司法审查限度：典型案例及适用标准［J］. 商业研究，2014（11）.

［2］　陈明添，张学文. 股东投票代理权征集制度的效用：法经济学分析［J］. 东南学术，2005（2）.

［3］　孙文红，孟静. 论股东投票代理权征集制度对我国中小股东权益的保护［J］. 辽宁广播电视大学学报，2010（4）.

［4］　伏军. 公司投票代理权制度研究［J］. 西南政法大学学报，2005（4）.

［5］　李维安，等. 公司治理［M］. 修订本. 北京：知识产权出版社，2022.

［6］　李雨龙，朱晓磊. 公司治理法律实务［M］. 北京：法律出版社，2006.

［7］　蒙克斯 R，米诺 N. 公司治理［M］. 5版. 北京：中国人民大学出版社，2017.

［8］　宋智慧. 股东平等原则与资本多数决的矫治［J］. 河北法学，2011，29（6）.

［9］　宁向东. 公司治理理论［M］. 2版. 北京：中国发展出版社，2006.

［10］　刘诗瑶. 我国股东代表诉讼制度完善进路研究：以《〈公司法〉司法解释（四）》为切入点［J］. 河北法学，2018，36（11）.

［11］　席酉民，赵增耀. 公司治理［M］. 北京：高等教育出版社，2004.

［12］　白江. 公司治理前沿法律问题研究［M］. 北京：法律出版社，2015.

［13］　朱锦清. 公司法学［M］. 北京：清华大学出版社，2017.

［14］　施天涛. 商法学［M］. 5版. 北京：法律出版社，2018.

［15］　唐跃军，左晶晶. 所有权性质、大股东治理与公司创新［J］. 金融研究，2014（6）：177-192.

［16］　WANG L，HOU W，LIU Y. How do co-shareholding networks affect negative media coverage? Evidence from China［J］. Accounting & Finance，2023.

第3章 中小股东权益保护制度

学习目标

• 了解中小股东、中小股东权益的概念，掌握中小股东权益维护制度和中小股东权利救济的法律途径；

• 理解中小股东权益保护理论，掌握制度基础对中小股东权益保护的作用；

• 理解掌握法律保护论和声誉保护论及其对中小股东权益的保护和激励作用；

• 理解公司内部治理、外部治理与中小股东权益保护的关系；

• 理解混合所有制，掌握混合所有制下如何平衡中小股东权益。

思政引领

中证中小投资者服务中心的"大投保"格局

树无根则枝无叶。对于资本市场而言，投资者是其立市之根、发展之本。党的十八大以来，证券市场投资者数量突破2亿大关，资本市场投资者保护迈上新台阶。首例特别代表人诉讼康美药业案、首例操纵市场民事赔偿支持诉讼恒康医疗案……资本市场多起具有里程碑意义的投资者维权诉讼案例涌现；以"公开征集"投票权首案中国宝安改章程告捷为标志，中小投资者股东权利意识逐渐觉醒，越来越多的中小投资者积极维护自身合法权益；监管部门密织一张覆盖全国、全市场，连接线上线下的投资者纠纷调解网，多元化纠纷化解渠道畅通，效率大幅提升。

2014年成立的中证中小投资者服务中心（以下简称"投服中心"）稳扎稳打，以服务好中小投资者为宗旨，立足股东身份，从市场角度，用法律手段，初步形成了以投资者教育为基础，以持股行权、纠纷调解、维权诉讼等为特色的保护投资者合法权益的"投服模式"，助力建设资本市场"大投保"格局。

投服中心始终按照资本市场人民性要求，紧紧围绕保护中小投资者合法权益这个基本任务，充分发挥投保机构的专业作用，站稳人民立场引领中小投资者做积极股东，不断开拓创新，努力提升中小投资者获得感。

2020年3月1日实施的《证券法》突出强调了投资者权益保护，在第六章新设"投资者保护"专章。另外，新《证券法》明确了投保机构法律主体地位，并予以全面赋权，这是投保机构首次被写入《证券法》。新《证券法》为投服中心打开了更加广阔的投保工作实践空间，作为法定的投保机构，投服中心开展投保工作将更加有法可依，有章可循。新《证券法》中规定的特别代表人诉讼、支持诉讼、投保机构股东代位诉讼、公开征集股东权利、强制调解等制度机制，在投保实践中，投服中心均取得突破性进展。

2021年11月份，全国首例特别代表人诉讼康美药业案由广州中院一审判决，投服中心代表52 037名投资者获赔约24.59亿元。这标志着以投资者"默示加入、明示退出"为特色的中国式集体诉讼司法实践成功落地。本次判决是中国法制史上的里程碑事件，也是资本市场法治建设的新标杆。

此外，维权诉讼方面，投服中心在支持诉讼、股东代位诉讼方面取得突破进展。2021年2月份，投服中心提起的全国首例操纵市场民事赔偿支持诉讼恒康医疗案二审胜诉判决，是全国操纵市场民事赔偿案件中首单投资者胜诉的案例。2021年9月8日，投服中心向上海金融法院提起全国首单投保机构股东代位诉讼大智慧案。

投服中心持股行权工作于2016年2月19日启动，截至2022年8月底，投服中心共计持有4 924家上市公司股票，共计行权3 359场，累计行使股东权利4 244次。投服中心的持股行权业务始终站稳人民立场，围绕中小投资者的利益"痛点"，持续关注上市公司资产的保值增值和公司治理规范，积极切入公司治理，示范引领中小投资者做积极股东，推动提升上市公司质量。

纠纷调解是投服中心的一项主要业务，也是开展较早的成熟业务。2020年1月份，投服中心成立了全资子公司——中证资本市场法律服务中心（以下简称"中证法律服务中心"）专司调解工作。截至2022年8月底，中证法律服务中心共登记纠纷2.24万件，受理1.57万件，成功解决1.11万件，投资者获赔金额29.87亿元。累计受理29家法院等组织机构共计58起上市公司虚假陈述案件损失测算委托，测算投资者约4万人次，测算损失金额56.19亿元。

未来，投服中心将坚持以政治建设为根本，坚决拥护"两个确立"、坚决做到"两个维护"，学习贯彻落实好党的二十大精神，进一步强化全面从严治党的氛围，坚持从政治角度看投保工作，进一步强化党建与业务融合，按照资本市场人民性要求，紧紧围绕保护中小投资者合法权益这个基本任务，充分发挥投保机构的专业作用，不断开拓创新，切实维护广大中小投资者的合法权益，推动资本市场投资者保护工作迈上新台阶。

具体来看，维权诉讼方面，充分发挥内外合力，推进代表人诉讼常态化，继续探索在科创板虚假陈述、操纵市场、内幕交易民事赔偿领域开展公益维权实践尝试，由投保机构提起确认之诉。完善股东诉讼相关工作机制，丰富资金占用、违规担保等股东诉讼案件类型。完善公益代理律师运行机制。

持股行权方面，认真落实新《证券法》赋予投保机构的职责，努力提升行权话语权和扩大行权覆盖面，助力提升上市公司质量。积极寻找适宜提案的行权标的，初步拟定在章程修改、利润分配等方面适时开展提案权公开征集。继续联合机构投资者共同行权，加大系统协作和行权宣传的力度。

纠纷调解方面，深化与法院诉调对接合作，运用好联席会议制度、"损失测算+示范判决+纠纷调解"全链条机制，做好诉调对接工作。加强专职调解员和公益调解员队伍建设，努力打造一支"开口能说、遇案能调、专业能打"的"专门家"队伍。进一步激发全国 35 个调解工作站活力，发挥资本市场纠纷调解主渠道作用。强化协调合作，优化资源配置，推动健全资本市场纠纷多元化解体系，形成资本市场纠纷化解合力。

资料来源 改编自吴晓璐.助力建设"大投保"格局 提升中小投资者获得感〔EB/OL〕.〔2022-10-19〕.http：//www.zqrb.cn/toufu/toubaodongtai/2022-10-19/A1666110961985.html.

3.1 中小股东及权益

引 例

TCL跨国并购案——体现了对中小股东权益的保护

（一）背景介绍

2004 年中国主要电子产品制造商 TCL 集团表示，其香港上市子公司 TCL 国际和法国汤姆逊达成了 4.5 亿欧元建立合资公司的协议，组建名为 TCL-Thomson Electronics Ltd.（TTE）的合资公司，当时预计该公司将成为全球产量最大的电视机制造商。TTE 于 2004 年 4 月 27 日在英属维尔京群岛成立，注册资本 50 000 美元，并定于 7 月 1 日开始运营。TCL 集团在合资协议中同意收购汤姆逊亏损的电视机业务及 DVD 机业务。TCL 国际的股东通函公布了 TTE 的重大及关联交易详情。根据此次合资的一揽子安排，TCL 国际与汤姆逊同意结合两家公司的实力与资源，在电视机制造、销售和分销以及研发方面组建新的全球领先企业，其年生产能力约为 2 100 万台。TTE 指定汤姆逊在美国、加拿大以及欧洲的 29 个国家作为 TTE 的独家代理销售及经营电视机产品，在墨西哥、欧洲和非洲的 17 个国家作为 TTE 的独家代理销售和经营汤姆逊品牌的电视机产品，销售代理业务遵循双方定期制定的销售目标与预算成本。TTE 在成立初期由 TCL 国际及汤姆逊分别持有 67% 及 33% 的股权，预计 TTE 的资产净值为 4.28 亿欧元（约合人民币 44.04 亿元），相当于 TCL 国际注入的彩电资产的净资产值 2.1 亿欧元（约 19.74 亿港元）与汤姆逊注入的彩电资产的净资产值 2.18 亿欧元（约 20.49 亿港元）之总和。另外，汤姆逊将注入折合 1.48 亿欧元的电视机生产设施并设立研发中心，注入 7 000 万欧元现金。

（二）在 TCL 合并案中，对中小股东权益保护的集中体现

在 TCL 合并案中，合并预案在折股价格的确定上充分考虑了流通股股东的利益。在合并方案公布前，TCL 通讯二级市场的收盘价为 18.24 元，公司确定折股价为 21.15 元，并且该价格不再调整。这个价格本身就比市场价高出了约 16%。由于新股发行上市后还会有所溢价，如果方案成功，持股者的每股流通市值还会高于 21.15 元。从市场反应来看，合并方案公布后，TCL 通讯的股价由 18.24 元一路攀升到 12 月 1 日的 23.92 元。可见，TCL 合并方案中确定的折股价对中小股东是有利的。

在 TCL 合并案中，一个重要的创新就是实施了委托投票权制度、关联股东表决权排除制度、类别表决制度这三种制度。由独立董事向中小股东公开征集投票权，使无法亲自出席股东大会的中小股东也可以行使自身权利，同时还启动了股东大会催告程序，发

布召开股东大会催告公告,督促流通股股东积极参与决策。委托投票权制度的实施无疑可以起到积少成多,为中小股东在股东大会上提供更多的发言权的作用。

由于TCL集团关联股东的地位,在股东大会对合并议案进行表决时,TCL集团履行了回避表决的义务。而又由于TCL集团是TCL通讯唯一的非流通股股东,这时的股东大会实际上就成了流通股股东的类别股东大会。流通股股东的类别表决机制能够有效防止某一类别的股东通过控制股东大会侵害其他类别股东利益的情况的发生。

在TCL合并案中,由于实施了委托投票权制度、关联股东表决权排除制度、类别表决制度,实际上赋予了TCL通讯流通股股东对合并方案的决定权。也正是因为上述制度的实施,流通股股东才得以享受到优惠的折股价格以及其他方面的保护。

TCL案例中另一个值得关注的环节是,在整个换股合并过程中,除了公告重大信息外,TCL通讯股票没有实行长时间的停牌,这使得广大流通股股东有充分的交易机会来行使"以脚投票"的权利。

在TCL的合并案中,由于委托投票权等制度的实施,TCL通讯中小股东的权益得到了比较充分的保护。然而,无论是保证交易的公正性,还是对中小股东"用手投票""用脚投票"权利的保护,都是事前的预防性保护。我国目前在事后的司法救济方面还显落后,一旦交易对中小股东造成了实质性的侵害,中小股东很难通过法律途径挽回其损失。从上面的分析中我们可以看到,TCL合并案对中小股东的保护有很多创新,这些措施是值得我们进一步总结借鉴的。

资料来源　根据网上资料和下列资料整理,秦耀林. TCL合并体现了对中小股东权益的保护 [J]. 会计师,2004(1).

问题:

请谈谈在TCL合并案中,对保护中小股东权益有哪些方面的措施和创新?有哪些仍需改进的地方?

中小股东权益保护不仅关系到中小股东自身的投资收益,而且关系到企业筹集资金以正常地发展,同时也关系到资本市场的稳定发展,以发挥其融资功能。特别是在我国,中小股东权益保护有着更为重要的意义。由于我国企业股权高度集中,因此大股东对中小股东利益的侵占问题已经成为公司治理的主要问题。关注中小股东权益保护,将促进我国证券市场的发展和经济的繁荣,同时可以彰显公平、正义和效率,这既是目前社会的现实要求,也是构建新时代中国特色社会主义不可缺少的重要环节。

3.1.1　中小股东的概念

股东是指组成股份有限公司或有限责任公司并在其中享有股东权利的人。股东资格主要通过认购公司的资本或股份而获得。中小股东是指相对来说具有较低股份控制率、对公司负有较少义务的股东。中小股东常常被视为少数股东、非控股股东或公司的其他股东,一般是相对于有控制力的大股东、多数股东以及控股股东而言的。

中小股东是相对于控股股东的概念,控股股东的重点是在"控制"。我国新《公司法》明确规定了两个控制概念:一个是控股股东,另一个是实际控制人,"控股股东,是指其出资额占有限责任公司资本总额百分之五十以上或者其持有的股份占股份有限公司股本总额百分之五十以上的股东；出资额或者持有股份的比例虽然不足百分之五十，但依其出资额或者持有的股份所享有的表决权已足以对股东会、股东大会的决议产生重大影响的股东。实际控制人，是指虽不是公司的股东，但通过投资关系、协议或者其他安排，能够实际支配公司行为的人"。《上市公司收购管理办法》对控制权进行了详细规定，"有下列情形之一的，为拥有上市公司控制权：（一）投资者为上市公司持股50%以上的控股股东；（二）投资者可以实际支配上市公司股份表决权超过30%；（三）投资者通过实际支配上市公司股份表决权能够决定公司董事会半数以上成员选任；（四）投资者依其可实际支配的上市公司股份表决权足以对公司股东大会的决议产生重大影响；（五）中国证监会认定的其他情形"。

根据控股股东的定义，一般判定中小股东的原则有以下四点：

（1）与控股股东相比，持有公司股份数量少、比例小，无法对公司形成有效影响，处于弱势地位；

（2）分布广泛，难以集中，沟通困难，无法形成集体行动；

（3）对公司事务持有"理性冷漠"的态度；

（4）主要在证券市场比较活跃。

中小股东的概念实际上就是相对于那些具有支配力和控制力的控股股东而言的，是不具有控制地位的股东。实践中，我国的中小股东主要指公众股东，即流通股股东。中小股东是指那些无法对公司经营和管理实施有效影响，实际上受控股股东支配的股东。

3.1.2　股东权益的概念

股东享有股权是股东法律地位的重要体现之一。股东权益亦称股东权利，依照不同的视角，股东权益有不同的含义。在会计学中，是指资产负债表中的"所有者权益"项目，也就是净资产，等于资产减负债，为股东所有；在经济学中，股东权益是指企业所有权，具体是指股东对企业的剩余索取权和控制权；从法学角度讲，股东权益即股权，是指股东享有的权利，是基于股东资格而获得的公司赋予的各种权益或者权利，包括从公司获取经济利益以及参与公司管理。

我国《公司法》规定："公司股东依法享有资产收益、参与重大决策和选择管理者等权利。"具体包括：出席或委托代理人出席股东（大）会行使表决权、选举权和被选举权、依法转让出资或股份的权利、知情权、建议和质询权、股利分配请求权、新股认购优先权、提议召开临时股东大会权、股东大会召集和主持权、临时提案权、异议股东的股份收买请求权、特殊情形下申请法院解散公司的权利、公司终止后对公司剩余财产的分配请求权、提起诉讼的权利。

《二十国集团/经合组织公司治理原则》指出，股东的基本权利包括"可靠的所有权登记方式；股份转让或过户；定期、及时地获得与公司相关的重大信息；参加股东大会并投票；选举和罢免董事会成员；分享公司利润"。股东权利的分类有多种，如自益权与共益权、财产权、支配与经营权、救济与附属权、固有权与非固有权等。

中小股东权益指上市公司除机构投资者外的流通股东基于其股东资格而享有的从公司获取经济利益并且参与公司经营管理的权利。目前在我国主要以其行使权益的目的和内容为标准，将中小股东权益的主要内容分为共益权与自益权。

（1）共益权

共益权指股东为参与公司决策、经营管理、监督而享有的一系列权利，是股东在为自身谋求利益的同时也为公司谋求利益而行使的权利。股东共益权一般包括：股东表决权、股东大会自行召集权、股东大会决议撤销权、知情权、累计投票权、提案权、质询权、公司设立无效诉权、公司合并无效诉权、董/监事和清算人被选任权、董事监事和清算人解任请求权等。尽管理论上我国中小股东被赋予上述共益权，但实际上由于"一股独大"的股权结构特点，中小股东往往无法真正行使上述权利。

释例　　　　　　　　　　　　中小股东共益权

在我国上市公司中，中小股东由于参加股东大会的成本较高，而收益较低，因此中小股东要么委托他人行使股东表决权，要么放弃行使。又如，股东大会召集与否一般取决于董事会，而由于我国上市公司的董事会大多被大股东暗中操纵，因此中小股东的股东大会自行召集权有其名而无其实。再如，董/监事和清算人被选任权、董事监事和清算人解任请求权实际上均在大股东手中。因此，考察共益权必须结合我国上市公司的实际状况。

（2）自益权

股东的自益权是指股东个人为从公司获取资产收益而行使的一系列权利。股东自益权主要包括：股利分配请求权、新股认购优先权、剩余财产分配请求权、股份转让权等。结合我国公司治理实践，自益权也并非中小股东自身能够完全拥有的。最典型的是股利分配请求权，《上市公司监管指引第3号——上市公司现金分红》规定，上市公司应当在章程中明确现金分红相对于股票股利在利润分配方式中的优先顺序。具备现金分红条件的，应当采用现金分红进行利润分配。采用股票股利进行利润分配的，应当具有公司成长性、每股净资产的摊薄等真实合理因素。

3.1.3　中小股东权益维护制度

1）保护中小股东权益的制度建设

（1）扩大中小股东的知情权范围

知情权即股东获悉公司有关事项的权利。股东投资于公司，自然有权利获知公司的有关事项，尤其是与股东切身利益密切相关的经营信息及财务信息。

为切实保护中小股东的知情权，《公司法》在修改后扩大了这一权利的范围。第三十三条规定：股东有权查阅、复制公司章程、股东会会议记录、董事会会议决议、监事会会议决议和财务会计报告。股东可以要求查阅公司会计账簿。股东要求查阅公司会计账簿的，应当向公司提出书面请求，说明目的。公司有合理根据认为股东查阅会计账簿有不正当目的，可能损害公司合法利益的，可以拒绝提供查阅，并应当自股东提出书面请求之日起十五日内书面答复股东并说明理由。公司拒绝提供查阅的，股东可以请求人民法院要求公司提供查阅。此外,《公司法》第一百一十六条规定:公司应当定期向股东披露董事、监事、高级管理人员从公司获得报酬的情况。这些都有利于中小股东了解公司的情况和信息,从而能够及时维护自身的利益。

(2)完善股东质询权

股东质询权,又称股东提问权,是指在公司股东大会会议过程中,股东有权就相关事项向董事、经理等经营者提出询问,被询问者对此质询负有说明之义务。股东质询权的确立,是股东知情权得以落实的前提和基础,是股东保护自身权益的第一步。

《公司法》第九十七条规定:股东有权查阅公司章程、股东名册、公司债券存根、股东大会会议记录、董事会会议决议、监事会会议决议、财务会计报告,对公司的经营提出建议或者质询。第一百五十条又规定:股东会或者股东大会要求董事、监事、高级管理人员列席会议的,董事、监事、高级管理人员应当列席并接受股东的质询。

质询权是股东的一项法定权利,该权利不问股东的持股份额多寡,仅持有一股的股东也可行使该权利,但这也恰恰容易造成股东滥用质询权,诸如股东质询过于频繁、随意,这将会极大损害股东大会的效率乃至阻碍股东大会的顺利进行。因而《公司法》作为兼顾效率与公平两种冲突价值的产物,在赋予股东质询权的同时,也须兼顾公司股东会的效率。另外,该条文对股东质询的时间、质询的对象、在什么场合下提出质询,以及答询义务人是谁、如何答询未作任何规定或明示,这是该条文的一大疏漏。

(3)增设股东对召开临时股东大会的提案权

提案权是指股东可以向股东大会提出议案的权利。股东提案权是保证中小股东权利的一项重要措施,通过这一措施,中小股东能够将其关心的问题提交给股东大会讨论,实现对公司经营决策的参与、监督和纠正,有助于提高中小股东在股东大会中的主动地位,减少被动议事和表决的情况,世界各国公司立法几乎都承认股东提案权,并对其具体内容作出规定。修改后的《公司法》也增设了股东对召开临时股东大会的提案权。《公司法》第一百零二条规定:单独或者合计持有公司百分之三以上股份的股东,可以在股东大会召开十日前提出临时提案并书面提交董事会;董事会应当在收到提案后二日内通知其他股东,并将该临时提案提交股东大会审议。这一规定使得中小股东可以联合起来通过共同提交提案来参与公司经营,从而维护自己的权利。这是股东行使其主权和立法权的重要表现,它对防止经营者过度控制公司有着重要的遏制作用,从而更有利于保护中小股东的权益。但是如果该提案权遭到侵犯,我们该如何来救济,这一点《公司法》并未作规定。

(4)赋予中小股东股东大会召集权

1993年《公司法》仅对股东大会的召集请求权进行了规定,认为股东大会只能由董事会负责召集,这显然对那些无法控制董事会的少数股东是不公平的。赋予中小股东股东大会召集权,在一定程度上能够牵制妨碍股东正当意思表达的董事的专横,尤其是让中小股东能够持有对抗受控股股东支持的董事势力的武器,这也是保护中小股东权益的一项重要法律制度。修改后的《公司法》第一百零一条规定:股东大会会议由董事会召集,董事长主持;董事长不能履行职务或者不履行职务的,由副董事长主持;副董事长不能履行职务或者不履行职务的，由半数以上董事共同推举一名董事主持。董事会不能履行或者不履行召集股东大会会议职责的，监事会应当及时召集和主持；监事会不召集和主持的，连续九十日以上单独或者合计持有公司百分之十以上股份的股东可以自行召集和主持。

2）中小股东权利救济的法律途径

（1）股份回购请求权的行使

股份回购（Share Repurchase），是指股份有限公司将本公司已发行在外的股份购回的法律行为。具体而言，是通过买回一定数额的已发行在外的股票来实现股份的回购，股份回购是一种大规模改变公司资本结构的行为。股份回购在国外证券市场上是极为普遍的公司资本经营行为。

我国现行《公司法》第一百四十二条规定了股份回购制度："公司不得收购本公司股份。但是，有下列情形之一的除外：（一）减少公司注册资本；（二）与持有本公司股份的其他公司合并；（三）将股份用于员工持股计划或者股权激励；（四）股东因对股东大会作出的公司合并、分立决议持异议，要求公司收购其股份的；（五）将股份用于转换上市公司发行的可转换为股票的公司债券；（六）上市公司为维护公司价值及股东权益所必需。"

行使股份回购请求权有利于平衡"资本多数决"原则的实施，是公司中对公司重大事务持异议的中小股东才享有的权利。这一规定较好地弥补了原法所设立的股东大会瑕疵救济制度的不足，同时也为那些在短时间内无法以合理价格转让其股份的少数股东提供了法律援助。这一权利的行使，使在公司决议中与大股东意见相左的中小股东的权益不致受损并得到保障，公司与股东、股东与股东之间相互的利益关系在某种程度上得以平衡，中小股东的权利得以保护，公司股份平等的原则和基石也得到巩固，最终有利于实现公司的良好治理局面。

除此之外，针对有些有限责任公司的大股东利用其对公司的控制权，长期不向股东分配利润，致使中小股东的利益受到严重损害的现象，《公司法》还规定了股东可以请求公司按照合理的价格收购其股权。

在股份回购中，公司控股股东、董事具有的地位优势和信息优势，也为他们利用这些便利条件谋取个人私利，以公司充当其私人交易工具，从而侵害中小股东利益提供了可能。例如，滥用控制权，在股份回购中高价协议回购所持股份；利用股份回购巩固自身的控制地位；通过操纵市场、内幕交易或其他非法手段，获取不当利益，损害中小股东利益等，这些在以后的立法和司法解释中都是值得考虑的问题。

（2）股东大会决议撤销权的行使

由于股东会实行资本多数决制度，中小股东往往难以通过表决方式对抗大股东，而且在公司的实际运作中，大股东往往利用其优势地位，无视中小股东的利益，任意决定公司的重大事项。《公司法》从保护中小股东权益的角度出发，规定中小股东有权请求撤销程序违法或者实体违法的股东会、董事会决议。《公司法》第二十二条规定："公司股东会或者股东大会、董事会的决议内容违反法律、行政法规的无效。股东会或者股东大会、董事会的会议召集程序、表决方式违反法律、行政法规或者公司章程，或者决议内容违反公司章程的，股东可以自决议作出之日起六十日内，请求人民法院撤销。"

股东大会决议撤销制度设计，目的在于否定通过违法程序而作出决议的效力，矫正不合法的公司法律关系。但是，当决议的瑕疵显著轻微，对决议的形成没有实质明显的影响时，从维护公司法律关系稳定、保障效率的角度而言，也应当对股东撤销权的行使加以限制，防止撤销权的滥用。另外撤销权的行使期限也应当有明确的规定。

（3）公司的司法解散请求权的行使

《公司法》第一百八十二条规定了股东的司法解散请求权：公司经营管理发生严重困难，继续存续会使股东利益受到重大损失，通过其他途径不能解决的，持有公司全部股东表决权百分之十以上的股东，可以请求人民法院解散公司。在法定的情况下，允许股东向法院申请解散公司，是保护公司中小股东利益并为其提供一种退出机制的有效途径。此条规定有助于打破在公司经营出现严重困难、财务状况恶化时，股东之间对解散公司分歧严重、董事会又不能作出公司解散清算的决议的僵局。

通过司法途径解散公司是《公司法》赋予公司股东的一个有力的救济措施，通过解散公司，可以从根本上消灭控制股东和公司高管通过关联交易、高薪回报、过度的奢侈型职务消费的物质基础，并使公司净资产多快好省地回流到股东怀抱。公司解散可以使股东各方摆脱投资的痛苦，而且解散公司也是公司止损、股东分手的明智选择。在一定程度上，解散公司诉权也可被称为公司的"安乐死"。但是由于该规定过于简单、抽象，其不足也是很明显的。其中"经营管理发生严重困难"的概念过于笼统，如何来界定经营管理发生严重困难？因条文中未加以明确规定，在司法实践中不便操作，容易发生分歧。

（4）股东诉讼权的行使

在公司制度的运行过程中，大股东利用自己的优势地位损害中小股东利益的事件屡见不鲜，赋予中小股东充分的诉讼权利，让其通过司法途径来矫正受到侵害的权益也是中小股东权益救济的一种有力措施，也是在其他保护手段难以达到目的时的最佳选择。因此，《公司法》强调了股东的诉讼提起权。

公司或者股东在自身权利受到董事、监事、高级管理人员违反法律或者公司章程的行为侵害时，以自己的名义对侵害者向人民法院提起的诉讼即为直接诉讼。董事会、执行董事或监事会对侵害人的诉讼，是以公司名义为公司利益进行的诉讼，也属于直接诉讼的范畴。因此根据法律的规定，中小股东利益受到损害时，他们可以以自己的名义提起诉讼，维护自己的合法权益，从而有望大大改变控股股东与中小股东的力量对比和博弈的格局。《公司法》第一百四十九条规定："董事、监事、高级管理人员执行公司职务时违反法律、行政法规或者公司章程的规定，给公司造成损失的，应当承担赔偿责任。"第一百五十二条规定："董事、高级管理人员违反法律、行政法规或者公司章程的规定，损害股东利益的，股东可以向人民法院提起诉讼。"同时，第一百五十一条规定："董事、高级管理人员有本法第一百四十九条规定的情形的，有限责任公司的股东、股份有限公司连续一百八十日以上单独或者合计持有公司百分之一以上股份的股东，可以书面请求监事会或者不设监事会的有限责任公司的监事向人民法院提起诉讼；监事有本法第一百四十九条规定的情形的，前述股东可以书面请求董事会或者不设董事会的有限责任公司的执行董事向人民法院提起诉讼。"

　　除此之外，派生诉讼制度的存在和发展，相对于直接诉讼制度来说是一大进步，它完善了股东诉讼制度，该制度对于保证公司的顺利发展，促进经济的良性、安全运行具有重大的作用，也是中小股东权利救济的最终方式。《公司法》设置了有关派生诉讼的规定："监事会、不设监事会的有限责任公司的监事，或者董事会、执行董事收到前款规定的股东书面请求后拒绝提起诉讼，或者自收到请求之日起三十日内未提起诉讼，或者情况紧急、不立即提起诉讼将会使公司利益受到难以弥补的损害的，前款规定的股东有权为了公司的利益以自己的名义直接向人民法院提起诉讼。他人侵犯公司合法权益，给公司造成损失的，本条第一款规定的股东可以依照前两款的规定向人民法院提起诉讼。"

　　综上所述，公司法在修改中对中小股东权益保护制度的设计上有了很大的进步和完善，从鼓励投资、保护公司中的"弱势群体"出发，对中小股东给予了极大的关注，有效地扩大了中小股东维权的范围，完善了中小股东权益保护和救济的途径，使中小股东合法权益能够更好地免遭侵害。但是我们也应当认识到，现行规定仍然存在许多不足，一些还未浮出水面的问题也不容忽视，中小股东权益的保护制度仍需不断地完善。

3.2　中小股东权益保护理论

引　例

中超控股被"恶意"担保牵连陷入官司旋涡，中小股东权益如何维护？

　　2019年2月，江苏中超控股股份有限公司（以下简称"公司"或"中超控股"）收到揭阳市榕城区人民法院送达的民事起诉状等诉讼材料，其中案号为（2018）粤5202民初1759号的原告林宏勇诉讼请求被告黄锦光归还借款人民币1500万元及逾期利息和违约金，并请求中超控股承担连带保证责任。

　　案件事由：被告一黄锦光于2016年10月24日向原告借款人民币7000万元，借款期限从2016年10月24日至2016年12月24日。2016年12月20日，被告黄锦光与原告签订了《贷款展期协议》，将借款期限展期为自2016年12月24日至2017年12月24日止。其余被告分别为黄锦光的借款行为提供连带责任保证。被告一黄锦光借到款项后，只偿付本金人民币5500万元，尚欠人民币1500万元，而被告一黄锦光只付至2017年4月20日的利息，各保证人也没有履行还款义务。该事项未经公司董事会、股东大会审议，2018年8月2日黄锦光以公司名义与债权人签订了担保书。

　　判决情况：案件经2018年12月11日、2019年3月15日两次开庭审理。广东省揭阳市榕城区人民法院判决如下："一、被告黄锦光应于本判决发生法律效力之日起二十日内返还原告林宏勇借款人民币1 500万元及该款利息（自2017年4月21日起至还款之日止，按年利率24%计）。二、被告黄彬、黄润耿、广东鹏锦实业有限公司、深圳市鹏锦实业有限公司、广东天锦实业股份有限公司、深圳市鑫腾华资产管理有限公司、江苏中超控股股份有限公司对本判决第一项所确定的被告黄锦光的债务承担连带清偿责任。案件受理费158 920元，由被告黄锦光、黄彬、黄润耿、广东鹏锦实业有限公司、深圳市鹏锦实业有限公司、广东天锦实业股份有限公司、深圳市鑫腾华资产管理有限公司、江苏中超控股股份有限公司连带承担。"

中超控股意见：2018年8月9日，最高人民法院公布的《关于审理公司为他人提供担保纠纷案件适用法律问题的解释（征求意见稿）》，2018年12月29日上海市最高人民法院就广西慧球科技股份有限公司违规担保作出的一审判决等多项法律先例基本明确了对上市公司违规担保、法定代表人越权担保的态度，即原则上认定违规担保无效。公司多次公告称该担保事项未经公司董事会、股东大会审议并通过，所涉及印章系黄锦光私刻。黄锦光于2019年1月20日向揭阳市榕城区人民法院书面出具了情况说明（含本案件），承认其在担任中超控股董事长期间，没有经过董事会、股东会批准，私刻中超公司假公章，在广东省揭阳市以中超控股公司名义为本人及本人关联公司、关联人员的借款提供了担保，并请求法院依法认定该担保合同无效，中超控股不用承担责任。但广东省揭阳市榕城区人民法院仍片面地认为：黄锦光在担保书上的签名是代表公司实施经济活动，不是其个人行为，判决了公司承担担保责任，损害了公司及众多中小股东的合法权益。实际上，该担保是黄锦光以公司名义为其原有债务追加的恶意担保，未经公司董事会、股东大会审议并通过，担保书上加盖的公司公章是黄锦光私刻的，该担保事项不是公司真实意思表示。法院如此判决，显失公正，公司不服该判决，将就此案向揭阳市中级人民法院提起上诉，坚决捍卫公司及广大投资者的合法权益。

资料来源　佚名. 中超控股：关于重大诉讼的进展公告［EB/OL］.［2019-05-14］. http：//www. cninfo. com. cn/new/disclosure/detail？　plate=　&orgId=9900014367&stockCode=002471&announcementId=1206006021&announcementTime=2019-04-11.

问题：

（1）从上述案例可以看出，此次"恶意"担保中，目标公司及其股东的哪些权益受到了损害？

（2）目标公司中小股东权益能否得到保护，主要取决于什么？

3.2.1　制度基础理论

新制度经济学认为，制度是一系列被制定出来的规则、秩序和行为规范，目的是约束追求主体福利或效用最大化利益的市场参与者的行为和动机，而行为人的行为选择是他们在特定制度条件下进行成本－收益分析的结果，这些行为进而影响了企业的行为，最终影响经济的增长和国家的发展。

制度对中小股东权益保护的作用也是如此，中小股东所处的制度环境决定了中小股东的行为。制度决定了中小股东为追求自身福利最大化或效用最大化的成本和收益，从而决定了其对权益保护所采取的行为，如理性冷漠、搭便车或是积极维权。而对控股股东而言也同样如此，制度决定了控股股东在实现自身利益最大化中所采取的方式或表现出的行为，控股股东并不一定非要侵权才能获得自己所想要得到的利益，但是如果制度发生缺陷，那么控股股东就会采取有利于自己的行为而损害其他中小股东的行为，如利用关联交易等攫取中小股东利益而只承担很少的代价或成本。

制度对中小股东权益保护的作用具体表现在：

（1）节约了交易成本。科斯第一定律指出：当交易费用为零时，私人谈判将导致资源最优的配置，与产权在法律上的界定无关。但是在现实生活中，交易成本不仅不是零，而且还是非常高昂的。交易成本阻碍了中小股东权利的使用，使得中小股东采取冷漠的行为。有效的制度简化了中小股东认知和选择的过程，节约了信息费用，减少了市场的不确定性，降低了中小股东的交易成本，抑制了机会主义倾向，从而能够使中小股东积极参与行使自己的权利。

（2）提供了对维权行为的激励和对侵权行为的约束。有效的制度能够使中小股东所付出的成本和其所获得的利益相匹配，从而促使其积极行为，而对侵权行为的惩罚也有力地约束了经理以及控股股东的侵害行为。

（3）减少"搭便车"行为。如果某个中小股东付出了非常多的努力，而其他中小股东不需承担费用就可以免费享受，那么势必挫败该中小股东的积极性。特别是上市公司的公共物品，任何人都可以搭便车。制度通过减少外部性来减少或遏制集体行动中的"搭便车"机会主义行为的出现。

（4）为实现合作提供条件。个体乃至组织利益最大化实现的根本，不仅在于个体和组织本身，还在于彼此之间的合作。合作面临的大问题就是机会主义。有效的制度抑制了机会主义，促成了合作。在控股股东和中小股东的代理问题中，对中小股东权益的制度保护减少了中小股东的搭便车行为，促进了控股股东和中小股东的共同监督，从而促使企业良好发展。

3.2.2 法律保护论

无论在哪个国家，中小股东都在一定程度上得到了法律的保护。作为普通的公民，中小股东受到宪法、刑法、行政法等法律的保护；作为普通的民事主体，中小股东受到民法、合同法等法律的保护；作为证券市场的投资者以及公司的股东，中小股东受到公司法和证券法等法律法规的保护。因此法律对中小股东的保护是非常重要的。

相对于发达国家完善的投资者保护制度，我国的《公司法》和《证券法》的制定一开始主要是为国有经济、国有企业服务的，忽视了中小股东权益保护问题。随着中小股东权益保护问题的日益突出，我国法律在中小股东权益保护方面借鉴了英美法系和大陆法系的规定进行了不断的修订和完善，体现在：

（1）表决权，是公司所有权与公司控制权的连接点（所有者和控制者），它既是股东之间争夺公司控制权的工具，也是控制股东对中小股东进行控制的工具。由于单个中小股东表决权的分散，导致中小股东的表决权不能起到影响公司控制股东的作用，因此如何更好地发挥中小股东表决权的作用，保护中小股东的权益，目前的研究集中于累积投票制度、表决权信托制度和代理权征集制度。这三者同为股东实现表决的法律机制，目的都是实现平衡和制约控股股东的作用。

（2）累积投票制度，是指股东大会选举董事或者监事时，每一股份拥有与应选董事或者监事人数相同的表决权，股东拥有的表决权可以集中使用。理论上，通过累积投票制度可联合中小股东的表决权，使得中小股东选出能够代表自己利益的董事和监事。

（3）表决权信托制度能使联合起来的表决权与控股股东进行抗衡，能够弥补、完善累积投票制、委托书征集制的不足，从而保护中小股东的权益。但是由于表决权信托制度主要依托于信托制度，而我国信托立法还不完善，信托业本身发展时间不长，人们的信托意识还比较薄弱，信托机构的信托行为还有待规范。同时，由于表决权信托的授权一般具有一定期限内不可撤回的特点，而表决权征集制度仅仅是代理关系，可以随时撤销，因此对于表决权信托制度还需要进一步研究。

（4）代理权征集制度使得征集人可以以足够的股份更换现有的控制者，从而威胁到现有的控制者，使其善待中小股东，但是代理权征集制度仍然会产生代理问题，即新的征集者从自身的成本收益角度出发可能会损害被征集者的利益。

（5）救济机制作为事后中小股东权益的补救机制起着重要的作用。研究集中于代表诉讼（也称派生诉讼）和集团诉讼。大多数学者认为，股东代表诉讼制度对中小股东权益保护有着积极的作用。目前的研究集中在代理权征集制度和证券集团诉讼制度，并且对这两项制度在中国的应用产生较大的争议。它们像一把双刃剑，既可以保护公司和股东利益、优化公司治理结构，又可能被投机人士所利用，从而损害公司和股东利益。同时累积投票制度和股东代表诉讼制度对中小股东权益保护的效果如何还需要进一步研究。

3.2.3 声誉保护论

声誉机制相比其他机制更为重要，这是因为声誉机制的成本更低。根据最小成本原则，无论是正式法律，还是其他机制，都会被挑选出来。相对于其他替代机制的高成本，如政治论，需要政府的干涉，市场竞争机制有赖于我国市场经济的继续发展和完善，控制权市场机制依赖于我国控制权市场的完善，这属于制度的强制性变迁，成本非常高。而声誉是渐进性变迁，它的成本是非常低的。在法律保护力度较弱的国家里，中小股东没有其他可以依靠的维权手段，善待中小股东的声誉机制就发挥了作用。

作为法律的替代机制，声誉是一种能够降低交易成本的隐形激励机制，表现在：

（1）声誉能够降低交易成本

声誉在合约缔结之前，减少了信息收集、信号显示、信息甄别成本，使合约达成进而成功"合作"，减少了合作的信息费用与谈判费用。声誉在合约实施时，减少了为实施合约和进行监督从而完成合作的履约成本及考核成本。对于一个打算长期经营的公司来说，如果企业家具有良好的个人品质并且还贷记录良好，所领导的公司具有良好的声誉，则其公司就会以较低的融资成本和较低的融资费用获得所需的资金。对于试图投资于上市公司的投资者而言，公司的声誉信息也减少了投资者的搜索成本，声誉良好的上市公司优先获得投资。

（2）声誉是隐性激励机制

显性激励机制是委托人通过可观测的行动结果来激励代理人。但是显性激励机制并不是完全有效的激励机制，因为有些结果是无法观测的，因此导致显性的激励或者高于代理人的努力或者低于代理人的努力，从而削弱了激励的作用。那么用什么来弥补显性激励的不足？研究表明，即使没有显性激励契约，如果这种委托－代理关系能够长期进行，"时间"本身可能会解决代理问题，那么这个"时间"就是声誉。

从投资者角度出发，一个公司的声誉会影响投资人对公司价值的评判，从而影响其投资行为，导致声誉发挥了对公众公司的监督作用。公司的管理层如果不善待股东，一旦被发现，职业经理人市场就会发挥作用，公司的管理层可能会被解聘或者很难获得更高的报酬，声誉的惩罚使得管理者必须珍视自己的声誉。中小股东则会认为控股股东不会侵害他们的利益，因为当控股股东侵害中小股东利益时，中小股东就会抛售股票，那么其他觊觎控制权的股东就可能获得控制权，控制权市场就会发挥作用，因此控股股东和管理者都珍视自己的声誉。也因此在缺乏有效法律的情况下，股东依然认定管理者会努力，中小股东依然会相信控股股东不会侵害自己的利益。声誉机制不仅惠及双方当事人，而且由于声誉信息具有公共产品的特征，因此提供了正外部性，使很多利益相关者同时受益。

3.3　公司治理与中小股东权益保护

引　例

基于"*ST九发"破产案的思考
——保护中小股东权益的重要性

山东九发食用菌股份有限公司（以下简称"*ST九发"）系上海证券交易所上市公司。*ST九发发布年报称，2007年度巨亏4.73亿元，大股东九发集团占款高达7.88亿元。2008年9月16日，债权人烟台市牟平区投资公司以*ST九发无法偿还两笔到期借款且资产不足以清偿全部债务，存在破产清算的危险为由，向烟台中院申请对*ST九发重整。2008年9月28日烟台中院裁定*ST九发破产重整。

2008年11月17日，青岛春雨广告装饰工程有限公司以每股0.5元的拍卖价格竞得ST九发3 000余万股股权。1亿余股的拍卖标的却以3 000余万股成交，其余部分以让渡的形式给了重组方和债权人。这个拍卖结果完全与法院裁定的结果——九发集团全部股权拍卖——相抵触。

2008年12月31日，公司及管理人与中银信投资有限公司、烟台市牟平区投资公司签订协议书，确定中银信投资有限公司、烟台市牟平区投资公司为重组方或投资人。

*ST九发全体股东按相应比例让渡其持有的公司股票，其中，九发集团让渡其持有的*ST九发7 500万股股票（占其持股的70.20%），其他股东按30%比例让渡其持有的*ST九发股份合计4 324.55万股。根据调整方案，受让人青岛春雨以每股0.5元受让3 000余万股，却不用让渡股份。流通股东让渡后每股成本高达8.5元以上，反而要承担公司进入困境的责任而让渡股份。*ST九发要求社会公众股股东让渡30%并未按《关于加强社会公众股股东合法权益保护的若干规定》要求提供互联网等网络形式的会议平台，而且并未说明参加表决的社会公众股股东人数、所持股份总数、占公司社会公众股股份的比例和表决结果。而这一影响中小股东权益的重组方案，直到召开出资人重组会议之时，一直被作为机密，没有进行过公告。

2009年5月，*ST九发公布重组预案，通过资产置换和发行股份购买资产的方式，拟将预估值14.9亿元的山东南山建设发展股份有限公司（南山集团旗下公司）整体置入上市公司。但中小股东对*ST九发低价增发强烈不满，并在股东大会上投出反对票，致使该议案最终被否。南山集团此后也一直未按承诺再推出重组方案。

基于此，中小股东张永刚与蔡海华于6月22日到证监会举报*ST九发在大股东占款、虚假陈述、股权让渡、破产重整和资产重组过程中严重违反证监会公告〔2004〕118号《关于加强公众股股东权益保护的若干规定》。

在*ST九发破产重整的过程中，何时申请公司破产，是否可以申请破产重组，中小股东都无权决定；即使是涉及中小股东股权让渡的重组方案，中小股东也无权表决，更无权参与制定。之所以这样，一是因为中小股东的知情权缺乏保护。二是因为法律没有给中小股东设定一个利益诉求的表达机关，中小股东的利益诉求很难集中起来并反映给公司的高管层，而且法律也没有赋予中小股东这些权利来切实保护自己的合法权益。此外，上市公司的破产重组方案是由公司高管层、债权人及重组方或投资人协商制定的，中小股东无权参与制定，所以这样的重组方案就不可能反映中小股东的意愿，而且中小股东也无权对该方案表决，只有该方案涉及出资人权益调整事项，才设立出资人小组并由其表决（《破产法》第八十五条）。这样的规定对中小股东参与制订重组的方案以及通过表决的权利保护是有限的。

资料来源 乔文湘.上市公司破产重整中对中小股东权益的保护［J］.现代管理科学，2014（4）（经整理改编）.

问题：

（1）在*ST九发破产重整的过程中，何时申请公司破产，是否可以申请破产重组，中小股东都无权决定；即使是涉及中小股东股权让渡的重组方案，中小股东也无权表决，更无权参与制订，请分析原因。

（2）结合上述案例，请谈谈在重组过程中中小股东应该如何保护自身合法权益？

3.3.1 公司治理的实质与功能

1）公司治理的实质

公司治理的实质是一系列合同（关系）的有机整合，通过这些合同安排，使公司各利益主体的目标趋于一致，从而最大化地降低代理成本。

从合同论、交易成本论或产权论的视角看，公司是一组合同的集合体。这些合同治理着公司发生的经济交易，使得交易成本低于由市场组织这些交易时发生的交易成本。由于经济人的行为具有机会主义与有限理性等特征，所以这些合同不可能事先预测各种可能发生的情况，并对各种情况下缔约方的行为利益、违约处罚都作出明确规定，仅仅是不完全合同。为了节约合同成本（如起草、执行、监督成本等），不完全合同常常采用关系合约的形式，即合同各方不强求对行为的详细内容达成协议，而是对总体目标、原则、决策规则、谁享有决策权以及解决可能出现的争议的机制等达成协议。公司章程，甚至公司法，实际上就是这种关系合同。它们只给出关系框架，确定用于决策与成本分摊、利益分享的机制，而不对具体行为作事先规定。例如，对不同类型股东的权限、董事产生的程序、权利范围、责任以及与经营者关系作出概括性规定，但却不可能预期将发生哪些情况，也不具体描述这些情况出现后各方应采取何种措施应对。与此类似的如公司劳动合同，也属于关系合同，它在法律与习惯许可的条件下一次性地将工人权利赋予用工方，从而节约了不断谈判与缔约的成本。

公司治理以公司法与公司章程为依据，在本质上也是关系合同，它以简约的方式，规范公司各利益相关者之间的关系，治理他们之间的交易，保障公司各利益相关者的合法利益，以达到节约交易成本的比较优势，最终切实保护中小股东权益。

2）公司治理的功能

（1）权力配置功能

公司治理的功能是配置责、权、利。按照产权经济学的观点，控制权通常指对于合同能预期的情况作出的重大决策权，而对于合同无法预期的情况作出的决策权，则称为剩余控制权。关系合同要有效，关键是要明确在出现合同未预期的情况时谁有权作出决策。显然，上述权力应属于剩余控制权。一般而言，谁拥有资产，或谁拥有资产所有权，谁就拥有剩余控制权，即对法律或合同未作规定的资产使用方式作出决策的权力。公司治理的首要功能，就是要合理配置这种剩余控制权。这里有两层意思：其一是公司治理机制是在既定所有权的前提下安排的，所有权形式不同，如债权与股权、集中的股权与分散的股权等，公司治理的形式也会不同；其二是所有权是可以而且能够让渡的，所有权中的各种权力就是通过完善的公司治理结构进行有效配置的。在后面这层意义上，公司剩余控制权配置和治理结构的制度安排是等价的。传统的公司内部治理机制就是一种在股东、董事与总经理之间配置剩余控制权的机制。例如，股东拥有最终控制权，董事拥有授予剩余控制权的权力，而经理则拥有实际剩余控制权，就是众多配置方式中的一种。

不同的市场参与主体拥有了不同的权力，相应地就要承担不同的资产使用责任。为了激励决策者尽职尽力地工作，企业所有权的另一项内容就是给予所有者剩余索取权。企业剩余索取权指市场参与主体对企业支付的工资、借贷资金利息及租金的支配权，而相应地将企业所有者对除上述项目之外的支配权称为剩余索取权。由于控制权在不同的利益相关者之间分配，所以索取权往往也会有相应的分配。

此外，各种行为人都有自身的利益。股东与债权人的利益、股东与管理层的利益，这些利益相互之间、部分与整体之间常常会有矛盾与冲突。因此，公司治理机制的一个重要作用，就是使剩余索取权与剩余控制权相互匹配，安排并协调好这些利益关系，从而更好地保护中小股东权益。从上述意义上讲，公司治理的首要功能就是配置股东、董事、经理之间的剩余控制权与剩余索取权。

（2）权力制衡功能

公司治理就是为了制衡公司各种权力关系而设立的。公司治理结构的核心就是明确划分股东大会、董事会、监事会和经理层各自的权力、责任和利益，形成四者相互之间的权力制衡关系，确保公司制度的有效运行。由于现代企业已经实现了所有权与控制权的分离，在公司经营与控制方面借助的是层层委托－代理机制，其中，股东大会是公司的最高权力机构，位于代理制的最高层，即初始委托人；董事会是公司的决策机构，是股东大会的代理人，又是经理的委托人；经理是公司的执行机构，是董事会的代理人；而监事会则是公司的监督机构，它受股东大会的委托，对经理与董事进行监督。因此，股东大会、董事会、监事会和经理层相互之间存在着权力制衡关系。

（3）激励和约束功能

激励和约束功能是公司治理制度化设计的重要内容，是公司治理作用有效发挥的重要保障。激励功能就是要求代理人按照代理契约关系完成任务获得自身利益的同时，实现委托人的利益或目标，即满足激励相容条件。激励机制包括很多内容，如物资激励（工资、奖金、股票期权、社会保险、福利等）和非物资激励（精神、名誉、地位、满足感）等。而约束功能就是通过公司治理及合同关系对代理人的行为进行约束，提供监督与惩罚措施，主要防止代理人出现"逆向选择"和"道德风险"，尽可能消除其"机会主义"行为等。

3.3.2　公司外部治理与中小股东权益保护

1）证券市场法律制度与中小股东权益保护

证券市场法律制度，是指一国立法机构为了规范该国证券市场的发行、交易行为，对证券公司、会计师与审计师事务所、资产评估所等市场中介机构的经营或执业行为进行规制，而制定的各种适用于证券市场的法律制度。法律作为调节社会各种群体之间利益的调节器，可以通过制定一些规则，保护中小股东权益免受侵害。由于获取控制权私人收益是解释产生大股东侵害的主要原因，因此在控制权私人收益与法律体系之间存在某种必然联系。

完备的法律制度是保护中小股东权益的基本前提，法律对中小股东保护越有力，控制权私人受益就越少；反之，则越多。不同的法律体系对中小股东应享有的权利具有不同的界定，并提供不同的保护制度与手段，即保护程度不同，这进一步影响企业的融资模式与股权结构，从而对公司治理模式产生决定性影响。

普通法系国家相对于大陆法系国家提供了较好的公司治理环境，而大陆法系国家提供的公司治理环境则相对欠佳。普通法系国家形成了以证券市场为主导的公司治理结构模式，而大陆法系国家形成了以银行为主导的公司治理结构模式。由于普通法系国家对中小股东权益提供了更完善的保护，由此导致了证券市场的高度发达，并且普通法系国家中上市公司的股权集中度要低于大陆法系国家；而在对中小股东权益保护较差的大陆法系国家，公司的股权集中度则普遍较高。

2）信息披露制度与中小股东权益保护

当市场一方无法观察到另一方的行为，或无法获知另一方行动的完全信息时，就会出现信息不对称，这种情况在各个领域普遍存在，在证券市场尤其突出。信息不对称问题对证券市场功能发挥的阻碍作用在于，信息不对称的市场并不能发现合理的价格，信息不对称的结果是证券市场优化资源配置功能的丧失：稀缺资本可能流入业绩差的企业与缺乏成长性的行业。其后果就是强化上市公司大股东、经理人的逆向选择与道德风险动机，导致其违背诚信、机会主义泛滥等各种损害中小股东权益的行为。至于少数特权阶层得到内幕信息，在股市可以赚得钵满盆满，而不知情者只能割肉退场的情况，更是信息不对称市场的典型表现。因此，在这种信息不对称的情况下，信息披露就显得格外重要。

所谓信息披露，是指将有关实体表现的一定信息提供给需要了解这些信息的不同使用者的过程，这些信息涵盖个人领域与公共领域。而强制性信息披露制度是相对于证券市场上的实质审查制度而言的，即通过政府立法要求信息披露人公开与证券发行、交易相关的信息。其基本推论是，证券市场的中小股东在公开信息的基础上自行作出投资判断，政府不对任何证券的内在价值作出判断与实质性的审查，而政府对证券市场担负的职责，就是通过强制性信息披露制度对证券欺诈、内幕交易等行为进行严厉的惩罚。强制性信息披露制度是世界各国政府力求保证其证券市场有效发挥作用的最重要制度之一，尤其在不完善的证券市场上，它是为了保证信息披露准确、及时和充分而采取的必要措施。显然，信息披露制度是上市公司发挥资源优化配置功能的前提，对中小股东决策与稳定资本市场至关重要。它能使中小股东在相对公平的条件下获得信息，是防止证券欺诈、内幕交易等违规行为的有效措施，有利于保护中小股东权益。

由于信息不对称的现实和隐性的内部交易利益的诱惑，大股东往往也不愿意积极参与公司治理而在监督上采取机会主义的策略，这显然不利于公司治理。此时强调透明度对中小股东而言就显得尤其重要，透明度对于上市公司而言就是如何使用好股东与贷款人及其他资金提供者的资金，并以高质量的信息披露向其提供准确无误的财务报告。从该意义上讲，一个良好的公司治理模式就是鼓励公司向中小股东披露更多有关公司表现的信息，包括其财务状况、流动性与偿付能力的资料等，并且确保这些信息的真实性、及时性、充分性。显然完善的信息披露制度对于中小股东权益保护至关重要。

3）证券监管与中小股东权益保护

证券监管，指对证券经营机构、上市公司以及与其发生关联的其他服务机构（包括会计师、审计师事务所及资产评估机构等）的监管，它属于经济管制的范畴。就政府监管证券市场的原因来看，不少学者认为与广大中小股东权益缺乏应有的保护有关。"公共利益理论"在很长一段时期内被经济学家普遍接受并视为正统的监管理论。该理论认为证券监管的主要原因是存在市场失灵，而通过监管，政府能够消除市场失灵，提高资源配置效率，对公众投资者尤其是中小股东权益进行保护，增进社会福利，并假定政府专一地追求这一目标。该理论观点建立在以下两个假设基础上：其一，市场本身是脆弱的、有缺陷的，如果让市场单独发挥作用，将会使资源配置缺乏效率；其二，政府是有效的，其干预行为可以提高证券市场的运作效率，从而保护中小股东权益。

任何国家证券法的立法宗旨之一，就是保护公众投资者的合法权益，其证券监管机构始终都把保护公众投资者尤其是中小股东权益作为监管目标与重要使命。一国证券市场的监管目标应有两个：一是建立透明、有序、有效的证券市场环境；二是保持市场公平、公正，切实保护投资者尤其是广大中小股东权益。从英美等成熟证券市场的经验看，一国证券监管范围包括以下几方面：（1）在市场准入方面，依据该国证券法规审核批准股票、债券、基金、衍生工具等证券品种，为中小股东提供符合证券市场法定要求的合格金融产品。但是，证券投资产品的审核是以强制性的信息披露制度为基础的，投资者尤其是中小股东应自行承担投资风险。（2）在违法违规行为的处罚方面，依据各国证券法规立案调查市场违规行为并及时予以行政、刑事或民事处罚。通常将日常的事中监管与事前防范有效结合，及时发现违法违规线索，纠正并处罚证券市场的违规行为，对市场参与者起到足够的震慑作用，从而有效地保护中小股东权益。（3）在对上市公司监管方面，依法要求其履行持续信息披露义务，并实施强制性信息披露制度，及时纠正上市公司的违规行为。通过建立一套较为完整的信息披露体系，确保中小股东能够及时获得真实、准确、完整的信息。同时对上市公司的治理结构作出强制性要求，进一步推动其治理结构的完善。（4）在中介机构监管方面，依法对中介机构及其从业人员的资格进行严格管理，只有认可的中介机构与专职人员才能提供相关的专业服务。例如，英、美自20世纪60年代以来一直实行对中介机构的不定期监督检查制度，不断加大对其监管的力度，从而强化对证券从业人员的监管。

3.3.3　公司内部治理与中小股东权益保护

从中小股东权益保护的角度看，完善的公司内部治理可以在一定程度上抑制大股东（包括控股股东）对中小股东的侵害。在完全缺乏公司内部治理机制的情况下，大股东可以肆无忌惮地掠夺中小股东权益，任意进行"资源输送"，公司对中小股东权益的保护程度最低，此时任何理性的外部投资者都不愿向公司投资。随着公司内部治理机制的完善，对中小股东权益保护的加强，大股东只有通过一些更隐蔽的方式来转移和获得利润；当公司内部治理机制相对较为完善，并且中小股东权益保护相对充分时，大股东只能通过攫取超过其现金流权比例以外的非正常收益，公司"内部人"通过给自己定高薪、将亲属安排在公司管理层或运营一些低效性、浪费性的工程项目来追求个人私利。

1）股权结构与中小股东权益保护

公司治理的终极目的在于有效、合理地配置公司的所有权与控制权，而公司的股权结构状况直接决定了公司所有权与控制权的分布，间接决定了公司所有者与经营者之间的委托-代理关系性质，即决定争夺控制权的冲突是发生于股东与经理层之间，还是中小股东与大股东之间。一方面，公司治理是在既定股权安排的前提下进行的，股权结构形式不同，公司治理的形式也相应有所不同；另一方面，股权结构中的股权形式通过公司治理进行配置，因此，股权结构是公司治理的基础，只有股权结构合理的公司才可能形成完善的公司治理结构，而完善的公司治理结构是中小股东权益保障的基础，所以股权结构是决定公司治理结构完善性与中小股东权益保护有效性的基本因素。

股权结构主要指股权构成。股权构成是指出资组成股份公司的股东性质，股东可以是国家、一般法人、控股公司、机构投资者、个人等，其中控股股东的性质一般关系到他们参加公司治理的目的和中小股东权益保护状况，对中小股东权益保护有重要影响。对企业而言，若控股股东是工商企业，股权的行使往往和企业之间的交易结合在一起。控股股东持股的目的主要是维护企业之间的长期交易，股权结构与股东状况比较稳定，能够防止公司股票流入"恶意接管者"手中，从而能够使经营者避免资本市场施加的短期压力，而专注于企业的长期经营。这些大股东平时一般不干预企业经营，只有在企业经营绩效严重恶化时才介入企业的经营决策；若控股股东是非银行金融机构，股权的行使与它们既是公司的大股东又是其他分散投资者的代理人的双重身份结合在一起，当两者发生矛盾时，或者以大股东的身份向经营者施加压力，使企业作出有利于自己的经营决策，或者并用"用手投票"与"用脚投票"的方式来抛售股票，行使权利；若控股股东是银行，则股权的行使常常与债权机制结合在一起，从而对企业形成强大的控制力。上述三类控股股东的性质对公司治理与中小股东权益保护的有效性究竟产生积极影响还是消极效应，目前尚无定论，要视具体经济、法律等制度环境因素而定。但若控股股东为家族企业，这类公司对中小股东权益的保护往往最弱。这类企业的大股东常常通过金字塔结构的控股方式来控制企业，家族企业在金字塔的最上层，而上市公司在最下层，最上层的家族企业常常采取多种方式向最下层的上市公司盗取利润，掠夺中小股东权益，这一现象在东亚地区尤为普遍。理论研究表明，采取金字塔式的股权结构，控股股东能够实现现金流权与控制权的分离，而且现金流权与控制权的分离程度越高，控股股东攫取中小股东权益的动机就越强，大股东侵害中小股东权益的程度就越深。

2）董事会与中小股东权益保护

董事会，指由股东大会选举产生的、由不少于法定人数的董事组成的、代表公司行使其法人财产权的会议体机关。由于现代公司制是一种资本所有者与资本经营者相分离，即企业所有权与经营权相分离的企业制度，因此，在这种企业制度中，公司股东不是通过直接参与公司决策和经营而行使控制权，而是通过支配和影响董事会实现对上市公司的控制。其具体机制是：由众多分散的股东通过投票选举出股东代表组成最高权力机关——股东大会，由股东大会选举的所有董事组成公司的最高经营决策机构——董事会，而董事会具有任命与罢免总经理的权力。

根据企业理论，现代公司制度是一种科层组织，其中股东与经理之间的关系就是一种委托－代理关系。在代理关系存在的前提下，股东与经理之间的利益会发生背离，不可避免地产生代理成本，即公司经理人会以损害股东利益为代价而追求个人目标。例如，经理人会给自己支付过多的报酬与奖金，实施能使自己地位牢固的权钱交易，进行没有效益但却可以增强自身权力的投资等。这样，为了维护股东权益不受损害，对经理人进行监控就显得非常必要。由于董事会拥有对经理人行为进行监控的权力，因此董事会是公司治理的中枢，从该意义上讲，公司权力主要来自董事会，并由董事会授权经理人行使具体的职权。由此可见，董事会不只是公司治理的重要组成部分，甚至可以说是核心组成部分。正是基于此，董事会对于有效的公司内部控制体系而言至关重要。董事会作为公司的决策中心，如何界定其权能，即董事会的地位和功能，是能否形成规范、合理、有效的法人治理的关键。

董事会治理机制，源自股东及其他利益相关者权益保护的内在要求，从董事会的设计上看，董事会是由股东大会选举产生的，代表全体股东的利益行使对公司的重大经营管理决策权，对经理进行选拔、任命或撤换等各项职能。其目标主要在于制定科学合理的经营决策，判断标准是股东及其他利益相关者的投资能否得到合理的回报。由此，从制度设计和董事会功能看，完善的董事会制度对于保障中小股东权益尤为重要。完善的董事会制度包括：（1）董事的任职资格、任免机制；（2）董事的责任与义务；（3）董事会的权力界定；（4）董事会的结构。

3.4 混合所有制下中小股东权益保护

引 例

汾酒集团混合所有制改革

山西杏花村汾酒集团有限责任公司（以下简称“汾酒集团”）是山西省属国有独资公司，以白酒生产销售为主，集贸易、旅游、餐饮等为一体的国家大型一档企业，集团下属5个全资子公司、11个控股子公司、2个分公司、1个隶属单位。集团现有员工15 000多名。其中，山西杏花村汾酒厂股份有限公司（以下简称“山西汾酒”）为汾酒集团核心子公司，于1993年在上海证券交易所挂牌上市，为中国白酒第一股，山西第一股。

2017年以来，汾酒集团立足自身改革的内在需求，抢抓改革良机，以目标导向加快问题的解决，以问题导向推动目标尽快达成，着力从根上改、制上破、治上立，确立了具有汾酒集团特色的混改路径，将引进战略投资者优化上市公司股权多元化作为混合所有制改革的关键一招，2018年2月3日与华创鑫睿（香港）有限公司（以下简称“华创鑫睿”）签署《股份转让协议》，以协议转让方式将其所持有的山西汾酒99 154 497股A股股份转让给华创鑫睿，占公司总股本的11.45%，2018年6月29日完成过户手续，自此华创鑫睿作为战略投资者，与此同时汾酒集团推进集团整体上市，持续推行营销公司和其他业务板块混改。

同时，山西汾酒积极尝试进行员工股权激励尝试，汾酒集团也在多个场合表示要加快推进股权激励工作，2019年1月3日，山西汾酒发布公告称，公司于2018年12月29

日收到控股股东山西杏花村汾酒集团有限责任公司转来的山西省人民政府国有资产监督管理委员会《关于对山西杏花村汾酒厂股份有限公司实施2018年限制性股票激励计划的批复》（晋国资考分函〔2018〕765号），原则同意山西杏花村汾酒厂股份有限公司2018年限制性股票激励计划相关事宜。此举意味着汾酒集团前后筹备两年的员工持股计划试点正式获批。

2018年12月公布的《2018年限制性股票激励计划》显示，为了进一步建立、健全公司长效激励机制，吸引和留住优秀人才，充分调动核心骨干员工的积极性，有效地将股东利益、公司利益和员工个人利益结合在一起，山西汾酒拟向激励对象授予不超过650万股限制性股票，其中首次向397人激励对象授予590万股，具体包括公司高级管理人员、中层管理人员及核心技术（业务）人员。

通过混合所有制改革，山西汾酒形成了国有法人股（控股地位）、境外法人股、职工和其他机构持股的股权结构，更具现代企业的活力。2018年12月，"汾酒集团混合所有制改革的逻辑与实践"项目获得"2018全国国企管理创新成果"一等奖。

资料来源　整理自上海证券交易所上市公司公告及网络资源.

问题：

结合上述案例，请谈谈混合所有制改革中企业应注意哪些问题？汾酒集团是如何进行混合所有制改革的？

十八届三中全会通过的《中共中央关于全面深化改革若干重大问题的决定》（以下简称《决定》），对国有企业的改革方向作出了明确而又具体的规定，这就是"积极发展混合所有制经济"。《决定》强调"国有资本、集体资本和非公有资本等交叉持股、相互融合的混合所有制经济是基本经济制度的重要实现形式"。2019年，国务院国资委进一步印发《中央企业混合所有制改革操作指引》，为混改提供具体的操作指南。在混改逐步深入的过程中，党的二十大报告进一步提出，推进国有企业、金融企业在完善公司治理中加强党的领导，加强混合所有制企业、非公有制企业党建工作。

在发展混合所有制的过程中，一股独大不是问题，问题在于公司是否建立了一种合理或者不仅具有形式上正义而且实质上也正义的制度，这种制度使各个投资主体能够处于平等的地位，相互监督制约，从而防止任何一方滥用自己的权利和权力，起到保护各方股东权益的作用。

3.4.1　混合所有制

1）混合所有制的概念

混合所有制，是指财产权分属于不同性质所有者的经济形式。从宏观层次来讲，混合所有制经济是指一个国家或地区所有制结构的非单一性，即在所有制结构中，既有国有、集体等公有制经济，也有个体、私营、外资等非公有制经济，还包括拥有国有和集体成分的合资、合作经济；而作为微观层次的混合所有制经济，是指不同所有制性质的投资主体共同出资组建的企业。

在所有制性质上，混合所有制性质由其控股主体的所有制形式来决定，但从资产运营的角度分析，混合所有制已突破了公有制和非公有制的界限，因为无论资本来源是公有制还是非公有制，都已融合为企业的法人财产。由公有制和非公有制融合组成的混合所有制企业主要有三种类型：一是公有制和非公有制联合组成混合所有制企业，如金融、石油、电力、铁路、电信、资源开发、公用事业等垄断领域，向非国有资本推出一批投资项目，最终形成的项目公司一定是公有制与非公有制组成的混合所有制企业；二是公有制与个人所有制联合组成的混合所有制企业，包括公有制企业股份制改造中吸收本企业职工持有部分股权的企业；三是公有制企业与非公有制企业交叉持股形成的混合所有制企业。

大力推行混合所有制，不仅对打破公有制与非公有制之间的壁垒具有重要意义，而且对加快国有企业改革具有现实意义。一是企业管理分生产管理、经营管理和资本管理三个层次，从放大国有资本功能看，以资本运营为核心的资本管理是企业最有效率的管理环节，发展混合所有制有利于推进国有资产监管体系由"管资产"向"管资本"转变，国家可以通过少量的国有资本利用"杠杆"操作大量社会资产，使整个国民经济发展不偏离整体社会经济目标，同时实现国有资本保值增值。二是混合所有制改变了国有企业仅仅作为单一国有经济利益载体的格局，为实现政企分开创造了产权条件。因为政府作为国有企业唯一的投资主体和利益主体，不可能不关心所投资本回报，在企业内部不存在其他利益主体与之制衡的情况下，政府干预国有企业生产经营也就成为必然，同时国有企业也希望政府给予诸多便利，承担原本企业承担的责任。三是发展混合所有制经济有利于国有企业竞争力提高，因为企业做强、做大一靠自身"滚雪球"发展，二靠联合兼并，而单一的所有制形式不能使不同性质的所有权相互兼容，混合所有制为国有企业走对外联合兼并道路提供了发展方向。

2）混合所有制的形成过程

我国经济中的混合所有制是不同经济所有制按照一定原则实行联合生产或经营的经济形式。

（1）混合所有制的形成机理。公有制经济和非公有制经济在经营决策、收入分配和融资等方面存在机制上的摩擦，这种摩擦会导致一系列经济参数的扭曲。市场化改革的趋势要求机制上的统一，这就决定了不同所有制经济寻求联合的内在要求。改革初期，各种所有制形式之间基本上是孤立地并存，每一种所有制对应着国民经济的一个板块，各板块之间相互封闭。国家也根据不同的板块制定差别性的经济政策和管理条例。但生产要素流动的本性注定会冲击板块之间的壁垒。我国的混合所有制就是在各所有制追求优势互补的动机支配下形成的。其形成途径有：组建跨所有制的、由多元投资主体形成的公司和企业集团；不同所有制企业相互参股；公有制企业出售部分股权或吸收职工入股等。

（2）混合所有制经济的性质由其控股主体的所有制形式来决定，不能笼统地说混合所有制是公有制还是私有制。从资产运营的角度分析，混合所有制已突破了公有制和私有制的界限，因为无论资本来源是公有的还是私有的，都已融合为企业的法人财产。在现代公司中，各利益主体通过治理结构形成一种混合的、复杂的产权安排。

3）发展混合所有制的意义

在我国社会主义初级阶段，发展混合所有制经济，一般来说具有以下四个方面的意义：

首先，混合所有制为盘活国有资产存量、促进国民经济快速增长找到了有效的途径。

从管理学的角度看，资产要做到保值增值，必须同时抓好生产管理、经营管理和资本管理三个环节。其中，以资本运营为核心的资本管理，是最高级、最有效率的环节。资本运营的过程事实上就是通过资本有目的的运动和资本形态的规则变化，实现资本增值的过程，即必须使资产从停滞状态转向运动状态，以便随时根据市场变化实现最优配置，而要如此，资产就必须顺利流通，必须市场化。

其次，混合所有制为实现政企分开创造了产权条件。

我国经济体制改革从一开始就把政企分开作为企业改革的主要任务。然而时至今日，收效并不显著。究其原因，一方面，在原经济体制下，国有企业运行的产权基础是单一的国有制，政府是国有企业唯一的投资主体和利益主体，政府作为企业的老板，不可能不关心自己所投资本的回报，在不存在其他利益主体与之制衡的情况下，政府要插手和干预企业的生产和经营决策，也就理所当然；另一方面，企业靠在政府身上也有诸多便利，如企业自己无法解决的事情，政府一出面，就能顺顺当当地得到妥善处理，企业亏损，也不用自己承担责任，反正有政府帮助筹集贷款和救济职工，在这种情况下，企业也乐于躺在政府的怀抱里吃安逸饭。因此，无论是从政府角度还是从企业角度，都未必真心实意地接受政企分开的决定。如要真正做到政企分开，只有一条出路，即必须构建能够实现政企分离的产权基础，在国有经济内部，引入其他形式的所有权，使原国有企业的投资主体多元化，造就不同利益主体相互制约的混合所有制。混合所有制将打破国有所有权铁板一块的格局，企业不再是单一国有经济的利益载体，而是各种不同经济利益的代表，不同经济利益主体之间相互制衡，在企业的发展问题上相互协商。政府作为股权持有人之一，已不可能任意支配和左右企业的投资、生产、经营和分配决策，这样，企业一方面不再受政府的操纵，另一方面也不能再依赖政府，政企分开在混合所有制基础上变成现实。

再次，混合所有制为资金聚合运作及生产要素最优配置拓展了广阔的空间。

在当今社会化大生产条件下，各国企业对全球市场的争夺日益激烈，而这种竞争实际上是规模和实力的较量，依靠资本的联合和集中来提高市场竞争能力已成为世界潮流，企业跨国合并、兼并案例不胜枚举，仅2018年全球战略并购交易金额就达3.4万亿美元。世界500强中的400多家公司已进入了中国市场，有的已占据了行业主导地位，并吞没了我国不少的国货名牌。面对跨国公司瓜分中国市场的巨大压力，下决心铸造我国企业的"航空母舰"，以与外国工业巨头相抗衡，已成为当务之急。要做到这一点，就必须打破地区、行业、部门乃至所有制的限制，把全社会分散的资金按市场效率原则聚合运作，并实现所有生产要素的最优配置。由于全社会生产要素的可动员规模，最关键的决定因素是所有制形式，即所有权的聚合机制和配置机制。不同的聚合和配置机制有不同的生产要素组织形式，而生产要素利用的范围和深度不同，其利用效率也不相同。单一的所有制形式由于不能使不同性质的所有权相互兼容，因此其吸收和调动社会经济资源的能力便受到种种限制。只有混合所有制，才能做到使不同种类、不同性质的经济要素自由组合、任意配置，并在不断运动的过程中达到最优。在迅速把社会闲散资金吸聚为大规模资本的能力方面，混合所有制具有其他单一所有制不可比拟的优势。与此同时，混合所有制还造就了资产所有权的流动机制，使资产的存量结构和增量结构遵循市场效率原则，在动态中不断得以优化，以促进国民经济的持续和稳步发展。

最后，混合所有制为国有企业顺利转制提供了有利的契机。

我国国有企业长期缺乏活力的最根本原因，是企业既无外在市场约束，又对内不负盈亏责任，产权不清，权责不明。要使国有企业走出困境，只有改变现有的经营机制，按现代企业制度的要求，将其改造成为自主经营、自负盈亏、自我约束、自我发展的市场竞争主体。在单一的国有制下，企业的资本所有权归国家，资本的各种权利和职能都由国家一个主体享有和执行，企业只是行政的附属物，产供销由主管部门决定。这种国家直接占有、经营的国有企业，实际上是一种特殊的"自然人"企业，因此，该所有制形式不仅难以使企业成为真正的独立法人，而且国家也不得不对企业承担无限责任，企业既不存在有效的外在硬预算约束，也缺乏竞争生成的内在激励机制。

3.4.2 混合所有制下平衡中小股东利益

党的十八届三中全会后，随着国有企业混合所有制改革的推进，目前国内各地的国有企业都开始着手编制自身的混合所有制规划。而中国企业的法务管理工作，在原有的基础上，又增加了新任务，即探索和参与国有企业的市场化改革。国有企业要发展混合所有制，业界现已经达成共识。国有企业不应当进入所有的领域，特别是一些竞争性领域，这就需要积极发展混合所有制，而在一些关键性的、关乎国计民生的领域应当保持国有企业的主导地位。

发展混合所有制的国有企业，从目前看，无非就是采用公司制，即以股份有限公司和有限责任公司的形式存在，像合伙制这种组织形式对一些小的企业适用，但对绝大部分的国有企业来说是不适用的。在政策层面，国有股权在公司具体占多大比例，要视行业情况而定。混合所有制这个提法十年前就有，其发展过程中涉及的一个重要问题就是股东利益的平衡问题。如何在具体的公司制度设计中平衡大股东和中小股东的权益，仍需要更为完善的制度和措施。

目前公司法中保护小股东利益的规定也不少，特别规则也很多，像累积投票制、类别股东表决制度、异议股东的股份回购请求机制等，但在实践中仅有这些特别规则是不够的。应该增加一些保护中小股东权益的一般性保护规则，即有总则性、原则性但又具有一定操作性的规则。

1）注重公司内部制度设计

除了在法律层面需要增加保护中小股东权益的一般性规则外，在公司内部制度设计上，也应注意平衡各个股东的权益，特别是保护中小股东的权益。公司董事大多是由大股东推荐的，多代表大股东利益，所以法律上或者章程中不仅仅应明确董事对公司的义务，还要特别规定董事对中小股东的义务。

公司法规定了股权平等原则，从逻辑上讲，这些都是合理的，毕竟控股股东在公司中的投资多，其承担的风险就要大，享有的权益就应该多一些，公司也就应该更好地维护控股股东的利益。但现实是，如果任由控股股东在任何情况下都以其利益为中心，而可以不考虑中小股东利益的话，中小股东就会退出投资，这样公司制作为一种投资制度就会崩溃，就不会有股份公司、上市公司，公司就不能聚集资金干大事业。反过来，如果我们制约或削弱控股股东的权利，加强对中小股东的保护，极端一点说，即使大资本感到不公平而退出，由于有数以亿计中小股东在，公司制度仍会向前发展。

因此，最重要的是应该确立这样一个概念，就是控股股东对中小股东应该承担一种诚信义务，但是在国内，控股股东对中小股东应承担的诚信义务在法律上并不明确，这个需要立法来明确。如果大股东违反了规定，中小股东可以提起诉讼，向大股东索赔。因此要建立和完善股东直接或衍生诉讼制度。

一股独大不是问题，问题在于公司是否建立了一种合理或者不仅具有形式上正义而且实质上也正义的制度，这种制度使各个投资主体能够处于平等的地位，能够相互监督、制约，从而防止任何一方滥用自己的权利和权力。

2）控制国有资产流失风险

在国企混合所有制改革中，一个很现实的问题是，民企担心投资进去出不来，国企投资面临同样的问题。因此投资人投资时一定要对行业、公司作充分的调研，做好风险防控工作，而且要对国有企业的运行方式、任命机制有足够的了解，投资人可以在公司章程中对投资方式、高管任命、退出机制等作约定，来实现利益的平衡。

在国企混合所有制改革中，国有资产流失这种情况很难杜绝，只能减少、控制，因此要在体制机制上控制这一风险，防范并减少这种情况的出现，包括让有信誉的中介机构做好资产评估、引入第三方机构、审批决策程序透明公开等。

另外，还有两个问题需要注意：第一，重视职业经理人的作用。在公司内部总经理的作用是非常大的，总经理选聘最好是社会化的，在一定程度上能够维护中小股东的利益。第二，公司章程一定要通过谈判来制定，在利益平衡方面一定要照顾好各个方面，最终达成一致，实现各方利益的平衡。

本章思考题

（1）什么是中小股东和股东权益？保护中小股东权益的制度建设有哪些？

（2）中小股东权利救济的法律途径有哪些？每种途径的适用条件是什么？

（3）中小股东权益保护理论有哪些？如何理解法律保护论和声誉保护论？二者有什么区别？

（4）公司治理与中小股东权益保护有什么关系？公司内部治理与外部治理对中小股东权益保护有何影响和作用？

（5）混合所有制下如何平衡中小股东权益？

案例分析题

全流通时代下中小股东权益得到保护了吗？
——基于华丽家族大股东减持的案例研究

（1）华丽家族公司简介。

华丽家族股份有限公司（上海证券交易所股票代码：600503），是上海著名房地产开发集团之一，拥有国家建设部颁发的一级开发资质，2010年获上海市著名商标。华丽家族的前身为上海华丽家族房地产开发有限公司，公司成立于2001年1月，由上海南江企业发展有限公司（南江集团的前身）和四位自然人投资设立，注册资本为人民币5 000万元。2004年6月，经公司股东会审议通过并经上海市工商行政管理局批准，上海华丽家族房地产开发有限公司变更公司名称为上海华丽家族（集团）有限公司。2008年6月，新智科技股份有限公司完成了资产负债整体出售暨以新增股份吸收合并上海华丽家族（集团）有限公司的重大重组事宜，并将新智科技股份有限公司更名为华丽家族股份有限公司，从而实现华丽家族的间接上市。

（2）控股股东与实际控制人。

华丽家族通过定向增发的方式于2008年6月上市成功，其实质上是借壳（新智科技）上市。公司的第一大股东为上海南江集团有限公司（下文简称"南江集团"），拥有公司股权比例达到了55.83%，属绝对控股。南江集团由王伟林夫妇持有，其中，王伟林持股90%，刘雅娟持股10%，足以见得王伟林是公司的实际控制人。此外，笔者在查阅公司2009—2013年年报后发现，南江集团依然是公司的第一大股东，王伟林依然是实际控制人，但是，南江集团的持股份额在逐步减少。

（3）大股东减持进程。

华丽家族自2008年6月上市成功后，其第一大股东南江集团所持股份也于3年后，即2011年7月16日得到解禁，南江集团在解禁之时的股份为397 501 425股，约占公司总股份的55.83%。然而，令人意想不到的是，自华丽家族的限售股解禁3天之后，大股东便开始了极为快速、疯狂的减持股份之旅。从2011年7月19日到2013年1月24日，公司共发布了15份减持公告，其中，12份是关于公司大股东减持公司股份的公告。自2011年7月19日至2013年1月24日止，减持股份竟高达50%。具体来看：①南江集团从55.83%的持股份额，下降至6.5%的股份，然而，即使南江集团经历了一系列的减持，在持股比例仅剩6.5%的情况下，其仍然是公司的第一大股东（第二大股东曾志锋持股5.91%）；②晢晢投资在成立不到1年的时间之内，减持了其拥有的19.83%的全部股份，减持速度可谓迅猛；③在减持的过程中，成交价格也在不断下降，但仍高于其原始股的价格。据统计，公司大股东套现共计32.02亿元，华丽家族实际控制人王伟林的套现力度可见一斑。

在华丽家族案例中，大股东减持股份行为的频繁发生，其股权结构无疑是一个重要的决定因素。另外，董事会组成也是一个重要的因素。2011年和2012年的董事长均由公司实际控制人王伟林担任，总裁由公司第二大股东曾志锋担任，再结合上文的分析，可知，大股东掏空及第二大股东的减持行为在这两年中表现得最为明显，可以说他们完成套现后，逐步退出公司的历史舞台，即2013年的董事会中已找不到他们的身影。

华丽家族股权的一股独大，其他中小股东过于分散，以及董事会完全由大股东控制，加之该企业的民营性质，更使得大股东侵占中小股东权益的行为频频发生。

资料来源　佚名. 全流通时代下中小股东权益保护案例分析 [J]. 财政监督，2014（8），经改编整理.

思考

（1）结合案例，大股东减持会对中小股东权益造成怎样的侵害？

（2）中小股东可以采取哪些措施保护自身权益，以约束大股东的自利行为？

推荐阅读资料

（1）伊思特布鲁克 F，费希尔 D. 公司法的经济结构 [M]. 2版. 罗培新，张建伟，译. 北京：北京大学出版社，2014.

（2）弗里德曼 D D. 经济学语境下的法律规则 [M]. 杨欣欣，译. 北京：法律出版社，2004.

（3）李维安. 公司治理前沿 [M]. 北京：中国经济出版社，2015.

（4）巴泽尔 Y. 产权的经济分析 [M]. 费方域，等译. 上海：格致出版社，2017.

（5）蒙克斯 R，米诺 N. 公司治理 [M]. 5版. 北京：中国人民大学出版社，2017.

网络资源

法律教育网，http://www.chinalawedu.com

参考文献

[1] 赵旭东. 公司法学 [M]. 4版. 北京：高等教育出版社，2015.

[2] 张育军. 投资者保护法律制度研究 [M]. 北京：人民法院出版社，2006.

[3] 曹富国. 少数股东保护与公司治理 [M]. 北京：社会科学文献出版社，2006.

[4] 刘俊海. 股份有限公司股东权的保护（修订本）[M]. 北京：法律出版社，2005.

[5] 最新韩国公司法及施行令 [M]. 王延川，刘卫锋，编译. 北京：法律出版社，2014.

[6] 克拉克 R C. 公司法则 [M]. 胡平，等译. 北京：中国工商出版社，1999.

[7] 王立卫. 论《公司法》对企业中小股东权益保护的完善 [J]. 法制博览，2019（11）：246.

[8] 王月萍，陈昕，沈乐平. 中小股东权益保护水平评价研究 [J]. 山西大学学报（哲学社会科学版），2011（2）：133-138.

[9] 王月萍. 中小股东权益保护的制度影响研究 [D]. 华南理工大学，2011.

[10] 孟子博. 公司法对中小股东权益保护制度研究 [D]. 吉林大学，2013.

［11］刘相伯．公司治理中的中小股东权益保护问题［J］．合作经济与科技，2015（5）：142-143.

［12］张文魁．中国国有企业产权改革与公司治理转型［M］．北京：中国发展出版社，2007.

［13］郭放，潘中华．对我国混合所有制企业发展的若干思考［J］．经济纵横，2015（4）：65-68.

［14］谢军．中国混合所有制企业国有产权管理研究［D］．武汉理工大学，2013.

［15］黄速建．中国国有企业混合所有制改革研究［J］．经济管理，2014（7）：1-10.

［16］杨红英，童露．论混合所有制改革下的国有企业公司治理［J］．宏观经济研究，2015（1）：42-51.

［17］黄速建.中国国有企业混合所有制改革研究［J］.经济管理，2014，36（7）：1-10.

［18］肖斌卿，李心丹，顾妍，等.中国上市公司投资者关系与公司治理——来自A股公司投资者关系调查的证据［J］.南开管理评论，2007（3）：51-60.

［19］马连福，赵颖.基于公司治理的投资者关系文献评述与研究展望［J］.南开管理评论，2006（1）：21-27.

第4章 公司治理与董事会制度

学习目标

• 了解董事会的概念以及董事会的特征，理解独立董事"独立性"的含义与独立董事的作用；
• 掌握董事的分类、董事的选举、任期以及任职资格；
• 重点掌握董事会的模式、董事的权利与义务，以及我国法律、法规对独立董事的相关规定。

思政引领

上市公司独立董事制度的重大变革

2023年4月14日，国务院办公厅《关于上市公司独立董事制度改革的意见》（以下简称《意见》）发布，我国独董制度改革扬帆起航。《意见》既肯定了独立董事制度是我国上市公司治理结构的重要一环，又坚持"两分法"，实事求是进行制度改进，解决相关痛点难点问题。

明确职责定位

上市公司独立董事制度是中国特色现代企业制度的重要组成部分，也是资本市场基础制度的重要内容。我国上市公司独立董事制度建立至今已有20余年，在不断改进的同时，也不乏一些质疑声音，独立董事一度被称为"花瓶董事""人情董事"。

2021年，首例证券集体诉讼"康美案"中5名时任独董被法院判决承担连带赔偿责任成为热点话题。独立董事定位不清晰、责权利不对等、监督手段不够、履职保障不足等制度性问题凸显，明显不能满足资本市场高质量发展的内在要求。

独立董事制度良性运行的关键，在于监管和司法体系能有效遏制大股东滥用公司控制权的"掏空"和掠夺行为，保证其真正服务于全体股东的最佳利益。因此，改革的核心是让独立董事的责权利更匹配。《意见》从独立董事的定位、职责、履职方式到履职保障、法律责任等做了全面系统改革，既总结了我国独立董事制度实践的经验和教训，强调问题导向，明确独董的责权利，又在借鉴境外成熟市场实践经验的基础上，在独立性、任职资格和法律责任等方面体现了中国特色。

独立董事角色定位不清晰、职责范围认识模糊、与非独立董事的法律责任趋于"同质化"等，导致独董作用不明显。因此，清晰的职责定位是独立董事充分发挥作用的前提。《意见》明确独立董事在董事会中发挥参与决策、监督制衡、专业咨询作用，其中监督制衡是核心目标。财务造假、大股东利用关联交易损害上市公司利益，仍是我国资本市场的突出问题，因此独董监督重点聚焦在潜在重大利益冲突事项方面，促使董事会决策符合公司整体利益，尤其维护中小股东的合法权益。

加强履职保障

独董在职责聚焦后如何更好地完成任务，更需要优化履职方式。《意见》提出强化独董监督力度，搭建独立董事有效履职平台，前移监督关口。上市公司董事会应设立审计委员会，成员全部由非执行董事组成，其中独立董事占多数。财务会计报告及其披露等和财务相关的重大事项应当由审计委员会事前认可后，再提交董事会审议。建立全部由独立董事参加的专门会议机制，关联交易等潜在重大利益冲突事项在董事会审议前，应由独立董事专门会议进行事前认可。

独立性是独立董事的显著特征和最基本任职要求。不过，在我国上市公司大股东股权集中、中小股东参与公司治理发挥作用不充分的背景下，存在独立董事素质良莠不齐的情况。从公司治理实践看，保持独立性的关键在于能够独立履职，让独立董事与大股东和管理层"超然独立"也不现实。

《意见》提出建立独立董事资格认定制度，强调独立董事与上市公司及其主要股东、实际控制人没有利害关系。与上市公司及其主要股东、实际控制人存在亲属、持股、任职、重大业务往来等利害关系的人员不得担任独立董事。同时探索建立独立董事信息库，拓宽优秀独立董事来源。此外，建立提名回避机制。董事会提名委员会应当对候选人的任职资格进行审查，上市公司在股东大会选举前应当公开提名人、被提名人和候选人资格审查情况。股东大会选举独立董事，鼓励通过差额选举方式实施累积投票制，促进中小投资者积极行使股东权利。

鼓励上市公司为独立董事投保董事责任保险，支持保险公司开展符合上市公司需求的相关责任保险业务，降低独立董事正常履职的风险。董事责任险在境外市场已被视作一项行之有效的董事保护机制，在分散责任风险的同时，激励公司高管勤勉尽责、创新经营，但在我国仍存在一些制度性障碍。例如，大多数的民事赔偿都以证监会行政处罚为前提，这将触发董事责任险的除外条款，影响独立董事投保董事责任险的必要性。自2002年董事责任保险引入证券市场以来，累计有500多家上市公司购买过董事责任险，平均每年投保比例仅为2%。

严格监督管理

坚持"零容忍"打击证券违法违规行为，需要加大对独立董事不履职不尽责的责任追究力度。《意见》提出，独立董事不勤勉履行法定职责、损害公司或者股东合法权益的，依法严肃追责。按照责权利匹配的原则，兼顾独立董事的董事地位和外部身份特点，明确独立董事与非独立董事承担共同而有区别的法律责任。

风险与利益匹配是市场经济基本法则。独立董事既具有董事地位，也有外部身份导致的信息不对称、履职依赖公司配合等特点，决定了法律对独立董事的责任应谨慎对待。因此，《意见》明确独立董事与非独立董事承担共同而有区别的法律责任，针对性设置独立董事的行政责任、民事责任认定标准，体现了过罚相当、精准追责的原则。

资料来源　祝惠春，武亚东.我国独董制度迎来重大改革［EB/OL］.［2023-04-15］. https：//www. gov.cn/zhengce/2023-04/15/content_5751630.htm.

4.1　董　事

引　例

美国IBM公司的兴衰及公司治理机制的影响

IBM公司在20世纪80年代中期到90年代初曾经历过一次刻骨铭心的衰落时期。在1984年，IBM的年盈利还保持在66亿美元，可是到1992年亏损却达49.7亿美元，董事长兼CEO埃克斯也因此被迫下台。IBM衰落的原因有很多，从内部治理角度来看，一个重要原因是董事会对经理层的监督出现了问题。

股份公司由于投资者人数众多且分散，很难做到对经营者的行为给予直接的和经常性的监督，因此需要董事会及其执行委员会来代表他们行使对企业经营者的监督权。在IBM公司，其原来的董事会中3/4的成员基本上只起装饰作用，这些董事包括一些著名大学的校长、前政府官员等知名人物，但他们很少真正关心公司的经营状况。每年所谓的董事会会议是由董事长精心安排成的"海外旅行会议"，其实就是到海外去旅游。董事会会议既已沦为形式，那么，董事会只能依靠其常设的执行委员会来行使职责。

在20世纪80年代初的IBM公司，执行委员会总共由6名执行董事组成，除首席执行董事（由董事长兼任）外，还有5个成员，他们分别是IBM、强生制药公司、ABC广播公司和时代出版公司的前任董事长，以及一家建筑公司的总经理。除了IBM的前任董事长奥佩尔外，其他4位均无计算机企业经营经验，可10年来一直担任IBM公司董事会的执行董事。而奥佩尔，他曾在80年代的头5年当政，虽然那时正处于"二度兴盛"之中，可他本人也明白自己在公司经营中造成的许多问题须留待后任去解决，所以要指望他这样的人来行使执行董事的有力监督权是不大可能的。

在1993年1月前后的东京董事会上，来自ABC广播公司的墨菲被请来主持局面，撤换了经营无方的董事长埃克斯，并将其手下的总裁库勒提升为董事会副主席，以便给予新任董事长以全面的公司高层经理班子组阁权。同时，鉴于公司当时的首席财务审计官梅茨对1992年下半年公司经营状况的预计和对股东红利分配的允诺出现重大偏差，他亦被责令辞职。在最后关键时刻，IBM公司的执行董事促成了公司高层经理人员的更替。但功不抵过，这些董事在位10年有余，他们对公司的重大经营决策负有主要的责任，因而在完成了撤换公司重要经营者的历史使命后，IBM公司董事会也解散重组。

资料来源　佚名.美国IBM公司的兴衰及公司治理机制的影响［N］.华立报，2009-07-31.

问题：

（1）董事会有哪些职权？董事有哪些权利与义务？案例中所提到的董事属于哪类董事？

（2）案例中的执行委员会是什么机构，它的职责是什么？

（3）案例中提到的是美国公司的董事会，与我们国家的董事会有什么区别？

4.1.1 董事的分类

根据董事的来源和独立性，可以把董事划分为内部董事和外部董事。内部董事是相对于外部董事而言的，一般是指出任公司董事的本企业职工或管理人员。而在外部董事当中，也可能有与本企业的员工有着某种关系（如亲属关系）或者与本企业有着经济利益关系的董事，所以外部董事又可以划分为灰色董事和独立董事。于是，我们把董事划分为三种类型：

1）内部董事

内部董事也称作执行董事，一般指现任公司的管理人员或雇员以及关联方经济实体的管理人员或雇员。他们既是公司的雇员，如担任公司的高级管理职位，同时又担任公司的董事。他们可以是本企业的员工，也可以是与本企业有着经济关联的企业的员工，如母公司的总经理出任子公司的董事。出席董事会是内部董事的义务，他们一般不能领取作为董事的薪金。由于内部董事是公司的内部员工，所以他们在公司治理结构中的监督作用有限。

2）灰色董事

灰色董事属于非执行董事，或者称非独立非执行董事，指与本公司或管理层有着个人关系的或者经济利益联系的外部董事。灰色董事可以是执行董事的家庭成员、代表公司的律师、长期的咨询顾问、与公司具有密切的融资关系的投资者或商业银行家，或者其他来自与本公司发生真实商业交易的公司的人。灰色董事可能会由代表董事、专家董事等构成，目前这种非执行董事占多数的董事会是我国上市公司董事会组成的一种主要表现形式，但是这种形式的董事会的监督作用依然有限，对它所发挥的作用仍需作出鉴别。

3）独立董事

独立董事又称独立非执行董事，是指独立于管理层，与公司没有任何可能严重影响其作出独立判断关系的董事。非执行董事可区分为独立非执行董事（即独立董事）和非独立非执行董事（即灰色董事）。独立董事的最大特点是其"独立性"，这也决定了其与灰色董事的区别。所以，外部董事并不一定是指独立董事，外部董事的内涵要大于独立董事，除灰色董事外的外部董事才是独立董事。

董事的分类可概括为图4-1。

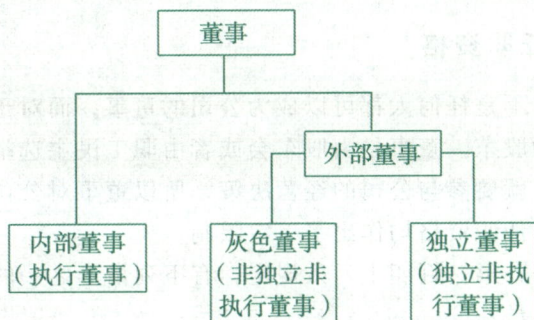

图4-1　董事的分类

4.1.2　董事的提名、选举、任免与任期

1）董事的提名与选举

董事是由股东大会选举产生的。我国《公司法》第三十七条第二款规定，股东会有选举和更换非由职工代表担任的董事、监事的权利。在提名和选举董事的时候应该考虑以下几个问题：首先，董事应该是成年人，我国《公司法》规定"无民事行为能力或者限制民事行为能力"的人不能担任董事，这主要是考虑到未成年人的心智尚未成熟，不能充分行使董事的职权和履行董事义务，因此不适宜担任董事职位。其次，要考虑董事的管理背景，董事毕竟是管理职位，拥有丰富管理背景的人更适合担任董事职位。最后，要考虑董事的知识结构，在知识经济时代，董事的知识结构显得特别重要，根据行业的性质选择更加专业的董事能对公司的重大决策起到关键的作用。

2）董事的任免

董事一般由股东会任免，当董事会中需要有职工代表时，作为职工代表的董事应由职工通过民主选举的方式产生。对此，我国现行《公司法》第四十四条规定：两个以上的国有企业或者两个以上的其他国有投资主体投资设立的有限责任公司，其董事会成员中应当有公司职工代表；其他有限责任公司董事会成员中可以有公司职工代表。董事会中的职工代表由公司职工通过职工代表大会、职工大会或者其他形式民主选举产生。董事会设董事长一人，可以设副董事长。董事长、副董事长的产生办法由公司章程规定。

3）董事的任期

董事的任期各国的规定不同，我国现行《公司法》第四十五条规定，董事任期由公司章程规定，但每届任期不得超过三年。董事任期届满，连选可以连任。可见，我国《公司法》虽然对董事每届的任期做了规定，但对连任的期数并没有作出限定。同时《公司法》第四十五条还规定，董事任期届满未及时改选，或者董事在任期内辞职导致董事会成员低于法定人数的，在改选出的董事就任前，原董事仍应当依照法律、行政法规和公司章程的规定，履行董事职务。值得注意的是，我国《公司法》规定有限责任公司（股东人数较少或者规模较小的有限责任公司除外）董事会的法定人数一般为三人至十三人，股份有限公司的为五至十九人。

4.1.3 董事的任职资格

董事与股东不同，不是任何人都可以成为公司的董事，而对于股东来说任何持有公司股份的人都是公司的股东。董事是由股东会或者由职工民主选举产生的，当选为董事后就成为董事会成员，就要参与公司的经营决策，所以董事对公司的发展具有重要的作用，各国公司法对董事任职资格均作出了一定限制。

我国现行《公司法》第一百四十六条规定，有下列情形之一的，不得担任公司的董事、监事、高级管理人员：

（1）无民事行为能力或者限制民事行为能力；

（2）因贪污、贿赂、侵占财产、挪用财产或者破坏社会主义市场经济秩序，被判处刑罚，执行期满未逾五年，或者因犯罪被剥夺政治权利，执行期满未逾五年；

（3）担任破产清算公司、企业的董事或者厂长、经理，对该公司、企业的破产负有个人责任的，自该公司、企业破产清算完结之日起未逾三年；

（4）担任因违法被吊销营业执照、责令关闭的公司、企业的法定代表人，并负有个人责任的，自该公司、企业被吊销营业执照之日起未逾三年；

（5）个人所负数额较大的债务到期未清偿。

公司违反前款规定选举、委派董事、监事或者聘任高级管理人员的，该选举、委派或者聘任无效。董事、监事、高级管理人员在任职期间出现本条第一款所列情形的，公司应当解除其职务。

4.1.4 董事的权利

我国《公司法》对董事的权利并没有明确的规定，相关的规定也比较分散，总的来说，董事的权利主要有以下几方面：

1）出席董事会会议的权利

我国《公司法》第一百一十二条规定：董事会会议，应由董事本人出席；董事因故不能出席的，可以书面委托其他董事代为出席，委托书中应载明授权范围。董事会应当对会议所议事项的决定作成会议记录，出席会议的董事应当在会议记录上签名。

2）表决权

《公司法》第四十八条规定，有限责任公司董事会的议事方式和表决程序，除本法有规定的外，由公司章程规定。董事会应当对所议事项的决定作成会议记录，出席会议的董事应当在会议记录上签名。董事会决议的表决，实行一人一票。《公司法》第一百一十一条还规定了股份有限公司董事会作出决议，必须经全体董事的过半数表决通过，实行一人一票。可见，表决权是董事的基本权利。

3）提议临时会议召集的权利

《公司法》第三十九条的规定和第一百一十条的规定都体现了董事拥有提议召开股东大会临时会议和董事会临时会议的权利。第三十九条规定三分之一以上的董事提议召开临时会议的，应当召开股东大会临时会议。而第一百一十条规定三分之一以上董事可以提议召开董事会临时会议。董事长应当自接到提议后十日内，召集和主持董事会会议。

4）其他通过董事会行使的权利

如任免权，董事具有通过董事会任免经理职务的权利，《公司法》第四十九条规定，有限责任公司可以设经理，由董事会决定聘任或者解聘。所以，董事有通过董事会行使对经理任命与解雇的权利。

关于对经理的任免权，并不是董事的个人权利，而是需要通过董事会才可以行使的权利。案例中甲没有经过董事会的表决，私自免除总经理的职务，是滥用董事权利的表现。

4.1.5　董事的义务

董事是公司财产的受托人，他们有义务管理好公司财产，为公司发展作正确的决策。作为公司的受托人应对公司负有勤勉义务和忠实义务。我国《公司法》对公司董事、监事、高管人员的资格和义务都作出了规定，其中第一百四十七条明确规定公司董事对公司负有勤勉义务和忠实义务。

1）勤勉义务

勤勉义务又称为注意义务或善管注意义务，是指董事履行职责时，应当为公司的最佳利益着想，具有善良管理之人的细心，尽一个普通谨慎之人的合理注意。勤勉义务一般被理解为董事在处理公司事务时具有在相同情形下一个普通谨慎人应当具有的注意、勤勉和技能。美国《标准公司法》规定，董事应怀有善意去履行勤勉义务；要以在类似的情况下一个合理的谨慎的人应有的行为那样行事；所采取的行动应该有充分的理由是为了公司的利益。我国《公司法》并没有对勤勉义务作出详细的解释，我们认为公司董事的勤勉义务应包括：

（1）保证公司的商业行为符合国家法律、行政法规以及国家各项经济政策的要求，保证商业活动不超过营业执照规定的业务范围的义务；

（2）认真出席董事会会议的义务；

（3）掌握相关知识并认真履行职责的义务；

（4）接受股东质询、向监事会提供有关材料的义务，不得妨碍监事会或者监事行使职权的义务。

释例　　　　　　　**董事未尽勤勉义务 为公司损失负责**

A是一家保险经纪公司，甲女士继承了她丈夫在该公司48%的股份，并任该公司董事；公司的其余股份由她的两个儿子拥有，两个儿子均为公司董事，其中一人负责管理公司日常事务。在几年之内，两个儿子以贷款方式从公司转走大量资金，最终导致公司破产。转走的资金均为公司掌握的属于客户的信托资金。甲女士不了解公司的业务，她从未读过公司的年度财务报告，更不知道资金被转移的事实。

在此案的判决中，法院认为甲女士因未能注意和防止公司信托资金之被非法转移而有疏忽之责，并且其疏忽是导致资金损失的直接原因。甲女士没有尽到作为一名董事所应履行的勤勉义务，因此要为公司的损失负责任。

2）忠实义务

作为公司财产受托人的董事，与公司形成了信托关系，董事对公司要承担忠实义务。所谓忠实义务，就是要求董事任何时候都应当以公司利益最大化为出发点，代表全体股东全心全意地进行经营管理；当董事的自身利益与公司的整体利益发生冲突时，公司的整体利益优先。一般来说，董事的忠实义务主要体现在以下三个方面：

（1）禁止自我交易。自我交易是代表公司利益的董事利用其职权之便，跟与其有着利益关系的个人或其他公司进行交易，主要表现为自我契约、自我贷款和自我雇佣等。自我契约指的是董事与公司之间签订契约，彼此转让或受让财产；自我贷款就是董事利用职权之便从公司贷款给自己，或以公司名义为自己担保进行贷款；自我雇佣就是董事代表公司雇佣自己或其他利益相关人，并为自己制定不合理的薪酬规定等。涉及自我交易的情况有两种：一种是涉及董事与公司之间的交易；另一种是涉及拥有一个或多个共同董事的公司之间的交易。要注意的是，这里的交易是指公司与董事间有着利益冲突的交易，那些没有产生利益冲突的交易不能说是自我交易，如作为债权人的董事免除债务人公司的债务利息就不能视为董事违反了自我交易的义务。

（2）竞业禁止。竞业禁止是指董事不得将自己置于其职责和个人利益相冲突的地位或从事损害本公司利益的活动，即不得为自己或第三人经营与公司所经营的业务相同的事业。董事一般会掌握公司的商业秘密的信息，如果为其他具有相同业务的公司服务，公司的商业秘密可能会被泄露，以致公司和股东的利益受到侵害。我国《公司法》第一百四十八条第（五）款规定，未经股东会或者股东大会同意，不得利用职务便利为自己或者他人谋取属于公司的商业机会，自营或者为他人经营与所任职公司同类的业务。从事上述营业或者活动的，所得收入应当归公司所有。"自营或者为他人经营"不仅指董事任同类业务公司的代表人或拥有该公司的某个职位，更重要的是指董事与同类业务公司存在利益一致关系。

（3）不得篡夺公司机会。公司机会学说（Corporate Opportunity Doctrine）是英美法系的一个重要理论，篡夺公司机会是指公司董事、高级职员或管理人员把属于公司的商业机会转归自己利用而从中获利。在市场经济时代，把握商业机会是公司盈利的关键，能否把握商业机会关系到公司的生存与发展。公司的交易机会虽然并不是公司的物质形态的财产，但有利的交易机会可以帮助公司获取利润。所以董事利用职权之便篡夺公司机会也是董事违反忠实义务的表现。公司的交易机会虽然并不是公司的物质形态的财产，但有利的交易机会可以帮助公司获取利润。所以篡夺公司机会也是董事没有尽到忠实义务的表现。

我国现行《公司法》对于忠实义务的含义也没有作出明确的解释，但是与勤勉义务规定不同的是，该法对于禁止董事进行的、违反忠实义务的行为进行了列举性规定：①挪用公司资金；②将公司资金以其个人名义或者以其他个人名义开立账户存储；③违反公司章程的规定，未经股东会、股东大会或者董事会同意，将公司资金借贷给他人或者以公司财产为他人提供担保；④违反公司章程的规定或者未经股东会、股东大会同意，与本公司订立合同或者进行交易；⑤未经股东会或者股东大会同意，利用职务便利为自己或者他人谋取属于公司的商业机会，自营或者为他人经营与所任职公司同类的业务；⑥接受他人与公司交易的佣金归为己有；⑦擅自披露公司秘密；⑧违反对公司忠实义务的其他行为。

释例　　　　　　　　　　**董事违反忠实义务被罢免**

李某和陈某是某IT股份有限公司的董事。2018年4月，李某、陈某和他们任职公司以外的汤某、许某合伙开办了一个软件公司，其产品和该IT股份有限公司的产品相同。2019年1月，该IT股份有限公司发现了李某和陈某的行为，经股东大会表决，公司决定罢免李某和陈某的董事职务。同时，公司还要求李某和陈某将其与他人合伙经营软件公司所得收入合计52万元交给公司，遭到二人拒绝。

在该案例中，李某和陈某没有尽到作为董事对IT股份有限公司的忠实义务，他们的行为已违反了忠实义务中竞业禁止的规定。我国《公司法》第一百四十八条第五款规定，董事、高级管理人员未经股东会或者股东大会同意，利用职务便利为自己或者他人谋取属于公司的商业机会，自营或者为他人经营与所任职公司同类业务的，其所得的收入应当归公司所有。根据本条规定，公司有权要求二人将违反规定的收入收归公司所有。遭其拒绝，公司股东可以向人民法院起诉。

4.2　董事会

4.2.1　董事会概念

NACD（全美董事联合会咨询委员会）将公司治理的目标定义如下：公司治理要确保公司的长期战略目标和计划被确立，以及为实现这些目标而建立适当的管理结构（组织、系统、人员），同时要确保这些管理结构有效运作以保持公司的完整、声誉，以及它的各个组成部分的责任。NACD的这个定义实际上是将公司的董事会看作治理结构的核心。[①]

Demb & Neubauer（1992）强调了董事会的决策作用，认为董事会可被看作是一个决策工作组，应该从目标清楚、职责清楚和关系明确、规模适度、领导权清晰等方面对董事会进行评价。

我国学者芮明杰和袁安照认为，董事会是股东代表或股东推选出来的代表组成的会议体机构，是股东大会的代理机构，受股东们的委托对公司的投资、生产、经营等重大问题进行决策、领导和监督，是公司治理的核心。

本书认为，董事会是公司治理的核心，它是由股东会选举产生的，由董事组成的，代表股东对公司行使经营决策权和对经理层行使监督权的常设机关。

---

① 李维安. 公司治理学［M］. 北京：高等教育出版社，2019：76.

4.2.2　董事会模式

由于各国历史文化、政治经济等因素的不同，各国的董事会模式也有所不同。目前，董事会模式主要有三种，分别是单层制的英美模式、双层制的德国模式以及日本模式。单层制与双层制董事会模式的区别在于，公司治理结构中是否设有监事会或具有独立监督功能的监事董事会。

1）英美模式

英美的公司，尤其是美国公司的大多数股权都比较分散。虽然机构投资者十分庞大，拥有相当数量的股权投资，但对于某一特定公司来说，公司的股权分布仍然十分分散。比如一个机构投资者的资产可能达十亿、数十亿美元，但它在一个特定的上市公司中持有的股票比例可能只有1%左右。虽然美国的机构投资者拥有的股票比例还在提高，但从总体上看，美国的上市公司股权是分散的。

英美公司的董事会属于单层制董事会（如图4-2所示）。所谓单层制董事会，就是没有设置独立的监事会，其公司结构只有股东大会和董事会，其监督职能由董事会履行。其中，董事会负责讨论并决定公司的经营方针和战略，决定重大的财务与人事问题。英美模式董事会由股东大会选出的董事组成，董事会设董事长一名，副董事长若干名。董事长一般兼任公司的CEO，因而拥有较大的权力，经理人员由董事会任命，负责日常的经营与管理。美国公司在董事会中设有独立董事，负责日常的监督事务，在必要时甚至能对公司的人事安排作出重大调整。董事会中下设主要（或全部）由独立董事组成的薪酬委员会、审计委员会、提名委员会等多个委员会。所以，美国公司的董事会实际上集经营权与监督权于一体，这是其公司治理结构的独特之处。

图4-2　英美模式董事会结构[①]

释例　　　　　　　**通用电气：英美模式的百年老店**

美国通用电气公司（GE）是一家有着百年历史的跨国公司，连续多年被美国《财富》评为世界500强之首，该百年老店的公司治理结构是典型的英美单层制董事会结构。

与美国许多其他公司一样，通用电气公司的股权是比较分散的。截至2004年，通用电气的股权有55%掌握在2 000多家银行与基金等机构投资者手里，5%左右的股权由外国股东持有，而剩下的40%的股权由个人持有，个人股东大约有240万人（其中20万人为通用电气的在职员工和退休员工）。

通用电气公司只设有股东大会和董事会，董事会的角色就是负责监督公司管理层的

① 李维安. 公司治理学［M］. 北京：高等教育出版社，2019：102.

行为，保证股东的长期利益，反映公司利益相关人的意见。到2004年为止，通用电气公司董事会由16个人组成，其中包括4个内部董事和12个外部董事，可见外部董事所占的比例非常高。董事长是杰里夫·伊梅尔特，他于2001年接替了前任首席执行官杰克·韦尔奇的职务，成为通用新任的董事长兼首席执行官。另外设置3名副董事长，他们分别是通用电气医疗保健集团、金融服务集团以及美国国家广播公司的首席执行官。

通用电气公司董事会设置了审计委员会、提名与公司治理委员会、管理发展与薪酬委员会以及公共责任委员会。除了公共责任委员会有内部董事参加以外，其他三个委员会的成员全部由外部董事组成。

资料来源　苏琦，姜岳新．公司治理经典案例［M］．北京：机械工业出版社，2005．有改编．

2）德国模式

德国公司的资产主要来自银行和其他非金融机构，银行和其他非金融机构持有的资产占公司总资产的52%，而个人持有的资产仅占总资产的15%。所以，德国公司的股权较为集中。德国公司的融资渠道以银行为主，实行全能银行制。德国实行双层制董事会治理模式，所谓的双层制是指德国公司的业务执行职能和监督职能相分离，成立与之相对应的两种管理机构——执行董事会和监督董事会（如图4-3所示）。德国的双层制董事会治理模式主要具有以下特点：

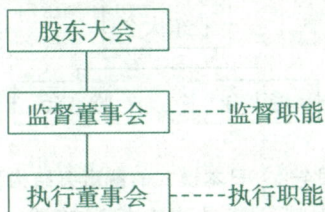

图4-3　德国模式的董事会结构①

（1）监督董事会是执行董事会的上级机关。在德国公司中，股东大会选举产生监督董事会，监督董事会任命董事会成员。执行董事会和监督董事会虽然同设于股东大会之下，但监督董事会的地位和权力在某些方面要高于执行董事会。尽管监督董事会并不参与公司的实际经营管理，但对于某些特定的交易，执行董事会必须事先得到监督董事会的批准后才能进行，所以监督董事会对公司的经营方针会产生重要的影响。

（2）监督董事会的成员不能兼任执行董事会的成员。在公司内部，监督董事会成员不能再兼任执行董事。在德国，控股与被控股公司间不能互相派遣自己的董事出任对方的监督董事，被控股公司也不能向控股公司派遣人员出任监督董事。

（3）劳资双方共同组成监督董事会。德国公司的监督董事会一般由3~21人组成，其中股东代表和雇员代表各占一半。股东代表由股东大会选举产生，但公司章程也可以规定授予某些人或机构一定的任命监督董事会成员的职权。雇员代表则由雇员投票选举产生，选举时通常有一定的法律程序，并将选举权按一定比例分配给蓝领工人、白领人员和管理人员。

---

① 李维安．公司治理学［M］．北京：高等教育出版社，2019：100．

释例   德意志银行：德国模式的典型

德意志银行是双层制董事会结构的典型公司。德国的法律规定：股份公司和拥有职工 500 人以上的有限责任公司必须设立监督董事会，实行监督董事会和执行董事会双层制董事会结构。因此，作为德国的一家股份制银行，德意志银行必须设立监督董事会和执行董事会的双层结构。

德意志银行监督董事会的成员有 20 人，其中股东选举产生 10 人，员工选举产生 10 人，但执行董事会的成员却只有 4 人，监督董事会与执行董事会的人数比是 5∶1。监督委员会的职能与权力主要体现在其设置的专业委员会上。德意志银行的监督委员会设置了董事长委员会、协调委员会、审计委员会以及信用和市场风险委员会。

德意志银行的监督董事会的权力与地位比执行董事会高，还体现在两个董事会成员的产生方式上。监督董事会的成员由股东大会选举产生，而执行董事会的成员则是由监督董事会选举任命的，因此，执行董事会可以看作监督董事会的管理层。

资料来源 根据苏琦，姜岳新.公司治理经典案例［M］.北京：机械工业出版社，2005，以及相关报道整理.

3）日本模式

日本模式的董事会结构如图 4-4 所示。

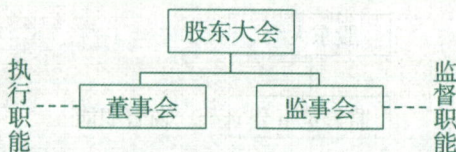

图4-4 日本模式的董事会结构[1]

日本企业的股权结构的一大特征就是法人相互持股，这主要是指日本对企业间的相互投资不加限制，不同的企业法人相互之间持有对方的股份。日本的法人股东和德国的一样，主要也是由银行、保险等金融机构以及企业法人组成。日本法人相互持股的一个重要原因是为了加强企业之间的联系，日本主银行和企业保持的是一种相互持股关系，即以主银行为主，若干个大型工商企业及金融机构等相互交叉持股，彼此间形成事实上相互控制的关系，主银行正是借助相互持股关系而形成对客户公司的控制和监督。日本企业董事会治理模式与德国有点相似，但又不完全相同，其主要特点有：

（1）设立监事会。公司治理结构由股东大会、董事会和监事会组成。董事会集业务执行与监督职能于一身，但同时又设有专门从事监督工作的监事会，即双层制公司治理模式。根据日本《商法》和《商事特别法》的规定，大型股份有限公司必须设置专门的监事会，而小公司只需设监事。监事会和董事会是平行的机构，均由股东大会选任和罢免，相互之间没有隶属关系。

（2）经营者具有董事和行政领导人的双重身份。股东对经营者制衡弱化，经营者居支配地位。日本公司中普遍设立由常务董事以上的董事组成的常务委员会，作为总经理的辅助机构，具有执行机构的功能。这样，以总经理为首的常务委员会成员，其本身作

_____
① 李维安.公司治理学［M］.北京：高等教育出版社，2019：102.

为董事参与公司的重大决策，又作为公司内部的行政领导人掌握执行权，这种决策权与执行权相统一的公司，占日本股份有限公司的92.8%。

（3）内部董事居多。日本公司的董事会几乎全部由内部董事构成，决策与执行都由内部人员承担，大多数董事由各事业部部长或分厂的领导兼任。此外，董事会也是个等级型结构，其中名誉董事长的地位最高，一般由前任总经理担任，主要利用其声望与外界进行联系，其次是总裁，董事又按职位高低分为高级管理董事、管理董事以及董事。

释例　　　　　　　　　　　　　索尼的选择

索尼公司是一家为我们所熟悉的日本企业，作为一家成功的跨国公司，它所走的路并不像其他跨国公司一样从家门走向世界，而是在国外成功发展以后才走进家门。作为一家积极进取的亚洲企业，索尼公司不但在技术上创新，同时也在积极寻找一套适合自己发展的公司治理结构。

2002年日本进行了商法改革，索尼公司顺应了这场改革要求，放弃了"股东大会-董事会-监事会"这一传统的日本模式的治理结构，毅然选择了"股东大会-董事会-独立董事任职的董事会委员会"这一英美国家的治理结构模式。索尼撤销了公司原来的监事会，在董事会下设立了由独立董事任命的各个专门委员会。在新的公司治理模式下，索尼公司的管理制度显得更加灵活，更加能适应市场发展的需要。

值得一提的是，索尼的选择并不是日本企业取得进一步发展的必经之路，诸如丰田、佳能等著名企业并没有进行公司治理模式的改革，它们依然延续着传统的日本公司治理模式。

我国的董事会模式某种意义上属于双层制模式，即除了股东大会和董事会以外，还设有监事会，但又不是纯粹的德国或者日本的双层制模式，因为我国的董事会也效仿英美模式设立了独立董事制度。我国的董事会模式与德日的双层制董事会的主要区别有：

第一，我国的监事会不像德国的监督董事会那样，可以任命董事会的成员。

第二，我国的监事会的权利仅限于监督权，不像德国的监督董事会一样拥有公司管理与决策权。

第三，我国是独立董事与监事会双管齐下的监督制度。我国的独立董事制度在日益发展，目前对上市公司的规定除了要求设置监事会以外，还要求董事中要有三分之一以上的独立董事。

4.2.3　董事会特征

无论是单层制的英美模式，还是双层制的德日模式，董事会都是公司治理的核心。各国的董事会都具有其各自的特征，根据我国《公司法》的规定，我国的董事会主要具有以下一些特征：

1）董事会是股东会的执行机关

董事会成员由股东会选举产生，董事会要对股东会负责并执行股东会的决议，是股东会的执行机关。在董事会的成员中如果有公司职工代表，这些代表由公司职工通过民主选举产生，对于董事会中是否要有职工的代表，我国《公司法》区别了几种情形，作出了必设和可设的不同规定：

（1）必设：依据我国《公司法》第四十四条规定，两个以上的国有企业或者其他两个以上的国有投资主体投资设立的有限责任公司，其董事会成员中应当有公司职工代表。

（2）可设：除上述的有限责任公司外，其余的有限责任公司和股份有限公司的董事会中可以有公司职工代表，我国《公司法》第四十四条、第一百零八条有明确的规定。

2）董事会是公司法定的常设机关

董事会作为公司的一个机构，是法定常设机构。董事会会议不是常开的，但作为机构的董事会是常设的，即使董事会中有组成成员的改变，但董事会作为公司的一个机构是不受人员变动影响的。根据我国《公司法》规定，只有股东人数较少或者规模较小的有限责任公司，可以设一名执行董事，不设立董事会；除此之外的有限责任公司和股份有限公司都应当设立董事会。

3）董事会是集体执行公司事务的机关

董事会的权利是董事会集体的权利，而不是某个董事的权利，任何个人都不能以个人的名义行使董事会的权利。董事会行使权利只能通过召开会议，通过一定的表决方式形成董事会集体意思，该意思是董事会集体的意思表示而绝非某个董事的意思表示，当某个董事的意思表示与集体的不一致时，要采用集体的意思表示。

4）董事会的表决制度是一人一票

董事会在对公司的事项进行决策时，全体董事都有权参与，按一人一票的方式进行表决，最终按多数人的意志形成决议。所以，董事会的成员最好由单数组成，我国的现行《公司法》第四十四条、第一百零八条分别对有限责任公司和股份有限公司的董事会组成人员的数量作出了规定，但没有规定董事会的组成人员应当为单数，这就有可能出现董事会是由双数人员组成，表决时有可能出现不能形成多数决的情况。

释例　　　　　　　　　董事会的人员组成

A公司为国家授权两个机构共同出资设立的有限责任公司。A公司因无股东会，由董事会行使股东会的部分职权。董事会成员有4人，全部是国家投资的机构任命的干部，无职工代表。董事长张某还兼任另一有限公司的负责人。2017年，张某没有经过董事会的决议，私自决定向B公司投资1 000万元，最后B公司由于经营不善而破产，使得A公司的1 000万元血本无归。

在该案例中A公司的董事会存在两个问题。首先，根据我国《公司法》的规定，因为A公司是由国家授权两个机构投资设立的，所以A公司的董事席位应包含有职工代表。其次，作为A公司的董事长张某不应该兼任其他有限公司的负责人。另外，在董事会的权利行使上，张某不能以个人的意志代表董事会行使权利，私自代表董事会作出公司决策。

4.2.4　董事会的职权

对于董事会职权的规定，各国公司法规定方式有所不同：有的国家采取列举式，将董事会的职权明确地列举出来；有的国家采取排除式，规定必须由股东会行使重要职权，除此之外的职权则由董事会来行使；而有的国家立法未对董事会职权作出具体规定，而将其赋予公司章程去规定。虽然各个国家公司治理原则中有关董事会职权的条款各有不同，但基本内容都是围绕董事会的决策和监督两个功能展开的。

我国《公司法》对董事会的职权采取了列举式的规定，根据《公司法》第四十六条、第一百零八条的规定，董事会对股东会负责，行使下列职权：

（1）召集股东会会议，并向股东会报告工作；

（2）执行股东会的决议；

（3）决定公司的经营计划和投资方案；

（4）制订公司的年度财务预算方案、决算方案；

（5）制订公司的利润分配方案和弥补亏损方案；

（6）制订公司增加或者减少注册资本以及发行公司债券的方案；

（7）制订公司合并、分立、解散或者变更公司形式的方案；

（8）决定公司内部管理机构的设置；

（9）决定聘任或者解聘公司经理及其报酬事项，并根据经理的提名决定聘任或者解聘公司副经理、财务负责人及其报酬事项；

（10）制定公司的基本管理制度；

（11）公司章程规定的其他职权。

最后一项规定"公司章程规定的其他职权"，让公司可以根据自身的性质和需要在公司章程中规定董事会其余的职权，使公司董事会的职权更加具有弹性和灵活性，更能适应不同情况下公司的实际需要。

4.2.5 董事会的规模

董事会的规模就是指董事会成员的多少，它是董事会行使职权的活动基础。关于董事会规模对公司绩效的影响，迄今为止，还没有非常好的定论。Jensen（1993）、Lipton和Lorsch（1992）曾提出大的董事会不如小的董事会有效，他们认为代理问题会随着董事会规模的扩大而变得更加复杂，董事会的作用将被弱化。而目前的基本假设通常是，随着公司规模的扩张，董事数量是增加的。

据统计，在20世纪末，美国大型公司的董事会成员平均是13个人，其中，内部董事平均不超过3人，其他的都是外部董事或独立董事。关于董事会的规模，我国《公司法》规定：有限责任公司设董事会，其成员为3～13人；股份有限公司设董事会，其成员为5～19人。

董事会的规模对公司绩效的影响目前还没有定论，因此对董事会规模与公司绩效之间的关系研究是目前对董事会制度研究的一个前沿方向。虽然董事会规模与公司绩效之间的关系并不非常明确，但许多学者提出了一些影响董事会规模的因素：

（1）行业性质。董事会规模受行业性质的影响，如美国的银行和教育机构的董事会规模最大。

（2）是否发生兼并事件。一般来说，发生兼并后的董事会规模会比兼并之前各自的董事会规模要大，这主要是因为刚发生兼并的时候一般不会解雇董事。

（3）CEO的偏好。CEO有时为了使自己的权力不受过多的约束，会对董事会规模施加影响。

（4）董事会内部机构设置。一般来说，设置了专门委员会的董事会的规模都会比较大，这是因为专门委员会需要更多的董事来组成。

4.2.6   董事会的机构设置

我国的董事会是对英美模式与德日模式的兼收并蓄，既有单层制董事会的特征，又有双层制董事会的特征。英美模式的董事会的一个特征就是设立次级专门委员会，在董事会内部设置若干专门委员会是强化董事会职能的发展趋势。

一般来说，像英美国家的单层制董事会都设立专门委员会，不同的公司可以根据公司本身的实际情况来设立不同的专门委员会。我国的《公司法》并没有具体要求我国企业要设立专门委员会，但一些行业，如银行业，就对该行业是否设立专门委员会、设立哪些专门委员会作出了具体的要求。图4-5是我国某商业银行的董事会结构。根据我国的法律、法规对股份制商业银行的规定，我国股份制商业银行的董事会下应设审计委员会、风险管理委员会和关联交易控制委员会，而且注册资本在10亿元人民币以上的，要建立战略委员会、提名与薪酬委员会。而像美国的大部分企业，则一般都会设置执行委员会和公共政策委员会。

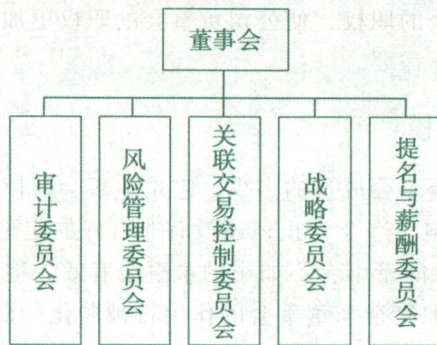

图4-5　我国某商业银行专门委员会设立情况

（1）审计委员会。这一委员会一般以独立董事为主，主要负责提议聘用、更换或解聘负责审计的会计师事务所，监督内部审计制度及其实施，审核财务信息及其披露，检查会计政策、财务状况和财务报告程序等工作。

（2）风险管理委员会。其主要负责对公司信用、市场、操作等方面的风险控制、管理和监督，定期对风险及管理状况进行评估，审核重大固定资产投资、资产处置、资产抵押或对外担保等工作。

（3）关联交易控制委员会。其主要是在金融系统中的公司设置，旨在控制金融机构间的关联交易，以避免损害中小股东的利益。

（4）战略委员会。战略委员会主要是对公司的经营目标和中长期发展规划进行研究并提出审议意见，定期对公司经营发展规划的实施情况和重大投资方案的执行情况进行检查、监督和评估等。

（5）提名与薪酬委员会。其主要职能是提名有能力的人来担当董事职位，考查目前董事会的组成和董事会成员的资格，并确定高级管理人员的薪酬，制定对管理人员的激励制度等。

（6）执行委员会。其主要由执行董事与非董事的高级经理人员组成，是董事会的常设机关，在董事会休会期间代表董事会行使权利。

（7）公共政策委员会。其作用主要是跟政府部门打交道，争取说服政府制定出有利于公司发展的政策。

4.2.7　董事会会议

董事会是通过集体决议的形式来行使职权的，集体决议是通过召开董事会会议的方式得到的，董事会会议也区分为定期会议和临时会议。

定期会议，我国《公司法》对有限责任公司没有明确作出这方面的规定，应当依照公司章程的规定按时召开；对股份有限公司，我国《公司法》第一百一十条规定：董事会每年度至少召开两次会议，每次会议应当于会议召开十日前通知全体董事和监事。

临时会议，《公司法》第一百一十条规定，代表十分之一以上表决权的股东、三分之一以上董事或者监事会，可以提议召开董事会临时会议。董事长应当自接到提议后十日内，召集和主持董事会会议。董事会召开临时会议，可以另定召集董事会的通知方式和通知时限。董事会会议的方式及表决形式都可以在公司章程里作出规定，所以关于什么情形下召开董事会可以在公司章程中予以规定。

董事会会议的表决，实行一人一票制；董事会会议应当由董事本人出席，董事因故不能出席，可以书面委托其他董事代为出席。我国现行的《公司法》对股份有限公司作出了该规定，对有限责任公司则没有规定，如公司章程里没有这种规定，本书认为对此应作出像股份有限公司一样的规定。

对于出席率，我国现行的《公司法》规定，股份有限公司的董事会会议应有过半数的董事出席方可举行，董事会作出决议，必须经全体董事的过半数通过。对于出席董事会会议的董事人数上的要求，有限责任公司则没有这方面的规定，而是把此事项交由公司章程自行规定。这虽然赋予了公司章程更多的自由，但难免会存在一定的隐患，也给少数董事运用自身优势来控制董事会进而达到控制公司的目的提供了可乘之机。

释例　　　　　　　　　　**董事会出席率影响决议生效**

A股份有限公司董事会由7名董事组成，该公司董事会于2018年5月12日召开了一次董事会会议。其中董事长和另外一名董事正在国外考察学习，未能出席该会议，另外有位董事朱某在外地出差，电话委托秘书李某出席会议并行使表决权，因此出席该次董事会会议的有林某、程某、王某和沈某4位董事，以及朱某的秘书李某。经董事长委托，会议由副董事长林某主持，该次董事会会议的议题是讨论公司内部机构设置的方案。在表决时，除董事王某反对外，林某、程某、沈某和李某均表示同意。那么这项决议是否有效？

　　该项决议并不符合法律规定。该案例中的 A 是一家股份有限公司，根据《公司法》规定，股份有限公司的董事会会议要有过半数的董事出席方可举行。有 4 名董事出席了会议，超过了董事人数的一半，因此可以举行。但是，根据《公司法》规定，朱某未能出席会议，只能委托其他董事进行表决，而不能委托秘书李某出席会议。因此，这项决议只有 3 位董事同意，没有达到全体董事的一半，故而无效。

4.3　独立董事制度

引　例

新疆浩源独立董事被罚

　　2018 年 8 月 21 日，新疆浩源天然气股份有限公司（以下简称"新疆浩源"）收到中国证券监督管理委员会新疆监管局下发的〔2018〕1 号《行政处罚事先告知书》。由于未按规定披露新疆浩源及其控股子公司（持股比例为 51%）上海源晗能源技术有限公司在 2017 年 6 月 7 日至 2018 年 4 月 20 日与关联方新疆友邦数贸贸易有限公司发生的多笔关联交易，新疆浩源在定期报告签字的全部董事均被处罚，其中对独立董事赵志勇、王京伟给予警告，并分别处以 5 万元罚款。

　　在案件审理过程中，独立董事赵志勇、王京伟委托新疆浩源提交了书面说明：两人均在董事会审议中期报告时对财务报告中大额预付款提出了质疑，并要求经营层作出解释，是由于关联交易被上市公司刻意隐瞒，两人才投了赞成票。但中国证券监督管理委员会新疆监管局认为独立董事应当对披露事项作出独立判断，对上市公司重大事项勤勉尽责履责，对定期报告存在异议的，陈述理由和发表意见，并予以披露，因此仅是关注和简单询问不足以免除其法律责任。

　　资料来源　深圳证券交易所上市公司公告.

　　问题：

　　（1）独立董事应对企业承担哪些责任？

　　（2）赵志勇、王京伟该不该承担法律责任？

4.3.1　独立董事的起源

　　独立董事起源于美国。20 世纪 40 年代，美国公司的股权结构还不是很分散，当时的控股股东操纵公司董事会的现象也较普遍，董事会在一定程度上丧失了监督经营者的职权。50 年代经理人员的薪酬日益增长，但经理人员的报酬却并不完全和公司盈利相联系，股东普遍对此表示不满。由此，美国提出了在董事会中引入外部董事，建立有效的公司治理结构，防止公司被内部人控制。但那时的外部董事还不是我们现在所谓的真正意义上的独立董事。真正的独立董事制度是20世纪60年代后渐渐在美、英、法等国盛行的。

1971年，美国学者迈尔斯·梅斯所做的董事会研究认为，董事只不过是"公司这棵圣诞树上的装饰"，他说大多数董事被迫花费大量自己的时间按照"数字"和"书本"行事。在20世纪70年代，有不少董事的确参加了一些公司高级职员的犯罪活动，"水门事件"、贿赂官员的丑闻不断发生，董事们没有很好地履行他们的监督职责，反而以身试法，加入到犯罪活动之中。

在一系列的丑闻之后，社会各界开始关注独立董事的重要性。1978年经美国证券交易委员会（SEC）批准，纽约交易所要求每一家上市公司都设置审计委员会，其成员主要由外部董事组成，要求每家上市公司的董事会中至少设置两名外部董事，这一规定是对独立董事的重要性产生重大影响的早期措施。此后的80年代，外部董事/内部董事的比例不断增长，到1990年更是达到了最高的比例。

4.3.2　独立董事的概念

独立董事制度是英美国家"一元制"公司治理结构下的一种制度安排。为了在现有的制度框架内改良监督机制，英美国家在董事会中引入独立的外部董事，旨在使董事会能更好地监督管理层，解决因股权高度分散所带来的内部人控制问题。

独立董事（Independent Director）是独立的非执行董事的简称。独立董事制度起源于美国，然而在美国普通公司法中的正式法律术语则是"非利害关系董事"，而非"独立董事"。由于董事与某一交易或问题的利害关系往往会影响到他们的决策的合理性，因此现代公司法在许多问题的决策方面都要求由非利害关系董事决定，独立董事制度也正是在此基础上发展起来的。

从理论上讲，独立董事是指在经济利益和人身关系方面与公司和高级经理层没有重要关系、具有完全独立意志、代表公司全体股东和公司整体利益的董事会成员。

资料　　　　　　　　　　**家族企业是否需要独立董事**

勒格朗股份公司是法国的一家由家族控制占主导地位的企业，这家企业具有以下一些特点：董事会在两个家族的管理下，两个家族各持有50%的表决权；专业化的管理与家族没有联系；公司的董事会中没有任何独立董事；公司的经营业绩非常好。

独立董事制度虽然目前已经成为公司治理中的董事会制度的发展趋势，但是对于勒格朗股份公司这样的家族企业来说，没有独立董事，其业绩依然很好，所以设立独立董事制度似乎也没有多大必要。的确，在家族企业中，独立董事的概念已经是相对的了，因为家族企业的股东很集中，他们都非常关心自己的利益，无须独立董事来进行监督。另外，很多家族企业中没有独立董事的一个重要原因是，家族董事在企业中不担任任何职位，管理都是很独立的。

美国上市公司股权分散，股东持股比例小，权力由专业化的管理者掌握，存在着董事会听命于经理这样一种"弱所有者、强管理者"的治理格局。为了确保股东权益，美国公司的独立董事制度更强调董事能代表全体股东的利益，独立于公司内部的管理人员，从公司或股东利益出发考虑问题。因此，与公司没有其他利益关系的股东可以成为独立董事。而在中国香港，大部分上市公司股权比较集中，主要掌握在家族及其伙伴手中，由家族控制的董事会掌握实权。由于家族控制的董事会可能会造成垄断性局面，从而损害中小股东利益，因此，香港联交所将顾及所有股东利益、保障中小股东利益作为董事会的重要职责之一，强调独立董事独立于大股东，并对独立董事持股比例做了严格限制。

4.3.3 独立董事的特征

1）独立性

独立董事是指具有"独立性"的董事，所以，对独立董事的定义主要集中在"独立性"的界定上。不同的国家、不同的组织对"独立性"的界定有着不同的标准。

（1）独立性的界定

美国证券交易委员会采用排除法来定义"独立性"。它将与公司没有"重要关系"的董事界定为独立董事。而"重要关系"是指：①在过去两年内是公司的雇员；②是公司业务主管的直系亲属；③直接或间接地与公司之间存在金额超过20万美元的交易关系；④为公司服务的律师事务所或投资银行。

美国律师公会对"独立性"的界定是：不参与经营管理，该董事与公司或经营管理者没有任何重大的业务或专业联系。

英国著名的海尔梅斯养老金管理公司规定，独立董事必须：①不是或不曾是公司或集团的雇员；②未担任董事10年以上或年龄未超过70岁；③不代表大股东或其他单个利益团体（供应商或债权人等）；④未从公司获得除独立董事费之外的收入；⑤未参加公司的股票期权计划或以公司业绩为基础的报酬计划；⑥无利益冲突或交叉担任董事；⑦不存在与公司或管理人员有其他重大的、会妨碍其对股东忠诚的财务关系或个人关系。

法国的《维耶诺报告》对独立性的阐述为：独立董事意指所有和企业或集团中的企业没有直接或间接关系的董事，这样才可以完全客观地参加董事会的工作。独立董事，既不是雇员，也不是企业或一个集团企业的董事长或总经理，或者至少3年内不是这个企业的员工、董事长或者总经理；既不是企业或集团企业的重要股东，也不属于企业或集团企业重要的商业或经济合作伙伴。

（2）独立性的体现

概括来说，"独立性"可以陈述为：该董事与所受聘的公司及其主要股东不存在可能妨碍其进行独立客观判断的关系。具体来说，独立董事的独立性主要体现在：

①法律地位的独立。独立董事是由股东大会选举产生，不是由大股东推荐或委派，也不是公司雇用的经营管理人员，他作为全体股东合法权益的代表，独立享有对董事会决议的表决权和监督权。具体地说，独立董事：

A.独立于股东。独立于股东，就是与股东没有任何关系，包括亲戚关系、合作伙伴关系等。

B. 独立于经营者。所谓的经营者，主要是指公司的经理层，独立董事应当是与公司经理层没有亲戚关系、合作伙伴关系或者其他经济利益关系的个人。

C. 独立于公司的其他利益相关者。其他利益相关者，主要是指公司的员工、供应商、经销商、法律顾问、咨询顾问等与公司有着利益关系的人。

②意愿表示独立。独立董事因其不拥有公司股份，不代表任何个别大股东的利益，不受公司经理层的约束和干涉，同时也和公司没有任何关联业务和物质利益关系，因此，决定了他能以公司整体利益为重，对董事会的决策作出独立的意愿表示。

2）客观性

独立董事拥有与股份公司经营业务相关的经济、财务、工程、法律等专业知识，勤勉敬业的职业道德，一定的经营管理经验和资历，以其专家型的知识层面影响并提高了董事会决策的客观性。

3）公正性

与其他董事相比而言，独立董事能够在一定程度上排除股份公司所有人和经理人的"权""益"干扰，代表全体股东的呼声，公正履行董事职责。

独立性是独立董事的基本法律特征，客观性和公正性都产生于独立性的基础之上，而客观性和公正性则又保证了独立董事在股份公司董事会依法履行董事职务的独立性。

4.3.4 独立董事的作用及制约因素

1）独立董事的作用

从某种程度上说，公司治理结构是否健全，在很大程度上取决于是否有个真正代表公司整体利益的独立自主的董事会，取决于能否形成以董事会为核心的完善的制衡机制。独立董事与公司没有利益联系，可以客观、公正、独立地作出有关公司决策的判断。独立董事作为外部董事的这种特殊地位，在董事会中能对内部董事起着监督和制衡作用，对完善公司法人治理结构，监督和约束公司的决策者和经营者，制约大股东的操纵行为，最大限度地保护中小股东乃至整个公司利益起着重要作用。具体来讲，独立董事在董事会中的主要作用有：

（1）客观作用。设立独立董事最重要的意义就在于其因独立性而派生的客观性。由于独立董事与公司没有任何联系，是独立于公司的个体，因此如果经理人或其他董事的利益与公司利益发生冲突的时候，对问题进行决策的过程中能够作出客观的判断。另外，独立董事并不是公司的员工或者其他与公司有联系的人，对于公司的问题能从一个局外人的角度来进行分析，可能会有更优的决策；而经理人可能因长期在公司工作而出现思维定式，造成错误的判断。

（2）监督作用。独立董事的另外一个重要作用就是监督作用。英美国家由于是单层制的董事会，没有设立监事会，因此独立董事的一个重要作用就是监督CEO和其他内部董事的行为。我国因为一股独大的现象较为严重，设立独立董事可以监督代表大股东的董事的行为，防止大股东侵犯小股东的利益。

释例   **独立董事的监督职能**

厦门信达股份有限公司独立董事意见书

根据中国证监会《关于上市公司建立独立董事制度的指导意见》、《上市公司治理准则》和《公司章程》等有关规定，我们作为厦门信达股份有限公司（简称"公司"）之独立董事对以下事项发表如下独立意见：

一、关于公司二〇一九年第一季度计提资产减值准备的独立意见

公司依据企业会计准则及公司会计政策稳健计提资产减值准备，能客观、公允地反映公司的财务状况以及经营成果，确保公司规范运作，没有损害公司及中小股东利益。同意本次《公司二〇一九年第一季度计提资产减值准备的议案》。

二、关于公司会计政策变更的独立意见

公司依照财政部的有关规定和要求，对公司会计政策进行变更，使公司的会计政策符合财政部、证监会和深圳证券交易所等监管机构的相关规定，能够客观、公允地反映公司的财务状况和经营成果，符合公司和所有股东的利益。本次会计政策变更的决策程序符合有关法律、法规和《公司章程》的规定，没有损害公司及中小股东的权益。同意本次《关于公司会计政策变更的议案》。

独立董事：童锦治、薛祖云、郑学军
二〇一九年四月二十六日

资料来源 深圳证券交易所上市公司公告.

（3）专家作用。董事会中的独立董事一般具有专业的知识和丰富的经验，有着独立的判断能力，可以帮助公司抓住市场机会，获得更多有价值的资源；提供公司可能没有的技能和经验，提高在制定公司战略时对环境变化的预测能力，从而有助于董事会拓宽视野。与此同时，独立董事能够通过其日常活动获取这些执行董事不容易获得的信息，熟悉企业以外的比如市场机会、新技术、金融或经济事务或国际问题等，能为董事会所讨论的问题提供信息来源，发挥"外部窗口"的作用。独立董事能够从不同角度审视公司的问题，在战略决策过程中导入他们的独立判断，提出建设性的意见，指出正确的方向，促进公司的长期发展。在公司需要进行重大项目投资、项目融资以及并购的时候，独立董事的社会背景、专业的技术或管理知识会为公司创造特有的价值。另外，独立董事还在不同公司兼任，帮助公司与其他企业建立战略同盟关系。

（4）名誉作用。独立董事是公司的外部人士，通常具有广泛的个人关系和良好的社会形象，他们往往是名声很好的业内专家，有着很好的道德素养和社会责任感，受到社会人士的尊重。这就使得他们能够通过自己的影响增加公司与外界的联系，为公司提供商机，并帮助公司树立形象。例如，成为一些专门委员会或公共委员会的成员，参加商务和行业聚会，担任公司的新闻发言人等。

2）独立董事作用发挥的制约因素

我国引入独立董事制度，尤其是在上市公司中引入独立董事制度，主要是为了扩大董事会的监督作用，因为我国的上市公司中存在着严重的"内部人控制"和"大股东剥削小股东"的问题。然而，虽然国外的案例告诉我们独立董事在董事会中有着重要的监

督作用，但是由于各种因素的制约，我国企业的很多独立董事还是成为"花瓶董事""人情董事"。总的来说，制约独立董事作用发挥的因素主要有以下这些：

（1）股权的集中程度。一般来说，过于集中的股权会制约独立董事发挥作用，而较为分散的股权结构则有利于独立董事发挥作用。股权过于集中，会造成大股东拥有绝对的权力去控制董事会和经理层，使得独立董事为了避免冲突或者其他的原因不能很好地履行自己的义务。股权过于集中，那么股东大会的权力也集中在少数的控股股东手中，独立董事的提名与更替受到控股股东的控制，这样造成独立董事无法发挥其监督作用。

（2）是否拥有良好的激励制度。独立董事逐渐沦为"花瓶董事""人情董事"的一个重要原因是公司缺乏良好的激励制度。由于公司没有一套对独立董事进行奖惩的制度，许多独立董事在董事会会议上没有很好地运用自己的专业判断力，在进行决议的时候随大流。只有拥有一套良好的激励制度，对独立董事的行为进行客观的评价，奖罚分明，独立董事才有可能运用自己的智慧，展现自己的能力，对董事会的每项决议都慎重地作出决定，发挥自己应有的作用。

（3）独立董事的能力和精力的限制。我国上市公司聘请的独立董事很多是大学或各类研究院的学者，或者是一些银行家，或是财务、审计等领域的专业人士。独立董事与公司没有任何的利益联系，因此能起到一定的监督作用，但是也正因为如此，许多独立董事对公司的业务并不完全熟悉与了解，能力有限，这就很可能会导致他们难以发挥专业的作用。同时，很多独立董事都有自己的工作，如大学教授兼任某公司的独立董事，他需要花费一定的时间与精力在研究与教学工作中，因此他无法把全部的时间和精力都投入到公司中，作为独立董事的作用便受到了影响。

（4）董事责任保险。董事责任保险是一种为公司董事、高级管理人员提供保险保障的商业保险产品。其主要目的是保障公司董事和高管在履行职责过程中，因错误决策、疏忽而可能面临的诉讼和赔偿责任。当前，与我国董事责任保险相关的法律制度建设仍处于较为初级的阶段，相关的法律规定还较少。作为独立董事履职的重要保障，《关于上市公司独立董事制度改革的意见》中规定，鼓励上市公司为独立董事投保董事责任保险，支持保险公司开展符合上市公司需求的相关责任保险业务，降低独立董事正常履职的风险。

4.3.5 我国关于独立董事的规定

美国公司法律制度中没有监事会，监督的职能主要由独立董事来执行。为了加强董事会的监督职能以及对董事会本身进行监督，我国修改后的《公司法》也引进了独立董事制度，独立董事与监事会双管齐下对董事会进行监督，以完善治理结构。

1）独立董事的任职资格

2023年4月，国务院办公厅颁布了《关于上市公司独立董事制度改革的意见》（以下简称《意见》），明确规定了上市公司独立董事制度是中国特色现代企业制度的重要组成部分，是资本市场基础制度的重要内容。并且上市公司董事会中独立董事应当占三分之一以上，国有控股上市公司董事会中外部董事（含独立董事）应当占多数。根据《意见》的规定，独立董事应当具备履行职责所必需的专业知识、工作经验和良好的个人品德，符合独立性要求，与上市公司及其主要股东、实际控制人存在亲属、持股、任职、重大业务往来等利害关系（以下简称利害关系）的人员不得担任独立董事。建立独立董事资格认定制度，明确独立董事资格的申请、审查、公开等要求，审慎判断上市公司拟聘任的独立董事是否符合要求，证券监督管理机构要加强对资格认定工作的组织和监督。国有资产监督管理机构要加强对国有控股上市公司独立董事选聘管理的监督。

同时，《意见》还规定，改善独立董事选任制度。优化提名机制，支持上市公司董事会、监事会、符合条件的股东提名独立董事，鼓励投资者保护机构等主体依法通过公开征集股东权利的方式提名独立董事。建立提名回避机制，上市公司提名人不得提名与其存在利害关系的人员或者有其他可能影响独立履职情形的关系密切人员作为独立董事候选人。董事会提名委员会应当对候选人的任职资格进行审查，上市公司在股东大会选举前应当公开提名人、被提名人和候选人资格审查情况。上市公司股东大会选举独立董事推行累积投票制，鼓励通过差额选举方式实施累积投票制，推动中小投资者积极行使股东权利。建立独立董事独立性定期测试机制，通过独立董事自查、上市公司评估、信息公开披露等方式，确保独立董事持续独立履职，不受上市公司及其主要股东、实际控制人影响。对不符合独立性要求的独立董事，上市公司应当立即停止其履行职责，按照法定程序解聘。

释例　　　　　　　　　　　**独立董事的选任要求**

方大特钢科技股份有限公司独立董事候选人声明

本人朱力，已充分了解并同意由提名人方大特钢科技股份有限公司董事会提名为方大特钢科技股份有限公司第六届董事会独立董事候选人。本人公开声明，本人具备独立董事任职资格，保证不存在任何影响本人担任方大特钢科技股份有限公司独立董事独立性的关系，具体声明如下：

一、本人具备上市公司运作的基本知识，熟悉相关法律、行政法规、部门规章及其他规范性文件，具有五年以上法律、经济、财务、管理或者其他履行独立董事职责所必需的工作经验，并已根据《上市公司高级管理人员培训工作指引》及相关规定取得独立董事资格证书。

二、本人任职资格符合下列法律、行政法规和部门规章的要求：

（一）《公司法》关于董事任职资格的规定；

（二）《公务员法》关于公务员兼任职务的规定；

（三）中央纪委、中央组织部《关于规范中管干部辞去公职或者退（离）休后担任上市公司、基金管理公司独立董事、独立监事的通知》的规定；

（四）中央纪委、教育部、监察部《关于加强高等学校反腐倡廉建设的意见》关于高校领导班子成员兼任职务的规定；

（五）中国保监会《保险公司独立董事管理暂行办法》的规定；

（六）其他法律、行政法规和部门规章规定的情形。

三、本人具备独立性，不属于下列情形：

（一）在上市公司或者其附属企业任职的人员及其直系亲属、主要社会关系人员（直系亲属是指配偶、父母、子女等；主要社会关系是指兄弟姐妹、岳父母、儿媳女婿、兄弟姐妹的配偶、配偶的兄弟姐妹等）；

（二）直接或间接持有上市公司已发行股份1%以上或者是上市公司前十名股东中的自然人股东及其直系亲属；

（三）在直接或间接持有上市公司已发行股份5%以上的股东单位或者在上市公司前五名股东单位任职的人员及其直系亲属；

（四）在上市公司实际控制人及其附属企业任职的人员；

（五）为上市公司及其控股股东或者其各自的附属企业提供财务、法律、咨询等服务的人员，包括提供服务的中介机构的项目组全体人员、各级复核人员、在报告上签字的人员、合伙人及主要负责人；

（六）在与上市公司及其控股股东或者其各自的附属企业具有重大业务往来的单位担任董事、监事或者高级管理人员，或者在该业务往来单位的控股股东单位担任董事、监事或者高级管理人员；

（七）最近一年内曾经具有前六项所列举情形的人员；

（八）其他上海证券交易所认定不具备独立性的情形。

四、本人无下列不良纪录：

（一）近三年曾被中国证监会行政处罚；

（二）处于被证券交易所公开认定为不适合担任上市公司董事的期间；

（三）近三年曾被证券交易所公开谴责或两次以上通报批评；

（四）曾任职独立董事期间，连续两次未出席董事会会议，或者未亲自出席董事会会议的次数占当年董事会会议次数三分之一以上；

（五）曾任职独立董事期间，发表的独立意见明显与事实不符。

五、包括方大特钢科技股份有限公司在内，本人兼任独立董事的境内上市公司数量未超过五家；本人在方大特钢科技股份有限公司连续任职未超过六年。

六、本人已经根据上海证券交易所《上海证券交易所上市公司独立董事备案及培训工作指引》对本人的独立董事候选人任职资格进行核实并确认符合要求。

本人完全清楚独立董事的职责，保证上述声明真实、完整和准确，不存在任何虚假陈述或误导成分，本人完全明白作出虚假声明可能导致的后果。上海证券交易所可依据本声明确认本人的任职资格和独立性。

本人承诺：在担任方大特钢科技股份有限公司独立董事期间，将遵守法律、法规、中国证监会发布的规章、规定、通知以及上海证券交易所业务规则的要求，接受上海证券交易所的监管，确保有足够的时间和精力履行职责，作出独立判断，不受公司主要股东、实际控制人或其他与公司存在利害关系的单位或个人的影响。

本人承诺：如本人任职后出现不符合独立董事任职资格情形的，本人将自出现该情形之日起 30 日内辞去独立董事职务。

特此声明。

声明人：朱力
2019 年 5 月 6 日

资料来源　上海证券交易所.

以上案例是一份独立董事候选人的声明，很显然，每个独立董事候选人都必须满足以上规定和要求。也就是说，法律要求独立董事的选任必须遵循独立性、客观性和公正性的原则，其独立的地位是法律规定和赋予的，这也保证了独立董事从诞生那一时刻起就具有上述三个特征。

2）独立董事的职权

独立董事的职权及其行权途径是独立董事发挥作用的基石。独立董事的职权包括一般职权和特别职权。

（1）一般职权是全体董事都享有的职权，其中，知情权与依赖权尤为重要。

（2）特别职权则是普通董事所没有的，主要包括以下特权：①重大关联交易确认权；②独立聘请外部审计机构和咨询机构权；③召开临时股东大会提请权；④聘用或解聘会计师事务所的提议权；⑤公开向股东征集投票权；⑥提名、任免董事；⑦聘任或解聘高级管理人员；⑧决定公司董事、高级管理人员的薪酬。对上述事项经二分之一以上独立董事同意后方可提交董事会讨论。

释例　　　　　　　　　　**乐山电力独立董事案例**

在对乐山电力 2003 年财务状况出具独立董事意见时，两位独立董事程厚博与刘文波对公司的担保行为、关联交易行为以及负债情况提出质疑，于 2 月 12 日聘请深圳鹏城会计师事务所对乐山电力相关财务状况进行专项调查审计。担任过深圳创新投资管理有限公司总经理的程厚博说："这只是履行一个独立董事的职责，我们需要对自己出具的证明负责任。"

但独立董事的调查行动遭到了上市公司乐山电力的拒绝。据报道，乐山电力方面拒绝的理由是，独立董事要求专项审计属重大事项，须报乐山市政府批准。而两位独立董事无法接受这样的理由，他们认为，聘请中介审查账目是独立董事的权利，与当地政府无关。由此，证券市场上的首例独立董事调查行动陷入僵局，已经在 2 月 16 日赶到乐山电力的深圳鹏城会计师事务所人员没能踏进乐山电力的大门。与此同时，公司 2003 年度报告也遭到董事会否决，已经预告业绩大增的年报被暂时推迟。一个值得探讨的问题是，独立董事的权利有多大，可不可以进行类似的财务调查？

很显然，两位独立董事程厚博与刘文波有权独立聘请外部审计机构和咨询机构对公司财务状况进行调查审计，这是独立董事的特权之一。后来，在媒体的压力和中国证监会成都证监局的关注下，乐山电力作出了让步，允许会计师事务所正式进入公司开展审计。

3）独立董事的义务

同其他董事一样，独立董事须对公司及全体股东负有忠实、竞业禁止、禁止滥用权利及诚信、勤勉、保密、谨慎等义务，其中最主要的是诚信和善管义务，为此，独立董事须承担某些特别职责，包括：

（1）针对公司重大事项独立发表意见的职责。这些事项包括：重大关联交易；聘任或解聘高级管理人员；公司董事和高级管理人员的薪酬；独立董事认为可能损害中小股东权益的事项；公司章程规定的其他事项。

（2）参与公司战略规划的职责。

（3）承担内部审计职责。为维护公司整体利益尤其是中小股东权益，独立董事应承担内部审计职责。

（4）独立评价与任免职责。独立董事有责任根据自己的判断对董事会或执行董事的工作进行评价和监督，同时承担对新董事的提名及高级管理人员任免的责任。

释例　　　　　　　　　　　　　独立董事的义务

甲公司是一家在上海证券交易所上市的股份有限公司，在召开的某次董事会会议中，应到董事9名，实到董事6名，在未能出席本次董事会会议的董事中，A独立董事和B董事已经连续2次未能亲自出席，也未委托其他董事代为出席董事会会议。董事长以上述情况为由，在该次会议上提议由董事会提请股东大会对A独立董事和B董事予以撤换和更换，并提议大学毕业后即从事注册会计师职业至今达4年，并在甲公司的子公司担任财务顾问的注册会计师C作为独立董事候选人。在该次董事会会议上，董事长在事先未获独立董事认可的情况下，将一笔金额为350万元的关联交易提交董事会讨论。

在该年度股东大会上，对甲公司拟与关联人进行的一项关联交易进行审议并表决，表决结果为：应到股东所持有表决权的股份总额16 000万股（每股面值1元），实际出席该次会议所持有表决权的股份总额8 000万股，出席该次会议的关联人股东所持有表决权的股份5 000万股回避表决，赞成票为2 100万股，反对票为900万股。

在该案例中，甲公司董事长提议撤换A独立董事的理由不妥当。根据有关规定，独立董事在连续3次未能亲自出席，也未委托其他董事代为出席董事会会议时，董事会方可提议对其予以撤换；同时，C作为独立董事候选人不妥，因他在甲公司的子公司担任财务顾问，和甲公司有利益关系，不具备"独立性"。此外，独立董事对重大关联交易必须独立发表意见，该项关联交易应当经过独立董事认可。根据有关规定，关联交易数额超过300万元的，应当经独立董事认可后，再提交董事会讨论。

4）独立董事的薪酬

关于独立董事的薪酬，美国证券交易委员会规定，独立董事不得收取任何薪酬。但这一苛刻的规定并没有降低美国很多人士希望成为独立董事的热情。原因在于某人担任独立董事，证明了其专业水准和良好信誉，在业内提高了知名度，进而可以在该行业赚到更多的钱。但中国自有中国的国情。对外部董事、独立董事的高级劳动，应由相关部门支付合适的报酬。我国已经出台相关规定，央企外部董事的薪酬由国资委直接支付，支付的来源就是100家央企上缴的"红利"。也就是说，国家将着手建立董事基金，统一解决外部董事、独立董事的薪酬问题，以斩断其与公司的利益纽带，保证其独立性。

从理论上来讲，独立董事在董事会中能够占据主导地位，就能更好地防止任何高层管理者滥用职权的倾向。但事实上却不一定是这样。因为"独立"也可能意味着"漠不关心"，实际上，很多独立董事其实并不"懂事"，他们有的并没有动用手中的权力，成为花瓶董事；有的为了人际关系，成为人情董事。无论如何，引进独立董事已经成为我国企业进行公司治理完善的一个发展趋势。

本章思考题

（1）董事会有哪几种模式？董事会有哪些特征？

（2）影响董事会规模的因素有哪些？为什么要设立专门委员会？

（3）什么是独立董事？独立董事的作用有哪些？

（4）我国对董事的任职资格以及权利和义务有哪些规定？

（5）什么叫独立董事？独立董事具有哪些职责和义务？

（6）我国关于独立董事制度在立法上有什么规定？

案例分析题

A股份有限公司于2019年2月1日召开董事会临时会议，讨论召开临时股东会议及解决公司债务等事项。出席这次临时会议的有董事长甲及乙、丙、丁、戊四位董事，公司全体9名董事中有4人未出席。这次会议由甲主持，在这次会议上，甲、乙、丙、丁四位董事同意召开临时股东会议，并作出了决议，定于2019年4月15日召开临时股东会议。而董事戊认为，此次董事会召开之前应当征求他关于是否召集临时股东会议的意见，然而事前没有征求他的意见便召开了这次会议，于是在董事会表决之前中途离席。公司于2019年3月5日通知了公司各位股东关于召开临时股东会议的决定。在公司2019年4月15日召开的临时股东会议上，亲自出席及委托代理人出席的股东共100人，持有30万股，占公司全部股份的90%。这次临时股东会议，经出席会议的股东所持表决权过半数同意，作出三项决定：第一，公司对外所欠债务原则予以承认；第二，决定将公司对外的债权转为公司资本；第三，处分公司部分财产偿还公司债务。对于此次公司临时股东会议的决议，董事戊持有异议，认为决议违法而无效，诉请法院撤销。其理由是：第一，公司董事会决议召开临时股东会议时，他未在场，致使该次董事会会议不足法定人数，因而董事会关于召集临时股东会议之决议违法；第二，2019年4月15日召开的公司临时股东会议，其决议处分财产偿还债务与议程不符；第三，临时股东会议上关于提请承认事项事先未经董事会决议通过。

思考

（1）A股份有限公司召开董事会临时会议是否合法有效？为什么？

（2）A股份有限公司的临时股东会议的决定是否合法有效？为什么？

推荐阅读资料

（1）萨蒙 V J．公司治理 [M]．孙经纬，高晓辉，译．北京：中国人民大学出版社，

2002.

（2）理查 B，米艾莱 M.公司治理［M］.张汉麟，等译.北京：经济管理出版社，2006.

（3）李维安，牛建波.CEO公司治理［M］.北京：北京大学出版社，2014.

网络资源

中国董事局网，http：//www.dongshiju.com

参考文献

［1］萨蒙 V J.公司治理［M］.孙经纬，高晓晖，译.北京：中国人民大学出版社，2004.

［2］科利 J，等.公司治理［M］.李维安，等译.北京：中国财政经济出版社，2004.

［3］理查 B，米艾莱 M.公司治理［M］.张汉麟，等译.2版.北京：经济管理出版社，2011.

［4］沈乐平.商法教程［M］.大连：东北财经大学出版社，2008.

［5］谢朝斌.独立董事法律制度研究［M］.北京：法律出版社，2004.

［6］邓菊秋.独立董事制度研究［M］.成都：西南财经大学出版社，2004.

［7］廖理.公司治理与独立董事案例［M］.北京：清华大学出版社，2003.

［8］谭劲松，李敏仪.我国上市公司独立董事制度若干特征分析［J］.管理世界，2003（9）.

［9］李维安.公司治理学［M］.4版.北京：高等教育出版社，2019.

［10］苏琦，姜岳新.公司治理经典案例［M］.北京：机械工业出版社，2006.

［11］芮明杰，袁安照.现代公司理论与运行［M］.上海：上海财经大学出版社，2005.

［12］孙永祥.公司治理结构：理论与实证研究［M］.上海：上海三联书店，上海人民出版社，2002.

第5章　公司治理与监事会制度

学习目标

- 了解监事会的概念、职权和组成；
- 掌握监事的选任、任期以及任职资格；
- 重点掌握监事会的模式、监事的权利与义务；
- 大致了解独立监事制度的相关内容。

思政引领

党的领导融入国有企业公司治理监督机制

2015 年以来，中共中央、国务院发布《关于深化国有企业改革的指导意见》《关于进一步完善国有企业法人治理结构的指导意见》等文件，进一步明确党对国有企业领导的思路和具体方式。在此指导下，国有企业坚决贯彻落实两个"一以贯之"，在推动加强党的领导和完善公司治理相统一方面做了很多有益探索。例如，把党建工作写入公司章程，落实党组织在公司治理结构中的法定地位；落实党委前置讨论程序；完善"双向进入"工作机制等。作为中国特色现代公司治理机制的重要监督机构，监事会应当作为企业党组织发挥"把方向、管大局、保落实"作用的重要途径，但目前存在如下主要问题：一是现代企业制度中主要规定了党组织与董事会、经理层的关系，缺乏党的领导与公司治理监督机制相融合的具体指导意见，需要公司监事会主动、积极探索党组织与监事会监督工作融合的方式和途径。二是我国公司治理结构融合了英美法系的独立董事制度以及大陆法系的监事会制度，在实践过程中，往往存在监事会与独立董事权责重合的情况，需要进一步明确与其他治理主体间的权责边界、清晰定位、有效协同。三是监事会发挥实效缺少抓手，需要找准党委"三重一大"关注事项与监事会职权间的结合点，提升监督实效。

因此，作为中国特色现代公司治理机制的重要组成部分，监事会需要始终秉持"到位不越位"的工作原则，明确与其他治理主体的权责边界，全力保障监事会的"知情权"、"监督权"和"建议权"，切实履行法定监督职责，有效形成"在监督中促进发展，在发展中加强监督"的良性工作循环，在完善公司法人治理、防范金融风险、维护国有资产保值增值方面获取成效。

具体来看，一是坚决落实国企两个"一以贯之"，完善中国特色国有控股上市公司治理机制。持续探索党的领导和公司治理有机融合的有效模式，通过双向进入交叉任职、三会议案前置审议等形式，明确党组织在法人治理结构中的法定地位，将党的路线方针和经济金融政策落实到公司治理经营中。二是深化合规风控实质性监督，确保国资国企稳健发展。以实质性监督为原则，聚焦市场风险重点，严守合规风控底线，密切关注股权质押和存量风险资产处置等重点事项，助力公司经营平稳有序发展。三是聚焦重大财务事项及定期报告，探索财务监督有效模式。建立监事会与会计师事务所的长效沟通机制，增强监督的客观性与专业性，不断提升监事会财务监督效能。四是督促董事、高管履职尽责，夯实公司规范治理基础。董事、监事和高级管理人员职责明确、勤勉履职是提高上市公司质量的关键。《公司法》规定监事会的职权之一，即是对董事、高级管理人员执行公司职务的行为进行监督。五是构建综合监督平台，有效形成内外监督合力。搭建综合监督平台，及时向董事会、经理层提出独立、客观、严谨的监督建议，协助公司把握业务发展和风险控制之间的平衡关系，确保公司健康、规范、高质量发展。

资料来源　改编自东方证券股份有限公司监事会课题组.东方证券：党的领导融入公司治理监督机制实践［J］.上海国资，2021，251（8）：88-91。

5.1　监事会概述

引　例

监事积极履行职责被罢免

吴某是甲公司的职工监事，自任监事职务以来，对工作认真负责，积极为公司的利益着想，忠实地履行监事职责。当吴某听说本公司经理贾某要与朋友合伙办一个与本公司业务类似的乙公司，并且正在积极地进行筹备时，吴某就向贾某指出，根据我国《公司法》的规定，公司经理不得自营或为他人经营与本公司同类性质的营业活动，但贾某置若罔闻。吴某便向董事会汇报了这一情况，贾某不得不承认错误，停办乙公司。但此后，贾某一直对吴某不满，经常向董事们说吴某滥用职权，对其工作进行干涉。同年召开股东会时，一些董事及贾某反映了吴某滥用职权、妨碍他人工作等问题，股东们听信了这些误导性陈述，作出决议罢免了吴某的监事职务并停止发放其津贴。吴某以自己是职工选出来的监事，即使罢免也应由职工决定为由，向法院起诉，要求确认股东会罢免其监事职务的决议无效，并继续向其支付相应津贴。

问题：

（1）股东会是否有权罢免职工监事吴某？

（2）根据我国《公司法》的规定，监事会或监事能行使哪些职权？

（3）吴某要求贾某纠正开办乙公司的违法行为是否正确履行了监事职责？为什么？

5.1.1 监事会的概念及特征

1）监事会的概念

监事会是对公司董事和高级管理人员的经营管理活动及公司财务进行监督的常设机构。它依法产生并行使监督的职责，是公司的监督机构。

2）监事会的特征

（1）监事会是由依法产生的监事组成的。依据我国现行《公司法》的规定，监事的产生途径主要有：股东会选举产生和职工民主选举产生。

（2）监事会是对公司的事务进行监督的机构。监事会监督的内容包括：对董事、高级管理人员执行公司职务的行为进行监督和对公司的财务进行监督检查以及依法对董事、高级管理人员提起诉讼。

（3）监事会行使职权的独立性。监事会要行使监督职权，就要求其具有独立性，否则其监督职能就发挥不出来。我国现行《公司法》规定，董事、高级管理人员不得兼任监事，监事会、不设监事会的公司的监事行使职权所必需的费用，由公司承担，就是为了保证监事会的独立性。

（4）监事个人可以行使监督权。设立监事会就是为了对公司业务和财务情况进行监督，作为个体的监事对公司的监督是非常有效的，我国现行《公司法》第五十四条、第五十五条都有这方面的规定。

（5）监事会是常设机构。依据我国现行《公司法》第五十一条、第一百一十七条的规定，只有股东人数较少或者规模较小的有限责任公司，可以设一至二名监事，不设监事会，但他们行使监事会的权利，除此之外的有限责任公司和股份有限公司都要设立监事会。

5.1.2 监事会的组成及会议

1）监事会的组成

监事会由股东会和职工代表大会选任的监事组成。我国《公司法》第五十一条、第一百一十七条规定，监事会应当包括股东代表和适当比例的公司职工代表，其中职工代表的比例不得低于三分之一，具体的比例由公司章程规定。

关于监事会的组成人数，依据我国现行《公司法》规定，股东人数较少或者规模较小的有限责任公司，可以设一至二名监事，不设监事会；其余的有限责任公司及股份有限公司的监事会成员不得少于三人。

监事会主席的设定问题，我国现行《公司法》对有限责任公司和股份有限公司作出了不同的规定，其中，有限责任公司监事会设主席一人，由全体监事过半数选举产生；而股份有限公司监事会则设主席一人，可以设副主席，主席和副主席由全体监事过半数选举产生。

监事的任期，《公司法》规定为三年，连选可以连任，和董事的任期规定一致。对董事、高级管理人员（经理）的任职资格的限制也是对监事任职资格的限制，同时还规定了董事、高级管理人员不得兼任监事。

2）监事会会议

对于监事会会议的召开，《公司法》也作出了不同表述，依据第五十五条的规定，有限责任公司的监事会每年度至少召开一次会议，监事可以提议召开临时监事会会议；第一百一十九条规定，股份有限公司的监事会每六个月至少召开一次会议，监事可以提议召开临时监事会会议。

关于监事会的会议记录，依据《公司法》第五十五条、第一百一十九条的规定，监事会应当对所议事项的决定作成会议记录，出席会议的监事应当在会议记录上签名。

监事会决议的通过，我国《公司法》也针对有限责任公司和股份有限公司作出了不同的规定，依据第五十五条、第一百一十九条的规定，监事会的议事方式和表决程序，除本法有规定的外，由公司章程规定。但第五十五条规定了有限责任公司监事会决议的通过应当经过半数以上监事通过；而对于股份有限公司则没有类似的规定。

5.1.3　监事会的职权

各国公司法对监事会的职权规定大相径庭。权限大者，规定得粗疏宽泛；权限小者，则规定得详细严格。西方国家的公司实践业已证明：制度健全、权限广泛者，能收到实效；权限较小且规定不严者，则难有监督之实。

我国《公司法》第五十三条、第一百一十八条规定，监事会、不设监事会的公司监事行使下列职权：

（1）检查公司财务；

（2）对董事、高级管理人员执行公司职务的行为进行监督，对违反法律、行政法规、公司章程或者股东会决议的董事、高级管理人员提出罢免的建议；

（3）当董事、高级管理人员的行为损害公司的利益时，要求董事、高级管理人员予以纠正；

（4）提议召开临时股东会会议，在董事会不履行本法规定的召集和主持股东会会议职责时召集和主持股东会会议；

（5）向股东会会议提出提案；

（6）依照本法第一百五十一条的规定，对董事、高级管理人员提起诉讼；

（7）公司章程规定的其他职权。

另外，监事可以列席董事会会议，并对董事会决议事项提出质询或者建议；监事会、不设监事会的公司的监事发现公司经营情况异常，可以进行调查；监事可以提议召开临时监事会会议。

现行《公司法》与以前《公司法》相比，在监事会的职权方面已经有了很大的进步，在现行《公司法》当中，已经规定了监事会的股东会召集权和代表公司诉讼的权利。

本节引例中，经理贾某与他人合办乙公司违反了我国《公司法》第一百四十八条关于董事和高级管理人员未经股东会或者股东大会同意，不得利用职务便利为自己或者他人谋取属于公司的商业机会，自营或者为他人经营与所任职公司同类的业务的规定。吴某作为公司监事，要求贾某纠正办乙公司的违法行为是正确履行其监事职责，其对工作的尽职应得到公司的肯定。

5.1.4 监事的权利、义务与责任

1）监事会的权利

（1）业务监督权。业务监督权就是监事会依照法律、公司章程或者股东会决议所享有的对公司整个经营活动进行监督的权利。业务监督权是其所享有的根本性权利，为了实现设置公司监督机关的目的，必须授予公司监事会对公司业务的监督权。

（2）财务检查权。所谓财务检查权，是指监事会依照法律、章程的规定或股东会决议所享有的对公司整个财务活动，包括公司账簿、财务文件以及财产变动情况进行监督、查阅和审查的权利。公司财务账簿是对公司经营活动最为全面、详细的记录之一，通过对其监督检查，可以发现公司董事、经理等高级管理人员是否有违反法律、法规、公司章程及损害公司利益的行为。因此，监事的此项权利不仅是其履行职责的需要，更是维护公司利益、股东权益所必需的手段。

（3）股东会或股东大会会议召集权。一般情况下，公司股东会或股东大会会议由公司董事会负责召集。但是在某些特殊情况下，如董事会应当召集而不召集时，为了维护公司和全体股东的利益，公司监事会有权以自己的名义召集股东会或股东大会。股东会或股东大会会议分为定期会议与临时会议，只要符合监事会召集股东会或股东大会的条件，对于两种会议，监事会都应有权召集，不应只赋予监事会召集临时会议的权利。

（4）解任董事提案权。所谓解任董事提案权，就是指提案主体就解任公司董事向股东会或股东大会提交议案的权利，该提案权不得以任何理由排除在股东会或股东大会会议议题之外。监事会作为公司的经营管理监督机关，享有解任董事的提案权。这是公司内部分权制衡，监事会有效履行监督权的重要保障。

2）监事的义务

监事的义务与董事的义务很相似，许多国家法律规定监事的义务与责任类推适用董事的义务与责任。综合各国立法，可以把监事的义务分为两种：一种是积极作为义务；另一种是消极不作为义务。积极作为义务包括忠实与勤勉义务、持股报告义务、亲自履行义务；向检察机关举报的义务。消极不作为义务包括禁止泄露公司秘密的义务、禁止兼职义务等。

3）监事的责任

责任即为违反义务的后果，任何一个机构组织都是由特定的人员组成的，机构组织承担责任势必要把责任再次落实到成员身上，才能提高、优化该机构组织的功效，监事会也不例外。监事会由监事组成，遂监事会责任即监事责任。监事违反法律、章程、股东会决议和其与公司之间契约的规定，不履行其忠实义务和善管义务，或者履行行为不符合正常要求，使公司利益受到损害，监事应当对公司承担责任。监事责任的承担应该由两种行为导致，即积极作为与消极不作为。积极作为，容易弄清事实，找到确凿证据，处理起来比较简单。但是消极不作为的情况就比较复杂了，它也是现实中公司治理

问题的一个难点，需要在公司管理实践中通过管理的手段制止。

5.1.5 监事会成员的任免

1）监事的资格

监事会属于公司的法定机关之一，它监督和牵制董事和经理的业务活动，在公司经营、财务、法律方面的风险控制以及股东利益的保护上具有重要的作用。对于组成监事会的监事成员来说，他们相当于公司的高管人员，所以监事的道德水准、业务能力等各方面的素质对于监事职能的有效发挥将起到决定性作用。因此，监事必须符合一定条件才能胜任。

监事的资格可以分为积极资格与消极资格。

（1）积极资格

积极资格也就是担任监事一职必须符合的硬性条件。消极资格就是不得担任监事的情况。业务监督权与财务检查权是监事会的两项主要权利，作为其成员的监事必然要对公司业务与公司的财务等方面有较全面的认识与处理能力，因此，具备经营管理、财经、法律方面知识与技能的人员应该作为监事任职资格的一项必要条件，只有这样，监事才能清晰地了解公司这个独特主体的日常运作，才能更好地对董事、经理等公司实权人物的经营活动进行有效的监督和控制。部分学者认为，财务和法律知识的具备不应该成为监事的积极资格的要求。理由是公司监督事务需要的并不仅仅在于财务、法律方面的知识，其他方面的知识和经验同样重要，社会经验对于监事履行好监督职责，比起财务、法律知识可能更加重要。即使监事专于某一方面，如财务，也不可能面面俱到。

释例   董事积极履行职权遭解职

某石化集团公司的董事会未经股东大会同意，决定解除公司监事会成员陈某监事的职务。解除陈某职务的理由是其妻子担任了公司的财务负责人，让其担任公司监事有可能妨碍其监事职权的充分行使。该公司部分股东得知此事后认为，监事一职由公司股东大会或职工代表大会选举，因而董事会解除陈某监事职务的行为超越了其权力范围，而且陈某一贯恪尽职守，多次对公司经营决策中的问题提出意见。解除陈某的职务是否合理呢？

资料来源 赵旭东. 公司法实例与法理［M］. 北京：法律出版社，2007：395.

陈某作为财务负责人的配偶不具有监事资格，董事会要求解除陈某监事职务的理由是合理的，但是职工监事由职工代表大会任免，其余监事由股东大会任免，董事会无权私自解除监事的职务。

（2）消极资格

对于公司监事的消极资格，我国《公司法》第一百四十六条规定，有下列情形之一的，不得担任公司的董事、监事、高级管理人员：

① 无民事行为能力或者限制民事行为能力；

② 因贪污、贿赂、侵占财产、挪用财产或者破坏社会主义市场经济秩序，被判处刑罚，执行期满未逾五年，或者因犯罪被剥夺政治权利，执行期满未逾五年；

③ 担任破产清算的公司、企业的董事或者厂长、经理，对该公司、企业的破产负

有个人责任的，自该公司、企业破产清算完结之日起未逾三年；

④ 担任因违法被吊销营业执照、责令关闭的公司、企业的法定代表人，并负有个人责任的，自该公司、企业被吊销营业执照之日起未逾三年；

⑤ 个人所负数额较大的债务到期未清偿。

公司违反前款规定选举、委派董事、监事或者聘任高级管理人员的，该选举、委派或者聘任无效。董事、监事、高级管理人员在任职期间出现本条第①款所列情形的，公司应当解除其职务。董事、经理和财务负责人之利害关系人（如配偶或亲属等）能否担任监事？参照以上5款的规定，董事、经理和财务负责人之配偶或亲属等似乎不在禁止之列，实践中常出现公司董事、经理、财务负责人、监事一家亲的情况。显然在这种情况下，监事的监督功能完全流于形式了，因此，该条宜做扩大解释，即董事、经理、财务负责人及其配偶、近亲等利害关系人亦不得担任监事。

释例　　　　　　　　　　**国有独资公司监事会成员人数**

A企业为国家授权投资的机构出资设立的国有独资有限责任公司。监事会有三名成员，他们是董事长、总经理和职工代表。该国有独资公司的组织机构设置显然违反了《公司法》的规定。国有独资公司的董事长、副董事长、董事、高级管理人员，未经国有资产监督管理机构同意，不得在其他有限责任公司、股份有限公司或者其他经济组织兼职。国有独资公司监事会成员不得少于五人，其中职工代表的比例不得低于三分之一，具体比例由公司章程规定。

2）监事的任免

监事的任免由于每个公司具体情况的不同而有所区别。例如，公司如果是发起设立的，首任监事由发起人任免；公司如果是募集设立的，则公司首任监事由公司创立大会任免。而公司成立之后的职工监事由职工代表大会任免，股东监事由股东大会任免。职工监事应不少于所有监事人数的三分之一，具体比例由章程决定。

释例　　　　　　　　　　　**出席董事会的人数**

甲股份有限公司董事会由11名董事组成。公司董事长张某召集并主持召开的某次董事会会议，出席会议的共8名董事，另外3名董事因事请假。董事会会议讨论的下列事项，经表决有6名董事同意而获得通过：鉴于董事会成员中的职工代表李某生病，决定由本公司职工王某参加监事会。

显然董事会的决定是无效的。公司监事的选任由股东大会和职工代表大会执行，董事会无权选任监事会监事。另外李某身为董事会成员中的职工代表也不能兼任公司的监事。所以，李某和王某都不能参加监事会，职工监事应由职工代表大会重新选举。

监事选任的表决机制主要有普通投票制和累积投票制两种。在普通投票制下，每一股份享有一份表决权，股东根据自己拥有的股份数额进行表决。我国《公司法》采用的即是这种表决方式。累积投票制，是指股东大会选举董事或者监事时，每一股份拥有与应选董事或者监事人数相同的表决权，股东拥有的表决权可以集中使用。

5.2 监事会在公司治理中的作用

引　例

公司治理内部监督的困境

　　监事会制度在中国，从最初作为内部监督制度的一个雏形到法律地位的确立，在维护股东权益方面发挥了重要作用，但面对实践中涌现出的一股独大、内部人控制、中小股东利益保护等问题，监事会一筹莫展的"无能"表现和极差的操作性饱受诟病。为进一步优化董事会结构、强化内部制衡机制，更好发挥董事会监督职能并履行职责，促进上市公司规范运作，2001年证监会颁布《关于在上市公司建立独立董事制度的指导意见》，正式引入独立董事制度。2004年，证监会发布《关于加强社会公众股股东权益保护的若干规定》，提出完善独立董事制度，充分发挥独立董事的作用，并作出具体规定；2005年的《公司法》对上市公司规定了任用独立董事的强制性要求。"独立董事＋监事会制度"，成为中国式公司内部监督机构设置的最大特色。

　　作为承担公司治理监督职能的独立机构，按照中国现行《公司法》的规定，监事会包括股东代表和员工代表。由于员工代表多为政工干部和劳动模范，在监督决策过程中往往首先考虑的是自己的员工身份，而很少考虑自己是全体员工的代表，导致因独立性和积极性欠缺，监事会对董事会、经理层的监督弱化。股东监事更是如此，作为股东代表，当大股东与企业经营层合谋时，在理性人假设下，其最优选择是"不监视"。同时，由于相关法律缺少董事会主动向监事会披露重要信息的规定，未能列举必须向监事会主动汇报的事项、频率及内容要求，尽管有多种信息获取途径，但难以缓解监督信息不对称的困境。

　　在已设置监事会的背景下强制推行独立董事制度，被认为比较适合国内上市公司"一股独大"和"内部人控制"并存的现实，能有效弥补上市公司监事会监管职能的不足。但是，独立董事制度在中国并非市场的自主选择，未能在实质上打破现有公司各方利益的均衡，属于对公司治理系统外部强制的局部调整，致使独立董事制度至今仍未能真正融入中国公司治理制度，成为改善公司治理的有效元素。并且，独立董事都有自己的本职工作，社会兼职也较多，相当多一部分独立董事只是挂名，深入了解企业情况还远远不够，加之缺少必要的追责机制，很多独立董事都是"会议董事"，尤其是在大股东、董事会提名独立董事的背景下，对相关事项提出异议的次数微乎其微，在公司治理错综复杂的利益链条中，经常陷入独立性困境。

　　时至2023年，"独立董事＋监事会制度"的双重监督机制在中国已过弱冠之年。从监事会与独立董事制度的运行来看，可谓吸纳了英美和日德等发达国家公司治理结构的优点，但预期中的内部监督有效性提升并未显现出来。康美药业"财务造假"、獐子岛"扇贝大逃亡"等"问题公司"层出不穷，更是向我们彰显了一个事实，相关利益人之所以能够将动机变为现实，最根本的原因是在这些公司，公司治理不但没能制止舞弊的发生，更没能发现已发生的舞弊。这不仅表现为由制度漏洞和执行机制所引发的外部治理弱化，更多的是由内部监督缺位所引致的监督失灵，中国公司内部监督机制已然走到了重构的十字路口。

资料来源　摘自王世权，覃瑞生.从监事会制度变迁，看监督的困境与重构［J］.董事会，2023（Z1）：27-30.

问题：

有效的监事会制度能够起到哪些作用？

综观各国公司立法规定和公司实践，监事会作用主要体现在以下四个方面：

5.2.1　监督企业控制者，维护股东利益

在公司治理出现问题的时候，首先受伤害的往往是股东的利益，这是监事会制度所要解决的首要问题。监督企业控制者、维护股东利益又有两个层面的含义：其一，要维护股东的利益不受企业控制者侵害；其二，要公平维护每个股东的利益，保障中小股东的利益不受大股东侵害。

在美国，据统计，1957年美国只有13个公司的首席执行官（CEO）年薪达到40万美元；到了1970年，《财富》500强公司CEO的平均年薪达到了40万美元；到了1988年，美国最大300家公司CEO的平均年薪达到了95.2万美元。2016年，标普500指数企业CEO平均年收入为1 310万美元，是普通员工收入的347倍；《财富》500强企业CEO的薪酬中位数为1 150万美元，比上一年增加8.5%；1985年至2017年，华尔街的奖金飙升了890%，是联邦最低工资水平升幅的7倍。在英国，据统计，从1981年到1990年，英国100家大公司高级职员的报酬增长了351.5%，而同期这些公司的盈利增长只有106%；2015年富时指数100公司CEO的年薪中位数是397.3万英镑，CEO的时薪超过1 000英镑，而英国国家标准的25岁以上员工时薪为7.2英镑。2015年中国沪深300上市公司CEO的平均年薪为64万美元，而北上广深白领的平均年薪约为1.68万美元。英国特许金融分析师协会和兰卡斯特管理学院（Lancaster Business School）在分析了2003年至2013年10年间富时100成分股公司首席执行官们的薪酬情况之后发现，公司着重向股东强调的关键业绩指标与用来激励和回报高管的衡量标准之间基本没有联系，很大一部分CEO的薪酬似乎与任期内的价值创造没有关联。股东们一直在给公司董事会施压，要求后者限制高管薪酬，2016年年底英国政府发布了针对高管薪酬的企业管理绿皮书，旨在拉低高管收入。

5.2.2　维护利益相关者的权益

传统公司治理理论认为，董事会及其成员应当由股东选举产生并作为股东的代理人维护股东的利益。然而上述理论已经受到新经济的重大冲击。20世纪末以来，人们普遍认识到董事会的职责，既要引导公司朝着实现股东利益的目标努力，又要考虑雇员的利益、社会的利益以及公司生存的需要。一个更为流行的观点认为：现代公司是由各个

利益平等的利益相关者所组成的，股东只是其中的一员，经理不仅仅要为股东还要为公司所有利益相关者服务。公司并不是股东主导的"分享民主"的企业制度，其本质上是一种受产品市场影响的企业实体，股东的利益并非靠表决权的保护，而是要依赖股票市场、产品市场和经理市场的保护。债权人、经理和公司雇员等具有特殊资源者也同样是公司的所有者。公司应该更有责任感，它的责任范围不应该仅仅局限于股东，它应该有利于更大社会范围的群体，即公司所有的利益相关者的团体。[①]

在公司的所有利益相关者中，受影响最大的是公司的债权人和职工。

5.2.3　保护债权人的利益

股份公司的有限责任制度使得公司与债权人之间存在着既相互依存又相互防范的复杂关系。为维护债权人的利益，有些国家的公司，如日本、德国，实施的是一种"银行主导型模式"。银行常依其在公司的巨额持股或对小股东投票权行使代理而主宰公司的重要决策机构——监事会，即通过银行代表进入公司监事会得以实现对公司及经营管理阶层之制衡。另外，英国的审计人制度和美国的审计委员会制度，同样设置了许多维护债权人利益的制度安排。

5.2.4　维护职工的利益

各国商法均把公司视为社团法人，而职工就是社团的成员。因而，很多国家注重通过发挥职工的参与和监督作用，维护职工的利益。

资料

德国的法律规定监事会成员的1/3到1/2要从公司员工中选举。我国现行《公司法》规定，监事会成员中应有不少于1/2的职工代表。在欧盟层次上，欧盟于1994年通过了《欧洲企业委员会指令》。凡是在欧盟雇用1 000人，其中在2个或2个以上成员国的职工达到150人的机构均须设立企业委员会。

职工参与监事会也给公司带来了以下优点：其一，职工与公司形成休戚相关的经济共同体，有助于减少劳资纠纷。其二，职工身在企业内部，能够直接看到企业经营状况的变化和问题，有助于提高监事会的监督效果，一定程度上有助于消除信息不对称的影响，降低监督成本。其三，有助于职工对公司的长期发展给予关注，避免盲目追求短期利润。

5.3　监事会与董事会在公司治理中的安排

引　例

内部监控制度有待完善

中国上市公司财务信息质量问题以及高管违规事件频频曝光，昭示着企业内部监控

---

① 李维安. 公司治理学 [M]. 北京：高等教育出版社，2019：12.

机制的危机。虽然随着中国资本市场各项改革措施逐步推进，外部监控机制会日趋成熟，但外部监控往往是事后监督，并且处罚力度有限，更多时候还需要借助司法机关力量，社会成本过高。因此，完善内部监控制度，防患于未然，成为解决中国公司财务信息质量危机和高管违规问题的重要途径。就世界范围看，企业内部监控模式的设置不尽相同，主要有以美国为代表的单层制和以德国为代表的双层制。

我国选择了双层内部监控制度模式，公司内部的监管责任主要由监事会承担。现实中，监事会的职能未能得到有效的发挥，无法适应资本市场发展的需要。为此，又借鉴美国的单层制模式，在上市公司中引入独立董事制度，从而形成了监事会和独立董事制度并存，监控职能交叉存在于董事会和监事会的局面。这种模式的有效性、运行成本和摩擦成本问题日渐突出。

企业的内部监控制度究竟是该选择监事会，还是独立董事，或是监事会及独立董事模式呢？

虽然各国公司治理结构中都有履行监督职能的机构或人员，但是这些机构或人员是设在董事会内部，还是董事会之外另设专门的监督机构，即是否设立专门的监事会，国际上并无统一的模式。监事会的设置在国际上有以下几种类型：

5.3.1 以美国为代表的单层制治理模式

在这种模式下，公司内部不设监事会，董事会既有监督职能又有决策职能。相应的监督职能由独立董事发挥，通过独立董事构成的审计委员会、报酬委员会及提名委员会来履行监督职能。独立董事不参与决策的执行，相对独立于管理层，因此能够从制度上保证董事会履行其监督职能。在这种情况下，就没有必要在董事会之外再设专门的监督机构来对董事会和管理层进行监督，否则会引起机构职能的交叉和重叠。单层制治理模式如图5-1所示。

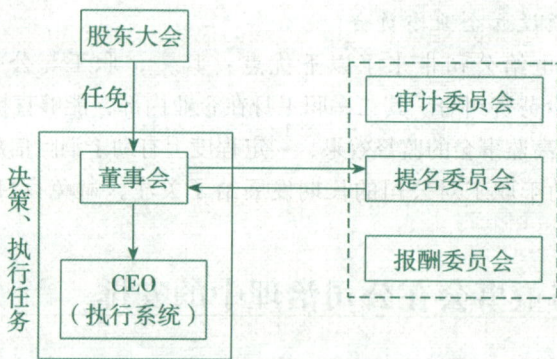

图5-1　单层制治理模式

5.3.2 以德国为代表的双层制治理模式

这种模式设立监事会，且监事会的权力在董事会之上，以德国为代表。德国主张员工参与公司治理，法律规定员工在2 000名以上的大企业，监事会成员由股东代表和员工代表构成，各占一半，其中员工代表由员工选举，股东代表由股东大会选举。在这种模式下，监事与董事不能兼任，从而使监督权与执行权分开，而且监事会具有任命和监督董事会成员的权利。双层制治理模式如图5-2所示。

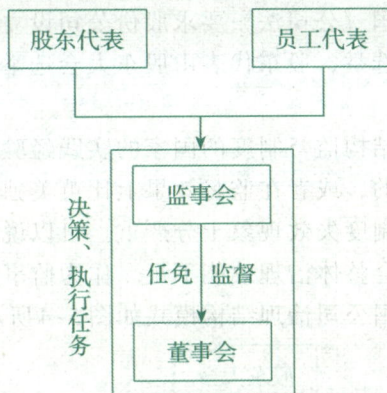

图5-2 双层制治理模式

释例   **德国大众公司的监事会组成**

德国大众公司的最大股东是萨克森州政府，持股20%。监事会组成：10名股东代表，其中5名管理专家、3名金融专家、2名政府官员；10名职工代表，其中3名工会领导、7名职工代表。主席由管理专家担任。监事会是监督机构也是决策机构，最为重要的权利是选举产生董事会成员。

5.3.3 以日本为代表的平行结构治理模式

这种模式设立监事会，但是监事会与董事会是平行的机构，也叫复合结构，以日本最为典型，在中国、韩国，以及东南亚的一些国家也采取类似模式。这种模式下的董事会具有决策职能，但是由于董事会大都由执行董事构成，因此同时它还具有执行的职能。为了避免监督者监督自己，法律规定由股东大会选举法定审计人或监事，对董事和经理进行监督。平行结构治理模式如图5-3所示。

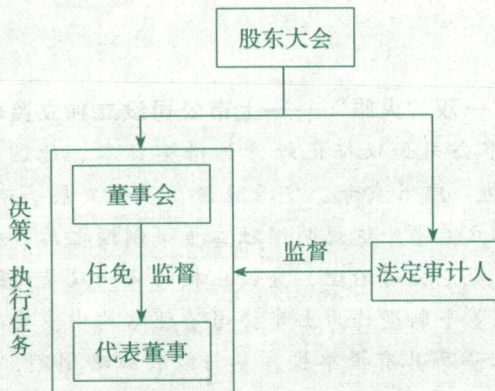

图5-3 平行结构治理模式

5.3.4 我国监事会制度设置

我国监事会制度具有一定的特殊性。从大体上说，我国采用的是以日本为典型的复合结构，但又有所不同，我国《公司法》要求股份公司设立监事会，而且监事会必须有职工代表。职工代表由职工选举，股东代表由股东大会选举，这一点又与德国的监事会有相近之处。

从世界上其他实行复合结构监督制度的国家的实践经验来看，并没有充分证据表明这一监督制度的安排是失败的，或者在监督效果上比英美独立董事制度差。但是从我国的实际经验来看，监事会的制度失效现象十分严重。可以说，我国《公司法》上的监事会在实践中形同虚设，监事会整体治理效能不足。作为监事会制度的补充，我国从立法上确立了独立董事制度。我国公司治理结构模式如图5-4所示。

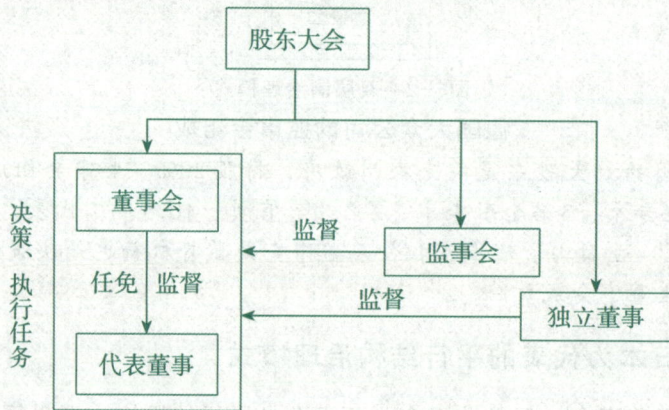

图5-4　我国公司治理结构模式

5.4 独立监事制度

引　例

多了一双"火眼"——上市公司设立独立监事

1999年中国一些上市公司如仪征化纤开始借鉴日本、德国的做法设立独立监事，后来宝钢股份、ST东北电、广州浪奇、安源股份、罗顿发展、南京熊猫、ST红光等数十家上市公司都聘请了独立监事。这说明继独立董事制度之后，独立监事制度正为越来越多的公司所青睐，成为规范公司治理、查错止损的又一双"火眼"……

独立监事制度和独立董事制度作为上市公司治理结构中重要的制衡手段，有着不同的特点和权责范围。独立董事具有投票权，参与经营战略制定，因此具有"事前监督、内部监督与决策过程监督"的特点。而监事会则表现为"日常、事后、外部监督"的特点，独立监事作为外部监事，可以更好地保障监督的独立性，这是改变目前一部分公司监事会形同虚设的重要手段。

资料来源 刘昕. 多了一双"火眼"——上市公司设立独立监事情况综述 [N]. 证券时报，2002-07-19；王世权，宋海英. 上市公司应该实施独立监事制度吗？——来自中国证券市场的证据 [J]. 会计研究，2011（10）：69-76，97.

5.4.1 独立监事制度的概念

独立监事这一概念的提出，源于对独立董事制度的研究和思考。其产生最早可以追溯到1993年的日本，德国2002年实行。中国法律并未引入独立监事制度，但我们吸收美国独立董事制度的优点，将其独立性思想贯彻融合到监事会制度之中，便形成了独立监事制度。独立监事制度与独立董事制度的精神和宗旨是一致的，都在于通过维护监督主体行使监督权的独立性来保证监督的客观性和公正性，不同的只是身份而已，即一个身份是"董事"，另一个身份是"监事"。因此，也可以说，"独立监事"这一概念是由"独立董事"的概念演化而来的。独立董事实质就是与公司、管理层不存在任何实质利害关系的非执行外部董事。对照此概念，我们可以把独立监事界定为：独立监事是指那些与公司、管理层不存在任何影响其客观独立判断之利害关系的外部监事。

5.4.2 独立监事的独立性

对独立监事概念的理解，关键是如何理解"独立"，即要达到什么样的标准，独立监事才算是真正的"独立"监事？综合人们对"独立"的看法，我们判断独立监事是否"独立"主要基于以下几个因素：（1）与该公司或该公司关联企业的雇佣关系；（2）与该公司或该公司关联企业的经济利益关系；（3）与该公司或该公司关联企业的高级管理人员的私人关系或经济利益关系。只要属于以上三种情形之一，这样的监事就不是真正意义上的独立监事。另外，还有一种特殊情形，即一开始具备独立监事资格，但后来在履行监督职责过程中与公司或管理层产生了影响其作出独立客观判断之利害关系，这样的监事也不是真正意义上的独立监事。

外部监事与独立监事这两个概念是否等同，又有什么不同呢？就我国公司治理的情况而言，独立监事与外部监事实际上是两个内涵不同的范畴。外部监事只是表明此监事不是公司的一般职工或管理者，而独立监事强调此监事不但不属于公司成员，而且与公司没有经济上或其他可能妨碍其作出客观判断的利害关系。独立监事不兼任公司职工，与公司不存在实质性利害关系，独立监事又不同于其他外部监事，尤其是股东代表监事。从形式上看，独立监事来自公司之外，其深层含义是强调该监事与公司既无职务所属关系，又无经营利害关系，有的只是监督的客观性。这种独立特征保障了监事行使监督权的独立性。可以说，外部监事强调的是监事来源的外部性，与"内部监事"相对；独立监事强调的是监事行使监督权时的独立性，与之相对的是"非独立监事"。出于确保监事独立性的考虑，独立监事必须来源于公司的外部，由外部监事担任。所以也可以说，独立监事必然是外部监事，但外部监事不一定是独立监事，因为有些外部监事可能与公司、管理层存在利害关系而不具有监督的独立性。

释例 独立监事的资格

A公司为国有股份有限公司，李某为国资委派驻到A公司的监事。李某虽然不是A公司的一般职工和管理者，但是李某身为国资委工作人员实际上是一种股东代表监事，与A公司存在经营利害关系，所以李某只能算是公司的外部监事，而不是独立监事。

独立监事在各国或地区的称谓并不一致，如在日本称为外部监事，在韩国称为外部监察，我国则称为外部监事或称独立监事，而且这些制度的具体内容也并不完全相同。但是这些制度的宗旨是一致的，都是强调监督主体的独立性和客观性。

5.4.3 独立监事制度的作用

目前我国在独立监事制度方面尚未作出完善的规定，但是独立监事制度在以下方面可以发挥它的作用：

1）可以增强对我国上市公司的监督力度

近年来我国频频发生上市公司财务造假、恶意"圈钱"、违规担保等损害投资者及上市公司利益的事件，这些事件表明我国上市公司的监督机制要继续加强。独立监事独立于公司，能够以更加有效和客观的形式行使监督权利，加大监督力度。

2）有利于完善我国公司监事会制度

长期以来，我国监事会没有发挥其应有的监督作用，存在缺乏独立性、缺乏专业性、缺乏激励约束机制和议事机制不合理等问题。独立监事是与公司、管理层没有任何实质利害关系的外部监事，这使得他们能够独立、客观、公正地履行监督职责，无疑更具有独立性。独立监事的任职人员要求具有必要的财会、管理、法律等方面的知识，与以往的监事相比更具有专业性和监督能力。此外，独立监事还享有独任监督权，独立监事制度是一种更有效的激励约束机制。

因此，在监事会制度存在的同时，独立监事制度的引入也成为公司治理当中的一个趋势。

✨本章思考题

（1）监事会是什么？如何组成？监事会的职权有哪些？

（2）监事享有哪些权利？应承担什么义务和责任？

（3）我国对监事的任职资格有哪些规定？应如何选任？

（4）监事会的设置各个国家有何不同？

（5）什么是独立监事？外部监事就是独立监事吗？

✨案例分析题

董事会选举

A股份有限公司召开年度股东大会，选举王某、黄某、闻某、潘某等为公司董事，并于当日召开公司第四届董事会第一次会议，选举王某为公司第四届董事会董事长，继续聘任闻某为公司总经理。

会后，B公司（公司第四大股东，持有公司股权3 307.5万股，持股比例为11.5%）以A公司决议侵害股东权为由提起诉讼。甲市乙区人民法院就B公司（原告）诉A公司（被告）决议侵害股东权一案作出一审判决。该法院认为，被告召开的年度股东大会有关董事会选举决议，因所选出的两名独立董事不含会计专业人士，董事潘某属于参照国家公务员的管理范围，以及其选举中未实行累计投票制，均违反了我国法律法规及公司章程的规定，因此该次股东大会有关董事选举的决议无效，股东大会选举的第四届董事会不能依法成立。

A公司监事会发布公告称，因法院判决原第四届董事会选举无效，依据公司监事会的职权，监事会提议尽快召开临时股东大会，依法选举公司第四届董事会，在此之前，监事会愿履行公司的信息披露义务。

资料来源　范健，王建文．公司法教学案例［M］．北京：法律出版社，2005.

思考

（1）监事会有权提议召开临时股东大会吗？

（2）监事会有权召集临时股东大会吗？

（3）监事会能否代表公司履行信息披露义务？

推荐阅读资料

（1）李维安．公司治理学［M］．4版．北京：高等教育出版社，2019.

（2）李维安，张亚双．如何构造适合国情的公司治理监督机制——论我国监事会的功能定位［J］．财经科学，2002（2）.

（3）吴水澎．公司董事会、监事会效率与内控机制研究［M］．北京：中国财政经济出版社，2005.

（4）JOHN K，SENBET L W. Corporate governance and board effectiveness［J］. Journal of Banking & Finance，1998，22（4）：371-403.

网络资源

（1）公司治理-FT中文网：http://www.ftchinese.com

（2）中国董事局网，http://www.dongshiju.com

参考文献

［1］沈乐平．商法教程［M］．大连：东北财经大学出版社，2008.

［2］石少侠．公司法学［M］．4版．北京：中国政法大学出版社，2015.

［3］李维安．公司治理学［M］．4版．北京：高等教育出版社，2019.

［4］李维安，张亚双．如何构造适合国情的公司治理监督机制——论我国监事会的功能定位［J］．财经科学，2002（2）.

［5］吴水澎．公司董事会、监事会效率与内控机制研究［M］．北京：中国财政经济出版社，2005.

［6］ 范健，王建文．公司法教学案例［M］．北京：法律出版社，2005．

［7］ 苏琦，姜岳新．公司治理经典案例［M］．北京：机械工业出版社，2006．

［8］ 宁向东．公司治理理论［M］．2版．北京：中国发展出版社，2006．

［9］ 吴冬梅．公司治理概论［M］．北京：首都经济贸易大学出版社，2006．

［10］ 姚德年．我国上市公司监事会制度研究［M］．北京：中国法制出版社，2006．

［11］ 所罗门J，所罗门A.公司治理与问责制［M］．李维安，周建，译．大连：东北财经大学出版社，2004．

［12］ 房绍坤，郭明瑞．公司法案例教程［M］．北京：北京大学出版社，2004．

［13］ JOHN K， SENBET L W. Corporate governance and board effectiveness ［J］. Journal of Banking & Finance， 1998， 22（4）： 371-403.

［14］ CROMME G. Corporate governance in Germany and the German corporate governance code ［J］. Corporate Governance： An International Review， 2005， 13（3）： 362-367.

第6章 公司治理与高层管理者激励制度

学习目标

- 理解经理和经理层的概念，掌握经理的特征以及权利和义务，并了解"内部人控制"的现象；
- 掌握不同类型的公司高层管理者激励制度，重点掌握短期激励和长期激励的运作机制、两者的异同以及常见的短期激励和长期激励方式；
- 理解并掌握经理人的约束机制，比较并掌握不同约束机制对经理人行为的约束效力。

思政引领

新时代下国有企业职业经理人制度建设

随着国有企业改革进程不断加快，推进职业经理人制度建设已成为国有企业改革突破的重点方面和激发国有企业内部活力的重要推手。立足新时代，国有企业推进职业经理人制度建设，要适应新形势、应对新变化、解决新问题。

优秀的职业经理人不仅能为企业创造一流的业绩，更能为企业带来一流的管理、一流的制度和一流的文化、一流的人才。推进职业经理人制度建设，是新时代国有企业迈向高质量发展的重要路径。

推进职业经理人制度是国有企业构建一流现代企业制度的必然要求。国有企业是国民经济的支柱，在国民经济实现高质量发展的过程中起到了"压舱石"作用。改革开放四十多年来，国有企业不断做大做强，企业内部分工逐步呈专业化精细化发展趋势，对企业管理人员的知识体系、思维认知、品行修养、管理方略等方面要求也不断提升。世界一流企业需要一流的现代企业制度做保障，要构建一流的现代企业制度，亟待通过完善的职业经理人制度招揽一支高素质、高水平、能够充分激发企业活力的职业经理人队伍。

推进职业经理人制度是国有企业实现一流治理效能的迫切需要。近年来，国有企业通过不断深化改革和实践探索，按照《公司法》和国企改革要求，逐步完善公司的法人治理结构。企业的治理结构和运行机制能否发挥作用，企业治理效果能否实现最大化，关键取决于企业经理层的工作能力。一流的治理效能，是支撑国有企业迈向世界一流企业的基础，也是抢占未来企业竞争制高点的制胜法宝。推进职业经理人制度建设，有利于进一步提升国有企业管理层的执行力，有助于国有企业治理效能大幅提升。

推进职业经理人制度是国有企业建立一流人才机制的重要举措。企以才治，业由才兴。国有企业建设世界一流企业，归根结底要依靠人才；人才活力的充分迸发，离不开一流的人才机制。从目前来看，国有企业人才机制还存在企业经理层的选拔使用权责利不对等、评判标准不科学等问题，还不能完全适应市场经济的新形势新变化带来的新要求，距离一流人才机制还有距离。只有不断推进职业经理人制度，持续优化人力资源配置，才能够充分发挥市场配置资源的作用，进一步激发国有企业创新创效活力。

资料来源　佚名.加快推进新时代下国有企业职业经理人制度建设［EB/OL］．［2023-02-07］.节选自https：//finance.eastmoney.com/a/202302072629777457.html.

6.1　经理和经理层

引　例

没有总经理的"尴尬"

山西省有一家企业，成立一年多以来，只有两个副总经理而没有总经理，长期以来甚至没有明确哪一位副总经理负责主持工作。企业的内部组织结构混乱，管理效率低下，员工士气低落，内部资源配置不合理，经营很快陷入亏损，企业面临倒闭的局面。该企业上级领导作出了在全省范围内招聘总经理的决定。

招聘开始之前，该企业的上级领导班子面临一个问题：什么样的人适合担任企业的总经理职务？企业已经到了举步维艰的地步，必须先找出导致陷入困境的症结所在，才能"对症下药"，制定聘任标准。经过对企业全面深入的调查和"诊断"，领导层认为，企业内部管理混乱是导致企业处于经营困境的最根本原因，缺乏总经理在企业运作过程中的统筹规划，企业内部组织的各个环节在运行、衔接的过程中如群龙无首一般陷入混乱，因此，内部管理问题是目前企业面临的最核心问题。在这一思想的指导下，该企业制定了如下选人标准：

1.有较强的内部组织管理控制能力，注重运用企业制度与规则进行管理，规范企业行为。

2.能够敏锐而准确地发现企业存在的问题，思路开阔，考虑问题深刻而务实。

3.有较强的处理人际关系问题的技能技巧，善于驾驭错综复杂的内部关系与人际冲突。

4.经营意识较强，经营观念与经营策略正确，能够对市场作出冷静的分析判断，准确把握企业经营方向，有一定的市场开拓能力尤佳。

5.有较强的大局观和社会责任感。

最后，经过严格的笔试、无领导小组讨论和企业领导专家小组面试等环节，在所有应聘者当中确定了最合适的两名人选：

林先生——细致、沉稳，办事注重条理，认真负责。有良好的经营管理意识和能力。分析判断问题视野较宽，关注工作任务的完成，原则性较强。对企业组织管理有一定的认识，但深度不够，基本停留在经验水平上。言语表达和沟通说服能力较弱，人际关系处理技能稍有欠缺，经营决策能力与职位要求尚有距离。

卢先生——思路开阔、自信敢为。热情进取，善于交流沟通。有较强的市场经营意识，分析判断问题视野较宽，不受条条框框的约束，关注各种机会和可能，有较强的成就动力。缺少实际经营和组织管理经验。思考问题不够专注和严谨，在人际方面分散精力过多，而在具体事务的处理方面持久性不够。对基础性工作重视不足。管理决策能力与岗位要求有距离。

问题：

（1）为什么案例中的企业在没有总经理的情况下经营陷入困境？总经理在企业中扮演了怎样的角色？

（2）根据案例的描述，你认为林先生和卢先生谁更适合于担任该企业的总经理？

6.1.1 经理的定义和特征

1）经理的定义

公司资本的所有权和经营权分离在现代公司治理理论中处于核心的地位。随着公司所有权和经营管理权的进一步分离，由此产生的"委托－代理"问题和企业治理层与管理层之间的信息不对称最能代表现代公司的特点。美国学者小艾尔弗雷德·D.钱德勒给现代公司组织作了如下定义："由一组支薪的中、高层经理人员所经营管理的多单位企业"[1]，这是从公司经营管理者的角度所作的解释，可见公司的组织管理人员在公司组织中的重要地位。

对于现代公司而言，行使经营管理权的管理者肩负着在市场竞争机制下运营公司所有者投入的资本并实现资本增值的使命。在西方国家，这些经营管理者被称为"职业经理人"。近几年，"职业经理人"一词也逐渐在我国开始流行。本书认为，"职业经理人"是指那些具有专业管理技能，精通企业经营，受雇于企业所有者（或投资者，即股东），领取高额薪酬并代替企业所有者打理企业运作的职业管理者。之所以提出"职业经理人"这个概念，是因为它跟本书下面将要讨论的"经理"这个概念有密切的联系。

几乎在每一个现代公司组织中都设有"经理"这个职位。从管理者拥有的管理权限来划分，公司组织里有"总经理""副总经理""部门经理"等职位的设置；而从管理者管理的内容和范围来划分，公司组织里则有"营销经理""财务经理""物流经理""采购经理""客户经理"等职位的设置。本书认为，所谓"经理"，即经营管理，从这个角度来看，一个公司的"经理"有两大方面的职责：一是负责统筹和规划公司的业务经营，制定公司的经营策略并有效地执行；二是负责协调公司经营过程中各个部门之间的沟通和衔接，使各部门的员工更有效率地工作。这两个方面前者注重"经营"，而后者则关注"管理"，对于一名优秀的经理来说，两者缺一不可。因此，根据经理工作的本质属性，本书将其定义为：经理是指对公司资产的保值和增值负有责任，受雇于公司资

---

① 钱德勒A.看得见的手——美国企业的管理革命［M］.重武，译.北京：商务印书馆，1987：3.

产所有者，在公司日常运作中独立地行使业务执行和管理权利的经营管理者，是公司治理结构的核心组成部分。

该定义包括三层含义：

一是从经理对公司肩负的责任上进行界定。使公司资产保值并实现增值既是公司经理的核心职责，也是经理工作的首要目标。公司所有者将经营权交给经理，目的就是使公司规模扩大，业务得到发展，公司价值得到提升，因此将所有者手中现有的资产投入到公司进行运作，并产生增值效益，是公司经理的"天职"。

二是经理和公司所有者之间存在雇佣关系，实际上也就是"委托－代理"关系。这说明现代公司治理结构中，"经理"产生的内在动力始终归结于"资产所有权和经营权的分离"。在公司的日常运作中，经理层负责公司具体的经营和管理工作，对董事会负责；而董事会对经理层行使咨询和监督的职能，公司董事会与经理层各司其职。

三是经理在公司治理结构中的地位。首先，经理所行使的经营管理权是在董事会授权的前提下取得的，在上面的定义中强调了经理"独立"行使经营管理权，这种"独立性"是指经理对公司日常业务的经营管理具有决策权，能够制订经营计划，对外签订合同和处理业务，能够任免、组织和管理下级管理人员等。例如，一个公司的总经理是公司业务执行的最高负责人，尽管总经理所在的层级会因公司的规模而有所不同。在一般的中小企业，总经理通常就是整个组织里职务最高的管理者与负责人；若是在规模较大的组织里（如跨国企业），总经理所扮演的角色，通常是旗下某个分支机构的最高负责人。

从对经理的定义可以看出，本书强调它在公司治理中的责任，与"职业经理人"这一概念相比，后者更强调经理的职业属性，即职业经理人精通经营管理并以此作为谋生手段；而本书则侧重于经理在公司治理结构中所发挥的作用和地位，是从经理在现代公司中的功能属性来对其进行界定。它具有"职业经理人"的一般属性，在大部分情况下两者所代表的意义是相同的。

2）经理的特征

随着市场竞争的加剧，公司经营风险的提高，公司外部经营环境和内部管理环境都对处于公司治理结构核心地位中的经理提出了更高的要求。一名优秀的经理应该具备以下特征：

（1）精湛的业务能力。其具体包括：决策能力；在经营活动中善于发现问题，提出解决方案的创造能力；对于下属不仅要"知人善任"，而且"知人善免"，善于调动下属的工作激情，挖掘员工的潜力并加以培养和利用；面对瞬息万变的市场有良好的应变能力，具备战略眼光，对工作善于设计、组织和实施。

（2）优秀的个人品质。这是指经理的人格魅力，优秀的公司经理在工作过程中能够表现出坚定的信心和乐观的精神，这使他面对困境时能够保持理智；具有良好的职业品德，经理自身的行为符合公司的行为规范，在员工中具有模范和统帅作用；具有良好的沟通能力；对公司、对工作、对自己的员工具有强烈的责任心，能以自己为中心形成强大的凝聚力。

（3）健康的职业心态。经理自身必须自知和自信；具有坚强的意志和面对各种困境都临危不乱的胆识；待人真诚，做到宽容和忍耐；心态开放，在激烈的市场竞争中持续进取，不断追求卓越。

资料　　　　　　　　　　**中国经理和美国经理的特征比较**

美国管理界大师史考特·派瑞博士对全球7万多名经理的研究发现：中西方经理主要的不同在风格上，而不是在能力上。西方国家较多采用成人型的管理，授权、建立团队、共识这些字眼说明了员工和主管的关系。而中国的管理者一般扮演了父母的角色，期望员工充当忠诚、负责、顺从的孩子角色。

中国经理在"目标与标准设定""计划与安排工作"等方面的能力表现最为突出，但在"组织信息""评估部署与绩效"等部分能力上比较弱。另外，中国经理在与"事"有关的工作能力和认知能力方面表现较佳，但在与"人"有关的沟通能力及领导能力方面表现得不尽如人意。而美国和新加坡的经理在"对事"与"对人"的能力上差距很小，基本上平衡发展。

派瑞博士进一步分析，在部分能力上，中国经理的平均表现显得比较弱。最弱的能力为"倾听与组织信息"，指数为20%。其他如"清晰思考与分析"，指数为32%，"评估部署与绩效"，指数为41%，与全球经理人相比较落后1/3。中国经理与"事"有关的工作能力群和认知能力群的平均指数为53%，但与"人"有关的沟通能力群及领导能力群的平均指数仅为39%。

问题：企业文化、管理风格对经理特征的形成有怎样的影响？

6.1.2　经理的权利和义务

1）经理的权利

鉴于经理在现代公司组织中的地位，我国《公司法》中明确规定了有限责任公司和股份有限公司中担任经理职位的管理人员（如总经理或部门经理）的权利，主要包括以下几个方面：

（1）主持公司的生产经营管理工作，组织实施董事会决议；

（2）组织实施公司年度经营计划和投资方案；

（3）拟订公司内部管理机构设置方案；

（4）拟订公司的基本管理制度；

（5）制定公司的具体章程；

（6）提请聘任或者解聘公司的副总经理、财务负责人；

（7）决定聘任或者解聘除应由董事会决定聘任或者解聘以外的负责管理的人员；

（8）董事会授予的其他职权。

以上《公司法》中所明确规定的经理的权利是经理的法定权利，或者说是基本权利。除此之外，如果公司章程对经理的职权另有规定的，则从其规定；同时，经理还有列席董事会会议的权利。

释例

根据《公司法》的相关规定，某股份有限公司销售总经理的权利主要包括以下几个方面：主持销售业务的开展；拥有销售业务方面的人事任免权、业务决策权、薪酬支配权；根据历史销售数据确定月度、季度、年度销售目标并拟订销售计划，组织调配相关销售人员，落实执行；跟踪、控制、改进销售计划的执行情况，独立行使与此相关的决策权等。

2）经理的义务

与经理权利相对应的是其按照《公司法》和公司章程规定所应承担的义务。根据我国《公司法》的相关规定，公司高级管理人员（指经理层）应当遵守法律、行政法规和公司章程，对公司负有忠实义务和勤勉义务，不得利用职权收受贿赂或者其他非法收入，不得侵占公司的财产。

案例   **创维的"兵变"**

2000年，创维电视发生"兵变"，某职业经理人带领100多位"创维人"集体跳槽，其间该经理人还公开发表了一封《致创维销售系统全体员工的公开信》，将个人任职四年以来与创维集团公司的恩恩怨怨彻底公开，并名正言顺地进入与创维集团公司具有直接竞争关系的公司供职。

问题：案例中所提到的职业经理人是否存在违背经理人义务的行为？应如何对其进行约束或规范？

从经济人的角度来看，经理以自身利益的最大化来作为行为准则，而经理自身的利益并不总是能与公司的利益保持一致，因此无论是法律还是公司章程对经理义务的规定都带有不同程度的强制性。由于公司经营权掌握在经理人手中，而所有权则属于公司股东，因此对股东负责、忠实履行职责、不从事有损本公司利益的经济活动是经理所承担义务的最主要方面。也有学者认为，公司经理承担义务的时间跨度不仅仅局限于任职期间，在其离职后，对先前任职的公司同样负有责任。例如，离职后具有对前任职公司重要商业秘密的保密义务；后竞业禁止义务，即不得出于自己的利益目的而进入与前任职公司有直接竞争关系的行业或领域；不得利用其任职时所故意隐瞒的商业机会；禁止转移前任职公司的商业机会等。我国现行《公司法》仅在第一百四十一条中规定，公司董事、监事、高级管理人员离职后半年内，不得转让其所持有的本公司股份。但是，对经理离职后的其他义务我国现行《公司法》没有明确的条文进行规定，因此经理的离职义务更多的是从职业道德层面对其施加约束，是对经理法定义务的重要补充。

释例   **销售经理的义务**

对于一家公司的销售部经理，可以将其承担的义务概括为：在业务活动中不得对商品进行赊欠，须款到发货，确保公司利益不受损；在公司治理层规定的时间内提出库存计划和费用计划，配合公司安排资金和货源；接受治理层对经理实行的月度考核、季度初算、半年预算、年度决算等审查。

案例   **"身兼两职"的代价**

林某在华尔公司担任总经理职务，主要负责无源光器件生产过程中的财务管理、人事管理、生产设备的采购、生产产品的原材料采购和产品销售，并负责制订公司的发展计划、生产计划、产品采购销售计划，作为主要负责人对公司的所有生产经营活动全面掌握。其间，林某以去澳大利亚短期（两周）探亲为名请假离开公司。假期结束后，公司多次与林某联系均未果，林某一直未回公司上班。后经了解得知，林某离开公司后私自到海南某通信公司任职，并为该公司从事与原告华尔公司同类的业务。在此期间，林某还从原告处带走主要技术人员和业务人员多名。故华尔公司诉至法院，要求判令被告林某停止在海南某通信公司任职，判令林某将其在海南某通信公司的收入41 660元归原告华尔公司所有。

法院经审理后判决：被告林某在海南某通信公司的任职行为属于竞业禁止的行为；被告林某应自判决生效后第一天起至正式在原告华尔公司办理辞职手续前停止履行在海南某通信公司的职务；被告林某将在海南某通信公司的收入35 000元支付给原告华尔公司，于判决生效后10日内给付。

问题：林某担任华尔公司总经理期间可以行使哪些权利？他"身兼两职"违背了经理的哪些义务？

6.1.3　内部人控制

我国法律对经理权利和义务的规定是为了更好地规范经理在管理过程中的行为，法律和道德的约束使经理的权利和义务达到一个制衡，从而赋予经理层充分、适当的空间以开展相应的经营管理活动。同时，经理层与治理层之间存在委托-代理关系，这是两者利益产生冲突的根源，而公司组织结构本身无法消除这个矛盾。在这个矛盾加剧的条件下，如果经理的职权被过分地放大，而相应的义务被过度地忽视，公司所有者的利益将不可避免地遭到损害，这就是公司治理中所面临的"内部人控制"问题。

本书认为，所谓"内部人控制"现象，是指在现代公司所有权和经营权分离的前提下，公司所有者和经营者的利益存在内在冲突，而公司经理人同时掌握了实际的经营管理权和控制权，在公司的经营、战略决策中过度体现自身利益，并依靠所掌握的职权架空所有者，使公司所有者利益蒙受损害的现象。

"内部人控制"现象是公司治理层和管理层信息不对称的产物，其内在驱动因素是在治理层和经理层利益冲突条件下的经理层个人利益最大化。由于经理层直接管理公司运作，筹资权、人事权等都控制在公司的经理层——也就是我们所说的"内部人"手中，在这种条件下，治理层的监督"名存实亡"。经营者的短期决策、过度投资或者过分的在职消费都会不同程度地损害股东的长远利益。站在委托人的角度来看，代理成本在不断上升，但职权在"内部人"手中集中使公司所有者无可奈何，从而产生了"内部人控制"。

"内部人控制"现象对公司治理的危害很大。由于经理层脱离治理层的监督和控制，完全基于自身利益最大化的经理人的经营目标与公司所有者的长远目标不断背离，甚至将导致公司资产被掏空、经营效率低下、公司治理失效；而对上市公司的经理层而言，自身利益因素的驱动使"内部人"的诚信度下降，为了使个人利益尽量得到满足，

"内部人"甚至处心积虑地制造和发布虚假信息并从中攫取巨额收益，市场秩序也将遭到沉重的打击。

"内部人控制"现象是现代公司治理的"大敌"，治理层和经理层之间的利益冲突无法完全消除，但可以采取一定措施加以缓和，甚至使两者的利益实现趋同。为了解决"内部人控制"问题，现代企业要建立产权明晰、责权明确、管理科学的体制；加强股东等公司经营信息需求者参与监控的动机和能力；健全董事会、建立审计委员会，建立股东对经营管理者的强力约束机制；完善业绩评价机制；改变激励措施，防止经营者的短期行为；加强股权间的相互制约，解决"一股独大"的问题；建立健全独立董事制度，切实维护中小股东的利益；完善公司内部会计控制体系，规范公司的财务行为等。

释例   **中航油（新加坡）公司"内部控制人"现象**

2004年，中航油（新加坡）公司严重违规操作并形成巨额亏损，在长达一年多的时间内投资人对此竟一无所知，投资人的知情权受到严重侵犯。究其原因，是因为中航油（新加坡）公司在内部治理上漏洞百出，尤其是"内部控制人"现象在该公司极为严重。在事关公司重大项目或重大交易的决断时，决策者只有该公司董事长一人，在董事长的"独裁"下，"内部人控制"现象成为该公司经营决策中挥之不去的阴影，并最终造成巨额亏损。

问题："内部人控制"对公司治理的危害体现在哪些方面？

6.1.4　公司高级管理人员报酬的现状

前面的分析表明，公司高级管理人员被赋予一定的权利，同时承担相应的义务，为公司的经营管理付出自己的劳动，公司治理层对公司高级管理人员支付一定的薪酬，作为其付出劳动的回报。从狭义上来讲，公司高级管理人员的薪酬通常被理解为治理层所支付的工资，通常以现金、支票或者银行转账的方式偿付，这种方式被认为是对公司高级管理人员"过去"的劳动进行支付。随着公司治理以及公司组织结构理论的发展，公司针对高级管理人员制定的薪酬政策也在发生变化，对公司经理所支付的报酬不仅仅代表了其"过去"劳动的回报，而且包含了公司对经理"未来"业绩的期望值。

公司高级管理人员的薪酬政策对公司而言至关重要，因为它实际上影响到了公司的一些重要决策，比如会影响公司成长以及公司在剧烈变化的环境中如何去适应的决策，这些决策都具有战略意义。①

从世界范围来看，目前各种大型跨国公司（如世界500强）、国有企业等普遍对经理支付高额报酬，甚至数十倍、数百倍地高于公司的其他普通员工。公司支付如此巨额报酬主要出于两个目的：一是经理的工作具有特殊性，经理等高级管理人员的工作表现直接影响公司业绩，公司治理层通过高额的报酬对经理进行激励，并希望获得与此相称的公司业绩的迅速提升；二是公司希望通过这一措施使那些具有卓越战略眼光、优秀管理才能的高级管理人员长期地留在公司里工作。

---

①　张维迎，李其. 激励与领导艺术［M］. 上海：上海人民出版社，2000：5.

公司通过较高的报酬水平把有才干的管理人员吸引到公司，并把他们留下来。近几年来，经理人报酬的迅速增长受到世界范围的普遍关注。以美国为例，《财富》杂志所统计的世界500强企业排行榜中，美国公司相对于其他国家公司拥有明显的优势：2018年共有126家美国企业进入该排行榜。这些世界500强中的美国企业的高级管理人员（以CEO为代表）的薪酬更受人注目。薪酬研究公司Equilar的研究显示，2016年大企业的CEO薪酬整体中位数为1 500万美元，增速的中位值为6%，为2013年以来最高。

如此迅速的增长和巨大的数字反映了美国的高级管理人员集中了大笔财富，这当然与经理所付出的劳动和创造的业绩息息相关，但如此巨额的报酬与经理工作的实际价值相称吗？目前，美国公司对高级管理人员所设计的薪酬制度确实存在一些问题。以CEO为代表，CEO的报酬规模增长过快，社会收入的差距过大，CEO的薪酬竟数百倍于普通员工，而且薪酬增长甚至高于全美企业的平均利润增长；美国公司的CEO地位显得过于重要，他们甚至能够对薪酬委员会施加影响，插手操纵对其薪资的确定与调整；再者，也存在对CEO的业绩评价不合理，导致支付给CEO的报酬不能真正发挥其激励作用等问题。

在中国，从1998年开始，上市公司便开始披露高级管理人员的年薪，披露的口径是三位收入最高的管理者的年薪总和。收入最高的前三名当中，包含了董事长和总经理的薪酬，基本上反映了企业最高管理者的收入状况，2006年所披露的我国上市公司高级管理人员的平均年薪为16.28万元。东方财富Choice数据显示，截至2019年4月17日，有1 688家A股上市公司披露2018年年报，高管薪酬合计为140.35亿元。其中，有355家上市公司2018年的高管薪酬总额过千万元，公司经理层的收入有了大幅度的提高。

可见，无论是在美国这样的发达国家还是在中国这样经济正处于迅猛发展阶段的发展中国家，经理人所体现的价值都是巨大的，这通过公司支付给经理人的报酬可以反映出来。关于经理人报酬的具体构成、对经理人的激励机制的设计和作用，将在下一节进行详细讨论。

资料　　　　　　　　　　　　**数字能保证诚实吗？**

数字能保证诚实吗？答案是否定的。美国纽约大学教授玛丽·普维在2002年于北京召开的国际数学家大会上所作的演讲中作出了如此论断。

面对瞬息万变、动荡起伏的金融市场和世界经济，形形色色的数字、公式、计算机程序从某一个侧面反映了经济走势，但同时制造着"骗局"。以经理人的报酬为例，支付给高层管理者的所谓"基本工资"只是"冰山一角"，这些经理人的报酬可以达到数百倍于这个数字的高度，工资并不等于收入，经理人的工资单替这些管理者"撒了第一个谎"。自20世纪80年代起，不少美国企业宣称将通过"股票配股"的方式来激励员工或补偿工资。许多公司更是冠冕堂皇地宣称：所有成员，上至总经理下至门卫都享有配股权，但实际的调查结果显示，压倒性多数的配股权集中在高层管理者手中，这些决策者甚至有能力影响股价。公司高层管理者的价值被认为取决于他们抬升股价的能力，以及他们把握抛售手中股票的时机，他们巧妙地利用了对公司未来利润的预测来暗示股价上升的信息进而影响股票市场的交易。投资者则认为高层管理者持有股价上升的内部信息而趋之若鹜，纷纷购进股票，推动股价上涨。但是这些预测数字有时候可能是一个巨大的谎言，因为预测本身可能是毫无根据的，而最终受益的则是公司高层管理者。

　　资料来源　根据玛丽·普维教授在2002年北京国际数学家大会上的演讲整理.

　　问题：你认为公司经理总收入高于基本工资的部分可能来自哪些方面的报酬？

6.2　经理的激励制度

引　例

深圳莱宝高科技股份有限公司高管的薪酬考核方案

　　深圳莱宝高科技股份有限公司在其"董事、监事、高级管理人员薪酬方案（修订稿）"中提到：公司董事会下设薪酬与考核委员会，作为高级管理人员的薪酬考核管理机构；薪酬与考核委员会负责高级管理人员的薪酬考核方案和考核标准的制定，根据董事会审定的年度经营计划，组织、实施对高级管理人员的年度经营绩效的考核工作。

　　该文件同时还指出，公司高级管理人员的薪酬由基本薪酬和绩效薪酬两部分构成。所谓基本薪酬是指公司向高级管理人员支付的固定收入，以现金形式按月支付；绩效薪酬是指董事会薪酬与考核委员会对高级管理人员的年度经营业绩完成情况进行考核而确定发放的薪酬。

　　问题：为什么高级管理人员的薪酬中包含了绩效薪酬？其作用是什么？

　　前面的章节讨论了经理人报酬的现状，美国CEO报酬的增长趋势和相关数据并没有明确地显示出经理人报酬的构成情况，如此高额的经理人收入仅仅来源于基本工资显然是不合理的，实际上，公司高级管理人员报酬的大部分来自公司所设计的激励制度。

6.2.1　经理的报酬

　　经理人的报酬可以分为五个部分，分别是：基本工资或薪水、短期激励、长期激励、福利以及特殊报酬。基本工资或薪水即一般所说的经理人的底薪，它满足了经理人的最低生活要求，在经理人报酬的构成中属于最基本的组成部分，但它所占的比重并不大；短期激励和长期激励属于公司设计的激励制度，不同行业、规模、经营能力的公司所提供的激励制度也有所不同，激励政策的存在可以使公司获得经理人更高效的产出；福利包括基本福利、对经理的收入保障计划以及非财务福利，基本福利如医疗保障、退休后的基本待遇等，收入保障计划是公司为了留住管理人才所制定的福利政策，而非财务福利如公司给予高层管理者的汽车的使用权、配备司机、俱乐部会员资格等；特殊报酬则主要包括公司解雇经理人时所支付的遣散费、对优秀的经理人继续签约留在公司工作的合约维持奖金等。

　　研究公司人力资源管理的心理学流派指出：个人所创造的绩效=个人能力×公司所

设计的激励机制。显然，公司所期望获得的绩效取决于两个因素：一是"知人善任"，即管理人员所做的工作应该跟自己的实际能力相匹配；二是公司对管理人员的激励，激励是根据公司高层管理者的工作表现所额外支付的报酬，目的是获得经理人未来更高的产出。因此，支付给经理的基本工资属于维持性因素，即满足经理低层次的基本生活需求，而不属于激励性因素。从绩效跟激励的关系来看，成功的激励制度可以实现其"乘数效应"，使经理人的工作绩效成倍放大，从而使公司获得高效的产出。但架构不合理的激励制度也会影响经理的决策，使他们不能抓住公司成长的机会，或者导致他们铤而走险，如进行一些风险很大的投资行动来影响公司业绩以便获得一些激励性的报酬，过高的激励会使经理只把重点放在如何保护他们的收入和工作方面而将公司的整体绩效架空。可见，公司对经理设计的激励制度确实影响到了他们的日常决策。

案例　　　　　　　会计师事务所的考核指标

有一家通过同城的几家会计师事务所合并而成的大型事务所，在合并的整合过程中，彻底重组了人力资源。在合并前各个所原先承接的客户基础上，按新的业务部作了调整和平衡，为考评今后的业务收入采用了增量指标，以鼓励各部门对外拓展业务，但由事务所管理层统一决定是否接受委托。在考评当年拓展和完成的业务收入时，均以各部门该年度增加的业务量为准，事务所则有权在每一年度终了时对各部门的业务量和人员构成进行调整平衡，对有调出业务的部门给予奖励，对调入业务的部门不仅不计入该部门下年的增量，还要承担当年事务所给予调出部门的业务调出奖。

问题：案例中的会计师事务所的激励措施的实施与哪些因素相关？

6.2.2　短期激励制度

1）短期激励模型

短期激励制度是公司按照年度、季度或者月度作为考核时间范围，对经理人的工作绩效进行评价后而实施不同程度的激励措施的制度。从实质上来讲，短期激励制度是公司对经理人过去工作的额外产出所给予的支付，一般采取现金支付形式。例如，目前大部分上市公司对总经理实行的年度奖金计划、从事贸易的公司对销售经理所设计的月度或者季度销售额提成计划等，都属于短期激励制度的范畴。经理人的额外产出越高，所获得的激励性的支付也就越多，可见，短期激励制度的存在是为了使经理人个人的工作目标与公司的经营目标实现趋同，从而加强经理人与股东之间的委托-代理契约关系。

公司设计短期激励制度的起点是经理人的个人需求和偏好。短期激励制度能激发经理人的潜力以努力实现公司目标，而经理人的潜力发挥与作出的努力是以公司将满足其某些需求为条件的。短期激励在经理人的报酬中属于变化的酬金，其计算的依据是一段时间内经理人的工作对公司绩效产生正面影响的程度，通常以公司的年度（或者季度、月度）利润总额、每股收益、每股收益增长率、资产回报率、净资产收益率、销售利润率等财务指标作为衡量标准，或者以业内专业人士对经理人的工作、行为和态度所作的主观评价，客户的满意程度，与员工的沟通有效程度，市场份额是否扩大，新产品推向市场的时间是否缩短，研发新产品的成功率是否提高等非财务指标来评价经理人经营管理工作的实际绩效，并以此决定是否给予短期激励。在只存在短期激励制度的条件下，对经理人的激励模型如图6-1所示。

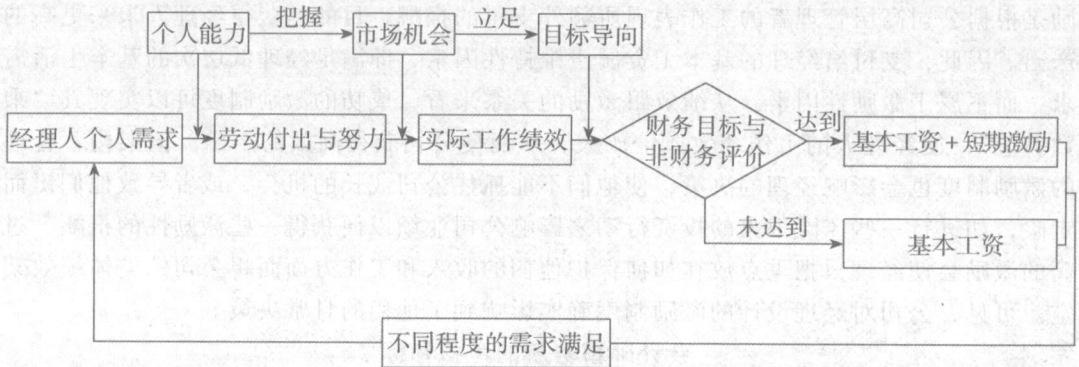

图6-1 短期激励模型

图6-1的模型显示，设计短期激励制度的出发点是经理的个人需求，公司经理通过发挥个人能力付出劳动，为公司的经营管理作出努力，个人能力同时又影响经理人对市场机会的把握；在取得一定的市场机会以及经理个人努力的条件下，产生经理的实际工作绩效，这是是否给予经理短期激励的评价标准。最后，在实际工作绩效的基础上采取目标导向的原则，通过财务目标或者对经理的非财务评价与实际绩效的比对来决定是否给予公司经理短期激励，这自然产生两种结果——经理获得含有短期激励的报酬或者获得只包含基本工资的报酬，从而满足其不同程度的个人需求。短期激励制度实现一个循环的时间周期不会超过一年，它是通过对经理过去的工作进行评价而实施的奖励措施。

2）短期激励与经理人需求

短期激励制度设计的出发点是经理个人的需求。美国著名社会心理学家、比较心理学家马斯洛（Abraham Maslow，1908—1970）在其所提出的"需求层次理论"中指出，人类的需求可以分为生理需求、安全需求、社交需求、尊重需求和自我实现需求等五个层次，依次从较低的层次递进到较高的层次。马斯洛需求层次理论假定，任何一种特定需求的强烈程度取决于它在需求层次中的地位，以及它和所有其他更低层次的需求的满足程度，人们总是优先满足较低层次的需求，然后再向较高层次的需求迈进。公司治理层对经理层所实施的短期激励制度也以这种层次性为前提，同时它还是一种静态的、存在因果关系的激励制度。

短期激励制度的层次性体现在相对于基本工资等较低层次的需求而言，经理人存在着对诸如年度奖励计划等较高层次的需求；短期激励制度的静态性，是一种参照预期经营目标，以经理人实际达到的经营成绩的固定百分比或者按照固定数额给予年度奖金的激励方式；因果关系则体现了经理人实际的工作绩效和所获得的激励程度之间的关系。根据马斯洛需求层次理论，按照本书对经理人报酬的分类与不同层次的需求进行对应，可以看出短期激励在经理人需求层次中的具体位置，如图6-2所示。

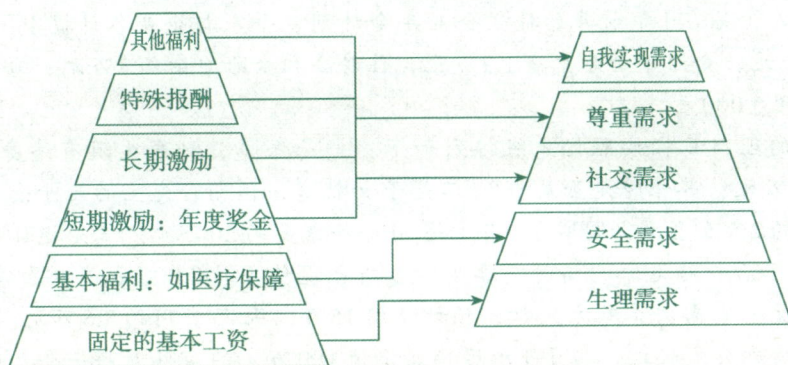

图6-2　经理人的需求层次

　　基本工资是根据经理人的基本消费设计的，它满足了经理人对维持生活的各种支出的要求，如对食物、基本的穿着、住房等的需求，属于最低层次的满足生存条件的需求；公司提供的基本福利制度，如医疗保障、工伤保险、失业保险、退休福利等，目的是使经理对自己的人身安全、患病风险、生活稳定等消除顾虑，受安全需求激励的经理人在评估职业时，主要把它看作不致失去基本需求满足的保障；公司的短期激励对应安全需求上一层的社交需求。经理人所获得的短期激励让他（她）感觉自己的付出和努力确实对公司业绩的增长起到了重要的推动作用，能够获得激励表明经理人的工作得到公司治理层的肯定，使经理人对公司产生归属感，认为自己是公司里重要的一员，在这种条件下，来自下属和同事之间的支持与赞许使得经理人努力营造和谐的人际关系和工作环境，需求逐渐上升到社交层次；对于长期激励制度，低层次的长期激励对应社交需求，而高层次的长期激励则升华到尊重需求的层次。在长期激励制度的作用下，经理人的工作业绩大幅度提升，收入也达到一个很高的水平，自己的工作成果会得到周围同事和下属的认可，经理人努力工作的形象使得身边的人认为他（她）有能力而且能胜任工作，成就感、地位提升、受人尊重的自豪感满足了经理人在这一阶段的需求；特殊报酬，如经理人同意续约公司所给付的额外的奖金，从经理人的角度看来，这部分的报酬让他（她）觉得自己受到公司的重视；而其他福利如给予经理人俱乐部会员资格、参加行业协会或者管理论坛并成为主要成员，使经理人的社会地位得到提高，价值得以体现，从而使需求上升到"自我实现"的层次。

　　从需求层次的分析可以看出，短期激励是经理人的基本需求（生理需求和安全需求）开始向高层次需求转化的关键环节，在公司激励制度中占有重要地位。从图6-3也可以看出，短期激励发挥作用的前提是在此之前的低层次的需求必须得到满足，需求才能体现出潜在的层次递进性，否则短期激励将是无效的。最典型的一个例子就是对销售经理制定"低基本工资+高额业务提成"的报酬制度，事实证明这并不能激起经理的工作热情，原因是低基本工资的设计很难满足经理的低层次需求，需求层次递进的条件无法实现，短期激励制度自然形同虚设。

案例　　　　　　　　　　　　　　孙先生的理财计划
　　某外资企业营业部经理孙先生税前月收入为3万元。该企业除按所在地区计提8%

基本养老金外，另在1年前开始提供企业年金计划，个人与企业各计提4%。目前养老金账户有5万元，企业年金账户有1.9万元，住房公积金账户余额3万元，每年还可报销家庭医疗费用5000元。

孙先生的理财目标按照优先级排列如下：一是保障，孙先生现有终身寿险保单1张，保额50万元，其保障是否足够？二是子女教育，预期孙先生的儿子念国内大学费用每年需要约2.5万元，出国留学2年的费用每年需要约20万元。三是退休金，孙先生夫妻将于15年后一起退休，届时夫妻生活费折合现值每月8000元。四是赡养父母，3年之后孙先生一家需赡养双方父母，预计持续15年，每年费用约3.6万元。五是住房，由于现住宅离办公室较远，拟于1年后换购价值180万元的市区新房一套。除了住房公积金贷款外，尽量少用商业贷款。六是旅游，每年费用折合现值2万元，预计持续25年。七是汽车消费，拟于3年后换购价值20万元的新车一部。

问题：孙先生的理财目标体现了怎样的需求层次？

3）短期激励制度的运作机制

根据经理人在一个财政年度的工作表现给予年度奖金是最具代表性，也是最普遍的一种短期激励制度。下面以年度奖金计划为例，分析短期激励制度的运作机制。

通过前面的分析可知，短期激励制度并不是无条件执行的，在"目标导向"的原则下，经理人的工作业绩必须达到公司所制定的预期目标以上才能够触发激励制度的执行。换言之，公司在每个财政年度所规定的经营目标是经理人获得短期激励的"进入壁垒"，实际业绩在"壁垒线"以下，经理人则不能享受年度奖金计划。在取得超额业绩的条件下，年度奖金一般按照完成业绩的一定百分比来进行分配，但通常治理层都设有上限，我们称之为年度奖金的封顶额。理论上，年度奖金的大小和经理人实际绩效存在如图6-3所示的相关关系。

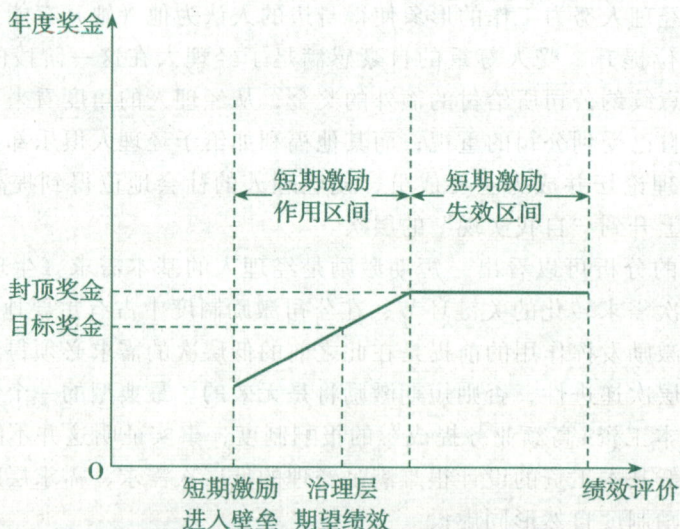

图6-3 公司治理层的期望短期激励制度

显然，短期激励"进入壁垒"所对应的绩效以下的水平获得的年度奖金总额均为

0。"进入壁垒"所表示的绩效水平对应最低年度奖金支付额，在最低支付额和封顶奖金之间的区域我们称为"短期激励作用区间"，治理层希望两者呈线性相关关系，即随着绩效的提升按照固定比例提取年度奖金，或者年度奖金的增长支持固定比例的绩效增加。比封顶奖金所对应的绩效水平更高的"绩效－奖金"区间为"短期激励失效区间"，年度奖金将不再支持实际工作绩效的继续提高，原因主要有两个方面：一是奖金已经达到封顶数额，无法提升，年度奖金增量为0，不能支持数额为正的绩效增量；二是由于经理人工作能力的固有限制，工作绩效是不能无休止提升的，经理人的个人能力始终是有限的，即便他（她）异常出色。对于一个年度奖金计划，治理层除了给经理人设置"进入壁垒"以外，还根据上一财政年度的经营数据进行预测（保持增长或扭亏为盈），通常在心目中也会产生一个高于"壁垒"的期望绩效，与此绩效对应的奖金为目标奖金，对治理层来讲，是较理想的年度奖金数额。

确定标准绩效所对应的目标奖金具有重要意义。目标奖金是治理层的期望奖金水平，也是治理层衡量经理人绩效的第二个"标杆"（短期激励"进入壁垒"为第一个"标杆"）。在公司治理实务层面，按照前面所述的运行机制，这个标杆水平如何确定？应该指出的是，在短期激励作用区间运行的"绩效－奖金"曲线并不总是呈现线性的关系，单调递增的凹形曲线更切合实际情况，如图6-4所示。

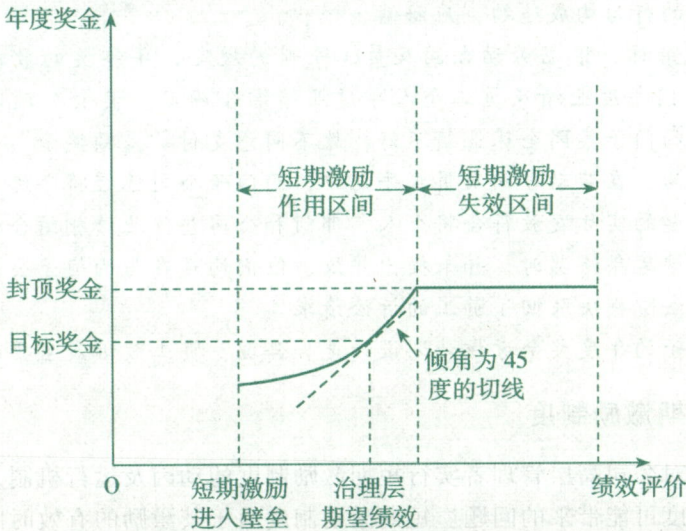

图6-4 公司治理层的实际短期激励制度

激励机制存在的目的是挖掘经理人的潜在能力，由于经理人本身具有主观能动性，作为激励客体，经理人并不是机械地、被动地接受激励。当公司向经理人宣布年度奖金计划时，最直接的影响是激起其工作热情。从无激励到有激励，经理人更愿意发挥自己的潜在能力，并不断调整自己的精神状态，全身心投入到工作中，这是治理层所期望的激励所带来的"无形的推动"。因此，刚刚越过"进入壁垒"的一段区域，短期激励的作用曲线应该是比较"扁平"的，即较少的奖金可以支持较高的绩效提高。逐渐靠近封顶奖金附近，同等水平的奖金增量对绩效增长的"刺激"将会变得越来越困难，此时经理人已经进入激励的作用区间，年度奖金增长的基数并不等于0（但在"进入壁垒"附近年度奖金基数为0），他在获得一定的年度奖金的基础上获得进一步的奖励，根据边际效用递减理论，这部分奖金给经理人所带来的效用并没有靠近"进入壁垒"附近的奖金所带来的效用大。同时，因为在封顶奖金附近区域年度奖金基数并不等于0，经理人在心理上也会觉得即便自己不付出更多的努力但只要维持现状也能获得奖金，况且自己能力有限，经理人便开始失去受激励的动力，这对绩效增长也产生了消极影响，因此在这一段区域激励的作用曲线应该较为"陡峭"。此时治理层的目标奖金如何确定？在作用区间的"绩效－奖金"曲线上确定一条倾斜角为45度的切线，切点所对应的奖金水平即为目标奖金的数额，在这个点处，"奖金绩效弹性"[①]恰好等于1，换言之，1单位的年度奖金变化恰好带来一单位正的绩效变化，而越过这个点，1单位的年度奖金变化就不足以支持一单位的绩效变化了。

案例   **年度奖金为何"缩水"？**

　　40多名员工离职后将电子生产商西门子公司告上法庭，要求其支付部分年终奖。刘先生是原告之一。他称，曾与西门子公司签订了3年期劳动合同，进入西门子手机研发部工作。双方在劳动合同中约定，如果100%完成工作任务，将可获2万余元的年终奖。但后来西门子公司仅按全额奖金的67%给他发放了奖金。他认为，西门子公司未足额发放年终奖的行为构成违约，应赔偿。

　　西门子公司辩称，根据劳动合同及员工手册的规定，年终奖的数额由公司年度业绩、员工所在部门年度业绩及员工个人年度业绩综合确定。奖金数额比员工们预计的少，是因为当年西门子集团全球业绩不好，故不同意支付"差额奖金"。

　　一审法院认为，在劳动合同及员工手册中，西门子公司已经将年终奖的确定原则向员工明示。年终奖的实际发放符合将个人、部门和公司整体业绩相结合的基本原则。同时，员工们领取这笔年终奖时，并未提出异议，他们均是在与西门子公司解除劳动关系后才提出诉讼。法院判决驳回了员工的诉讼请求。

　　问题：西门子的年度奖金考核计划设计是否合理？员工败诉最主要的原因是什么？

6.2.3　长期激励制度

　　前面分析了对公司高层管理者实行短期激励制度的动因及运行机制，但讨论并没有涉及短期激励制度可能带来的问题。短期激励制度由于其激励的有效时间段一般不会超过一年，故不可避免地会提高经理人实施某些"短视行为"的可能性，经理人为了短期利益而过度承担风险，他（她）可以通过个人行为进行相关决策并承担这种风险，但有可能遭受最大损失的主体却是公司，因为经理人利用公司组织的资源进行风险投资，显然对公司来说非常不利。另外，公司希望优秀的经理人能够继续留下来供职，为公司业绩的提高进一步发挥他们的潜力，但对此短期激励制度并不能提供足够的保障，由于短期激励制度着眼于过去一年（或一年以内）区间内的经理人业绩以及实现激励所带来的

---

　　① 即1单位的年度奖金变化与1单位的绩效变化之间的比值，年度奖金绩效弹性=边际年度奖金变化/边际绩效变化。

较低层次的需求（相对于长期激励所对应的需求而言），经理人对公司并不会产生太高的归属感。当然，公司治理层不希望出现管理层人才流动性很大的局面，管理层人才的流动不仅不能挽留优秀的经理人，而且公司需要对新招聘的管理人员支付很高的培训成本。在这种情况下，与短期激励制度相对应的、能够解决这些问题、克服短期激励制度可能造成的各种问题的长期激励制度便被许多企业所采用。

长期激励的主要功能是为了解决公司所有者与经营管理者之间的利益冲突，通过设计一系列的激励方案或者计划，将公司经营管理者的个人目标与公司所有者的目标统一起来。这样，在长期激励机制正常运作的情况下，就能够鼓励经理人在其任期内努力工作，使公司实现良好的业绩。短期激励制度在一定程度上也体现了这种思想，但是这种激励制度对所有者和经营者利益目标统一的表达是属于低层次的、初级的、方式手段比较单一的，而长期激励制度则是一种高层次的（从需求的角度）、中高级的、执行方式能够多元化的激励方式，在各国的公司企业中得到普遍运用，目前在我国也得到了迅速的推广和发展应用。

有关学者对长期激励制度的实施效果进行了详细的研究。在早期，有学者对1974—1986年期间的1 049家公司的相关数据进行回归分析，结果表明，当经营管理者处于董事会直接控制之下时，公司价值每上升1 000美元，公司经营管理者的财富只增加3.25美元。虽然股票期权等长期激励机制对经营管理者的激励与基本工资和年度奖金相比稍高，但给予的股票期权数以及相应的持股数有限，公司经营管理者的整体薪酬业绩弹性仅为0.1。20世纪90年代，有学者对1980—1994年间的同类数据进行了统计分析，结果显示：高级管理人员的薪酬业绩弹性迅速上升为3.3，即公司业绩上升10%，高级管理人员的薪酬水平上升了33%。进入21世纪，公司的长期激励制度应用更加普遍而灵活，刺激薪酬业绩弹性进一步上升。

资料　　　　　　　　　　广东企业的薪酬福利激励

广东地区人才市场的薪酬福利报告指出，企业福利支付方式呈现出"长期化"的趋势，其中典型现象是企业年金在大企业的流行。从目前来看，市场上陆续出台的"企业年金"方案，也被称为补充养老保险、企业团体保险，是双赢的局面，一方面为企业提供税收的优惠政策和投资收益，另一方面员工则有就业安全感，有利于改善退休生活质量，增强企业凝聚力，激励员工的长期奉献精神。

问题：与短期激励相比，长期激励的优势可以体现在哪些方面？

1）长期激励模型

与短期激励制度相比，长期激励制度不仅考核的期间长度不一样，而且两者在激励的原理上也存在差别。本书认为，公司的长期激励制度主要有两种方式，即基于现金的方式和基于股票的方式。被授予一定长期激励计划的高层管理者，公司会按照激励计划所确定的具体形式，给予这些管理者规定数额的股票或者在未来某个时点分享公司业绩的权利。从时点上来看，公司高层管理者在当前就获得了长期激励，不过激励以带有限制条件的股票、期权（股票期权或公司业绩分享权）等方式作为载体，在未来某个期间内管理者才被允许兑付手中的股票或期权。

这种激励方式与短期激励制度的最大区别在于目标导向机制的运作方式。在短期激励中,经理人的经营目标一般是公司所有者的期望目标,一般情况下,在公司的每个财政年度开始之际,公司经理人都会被股东告知当年的经营目标,并以年度总销售额、销售利润率或者资产收益率等方式进行反映。对于股东而言,这是一个明确的目标,于是定量考核经理人业绩就成为可能。但长期激励中的目标并不总是由股东给定,尽管一些长期激励计划中会规定"未来三年内,公司业绩连续增长10%,并且公司股票价格在股票期权行权日之前连续20个交易日的价格不低于10元/股,经理人方可执行手中的股票期权",但大部分长期激励计划侧重于对赠与或执行的时机进行限制。如股票期权的赠与时机一般以公司高层管理者的受聘、升迁为主,而以业绩评价为辅。因此,高层管理者获得长期激励的所有权时,是以个人未来经济利益的最大化作为主要目标,由于经理人个人的经济利益以"期权"的方式与公司未来业绩进行"捆绑",因此这个目标与公司所有者的目标实现了统一。理论上,公司的股票价格(或其他激励计划中规定的指标)越高的水平,经理人获得的长期激励就越多,因此,在长期激励计划中,没有像短期激励制度规定的"封顶奖金",长期激励在公司经理人的薪酬构成中占很高的比例,是他们最主要的收入来源。

根据长期激励的这种特点,长期激励机制模型可以用图6-5来表示。

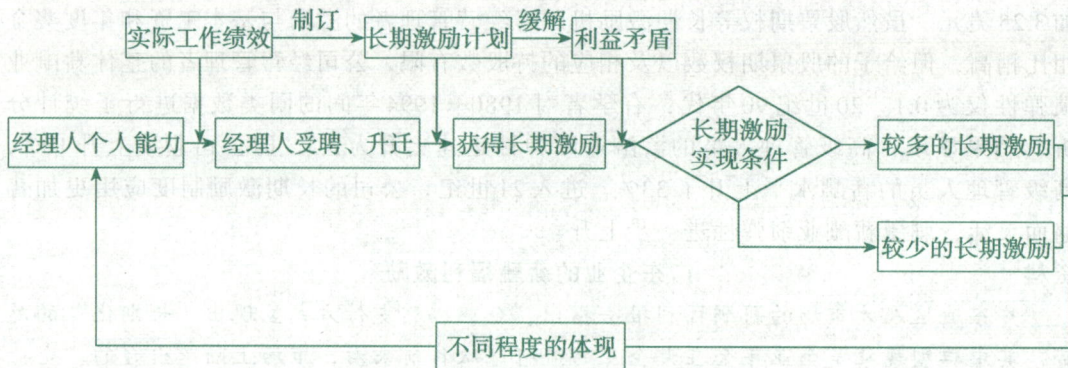

图6-5 长期激励模型

从图6-5可以看出,长期激励机制运行的起点是经理人个人能力,结合其实际工作绩效,作用于其自身,使经理人获得聘任合同或晋升的机会。在通常情况下,这是治理层给予经理人长期激励的基本条件。治理层可以根据经理人的实际工作绩效来设计和制订相应的长期激励计划,并通过这个计划来调解经理人个人利益与公司利益之间的矛盾。在达到长期激励的实现条件之后经理人便可以兑现激励计划,获得不同数额的长期激励。与短期激励模型相比,长期激励模型的起点、给予的时机均有所区别,实际上,能够获得长期激励的经理人,他们在之前都能获得公司所设计的短期激励,因为短期激励计划是经理人业绩水平的函数,而业绩水平也是经理人升迁的主要衡量标准,因此经理人在获得长期激励前往往也能获得公司的短期激励,所以两者的起点有所不同。

2）长期激励方式

长期激励的功能是解决公司所有者与经营者利益一致性问题，主要作用是激励经理人在其任职期间努力工作。与短期激励相比，长期激励是长于1年的期间内给予经理人相应的激励和薪酬的方式。为了强调薪酬组合中除去基本工资后的可变部分，公司往往会采用长期激励，目的还在于克服短期激励可能造成的经理人的各种"短期行为"，使得经理人能考虑企业的长远发展和持续生存，从公司的整体利益出发行事。根据本书的观点，长期激励方式主要可以分为基于现金的长期激励以及基于股票的长期激励，还可以进一步细分为长期绩效分享计划、限制性股票和股票期权等。

（1）长期绩效分享计划（Long-term Performance Share Plans）

长期绩效分享计划是一种基于现金的长期激励方式。它与前面提到的年度奖金计划中的短期激励计划相类似，均是以奖金的薪酬方式向经理人发放激励所得。但长期绩效分享计划通常以3年或者5年的滚动平均累计业绩作为绩效评价标准，并依此向经营者发放奖金。从激励计划持续的时间长度来看，长期绩效分享计划是一种长期激励。

长期绩效分享计划以某个法人长期的财务业绩目标的实现作为依据，实现与经理人的业绩分享。虽然在一个典型的长期绩效计划中，其"报酬－绩效"结构与年度奖金计划中的"报酬－绩效"结构非常相似，但是长期绩效分享计划的设计比年度奖金计划更加科学，尤其是在高级管理人员流动性较大的行业，长期绩效分享计划客观上可以减少管理人员流动的动机。

释例   **IBM公司的员工绩效考核**

IBM公司的员工绩效计划建立在员工自身按下列三个领域设定的年度目标上：

1.必胜，要求员工抓住任何可能成功的机会，以坚强的意志来激发斗志，并且竭力完成；

2.执行，即强调行动，不要光是坐而言，必须起而行；

3.团队，不同单位之间不允许在顾客面前发生冲突，不能让顾客产生疑虑。

IBM公司的这种绩效考核制度对确定员工薪酬和激励具有重要意义，绩效考核评级与员工的薪酬或激励直接挂钩，这种目标导向式的绩效考核制度使IBM公司能在更长一段时间内激励自己的员工。

问题：IBM公司的绩效考核计划如何实现个人长期目标与公司利益的结合？

（2）限制性股票（Restricted Stock）

在美国和英国，许多公司将一部分股票卖给公司的高级管理人员，但是这种股票的授予通常带有一定的限制条件，比如"公司高级管理人员5年内不得将手中持有的股票上市"，以授予这种股票作为激励的方式即通常所说的限制性股票。限制性股票也可以理解为非流通股的一种。

限制性股票激励是指公司为了实现某一个特定目标（如目标经营业绩），无偿将一定数量的限制性股票赠予或以较低价格售予激励对象的一种长期激励方式。限制性股票有时是专门为了某一特定计划而设计的激励机制。所谓"限制性"是指公司高级管理人员出售这种股票的权利受到限制，亦即经营者对于股票的拥有权是受到一定条件限制的，比如前面所提到的对上市时间的限制。公司经理人在得到限制性股票的时候，并不需要通过支付现金的形式去购买，他们在规定的限制期内不得随意处置股票。在规定的限制期内，如果经理人辞职或被治理层辞退或者因其他原因离开公司，那么经理人将丧失这些股票的所有权和处置权；一旦达到规定的限制期，而经理人仍在公司任职，那么他将拥有对这些限制性股票的处置权。在限制期内，拥有限制性股票的经理人与公司的其他股东一样可以获得股息，可以行使其表决权。从这个角度看，限制性股票的主要作用在于留住公司经理人，降低公司高级管理人员的流动性。

公司采用限制性股票的目的是激励高级管理人员将更多的时间和精力投入到某个或某些长期战略目标当中。首先，公司薪酬委员会预期该战略目标实现之后，公司的股票价格可以上涨到某一个目标价位。然后，公司将限制性股票无偿赠予高级管理人员，而只有当股票市价达到或超过该目标价格时，公司高级管理人员才可以出售限制性股票并从中受益。世界500强的许多公司的CEO们利用限制性股票成为现实的或未来的亿万富翁。美国《商业周刊》的相关调查显示，2000年美国收入最高的首席执行官的薪酬几乎全部以限制性股票的形式支付。即便到现在，限制性股票所形成的收入在经理人薪酬中也仍然占有很高的比例。

限制性股票是基于股票的一种长期激励方式。根据公司经理人对公司的业绩贡献，董事会决定给予经理人赠送公司股票的奖励。但这些股票在赠予后在所有权或转让权等方面受到一定的限制，由于限制性股票这种长期激励方式通常要求经理人在公司工作达到一定的年限之后才会给予，因而有时这种长期激励计划又被称为公司经理人的"金手铐"。

综上所述，限制性股票的特点可以归纳为：经理人为公司继续提供服务若干年后方可将所有权转至其名下，而平时则可享受收益权；经理人在职期间不享有限制性股票的转让权，即这种股票被公司冻结，属"非流通股"；在特定的条件下，公司可以回购经理人手中的限制性股票。

释例　　　　　　　**宝钢股份的"限制性股票"计划**

为了顺应公司战略发展的需要和资本市场的要求，宝钢股份于2007年出台了"限制性股票"计划，方案设计立足于"建成全球最具竞争力的钢铁企业"的战略目标，以保护股东利益和提升股东价值为使命，着眼于长期利益协同，追求优于同业的业绩表现，在授予、解锁、自筹资金等环节的多重约束条件下，授予适量限制性股票。

问题：根据上面的描述，宝钢股份颁布"限制性股票"计划的目标是什么？

（3）股票期权（Stock Option）

① 起源与发展

股票期权是另一种基于股票的长期激励方式，它起源于美国。1952年，一家名为菲泽尔的美国公司，为了避免公司主管们的现金薪酬被高额的所得税税率所"蚕食"，在雇员中推出了世界上第一个股票期权计划。到20世纪90年代，股票期权作为公司一项新的金融创新，已在美国大多数上市公司得到成功实践和推广。自80年代起至今，美国大多数公司都实行了这种制度。实行股票期权制度可以促使经营者关心投资者的利益和资产的保值增值，使经营者的利益与投资者的利益结合得更加紧密，所以，世界上许多公司都纷纷引进这一制度，我国的许多企业也进行了积极的尝试。相关调查资料显示，全球排名前500位的大型工业企业中，90%以上的企业都对经营者实行了股票期权制度。在美国，大多数期权的期限为10年，执行价格设定为授权当日的公司股票的"市场公允价格"。股票期权激励的目的是希望将公司管理阶层的个人收入与股东的利益紧密联系。我国的上海、深圳、武汉和北京等城市也制定了对国有企业经营者实行股票期权制度的办法。

②特点与目标

股票期权是公司资产所有者对经营者实行的一种长期激励的报酬制度。标准的股票期权是指经理人享有在与公司资产所有者约定的期限内以某一预先确定的价格购买一定数量本公司股票的权利。行使本公司股票期权的经理人，在约定期限内，按照预先确定的价格购买本公司股票，如果该股票价格届时上涨，那么经理人在他认为合适的价位上抛出股票，就能赚得买进股价与卖出股价之间的差价。可见，股票期权是指公司给期权接受者以当前获得期权时确定的某一价格（执行价格）去购买一定数量的未来某特定时间的公司股票的权利。当从获得股票期权到期权兑现时的这一段时间内股票价格上涨时，期权接受者将获得期权兑现时的市场价格与购买价格之差价的盈利。

股票期权是公司所有者赋予经营管理人员的一种特权，一方面，购买价格是一种优惠价或锁定价，它是一种未来的收益，只有公司经理人经过若干年的努力，使公司业绩增长，每股净资产提高，股票市价上涨之后期权价值才能真正体现出来，从而使企业经营者个人收益与公司的经营业绩高度相关，有利于激励公司经理人对公司的责任心；另一方面，期权拥有者也只有等公司股票价格上涨到一定程度之后再行使这种权利才有意义，因而股票期权制度也成为一些公司降低高级管理人员流动性的一种措施。

在公司治理层面，股票期权有不同的给予方式，因而对经理人执行期权也有不同的限制。一般来讲，在给予股票期权的时候会赋予其一个价格，在一个规定的期间之内可以按照这个价格水平买卖股票，如果公司股票价格上涨的话，经理人就可以从中获利。另外，也有一种称为"影子股票"的期权方式。在"影子股票"的理念下，公司高级管理人员并不是真正地得到股票或者期权，公司只是承诺经理人拥有一定数量股票的分享权，但并没有真正把股票授予经理人，而是到了一定的时期公司治理层将股票增值的部分以现金的形式授予经理人，也就是将股票升值的权益作为激励薪酬进行分配。在这种情况下，高级管理人员只是在最后得到一种权利，即公司将股票升值的部分授予经理人。在美国，"影子股票"给予形式的税收要求非常严格，而且美国对股票升值部分所征收的税非常高，大部分公司认为把股票的所有权作为激励政策的一部分是非常重要的，但"影子股票"并不涉及股票的所有权，因此这种形式的股票期权激励在美国并不十分流行，更为流行的是经理人持有股票所有权的股票期权激励方式。

③基本要素

在一项股票期权激励计划的实施中，包括四个基本要素，即股票期权的受益人、有效期、行权价和授予数量。通常在不同的环境背景下实施股票期权计划，就需要根据实际情况作出不同的安排。

股票期权的受益人指的是股票期权的拥有者，即公司所要激励的对象，通常是公司的高级管理人员；股票期权的有效期是指受益人在规定的期限内才可以行使股票期权所赋予的权利，超过这一期限就不可再享有此权利，通常也称为"行权期"，期限一般为3~10年；行权价是指在股票期权计划中规定的受益人按照约定购买公司股票的价格，即"市场的公允价格"，也可根据实际需要作适当调整；股票期权的授予数量即股票期权受益人所能购买的公司全部股份数量。

④形式

在公司授予经理人股票期权计划时，可有多种方案。通常可将股票期权激励分为三种形式，即固定价值计划（Fixed Value Plans）、固定数量计划（Fixed Number Plans）以及巨授计划（Mega-grant Plans）。

固定价值计划是指事先确定某一年份开始将兑现的期权的价值。在授予期内，每年仅授予经理人一定金额比例的选择权，即每年都以一个固定的价值量授予经营者期权，执行价一般为当时的市场价。由于每年的股票价格不一样，可以购买的股票数量也不一样。另外，也有根据经理人的收入，按照一定的收入比例确定其可以购买股票数量的许可权。固定价值计划是西方股票期权激励制度普遍采用的一种方式。固定价值计划可预先调整和有效控制经理人的报酬以及股票期权部分占总薪酬的比重，但也存在使经理人的期权价值与公司经营业绩联系弱化的缺点，即不论每年公司业绩好坏都要授予经理人一定数量的选择权，致使公司业绩和股份授予数没有适当的关联，业绩低迷时反而有可能使经理人得到比较多的选择权，致使激励部分产生的报酬和公司业绩的联系弱化。

固定数量计划是指不论市场价格如何变化，公司的经营管理者每年都可以得到一个固定数量的股票购买许可权。公司宣布在数年内每年发放相同数量的期权，而不考虑业绩变动情况。所以当股权上升时，股票期权价值也上升，不但是已获得的期权，还包括以后将发放的期权。这将会提供非常有力的激励作用，因为股价的上升带来了更多的潜在收益。然而，这也可能造成更大的潜在损失，因为股价下跌，期权价值就减少得更厉害。当股价下跌到一定程度时，员工可能会丧失信心离开公司。固定数量计划的期权激励使经理人承担了比固定价值计划更大的业绩风险。与固定价值计划相比，固定数量计划使经理人的期权价值与公司业绩相关联，有较大的激励作用，但如果股价波动过大，则会影响经理人的信心。

巨授计划（付与计划）是在固定数量计划中引入一个风险更大的变量。公司一次性发放3~5年的所有股票期权，而这些期权的执行价均由期权最初发放时的价格决定。公司高层管理者因受到激励而提高业绩并创造价值，使之成为更强大但更具风险的激励策略。付与计划是具有最大杠杆效应的期权计划，它事先确定了期权数量，也锁定了行权价。通常，第一年初就一次性授予在另外两种计划下几年授予的期权总和。

在这一计划下，经理人持有的股票期权的价值随公司经营业绩的提高而提高。相对而言这一计划的诱因最强，有吸引人才的魅力，通常在中小型高科技公司中运用较多。

但是，在股价变动剧烈的高科技产业中，股价迅速上涨，经理人可能萌生提早退职的念头；相反，股价暴跌，将丧失对经营者的诱因，会产生有必要重新评估股票期权计划的问题。迪士尼的CEO是持有付与期权的CEO中最广为人知的典型。自1984年以来，每隔几年，他就可以获得大约几百万美元的期权，正是这些付与计划，给他带来了惊人的财富。

释例   北京绵石投资集团股份有限公司的股票期权计划

北京绵石投资集团股份有限公司以前名称为北京燕化高新技术股份有限公司，其主营业务包括开发、生产、销售石油化工催化剂、精细化工产品、电子计算机和电子元器件；工程咨询、技术咨询、技术培训、技术转让；销售建筑材料、五金交电；出口聚乙烯高效载体催化剂、聚丙烯高效载体催化剂等精油化工产品；进口企业生产、科研所需原辅材料、技术、机械等配件；投资管理。在2007年股权分置改革后，同年2月28日更名为北京绵世投资集团股份有限公司，注册资本为29 809.5522万元。其营业范围由此前对于化学化工产品的加工生产转为主营投资及投资管理、房地产开发等。为更加切合企业未来的业务方向转变，2016年7月13日正式更名为北京绵石投资集团股份有限公司。

为了使得公司的治理结构不断地完善，激励机制更加健全；为了让绩效文化成为企业文化的内涵之一；使股东与经营者之间互相约束共同分享利益；同时保证公司顺利度过业务转型期，稳定提升公司业绩，绵石投资于2016年2月27日颁布了《〈公司股票期权与限制性股票激励计划（草案）〉及摘要的议案》，并且在同年3月22日通过股东大会审议。绵石投资股权激励计划主要包含股权激励计划和限制性股权激励计划两部分。在绵石投资此次所规定的两种激励方法中，限制性股票具有一定的特殊性。

公司层面考核业绩条件：股权激励计划准备授予限制性股票，需要分2年每年按照50%的比例分期解除锁定，将达到公司规定的业绩指标作为解锁条件之一。业绩考核的指标选择归属于上市公司股东扣除非经常性损益的净利润。同时要求公司限制性股票锁定期内，归属于上市公司股东的净利润及归属于上市公司股东扣除非经常性损益的净利润均不得低于授予日前最近三个会计年度的平均水平且不得为负。

个人层面的业绩考核条件：根据颁布的管理办法规定，薪酬与考核委员会负责所有层面的绩效考核，个人层面的评分标准分为四个区间，分数大于70分即可判定个人层面业绩考核结果为"合格"。只有"合格"及以上，才能根据有关规定按照一定的比例解锁被授予的所有限制性股票。

绵石投资于2016年4月20日公布了股份回购公告，并在证券公司开立了专用账户，通过企业自有的资金回购二级市场的A股，以此作为授予激励对象的限制性股票。回购时段为2016年4月20日至2016年6月13日。这期间完成了计划中所规定的约717 000 026股，其中与股权激励计划草案相比多出的26股是由于公司操作系统问题造成并且将26股授予公司董事长。回购过程中，股票最低价为10.36元/股，最高价为13.65元/股，回购均价为12.17元/股。实际企业证券账户中的资金约8 727.54万元。根据回购公告，回购使用公司设置的专用证券账户进行交易。回购资金由公司全额承担。

资料来源 魏森森、宋毅妹、刘含玉，等. 绵石投资零元限制性股票股权激励：契约设计与经济后果 [G]. 中国管理案例共享中心，2016.

问题：本案例中限制性股票股权激励方案在契约设计上有什么特殊之处？合理性如何？能否达到通过股权激励制度提升业绩、激励员工的目的？

6.3 经理约束机制

在公司治理中，除了对高层管理者实施必要的激励措施外，同时也要对其行为进行一定的约束，对公司高层管理者的约束又称为预防性激励措施。现代公司中的两权分离，使公司所有者和经营者成为两个相对独立的行为主体。公司所有者追求的目标是最大的投资回报，所有者的经济利益来自公司的成长和发展，而经营者的行为目标则呈现多元的特点，除了追求个人的经济利益目标以外，还有个人的名誉、社会地位、权势、自我价值的实现等个人目标。经营者对其经济利益及其他个人目标的追求有可能损害所有者的资本收益。因此，在现代公司中构建一种所有者利益和经营者利益相容的经营者行为约束机制也是至关重要的。从公司治理结构以及经理人生存的环境条件来看，对经理人的约束应考虑企业的外部约束和内部约束两个方面。所谓外部约束是对经理人约束的外部环境条件，如经理人市场机制以及法律、法规的约束，而内部约束则是指对经理人约束的企业内部保障，如公司章程。

6.3.1 经理人市场约束机制

人力资源的配置主要有三种方式，即自然配置方式、计划配置方式和市场配置方式。对经理人而言，与市场经济相匹配、效果最好的是市场配置方式，即通过经理人市场配置各种管理人才。经理人市场被某些经济学家认为是最好的经理人行为约束机制，因为经理人之间充分的竞争，在很大程度上能够动态地显示经理人的能力和付出努力的程度等方面的信息，使经理人始终保持生存危机感，从而使其自觉约束自身的机会主义行为。

经理人市场的实质是经理的竞争选聘机制，它的基本功能在于克服由于信息不对称产生的"逆向选择"问题。竞争选聘的目的是将经理的职位交给有能力、具有良好的工作积极性的经理人。通过经理人市场的竞争选聘机制，不仅能够真实显示经理人的能力和品质，还给选错经理人的公司及时改正的机会。同时，如果企业付给经理人的报酬与经理人的能力不相符（如该经理人能力被低估），该经理人的业绩就会被其他公司注意到，从而使该经理有机会得到与其能力相符的薪酬。在经理人市场存在的情况下，经理人的人力资本价值，在很大程度上取决于企业利润或股票价格等信息所揭示的企业价值。由于经理人所经营的公司的成功与否决定了他们自身在经理人市场所获得的评价，因而他们会追求对所有者的高回报。充分竞争的经理人市场是一个交易成本较低的制度安排，使两权分离条件下公司经营者与所有者之间的激励不相容变得相容。所以，经理人市场的必要性归根结底不在于保护经理人的利益，而在于对其进行外部监督。

　　一个健全的经理人市场具有"记忆"功能，能够记录经理人的任职历史、业绩与污点，此时，经理人市场的"声誉机制"便可以发挥作用，并有效地抑制经理人的机会主义行为。经理人市场上的经理人信用及经营档案制度（信用制度）能为约束经理人提供必要的信息。建立职业经理人网络化信誉管理系统，一方面通过经理人人才数据库，实行联网管理；另一方面可以通过实行经理人评估制度，科学地制定评估体系，由权威专业人士和组织机构定期对经理人的工作业绩进行评估，并作为资料存入经理人数据库。建立经理人考核档案制度，完善、公正、全面地记录经理人年度工作业绩和任期工作业绩。考核结果作为经理人今后进入职业经理人市场及选拔任用的一个重要依据。经理人的聘任以数据库记录的信誉作为依据，安排职务和确定报酬。通过对经理人的经营历史的了解，可以从相当程度上掌握其经营能力、经营风格、职业道德等信息，通过对经理人经营历史的记录，也可以为确定经理人的经营能级、薪酬额度以及公司聘用提供有价值的参考资料，这些信息是经理人市场机制约束经理人投机行为的一个重要手段。

6.3.2　公司法对经理人的约束

　　我国公司法对经理人行为的约束属于外部约束。对于违反公司法的经理人，公司治理层可以对其提起法律诉讼，对贪污腐败、将股东利益据为己有的经营者处以相应的民事或刑事处罚，以警示其他经营者。公司法等法律、法规对经理人的约束是外部约束的主要力量。

　　《公司法》对经理人的各种行为进行了明确的规定。如《公司法》第一百四十八条规定，董事、高级管理人员不得有以下行为：挪用公司资金；将公司资金以其个人名义或其他个人名义开立账户存储；违反公司章程的规定，未经股东会、股东大会或者董事会同意，将公司资金借贷给他人或者以公司财产为他人提供担保；违反公司章程的规定或者未经股东会、股东大会同意，与本公司订立合同或者进行交易；未经股东会或者股东大会同意，利用职务便利为自己或者他人谋取属于公司的商业机会，自营或者为他人经营与所任职公司同类的业务；接受他人与公司交易的佣金归为己有；擅自披露公司秘密；违反对公司忠实义务的其他行为。董事、高级管理人员违反前款规定所得的收入应当归公司所有。同时，《公司法》还规定：公司董事、高级管理人员违反法律、行政法规或者公司章程的规定，损害股东利益的，股东可以向人民法院提起诉讼。

　　公司法对经理人的约束属于法律体系的约束机理。法律体系的约束机理主要通过三大类法律规范直接或间接地对经理人产生约束作用：第一类是关于现代公司企业组织、管理制度的内容规范，主要解决公司企业法人的财产关系、治理结构及其运作的范围界定、行为规范和权利保障，如我国的公司法。第二类是关于公司企业行为的约束规范，主要是将有关公司治理的所有信息披露纳入法律、法规体系，并完善公司治理信息披露的监控机制，加大对公司风险信息的披露。从法律、法规上制定各种涉及信息披露的内容、时间、详细程度等各方面的规定，保证公司对相关信息的及时、准确、完全的披露。应披露的信息包括公司的财务会计信息、审计信息以及非财务会计信息等。第三类是直接关于经理人行为约束的规范，主要涉及各类经营者及其监督和制约主体在权、责、利关系上的安排与确定，具体包括责任关系质与量的界定及合约解除或违约追究的程序、手段和处置方式的明确规定。

6.3.3 公司章程对经理人的约束

我国《公司法》规定，设立公司必须依法制定公司章程，公司章程对公司、股东、董事、监事、高级管理人员具有约束力。作为公司组织与行为的基本准则，公司章程对公司的成立及运营具有十分重要的意义，它既是公司成立的基础，也是公司赖以生存的灵魂。

公司章程可以说是公司的"自治规范"。公司章程作为公司的自治规范，是由以下内容所决定的：其一，公司章程作为一种行为规范，不是由国家而是由公司股东依据公司法自行制定的。公司法是公司章程制定的依据。但公司法只能规定公司的普遍性问题，不可能顾及各个公司的特殊性。而每个公司依照公司法制定的公司章程，则能反映本公司的个性，为公司提供行为规范。其二，公司章程是一种法律外的行为规范，由公司自己来执行，无须国家强制力保障实施。当出现违反公司章程的行为时，只要该行为不违反法律、法规，就由公司自行解决。其三，公司章程作为公司内部的行为规范，其效力仅及于公司和相关当事人，而不具有普遍的效力。

公司章程一经生效，即发生法律约束力。公司章程的社团规章特性，决定了公司章程的效力及于公司及股东成员，同时对公司的董事、监事、经理具有约束力。作为公司的高级管理人员，董事、监事、经理对公司负有诚信义务，因此，如果公司的董事、监事、经理违反公司章程规定的职责，公司可以依据公司章程对其提出诉讼。然而，董事、监事、经理是否对股东直接负有诚信义务，则法无定论。一般认为，董事等的义务是对公司而非直接对股东的义务。因此，在一般情形下，股东不能对董事等直接起诉。但各国立法或司法判例在确定上述一般原则的同时，也承认某些例外情形。当公司董事等因故意或重大过失违反公司章程规定的职责使股东的利益受到直接侵害时，股东可以依据公司章程对公司的董事、监事、经理等提出权利主张。有的国家的法律对董事、股东的某些直接责任作了规定，如日本《商法》第166条第（3）款中专门规定了董事对包括股东在内的第三者的责任；董事在执行其职责有恶意或重大过失时，该董事对第三者亦承担损害赔偿的连带责任。我国《公司法》没有规定董事对第三者的责任问题，也没有规定股东的代表诉讼。但为了适应境外上市的需要，与境外上市地国家的有关法律相协调，在《到境外上市公司章程必备条款》中规定了股东依据公司章程对董事的直接诉讼权利。《到境外上市公司章程必备条款》第7条还将公司章程的效力扩大至除董事、监事、经理以外的其他公司高级管理人员，即公司的财务负责人、董事会秘书等。其规定："公司章程对公司及其股东、董事、监事、经理和其他高级管理人员均有约束力；前述人员可以依据公司章程提出与公司事宜有关的权利主张。股东可以依据公司章程起诉公司的董事、监事、经理和其他高级管理人员。"

可见，公司章程是公司（企业）的大法，它对企业中各种利益主体的责、权、利及行为作出规范性的规定，包括对高级管理人员的责、权、利及行为作出明确规定。任何人作为经理人进入企业，都必须遵守章程的规定，受到章程的约束，按照章程行事。因此，公司章程是对公司高级管理人员的重要约束力量。

6.3.4　其他市场对经理人的约束

除了上述约束机制外，经理人还受到来自产品市场、证券市场以及资本市场等的约束。在竞争激烈的产品市场中，公司若要获得良好的业绩，就要求经理人付出更多的努力和更大的智慧，从而使经营者不得不努力工作，企业一旦被市场淘汰，经理人不仅职位、收入丢失，而且其人力资本也有可能贬值。在证券市场上，经营业绩差的公司股票会遭到投资者的抛售，公司股价就会下跌，董事会可能因为经理人的表现不佳而将其解雇。而在资本市场上，如果因经理人的工作失败而导致公司被兼并、收购，则经理人的职位很可能不保，对经理人的职业生涯造成一大威胁，这种威胁的存在可以逼迫经理人努力认真地工作。

案例　　　　　　　　　　**NDM公司的经济责任约束机制**

NDM公司是WP集团下属的子公司，主要产品是农用塑料薄膜。3年以前，该公司的原料是国家按低于市场的价格分配的，农用塑料薄膜产品由农资部门收购，再分销给农民。在这种情况下，NDM公司的主要职责就是生产，确保产量，控制生产成本，因此每年均有200万~300万元的净利润。从1997年年初开始，国家取消了计划原料，农资部门也不包销产品，公司完全进入市场，在之后的几年里，公司虽然采取了一些应急措施，但经济效益急剧下降，企业连续两年发生亏损。面对新的竞争现实，集团认为解决经营者适应激烈市场竞争的制度问题是当务之急。经调查发现，企业经营状况如此滑坡的关键是当企业的经营环境、经营条件发生重大变化以后，企业经营者的经营目标责任约束机制没有建立。针对这一问题，在1999年度的经营责任合同书中就经营责任约束进行了强化，其约束条款的主要内容如下：

（1）经营者不得赊销，杜绝呆账、死账；

（2）经营者必须合法经营，照章纳税，不得私设小金库，不得建账外账，不得将资产在体外循环；

（3）控制招待费，按财务制度规定限额为销售收入的0.5%。

由于有了明确具体的经营目标责任及监管措施，对经营者的考评及经营结果的处理便有了很强的可操作性。

问题：NDM公司的经济责任约束机制属于外部约束还是内部约束？有什么作用？

本章思考题

（1）按照公司法和公司章程的规定，某公司主管人力资源的经理通常具有哪些权利和义务？

（2）为什么公司章程或相关法律对经理义务的规定具有一定的强制性？

（3）经理人的报酬通常包含哪几个部分？每个组成部分对经理人的激励起到怎样的

作用？

（4）公司对经理人设计的短期激励制度和长期激励制度各有什么特点？两者有哪些异同？

（5）经理人约束机制包括哪几种方式？各有什么特点？

案例分析题

美林公司的代价①

美林公司是世界著名的投资银行。2007年该公司受次级债冲击，蒙受了巨大损失。根据2007年第四季度的财务报告，美林2007年第四季度亏损达到98亿美元，最后造成美林公司黯然破产。由于在风险控制和管理方面的决策不当，巨额亏损不仅直接导致美林公司成为华尔街最大的次级债"牺牲品"，同时也结束了该公司CEO斯坦·奥尼尔的仕途。

一般情况下，按照大多数人的理解，由于经营不善而把企业搞垮的经营者不应该有"好下场"，可是美林的CEO奥尼尔虽然失去了职位，可是在个人收入上似乎并没有受到什么损失。截至"退休"时，奥尼尔的各项退休福利达到3 000万美元，手中握有的股票和期权的市值约1.29亿美元，各项福利及投资收入总额竟达1.59亿美元，可以说如此巨额的薪酬成了奥尼尔的"金色降落伞"。这也招来不少议论，毕竟对一个失败者的"奖励"让人心里不是滋味。美国参议院银行委员会在美林宣布支付奥尼尔约1.6亿美元后，开始重新考虑股东对CEO的薪酬进行限制。银行委员会认为他毕竟不是自愿退休，而是工作出现重大失误，由于巨额薪酬是事前在合同中约定好的，因此，美林公司对此也无能为力。

思考

（1）从案例中可以看出，经理人对公司的经营管理和公司的生存与发展之间存在怎样的关系？

（2）奥尼尔离职后的福利收入主要包括哪几个部分？属于短期激励还是长期激励？

（3）案例中体现了对经理人的哪些约束方式？

（4）通过美林公司的案例，你认为应该如何更好地设计和实施高层管理者的激励制度？

推荐阅读资料

（1）芮明杰，袁安照.现代公司理论与运行［M］.上海：上海财经大学出版社，2005.

（2）张维迎，李其.激励与领导艺术［M］.上海：世纪出版集团、上海人民出版社，2005.

（3）李维安，张国萍.经理层治理评价指数与相关绩效的实证研究——基于中国上市公司治理评价的研究［J］.经济研究，2005（11）：87-98.

---

① 整理自辛乔利，孙兆东.次贷危机［M］.北京：中国经济出版社，2008.

网络资源

公司治理-FT中文网：http://www.ftchinese.com

参考文献

［1］蒙克斯R，米诺N.公司治理［M］. 5版. 北京：中国人民大学出版社，2017.

［2］张维迎，李其. 激励与领导艺术［M］. 上海：世纪出版集团、上海人民出版社，2005.

［3］郑志刚.从万科到阿里：分散股权时代的公司治理［M］. 北京：北京大学出版社，2017.

［4］马永斌.公司治理之道：控制权争夺与股权激励［M］. 2版. 北京：清华大学出版社，2018.

［5］李维安.公司治理学［M］. 3版. 北京：高等教育出版社，2016.

［6］李维安. 公司治理理论与实务［M］. 北京：中国财政经济出版社，2003.

［7］樊炳清. 上市公司治理与经营者激励约束［M］. 武汉：湖北人民出版社，2003.

［8］黄忠苏，高晓博. 经理激励与股票期权［M］. 北京：中华工商联合出版社，2001.

［9］DECHOW，SLOAN.Executive incentive and the horization problem：An empirical investigation［J］. Journal of Accounting and Economics，1991（3）.

［10］DEMB，NEUBAUER.The corporate board：Confronting the paradoxes［M］. New York：Oxford University Press，1992.

第7章 公司高管追责机制制度

学习目标

- 理解追责制的概念、高管人员追责制法规以及异体问责模式；
- 掌握国企高管的追责机制，重点掌握国企高管的民事责任制度、国企高管民事责任的追究；
- 掌握独立董事追责机制，理解独立董事责任的分类，掌握独立董事责任的追究。

思政引领

国企高管职务消费有了紧箍咒

2014年8月29日召开的中共中央政治局会议审议通过了《关于合理确定并严格规范中央企业负责人履职待遇、业务支出的意见》（以下简称《意见》）。这既是落实党的十八届三中全会决定中"合理确定并严格规范国有企业管理人员薪酬水平、职务待遇、职务消费、业务消费"的具体举措，也是积极回应社会关切，加强国企党风廉政建设和反腐倡廉工作，树立良好社会形象的重要内容，标志着对国有企业负责人职务待遇方面的管理进入改革新阶段。

《意见》的出台与党中央、国务院一贯高度重视规范国有企业负责人职务消费，并出台了一系列规范性文件的原则和精神一脉相承，体现了用制度规范权力、用制度监管权力的原则，是更高规格的顶层设计与统筹安排，具有更强的权威性与严肃性。

2006年，根据党的十六届三中全会关于规范职务消费的要求，国资委制定了《关于规范中央企业负责人职务消费的指导意见》，标志着规范国企负责人职务消费的工作纳入了制度化、规范化的轨道。此后又相继出台了一系列相关指导性要求和约束性规定，国企负责人的职务消费管理逐步走向完善。

目前各家中央企业已经基本建立了负责人职务消费的制度体系，探索实施了企业负责人职务消费的预算管理。但是也不可否认，仍然存在着一些企业负责人设置职务消费定额、报销本应由个人承担的费用、业务招待铺张浪费等问题，社会反响强烈。《意见》正是基于这些现状对国企负责人的职务待遇进一步规范和细化，让企业负责人了解政策红线，也便于相关机构进行分类监管。

同时，《意见》取消了企业负责人"职务消费"的提法，而是把合理的、必要的履职保障和合理支出确定为履职待遇和业务支出。如果说前十年是以规范职务消费为主题开展了一系列建章立制的基础性工作，那么今后这项工作无疑翻开新的一页，进入到以合理确定并严格规范履职待遇和业务支出为主题的新阶段，新提法更为科学准确，也意味着对国企负责人的管理从过去的粗放型开始向精细化管理转变，通过精细化管理增强监管的针对性和可操作性。

《意见》首度对央企负责人公务用车、办公用房、培训、业务招待、国内差旅、因公临时出国（境）、通信7项具体内容设置上限标准，并明确对"企业用公款为负责人办理的理疗保健、运动健身和会所、俱乐部会员、高尔夫等各种消费卡""企业按照职务为企业负责人个人设置定额的消费"等内容设置禁令。

相比过去一些较为原则化的定性要求，新规定从企业实际出发，按照标准将具体事项写入《意见》，一方面将企业正常的经营性业务支出合法化、规范化，同时将公款办理消费卡等非法的做法进行明文禁止，更加细致和明确，标准也更加清晰，具有较强的可操作性，凸显法制化和制度化的特征。

事实上，包括差旅、临时出国等项目国家相关部门都早有明确的要求，而这些内容也是企业负责人在生产经营管理活动当中履职所必须发生的一些费用和支出。专家提出，关键要强调在财务管理上对相关费用作出约束性规定。

国有企业在负责人职务待遇管理上存在着进展不平衡的问题，绝大多数国企已经建立了规范职务待遇的制度体系，特别是"八项规定"实施以来取得了较为明显的成效，但也有部分国企缺乏基本的制度建设，需要通过统一的标准加以监管。"一分部署，九分落实。"做好贯彻落实工作，是严格规范中央企业负责人履职待遇、业务支出的重要工作内容。

资料来源　改编自光明日报.国企高管职务消费有了紧箍咒［EB/OL］.［2014-09-03］.http：//www.sasac.gov.cn/n2588025/n2588139/c2820968/content.html.

7.1　高管追责制

引　例

惠普与Autonomy前高管诉讼战升级

美国惠普公司和英国软件公司Autonomy前高管的财务欺诈纠纷已由美国延伸至英国。惠普公司2015年3月31日证实，已于之前一天在英国伦敦起诉Autonomy前首席执行官迈克尔·林奇和前首席财务官苏沙万·侯赛因，指控他们在担任Autonomy高管时存在财务欺诈行为，导致惠普在收购该公司时遭受了巨额损失，并索赔约51亿美元（约合34亿英镑）。

林奇3月31日对惠普的诉讼发起了反击。他表示，因惠普的错误和不当指控行为，他和原Autonomy管理团队的其他成员将对惠普提出反诉，并索赔超过1.48亿美元（约合1亿英镑）。惠普在2012年11月发表的错误声明以及后来提出的陈述造成的损失超过1亿英镑。

惠普2011年以111亿美元的价格收购了Autonomy，希望借助这宗收购加快由硬件业务向软件业务的转变。但2012年11月惠普就发表声明，将Autonomy的资产减记88亿美元。惠普认为，其中有超过50亿美元的减记与在收购过程中遭遇财务欺诈有关。与此同时，惠普也被股东们告上了法庭。股东认为，惠普由于没有严格审查Autonomy的财务状况而令股东蒙受了损失。3月份股东同意与惠普达成和解，惠普承诺将进行改革避免类似失误发生，此举也有利于惠普集中火力向Autonomy前高管追责。

惠普一直认为，在收购Autonomy的交易中上当受骗。惠普声称，Autonomy误导了惠普对于其真实价值的判断，Autonomy虚报了销售等财务数据，未充分披露低利润的电脑硬件业务，并且虚报了服务合同的规模。惠普之前就表示要把Autonomy的管理层告上法庭。

惠普之前已向美国司法部、美国证券交易委员会（SEC）和英国严重欺诈办公室（SFO）递交了材料，要求对收购是否存在欺诈进行调查。英国严重欺诈办公室2015年1月结束了有关Autonomy收购案的调查，认为已有证据不足以成功对林奇和侯赛因进行刑事指控。但美国司法部和美国证券交易委员会的调查仍未结束。

林奇和侯赛因一直否认存在欺诈行为，认为是惠普的管理不当导致了损失。2014年夏天，Autonomy在美国旧金山法庭起诉惠普对Autonomy的收购管理不当。侯赛因表示，惠普试图"掩盖对Autonomy整合的不当管理"。据英国媒体报道，林奇和侯赛因在惠普收购Autonomy后加入了惠普，但在2012年5月离开惠普，现在管理一家科技投资基金。林奇是Autonomy的联合创始人之一，个人财富预计有5亿英镑左右，大部分来自出售Autonomy。

资料来源　根据王婧．惠普与Autonomy前高管诉讼战升级［N］．经济参考报，2015-04-02，以及网上相关报道整理．

问题：

（1）上述案例中，惠普向Autonomy前高管追责，是否有追责的理由？

（2）请谈谈在对公司高管追责的过程中应注意哪些事项？

追责制是深化行政管理体制改革的要求。我国有长期封建社会的历史，封建特权观念影响很深，责任意识淡漠。在推进改革开放的过程中，管理活动长期过度依赖行政权力的推动，在一定程度上放松了对行政权的监督和制约，造成了行政自由裁量权过大、行政责任虚置、行政权滥用的状况。一些法律法规对干部责任的规定或者处于空白状态，或者力度过软不具有威慑力，或者过于原则无法追究。领导责任的缺失降低了对高管的有效约束，造成了高管的权力滥用。因而，解决行政管理体制中存在的突出问题，根本途径是要全面实施领导追责制度。

7.1.1　追责制的概念

追责制是指主管单位对所辖单位负责人故意或过失不履行或不正确履行法定职责造成行政秩序紊乱、行政效率低下、贻误行政工作、损害行政管理相对人合法权益、给单位造成不良影响的行为，进行内部监督和责任追究的制度。问责制是现代社会的一种先进管理制度，是指针对问责主体管辖范围内各级组织和成员承担职责和履行义务的情况，实施并要求其承担否定性后果的一种责任追究制度。

为了防止公司出现各种经营风险，提高工作效率和公司绩效，公司各管理部门引进了高管问责制，主要针对公司高级管理人员进行追责管理。高管人员问责制就是公司管理部门依照法定权限和程序，对高管人员的违法或不当行为进行责任追究的监管制度。它已成为国有公司监管工作中一个非常重要的环节。完善高管人员问责制，实现真正意义上的行政问责，是一个系统而复杂的工程，也是一个循序渐进的过程，需要尽快建立"企业高级管理人员任职资格审查制度和失职责任追究制度"，在实践中不断摸索，制定高级管理人员履职监管办法。目前，国有企业对高级管理人员实施的问责，没有形成严格的责任追究制度体系，存在问责对象泛化、问责范围偏颇、问责标准不规范、问责程序不完善、问责主体单一等问题，问责的监督机制也不完善。

行政追责制，是指一级政府对现任该级政府负责人、该级政府所属各工作部门和下级政府主要负责人在所管辖的部门和工作范围内由于故意或者过失，不履行或者不正确履行法定职责，以致影响行政秩序和行政效率，贻误行政工作，或者损害行政管理相对人的合法权益，给行政机关造成不良影响和后果的行为，进行内部监督和责任追究的制度。

追责制主要有以下三个特点：

（1）它区分了责任，谁的责任由谁来承担。

（2）它重点追问的是负有直接领导责任的领导者，既不会"一竹竿打死一船人，把所有的责任人同等处理，更不会"只拍苍蝇不打老虎"，只是拿具体责任者问罪。

（3）问责制问的是"责"，追究的是具体问题的具体过错，不问功劳苦劳，不搞将功抵过，是真正的赏罚分明。

7.1.2　高管人员追责制法规

追责制的实施关键不在人，而在相关制度。要解决问什么事的责、问谁的责、谁来追责、以什么程序追责等一系列问题，就必须依赖健全的制度，提供制度支撑。有了追责方面的法规，就能实现人治追责向法规追责的转变，就能保证公司高管追责制的实施效果。所以，构建公司高管追责法规是完善高管行政追责制的首要问题。

1）明确追责内容

追责内容就是高管人员承担责任的法定事由，这是追责法规不可缺少的法律要件。行使权力的职务行为和有损高管人员形象的个人行为，都是追责事由。高管人员与职责相关的职务行为主要指不履行或者不正确履行法定职责的行为。"不履行法定职责"的行为，包括拒绝、放弃、推诿、不完全履行职责等情形。"不正确履行法定职责"的行为，包括无合法依据以及不依照法律规定的权限和程序履行职责等情形。

此外，高管人员的隐性失职行为也应是追责内容，如滥用职权、违反办事程序、决策失误、疏于管理、用人失察、工作懈怠、效能低下、财务报告弄虚作假、以权谋私、贪污受贿等，都会造成银行经营风险，都应该成为追责事由。高管人员实行与公务身份相关的个人行为就是高管人员个人所做的不正当行为，如贷款时收取回扣、谋取私利、利用公款旅游等。

2）界定追责对象

追责对象也是追责法规的要件，只有界定追责对象，监管部门才能实施责任追究。直接责任者就是在其职责范围内，不履行或者不正确履行自己的职责，对造成的损失或者后果起决定性作用的高管人员。主要领导责任者就是在其职责范围内，对直接主管的工作不履行或者不正确履行职责，对造成的损失或者后果负直接领导责任的高管人员。重要领导责任者就是在其职责范围内，对应管的工作或者参与决定的工作不履行或者不正确履行职责，对造成的损失或者后果负次要领导责任的高管人员。

3）确立追责原则和方式

制定追责法规还需有一个法律要件，就是追责标准。追责标准在追责制度中就是归责原则。不事先确立追责原则，监管部门就没法追究责任。由于引发高管人员责任的原因和表现形式是多种多样的，所以，其归责原则也应是多元的。一般要包括过错责任原则、违法责任原则、过错推定责任原则和公平原则。追究责任的方式应当依据责任事故危害程度来确定，危害程度越大，归责方式越严厉。追究责任应包括书面检查、通报批评、责令辞职、引咎辞职、行政处分、追究法律责任。

4）规定追责程序

要使追责法规便于公司监管部门执行，不仅要规范追责的目的、对象、范围和标准等实体法，还要规定追责步骤、时限和顺序等程序法。因为没有程序保障，就不可能有真正的权利保障。在追责过程中，一旦违反法定程序，如顺序颠倒、超过期限，就会影响追责结果的公正，并损害责任人的正当权利。这就要求追责主体在行使职权时，既要依据实体法，也要遵循程序法。追责程序应包括受理、认定、启动和申辩等环节。目前，对高管人员追责，尽管很多法律、法规中都有相关规定，但比较分散，而且规定得不够完善，缺乏操作性，亟须建立健全程序规定。在具体追责过程中，追责的具体程序应允许因追责主体和对象的不同而有所差异，但总体上需要经过立案、调查、决定、通知、执行等相互衔接的阶段。

释例　　　保险营销员私自跨界销售被叫停 重大风险追责高管

随着保险机构销售非保险金融产品暗藏的金融诈骗和非法集资等乱象频频被曝光，保监会整治的重拳也蓄势待发。2014年11月18日，保监会发布的《中国保监会关于严格规范非保险金融产品销售的通知》（以下简称《通知》），禁止保险营销员私自跨界销售其他金融产品，发生重大风险要追责高管。

《通知》规定，保险公司、保险专业中介机构不得销售未经相关金融监管部门批准的非保险金融产品；而在具体的销售环节，保险公司、保险专业中介机构销售非保险金融产品，应当向客户进行充分的信息披露和风险提示，不得采取违背客户意愿搭售产品的方式销售非保险金融产品，不得向客户销售超出其需求和风险承受能力的非保险金融产品。

为了遏制保险公司分支机构以及保险营销员私自售卖非保险金融产品情况的发生，

保监会规定，保险公司、保险专业中介机构应当对分支机构销售非保险金融产品进行统一授权和集中管理，禁止分支机构擅自销售非保险金融产品；且应就非保险金融产品销售建立专门业务台账，实行单独核算，将相关资金与自有资金、保险资金等进行有效隔离。

此项规范之所以出台，与当前一些保险从业人员向客户直接推介销售未经金融监管部门批准的非保险金融产品，或者以介绍客户等方式间接从事销售活动不无关系。因为销售行为不规范、金融风险交叉传递等问题不断暴露，有的甚至已构成金融诈骗和非法集资，为保险机构的正常经营埋下隐患。

而保监会还为保险机构卖非保险金融产品设限，其中规定，今后保险公司、保险专业中介机构需在销售非保险金融产品前10个工作日内，向参与销售机构所在地的保监局提交包括非保险金融产品符合《通知》要求的证明、拟开展销售活动的机构和人员的基本信息、取得销售资质的证明等。

值得一提的是，对于已销售的非保险金融产品，《通知》要求保险公司、保险专业中介机构集中力量排查风险并做好规范和处置工作，采取抽查基层机构、访谈从业人员和客户等多种方式，持续深入排查销售非保险金融产品风险。

对于排查出的非保险金融产品，监管层也列出相应的分类规范和处置措施。其中，与《通知》相符的，可以依法合规销售；涉嫌非法集资的，要立即停止销售，及时报告，有效处置风险；不符合《通知》要求、暂未发现风险苗头的，要停止销售，处理好善后事宜，消除风险隐患。对排查不认真不彻底导致发生风险的，或者发现和处置风险不及时不到位、酿成重大风险事件的保险公司，保监局要依法严格追究相关机构及其高级管理人员的责任。

资料来源　马元月，陈婷婷. 保险营销员私自跨界销售被叫停 重大风险追责高管［N］. 北京商报，2014-11-19.

7.1.3　异体问责模式

行政追责制是政治追责制的一个重要组成部分。按照一般的标准划分，政治追责包括同体追责和异体追责。所谓同体追责，是指执政党内部对其党员领导干部的追责，或者行政系统对其行政官员的追责。至于执政党对政府及其领导的追责，在性质上仍然属于同体追责，因为各级政府领导主要是由执政党推荐产生的。所谓异体追责制，主要是指涉宪主体之间的追责制，其核心是民意机关的追责。

与同体追责相比，异体追责是一种更有效、更符合民主政治要求的追责机制，目前大多数人主张用异体追责模式代替同体追责模式。公司高管追责实践也说明，同体追责容易产生袒护现象，造成追责不力的后果。

1）引进审计追责机制

审计部门是一个利用审计技术对国家一切企事业单位、行政单位、部队等获得政府拨款的单位进行财务监督检查的机关，具有追责监督功能。我国的国有企业是国有财产单位，应接受政府的财务审计监督。目前，中央审计署对大型国有企业（公司）每年都有计划地进行审计监督工作。但对于地方性的国有企业，主要依靠当地政府监督机构监管，监督机制亟待完善。因此，加强对国有企业高管的审计监督，充分发挥审计的再监督作用，有利于企业审慎运营，及早发现和防范高管人员违法或不当行为的发生，采取纠错措施，有利于维护企业稳健运行。

2）引进司法追责机制

公司高管人员有可能利用职务上的便利干一些情节严重的违法勾当，触犯国家有关刑法。在侦查、处理高管人员的刑事责任方面，法院和检察院部门比监管部门更有优势，侦破水平更高。根据我国法律，刑事责任的认定和归责属于法院和检察院。监管部门发现高管人员有触犯刑法的嫌疑时，往往要将其案件移交司法部门办理。所以，追责活动也应该引进司法追责机制。引进这种异体追责机制，更能准确判断高管人员的刑事责任，增强追责效果，也更有利于高管人员增强责任意识，自我防范犯罪行为。

7.1.4　加大权力追责力度

要完善公司高管追责制，还有一个非常突出的问题，就是要加大高管人员的权力追责力度，不仅要监管在追责法律条文上突出权力使用责任的重要性，更主要的是在追责监管实践中加强对高管人员滥用权力的监管。因为权力导致腐败，所以，只有加大权力追责力度，才能促使高管人员慎用权力，杜绝利用公权做一些违法乱纪的事情。加大对高管人员的权力追责力度，主要从如下两个方面着手：

1）加大对权力滥用的追责监管力度

高管人员拥有经营管理大权，容易出现滥用权力行为。鉴于此，必须建立严格的权力追责监管制度和内部控制制度，包括党风廉政建设和反腐败斗争汇报制度；思想工作汇报制度；党员领导干部定期考核制度；领导干部参加双重民主生活会制度；领导干部重大事项报告制度；民主评议干部、推荐干部和用人失察追究制度；领导干部谈话、打招呼函询及诫勉制度；领导干部轮岗、交流和回避制度；收受礼品登记制度；个人收入申报制度；高管人员经济责任审计制度；党委议事规则；经理室议事规则等，并且抓好内部控制制度的落实，加强对权力的监督和约束，严格按工作程序和规章制度办事，杜绝高管人员利用权力挥霍国有资产，通过强化权力制约，促使高管人员正确行使权力。

2）提高权力追责监管效能

提高公司高管人员权力追责监管效能，要从落实党内监督条例和相关法规入手，把权力配置与有效监督相结合；党内监督与党外监督相结合；事前监督、事中监督和事后监督相结合；自上而下的监督与自下而上的监督相结合，努力建立结构合理、配置科学、程序严密、制约有效的权力追责运行机制，避免权力滥用，保证权力用到正道上。此外，建立上下左右互动的权力管理信息平台，解决在当前公司高管人员变动频繁、异地交流力度加大的情况下，高管人员监管信息严重不对称的问题。这样，可以避免某些高管人员在一地违法违规，再到异地国有企业"做官"的情况发生，有效地提高了高管人员的监管效率。利用这个信息管理系统建立多业高管人员信息沟通与共享机制，解决高管人员权力使用信息不对称问题，形成高管人员的权力监管信息"防火墙"，增强整个社会高管人员权力追责监管效能。

7.2 \ 国企高管追责机制

引　例

国企高管失职应追责

根据审计署披露的信息，2008年至2013年，中国投资有限责任公司（以下简称"中投公司"）境外投资中，6个损失项目、4个浮亏项目和2个面临损失风险项目存在管理人员失职、尽职调查不深入和投资后管理不到位等问题；其他部分项目存在选聘外部管理人不够规范、未及时委派管理人员等问题。对此，不用怀疑，虽然当初中投公司成立就负有为外汇储备保值增值的职责，可面对风云变幻的海外市场，作为国有财产主人的公众，或是说全体国民，如果要求其只能赢不能输的话，显然不合情理。不过与此同时，如果国民要求其在从事境外投资活动时，要有责任、守规矩，无疑是一种合情合理的要求。

其实，对包括中投公司在内这样的国有企业境外投资活动来说，公众当然不能要求其在风云变幻的国际市场做一个百战百胜的"常胜将军"。可尽管如此，作为国有资产主人的社会公众，显然有权要求类似中投公司这样的国有公司认真遵守基本的投资、管理规则，这些掌控国有财产的高管们无疑应当承担的基本义务。

可现在公众看到的是，抛开2007年中投公司还在尚未挂牌时就巨资入股美国黑石公司所有的问题不谈，而仅仅就拿这次审计署公布的报告中中投公司所存在的失职、没有认真履行尽职调查责任等问题来说，中投公司高管无疑就存在不守投资规矩的问题。

而其中道理说来也很简单，作为国有企业，无疑对国家有关法律法规、国有资产投资规定有着更多的了解，并且由这样与众不同的身份所决定，一方面，这些中投公司高管们在从事境外投资活动时，不仅有责任也有义务以自身遵纪守法行为做出示范，并以此来树立我国在海外市场中良好的风范；另一方面，由中投公司财产的国有性质决定，我国国民，也就是社会公众，也有权利要求中投公司高管们，以自身规范的投资与管理行为为国内在海外的投资活动做出表率。可让公众失望的是，上述审计署披露的信息已表明，中投公司高管们并没有起到"示范"与"表率"作用，相反，失职、尽职调查不深入、投资后管理不到位、不及时委派管理人员等行为说明，中投公司相关高管还为市场做出了负面的示范与表率。

所以，面对审计署上述所披露的有关中投公司问题的信息，公众认为，无论是从加强国有财产海外投资角度，还是从公共财产管理安全角度讲，都应该对类似中投公司高管失职行为进行追究。

资料来源　佚名.国企高管失职也应追责［N］.中华工商时报，2014-06-23.

问题：

（1）结合上述案例，中投公司项目亏损是否与公司管理人员失职有关？公司高管存在哪些责任？

（2）试述对国企高管进行追责有哪些途径。

在国有资产管理体制改革逐步向深水区推进过程中，央企高管问责制成为加强中央企业高管人员管理的重要路径选择。目前，为实现产权改革与调整的长远目标，追求经济和社会效益的最大化，国企改革在规范建立不足、操作程序不完善的情况下进一步推开，但由此出现的一系列问题，引起了社会的普遍诟病。对于央企而言，党风建设和反腐倡廉工作也出现一些新问题、新特点，央企高管人员渎职犯罪案件上升，作案手段不断翻新，金融领域涉外案件数量上升较快，且追究难度加大等。问责制虽然成为学术界关注的焦点之一，可在关于央企的相关规定中，更多的仍是业绩考核评估、惩罚、处理等规定，问责制能否进入中央企业管理领域，如何进入，引入以后效果如何，目前尚未达成广泛的共识。

7.2.1　国有企业高管的界定

国有企业高管是指在国有企业内部承担经营管理职责的国有企业中高级阶层或团体，主要包括董事会成员和经理层。这里排除了监事会及其成员，因为监事会仅仅担负监督公司运营的职能，其本身不担当经营职责，故不在高管的范畴之内。同理，党委成员、工会主席等国有企业组成人员，由于游离于国有企业经营决策系统之外，对经营决策影响甚微，也应列在高管的范畴之外。需要特别指出的是，国有企业董事会成员和经理层之间并不是泾渭分明，而是存在交集的，这样就易出现国有企业高管的内部控制问题。

目前，我国在追究国有企业的董事、监事、经理等高级管理人员（以下简称国企高管）的法律责任时，实践中存在弱化民事责任的倾向。近年来，国企高管因从事违法乱纪行为纷纷落马，其落马原因基本上都与贪污受贿、滥用职权、徇私舞弊、违反决策程序等行为有关。

在已经被追究法律责任的国企高管中，基本上都被追究了相应的刑事责任，却鲜有被追究民事责任的。不争的事实是，一边是国企高管不断落马及严刑峻法，另一边是新的后继者铤而走险。显然，严厉的刑法并未完全遏制国企高管侵害企业利益的冲动。我国刑法关于国企高管犯罪的刑事责任不可谓不重，国家反腐的决心不可谓不大，然而国企高管怠于履行职责、侵吞国有企业利益的情形仍屡禁不止，频繁上演。

国有资产之所以在法律上是"神圣的"，在现实中却容易被侵占和损害，一个重要的原因是缺乏一套按照民法的要求"自我保护"国有财产的机制。这使我国国有资产法律保护中存在着一个盲区，即对侵犯国有资产的行为忽略了追究责任人的民事责任。国有资产也有一个所有权，而对所有权的保护最有效的方式是民法保护，可不幸的是我国国有资产保护中恰好缺少的就是对造成国有资产流失的人员追究民事责任。规范国有企业治理，保护国有资产，巩固和发展国有经济，固然离不开刑事责任制度，但国企高管民事责任制度的建立健全和全面落实更不可或缺。然而，国企高管民事责任制度在我国目前尚未充分发挥其在保护国有资本、规范国有企业治理、推动国有经济发展等方面的重要作用。究其原因，一是人们对国企高管民事责任制度的功能不够重视，实践中存在以刑事责任替代民事责任的倾向；二是国企高管民事责任制度自身不够完善。

7.2.2　国企高管民事责任制度

国企高管民事责任制度除了具有民事责任制度的一般功能外，在经济法和企业法方面还具有其特殊价值功能。但是，由于我国实践中"弱化国企高管民事责任"现象的普遍存在，国企高管民事责任的这些特殊价值功能被人们忽视了。概括来说，国企高管民事责任制度具有如下作用：

1）有利于保障国有资产安全，防止国有资产流失

根据《中华人民共和国企业国有资产法》的规定，国有资产是指国家对企业各种形式的出资所形成的权益。国家对国有企业主张的所有权实质上是股权化的所有权，作为国有企业的投资人，国家是通过其所投资的国有企业的经营运作而实现资本增值的。然而，由于体制的原因，产权主体在实际上处于权利不明、责任不清的状态，导致国有资产在实际上处于无人负责的状况。这在国有企业中，直接表现为经营性国有资产流失及企业效益低下。由于国有企业中存在着多层次的"代理"关系，国家所有权主体的"虚位"使得产权主体不明和代理链条拉长，国企高管侵犯企业利益进而侵犯国家投资者利益的情形难免会发生。在抵御侵害方面，国家所有权不是强者，而是弱者。如果对国有资产流失不采取特殊措施，难以达到治理的理想效果。采取多种手段包括公益诉讼等强有力的手段保护国有资产，是国有资产公有性质的客观需要。只有当国有企业的合法权利得到保护时，国家享有的股权才有价值。反之，若国有企业的权利得不到切实保护，其受到的损失难以得到及时的填补，则企业的整体价值必然受损，进而其投资者（国家）的投资收益就会相应受损。因此，要求国企高管对企业造成的损失承担赔偿责任，防止企业财产的不当减少，就是对国家享有的股权的保护，可以保障国有资产的安全，防止国有资产流失。

就防止国有资产流失、保护国有资产安全而言，目前实践中经常启用的刑事及行政法律责任追究制度固然不可或缺，但是，在不断加大惩处力度、加强刑事制裁后，违法犯罪行为仍然频发的事实说明，刑事责任追究制度并非是防止国有资产流失、保障国有资产安全的最佳良药。国企高管之所以不断踩踏法律红线，触犯法律，要么是出于对物质利益的追求，要么是怠于经营管理职责。既然物质利益的刺激是导致国有企业利益遭到损害的根本原因，那么治理该问题时就必须以此为基点来进行制度设计，通过国企高管民事责任制度的建立健全迫使其放弃侵犯公司利益的念头。相比侧重于惩罚性的刑事责任，民事责任在保障国有资产安全、防止国有资产流失方面具有独特的优势：民事损害赔偿责任以全面赔偿为原则。无论行为人主观上是出于故意或过失，也无论行为人是否受刑事、行政制裁，均应根据造成损害的大小（包括对直接受害人和间接受害人造成的损害）确定民事赔偿的范围。健全的民事责任追究机制可以迫使国企高管放弃非法牟

利的冲动。而刑事责任中的罚金则因罪刑法定、罪刑相适应原则，在适用时有严格的限定条件。此外，刑事责任的追诉时效通常从犯罪行为发生之日起算，而民事责任的诉讼时效通常从知道或应当知道之日起算，显然，后者更有利于对国有资产的保护。

2）有利于保护国有企业的法人财产权，健全国有资本运营平台

根据我国法人制度的基本原理，国有企业作为法人的一种，拥有自己独立的法人财产，对其财产依法享有法人财产权。国有企业对国家投入的财产依法享有法人所有权，而国家则基于投资关系对国有企业享有资产收益、重大决策以及选择经营管理者等权利并履行义务。因此，当国企高管造成国有企业损失时，应当承担赔偿责任，以保护国有企业的法人财产权。

释例　　　　　　　　　　健全国企高管民事责任

《中华人民共和国民法典》第二编第二分编第五章第269条明确规定：营利法人对其不动产和动产依照法律、行政法规以及章程享有占有、使用、收益和处分的权利。对此，《中华人民共和国民法典》第二编第一分编第三章第238条规定：侵害物权，造成权利人损害的，权利人可以依法请求损害赔偿，也可以依法请求承担其他民事责任。《中华人民共和国民法典》第七编第一章第1164条和1165条规定，行为人造成他人民事权益损害，应当承担侵权责任。因此，健全国企高管民事赔偿责任追究制度可以有效保护国有企业的合法利益。

国有企业进入市场，作为一个民商事主体，首先具有自己的独立利益。在法治社会，当一个国有企业的利益受损时，其当然可以依法追究相关责任人的民事赔偿责任，以填补其所遭受的损失。民事赔偿责任可以发挥罚金和罚款难以企及的损失填补功能。罚金和罚款是上缴给国家的，民事赔偿是给受损企业的。虽然国有企业的股权由国家完全持有或部分持有，但国有企业与抽象意义上的国家仍然是不能混为一谈的。因为财产的归属问题在法律上还涉及员工、债权人以及中小股东利益的保护问题。罚金和罚款上缴国库后，并没有返还给受损的国有企业，而是由国家财政统一支配，国有企业的损失并未得到及时的补偿。此时，若简单地认为国家的整体财产没变，则这种观念实际上又倒退到国企改制前的状态，无视企业的法人主体地位，无视现实生活中央企业和地方企业、不同行政区划中国有企业的具体投资主体不同的现实。没有清晰的产权界定、没有健全配套的民事赔偿责任制度，国有企业的市场化改革就难以真正有效推进，国有资本就难以真正进行市场化运作。

3）有利于促进国有企业规范企业治理，巩固和发展国有经济

民事责任制度的直接目的，是让义务违反者承担法律上的不利后果，促使其积极履行义务，进而维持立法者所期望的社会秩序。在现代企业治理中，企业高管在企业治理中处于非常重要的位置。经营管理者的法律地位或身份以及相应的权利、义务和责任配置，乃是公司治理的基本准则，是整个现代公司法律结构和秩序的核心。各国法律普遍对企业高管规定了各种民事责任，以促使其善尽义务，规范治理企业。国企高管民事责任制度的建立健全，可以有效促使国企高管善尽对企业的受信义务。

国有企业作为一种法人组织，其具体的行为活动离不开董事、监事、经理等高级管

理人员职责的积极履行。各国法律在赋予企业高管以巨大经营决策权力的同时，为其规定了忠实义务和勤勉义务。然而，义务的履行必须有法律责任的承担作保障，如果没有责任的追究，则义务之履行必将成为空谈。违法行为只有在惩罚的威慑下，才能有所收敛；义务只有在责任的警醒下，才有可能得到履行。因此，保护股东和公司合法权益的有效途径便是由发生违法或不当行为的董事、监事、经理依法对受害的公司承担民事赔偿责任。

国企高管民事责任追究制度，可以倒逼国企高管依法履行其应尽的义务，增强其在重大经营决策中的责任意识。鉴于国企高管在国有企业治理结构中所处的重要地位，完善的义务体系以及与此配套的责任追究制度，可以保证国有企业董事会、经理层、监事会等机构规范运作，由此就可达到现代企业治理的良好状态。规范的治理机制的建立，是国有企业健康发展的关键。国有企业是国有经济的细胞，国有企业健康有序发展了，我国的国有经济也就相应地得到巩固和发展了。

7.2.3　国企高管民事责任的追究

在中国，国有企业高管非法侵占国有资产依法应当承担民事责任。对此《中华人民共和国企业国有资产法》（以下简称《企业国有资产法》）、《企业国有资产监督管理暂行条例》、《企业国有资产交易监督管理办法》等实体法都有相关规定，侵犯企业国有资产的董事、监事、高级管理人员，应承担因违法行为所得的收入收归国有企业所有、赔偿损失、返还财产、撤销交易等民事责任。

1）国企高管民事责任的承担方式

民事责任的承担是指责任人依法应承担的不利后果。国企高管的民事责任，就是国企高管因违反法定或约定的义务所应当承担的民事法律上的不利后果。基于这种认识，国企高管承担民事责任的主要方式有：

（1）返还财产。所谓返还财产，是指国企高管将其违法侵占的国有企业的财产归还给国有企业。国企高管如果非法侵占、挪用国有企业财产，在该财产存在返还可能的情形下，国有企业有权请求国企高管返还该财产。"作为民事责任承担方式的返还财产，仅指返还原物。"因此，若该财产已毁损灭失或存在其他返还不能的情形时，则应承担损失赔偿责任。

（2）行使归入权。所谓公司归入权，是指公司对因公司的利益相关者违反法律规定或者公司章程的规定实施的某些交易而取得的溢出利益，享有主张收归公司所有的法定权利。由于国有企业高管都是国有企业的受信义务人，他们持有国有企业一定的控制权，因此，他们可以利用自己在国有企业中的职权之便，为自己谋取非法利益。如果不对国企高管非法谋取私利的行为加以约束和控制的话，就会从根本上损害委托人或受益人的利益，从而造成国有资产大量流失。因此，法律上设立了公司归入权制度，对国有企业高管非法谋取的利益收归国有企业所有。

资料　　《企业国有资产法》对造成国有资产损失承担赔偿责任的规定

《企业国有资产法》第七十一条规定：国家出资企业的董事、监事、高级管理人员有下列行为之一，造成国有资产损失的，依法承担赔偿责任；属于国家工作人员的，并依法给予处分：（一）利用职权收受贿赂或者取得其他非法收入和不当利益的；（二）侵占、挪用企业资产的；（三）在企业改制、财产转让等过程中，违反法律、行政法规和公平交易规则，将企业财产低价转让、低价折股的；（四）违反本法规定与本企业进行交易的；（五）不如实向资产评估机构、会计师事务所提供有关情况和资料，或者与资产评估机构、会计师事务所串通出具虚假资产评估报告、审计报告的；（六）违反法律、行政法规和企业章程规定的决策程序，决定企业重大事项的；（七）有其他违反法律、行政法规和企业章程执行职务行为的。国家出资企业的董事、监事、高级管理人员因前款所列行为取得的收入，依法予以追缴或者归国家出资企业所有。履行出资人职责的机构任命或者建议任命的董事、监事、高级管理人员有本条第一款所列行为之一，造成国有资产重大损失的，由履行出资人职责的机构依法予以免职或者提出免职建议。

（3）赔偿损失。如果国企高管给企业造成损失，则需要对企业承担损失赔偿责任。损失赔偿责任可以与上述责任方式同时适用。在请求国企高管返还原物的同时，还可就企业遭受的损失要求国企高管承担损失赔偿责任。同理，归入权的行使并不影响国有企业就其遭受的损失要求国企高管承担损失赔偿责任。

资料

《企业国有资产法》第七十条规定：履行出资人职责的机构委派的股东代表未按照委派机构的指示履行职责，造成国有资产损失的，依法承担赔偿责任；属于国家工作人员的，并依法给予处分。《企业国有资产监督管理暂行条例》第四十条规定：国有及国有控股企业的企业负责人滥用职权、玩忽职守，造成企业国有资产损失的，应负赔偿责任，并对其依法给予纪律处分；构成犯罪的，依法追究刑事责任。

（4）确认国有产权转让行为无效。《企业国有资产法》第七十二条规定：在涉及关联方交易、国有资产转让等交易活动中，当事人恶意串通，损害国有资产权益的，该交易行为无效。

资料　　　　　　　　**《企业国有资产交易监督管理办法》**

2016年6月颁布的《企业国有资产交易监督管理办法》对国有资产交易过程中的法律责任进行了明确的界定，其中：

第五十八条 企业国有资产交易过程中交易双方发生争议时，当事方可以向产权交易机构申请调解；调解无效时可以按照约定向仲裁机构申请仲裁或向人民法院提起诉讼。

第五十九条 企业国有资产交易应当严格执行"三重一大"决策机制。国资监管机构、国有及国有控股企业、国有实际控制企业的有关人员违反规定越权决策、批准相关交易事项，或者玩忽职守、以权谋私致使国有权益受到侵害的，由有关单位按照人事和干部管理权限给予相关责任人员相应处分；造成国有资产损失的，相关责任人员应当承担赔偿责任；构成犯罪的，依法追究其刑事责任。

第六十条 社会中介机构在为企业国有资产交易提供审计、资产评估和法律服务中存在违规执业行为的，有关国有企业应及时报告同级国资监管机构，国资监管机构可要求国有及国有控股企业、国有实际控制企业不得再委托其开展相关业务；情节严重的，由国资监管机构将有关情况通报其行业主管部门，建议给予其相应处罚。

第六十一条 产权交易机构在企业国有资产交易中弄虚作假或者玩忽职守、给企业造成损失的，应当承担赔偿责任，并依法追究直接责任人员的责任。

2）国企高管追责机制的核心问题

国有资产监管体制和国有企业改革发展需要达成的重要目标是，企业成为自主经营、自负盈亏的责任主体，而其直接体现则是企业的管理人员成为负责任的个体。因此，国企高管追责制成为加强国企高管人员管理的重要路径选择。国企高管追责的核心问题在于：在当代中国现实的国情下，如何根据国有资产监管体制改革的需要和国有企业改革发展的需要，构建和完善国企高管人员追责机制。

第一，鉴于国企既是社会主义市场经济条件下的经济实体，同时又是国有资产的载体，国企本身具有独特的经济、政治和社会地位，国企高管既是企业高级管理层，也是掌控着大量"公权力"的人员，必须加强追责。

第二，现有的制度环境已具备对国企高管实行追责的可能性。当前的国企处于不断完善和成熟的市场经济环境中，企业经营的好坏有相对客观的评价机制，这是国企高管追责制的经济基础。同时，中央和政府正在推行的立党为公、执政为民的理念得到了社会的普遍认同，法律法规不断完善，透明政府、责任政府和法治政府建设成为不可逆转的潮流，这是国企高管追责制的政治基础。此外，公众媒体的舆论监督越来越多，社会公众的参与意识越来越强，社会组织不断发展并积极参与公共事务治理，这是国企高管追责制的社会基础。

第三，当前对国企高管追责机制中各方的关系存在着一些问题。一是在国企委托－代理关系中，现有的激励机制和约束机制不能很好地解决信息不对称引发的逆向选择与道德风险问题，从而提高了交易成本与监督成本。二是现有的委托－代理链条过长，同体追责为主的制度设计存在集委托人、代理人合一的现象，增加了代理成本，降低了追责的效率；同时异体追责乏力，公民追责动力不足等。

第四，在当前国企的委托－代理链条中，对国企高管追责必须按照谁委托、谁追责、谁代理、谁受追责的思路，明晰不同追责主体的职责、权限和范围。同体追责制度设计中，必须将国资委管理职能和监督职能适度分离。同时要不断加大异体追责力度，扩大多方追责主体的参与力度，改变人大和司法机关在追责中表现的集体失语现象。此外，完善追责制度还应关注追责程序、追责方式、追责动力、追责对象，特别是注意对追责对象的救济和复出机制，形成完善追责制度的倒逼机制。

7.3　独立董事追责机制

我国《公司法》规定，上市公司设立独立董事，具体办法由国务院规定。虽然是原则性的规定，却也标志着独立董事制度由规章调整上升到法律规制的层面。中国引进和移植独立董事制度，可以借鉴英美国家公司法人治理的先进经验，但必须联系中国的实际国情，处理好独立董事制度本土化过程中的一系列问题。随着我国市场经济和证券市场的不断完善，现代公司治理结构在我国基本确立，独立董事制度也有了很大的发展。与此同时，一向被我国忽视的独立董事责任追究问题逐渐显示其重要性和紧迫性。

7.3.1　独立董事的选任

独立董事的选任原则，第一个关键是确保独立董事的独立性。关于独立性的标准，各国的实践已经有比较成熟和统一的原则和标准，通常都是从任职资格和任期两个方面进行规范，主要是通过独立的财产、独立的人格、独立的业务、独立的利益、独立的运作等几个方面独立程度的规定，来保障独立董事履行职责，是身份和立场的独立、客观、公正。第二个关键是确实有能力承担其权利、责任、义务。

此外，独立董事还应当具有较强的经营管理能力和监督控制能力。首先，独立董事要具备一定的决策事务、制定公司战略的能力。独立董事参与到公司的董事会里，就要协同董事会其他成员一起履行董事会的职能。作为独立董事，他要正确行使表决权、提议权等权利。其次，独立董事还要了解社会所在行业基本情况和发展动态。公司运作有其共性，也有一定的个性，其个性来自行业的不同。作为特定行业公司的独立董事应具备该行业的基本知识，了解该行业发展动态，为公司经营投资做出正确决策，尤其是有技术含量的上市公司应至少聘请一名技术专家担任独立董事。最后，独立董事还要熟悉金融、法律、财会等知识，熟悉法人治理结构，熟悉信息披露的基本要求。

作为承担责任的主体，独立董事的选任必然从其承担的责任出发，既要保持独立性，又要有足够的能力完成独立董事职责，严格的选任标准和科学的产生机制是问题的关键，而独立董事的产生机制，应当从独立董事的产生程序上进行规范。

首先，独立董事的提名是最基础的环节。通常做法是董事会下设提名委员会，主要由独立董事组成，并由独立董事担任主席。可以考虑由独立于公司之外的机构提名独立董事，此种提名机构可以是证监会或证券交易所。但这种规定只涉及提名权的归属，独立董事最终应由股东会选举产生。

释例　　　　　　　　　　**中介机构推荐独立董事人选**

根据中祥投资有限公司对 1 000 家上市公司进行的"如何看待独立董事"的问卷调查结果，在独立董事的产生事由问题上，由有信誉的中介机构推荐独立董事人选，并由股东大会任命，得到了 72% 的支持率。

我国企业在设立提名委员会或首次选聘独立董事时，可以借鉴以下三种模式：股东无提名权，但有选举权；大股东有提名权，但无选举权；大股东既无选举权，也无提名权。针对我国的股权结构特点，建议采用差额选举的办法，以第一大股东回避的方式，不参与独立董事的提名和选举，而由中小股东推荐并选举、聘用。

其次，独立董事的选举和聘任。独立董事必须由股东大会选举产生，不得由董事会直接任命。同时也可以考虑由股东大会和董事会共同指定某一董事为独立董事，该董事必须符合独立董事的最低限制条件，当该董事不再具备独立的条件时，股东大会和董事会均可以取消其资格。在选举过程中，大股东胜出而小股东落败，都是投票制度所预期的结果。在独立董事的选举程序中，累积投票制的应用，能够最大限度地保证独立董事的独立性。中国证监会制定的《上市公司治理准则》规定：单一股东及其一致行动人拥有权益的股份比例在30%及以上的上市公司，应当采用累积投票制。累积投票制应用到独立董事的选举中，是指股东在决定独立董事人选时每一股拥有与将当选的独立董事总人数相等的投票权，并可以把这些票数集中到一个人身上。

释例　　　　　　　　　　　　　独立董事选举

　　某次董事会要增加9名独立董事，每股有9张投票权，如果某一股东拥有5股股权，它可以将这45（5×9）票投到他所中意的一个人身上。该选举方法使公司中小股东可以选出自己的独立董事，而大股东则无法垄断全部独立董事的选任。当然，要发挥累积投票制的作用，需要中小股东之间协调一致，适当集中选举，才可以使自己推选的独立董事候选人当选。

　　再次，独立董事的任职资格审核权。上市公司选举出独立董事后，应当报请监管机构审核，以严肃执业纪律、便于监管，待监管机构审核后，上市公司股东大会的聘任方能生效。这一程序主要适用于推行独立董事制度的初期阶段，是独立董事声誉评价体系、自律体系等相关制度尚不成熟时期的一种过渡做法。

　　最后，独立董事的免职。免除独立董事职位本身是一项股东权，这项权利可以视为股东抗衡独立董事的一项基本权利，公司也可以通过章程制定任免独立董事的其他方法，但是，股东大会不得"无故"免除独立董事的职务。在通常情况下，免职的原因主要有以下几种：在任命独立董事时未发现其不具备任职资格而事后发现的，或者在独立董事任职后，出现新的情况导致其丧失独立性的；任职期内丧失民事行为能力的；任期内有犯罪行为，被依法追究刑事责任的；因个人故意行为给公司造成重大损失的，均可由董事会或监事机构（在我国是指监事会）提交股东大会予以免职。

7.3.2　独立董事责任的分类

　　独立董事不履行职责或者不适当地履行职责，给公司或者股东、投资者及第三人造成损失，均要承担相应的法律责任。

　　1）按照独立董事责任形式分类

　　就责任形式而言，独立董事责任分为民事责任、行政责任和刑事责任。

　　民事责任是主要的责任形态。因为只有民事责任能够对受害人的损害予以充分的补救，尤其是损害赔偿责任可以有效地制裁不法行为人，预防并遏止违法违规行为的发生。而刑事责任则表明了独立董事责任的社会化影响，独立董事的失职行为不仅可能给公司、第三人带来损失，同时也可能给社会的商事运行秩序带来不利后果。

释例　　　　　　　　　独立董事违反刑法的处罚规定

　　例如，《中华人民共和国刑法》第一百六十五条【非法经营同类营业罪】：国有公司、企业的董事、经理利用职务便利，自己经营或者为他人经营与其所任职公司、企业同类的营业，获取非法利益，数额巨大的，处三年以下有期徒刑或者拘役，并处或者单处罚金；数额特别巨大的，处三年以上七年以下有期徒刑，并处罚金。

第一百六十九条之一【背信损害上市公司利益罪】：上市公司的董事、监事、高级管理人员违背对公司的忠实义务，利用职务便利，操纵上市公司从事下列行为之一，致使上市公司利益遭受重大损失的，处三年以下有期徒刑或者拘役，并处或者单处罚金；致使上市公司利益遭受特别重大损失的，处三年以上七年以下有期徒刑，并处罚金：

（一）无偿向其他单位或者个人提供资金、商品、服务或者其他资产的；

（二）以明显不公平的条件，提供或者接受资金、商品、服务或者其他资产的；

（三）向明显不具有清偿能力的单位或者个人提供资金、商品、服务或者其他资产的；

（四）为明显不具有清偿能力的单位或者个人提供担保，或者无正当理由为其他单位或者个人提供担保的；

（五）无正当理由放弃债权、承担债务的；

（六）采用其他方式损害上市公司利益的。

上市公司的控股股东或者实际控制人，指使上市公司董事、监事、高级管理人员实施前款行为的，依照前款的规定处罚。

犯前款罪的上市公司的控股股东或者实际控制人是单位的，对单位判处罚金，并对其直接负责的主管人员和其他直接责任人员，依照第一款的规定处罚。

该规定当然适用于独立董事。

对某些行为人追求巨大的利益而从事一些违法违规行为，尽管也可能会面临承担行政责任甚至是刑事责任的风险，但由于刑事责任毕竟是在特殊的情况下承担，而行政责任对行为人的处罚又往往与其获得的利益不相称，处罚过轻就不能从根本上对不法行为人形成一种威慑的力量，因此很难把握处罚的力度。相比之下，民事责任能够更好地保护公司和股东的利益，发挥司法在最终解决纠纷中的功能。因此，以下主要探讨独立董事的民事责任。

独立董事的民事责任，是指独立董事违反法律法规、规章和公司章程规定的义务而产生的侵权损害赔偿责任，包括独立董事不遵守法律、法规、章程或股东大会决议，不履行职责和超越职权范围，给公司、股东或者国家财产造成损失的，应当承担相应的赔偿责任。例如，泄露内幕信息的责任；收受贿赂的责任；违反竞业禁止规定的责任。

独立董事的民事责任主要应当属侵权责任，侵权民事责任通常包括违法行为、损害事实、因果关系、主观过错等构成要件。①违法行为，独立董事必须有违反法律法规、规章和公司章程，不履行或不适当履行其应尽职责的行为，包括作为和不作为。②损害事实，即独立董事的违法行为给公司、股东（投资者）造成一定损害。损害事实是确定独立董事是否承担责任的重要标准。③因果关系，即独立董事的违法行为是造成损害的原因，二者之间存在必然因果关系。如果二者之间没有因果关系，则独立董事不负责任，如投资者由于股市自身的因素或自己操作水平所造成的损失。④主观过错，独立董事在进行违法行为时，在主观上是故意或有重大过失，如明知是错误的决策却不指出，还在会议上表示同意；受到他人严重影响（如利诱等）而给出错误意见等。

2）根据独立董事义务所指向的对象不同分类

根据独立董事义务所指向的对象不同，将独立董事责任分为独立董事对公司的责任和独立董事对第三人的责任。

（1）独立董事对公司的责任

独立董事违反了其对公司应负的忠实义务和注意义务，并因此损害公司利益时，理应对公司承担责任。虽然大陆法系和英美法系国家对独立董事承担责任有着不同的理解，但是都承认独立董事对公司应负民事赔偿责任。

释例　　《公司法》对董事违反法律、行政法规和公司章程的规定

我国《公司法》第一百四十九条规定：董事、监事、高级管理人员执行公司职务时违反法律、行政法规和公司章程的规定，给公司造成损害的，应当承担赔偿责任。独立董事承担责任也当然地适用该条文规定。按照我国公司法的规定，独立董事对公司责任应以过错主义为原则。在按照过错主义追究独立董事违反忠实义务的责任时，应当采取过错推定的形式，这可以使公司更加容易地追究独立董事的责任。

当独立董事违反其向公司应负的注意义务时，其向公司所负的责任纯属违约行为；但当独立董事违反其向公司应负的忠实义务时，则产生了其向公司承担的违约责任与侵权责任的竞合，即当独立董事的某一行为同时具备违约行为和侵权行为的构成要件且以同一损害赔偿为给付内容时，仅产生一项统一的请求权，但此请求权具有两个法律基础：一是委托合同；二是侵权行为法。公司可以自由选择对自己有利的法律依据，适用其中的一种规定来追究独立董事对公司的法律责任。

需要强调的是，独立董事对公司承担责任的主观要件。尽最大的谨慎和注意义务，是一般民事主体避免故意或过失、减少民事责任承担的根本途径，也是民事责任基本功能的体现。但是由于独立董事从事的是一种商事风险行为，谨小慎微并不是这一职业所倡导的作风。适时地考察独立董事做出行为时的特定环境，适当地降低对其主观注意程度的要求，是独立董事责任与一般民事责任在追究过程中的根本区别所在。虽然独立董事负有注意义务，但如果过严，对其一般性的过错都要追究责任，势必会限制其个人积极性的发挥。

（2）独立董事对第三人的责任

独立董事执行职务时有故意或重大过失，对第三人也应与公司共同承担连带损害赔偿责任。从理论上看，独立董事仅与公司之间存在一定的法律关系，对公司以外的第三人是没有直接义务的，独立董事执行职务的行为都应视为公司法人的行为，其后果均应由法人承担。但是在一些特殊情况下，如公司行将破产，此时如果独立董事对一些违法分配公司利润的决议未表示异议，就会给第三人造成损害。当公司行将破产时，第三人的损失无法得到弥补，因此有必要要求做出决议的全体董事，包括独立董事，对该违法决议承担一定的责任。鉴于公司在现代社会经济生活中的重要作用，为了更加周全地保护第三人免于遭受独立董事不法行为的侵害，不少国家的公司法均规定了董事（独立董事）对第三人与公司负连带责任，比较典型的有《日本商法》《比利时公司法》《法国公司法》。

"第三人"包括股东、债权人和社会公众。其中，股东成为第三人的理由如下：第一，投资者向公司投资后，对自己的投资就不再享有所有权，而转化为股东权。第二，随着现代公司规模的扩大，尤其是股份公司的出现，公司的股份小额化以及由此带来的风险的分散化，吸引了众多的投资者。这样必然产生许多中小股东，他们无力也无必要参与公司的经营管理，其地位几乎与债权人地位一样，成了只是消极等待红利的股东权人。第三，在股份有限公司的利害关系人中，与公司利益最为密切者首推股东。将股东纳入公司第三人，更有利于股东权益的保护。而将社会公众纳入第三人的范围，对其权益加以特殊保护，主要是有利于加强独立董事责任心与公司的社会责任，也有利于保护处于弱者地位的社会公众权益。

在追究独立董事对第三人的责任时，也应本着特别法定责任的性质，对其成立要件做出不同于一般侵权行为的要求。但不同的是，不能为第三人追究独立董事责任带来更多的障碍，而是应当比追究一般侵权行为责任更容易。具体来说，第三人欲追究独立董事的责任，只需证明独立董事对职务的执行有故意或重大过失，而且此种故意或重大过失与自己所受损害有因果关系即可。

3）根据独立董事责任类型分类

除了上述两种分类，还可以考虑从责任类型的角度将独立董事承担的责任分为个人责任和连带责任。个人责任的承担大都发生在单个独立董事受公司委托执行特定业务的场合，由于主观的疏忽或失职而对公司承担的责任。独立董事直接参与明知错误的行为，或直接参与其公司的侵权行为时，都应负个人责任。连带责任的产生是由于独立董事与其他董事之间往往因在同一表决过程中表明了一致的立场，该决议又给公司带来了经济损失，从而负连带责任。

7.3.3 独立董事责任的追究

独立董事违反其应当承担的义务，损害公司和股东的利益，不仅可能被剥夺独立董事的身份，而且要对公司负赔偿责任。但一般情况下，独立董事不可能主动为公司承担责任。那么，公司作为一个虚拟的实体，又由谁来行使权力，追究独立董事的责任呢？股东大会、董事会或监事会有权代表公司对违反义务的独立董事提起诉讼。但现实生活中，违法的独立董事往往与公司的其他董事是一丘之貉，而后者通过各种手段掌握着公司的重要权力，控制着股东大会或董事会。在此情形下，他们就会利用股东大会或董事会阻止公司对独立董事提出诉讼。在"二元制"的大陆法系国家，代表公司对独立董事提出诉讼请求的合适人选为监事会或监事。当然，股东大会也可以通过决议，由监事会成员外任一特定人代表公司对独立董事提起追偿之诉。在"一元制"的英美法系国家，为保护公司和股东的利益，各国公司法都规定了代表诉讼制度。如果公司怠于追究或者无法追究独立董事的责任时，股东有权代表公司提起对独立董事的诉讼。

独立董事是受全体股东之委托参与决策、监督公司的重大事项，因此，任何一个股东都可以起诉独立董事。作为独立董事，首先要意识到自己的责任，担任独立董事以后对全体股东就负有"诚信义务"，或者说是"受托义务"，如果违反了"诚信义务"，那么，任何一个股东，即使他持有极少的股份，若认为独立董事损害了他的利益，或者没有实现原来的承诺，他都可以起诉独立董事。如果法院认为独立董事确实没有履行义务，那么他就需要承担法律责任。

1）独立董事追责形式

（1）失职所应负的责任。独立董事对公司负有忠实义务，在履行职务时必须诚实地为公司谋求利益，必须谨慎和应用适当技能来处理公司的事务。失职的范围很广，包括对职务的不忠实，没有运用适当的谨慎与技能，以及越权等。失职的独立董事一般承担以下责任：①赔偿损害。独立董事承担责任的形式主要是赔偿损害，即独立董事应当赔偿公司由于其不法或者不当行为而导致的损失。如果第三人参与有关事件，也与失职独立董事承担同等责任。②解除合同。公司将失职的独立董事与公司订立的聘用合同予以解除。③归还取得的利益给公司。当独立董事或与其有利害关系的第三人损害公司的利益而自己获取了不正当利益时，公司可以行使归入权，将独立董事或第三人所获得的利益收归公司所有。

（2）滥用职权所引起的责任。独立董事滥用职权对公司、股东及其他利益相关人所造成的损害后果应由独立董事个人承担。在此种情况下，独立董事承担的责任和失职所承担的责任类似。

（3）连带责任。严格的法律约束与道德约束是保证独立董事客观公正的重要条件。法律规定公司在经营过程中如果有大股东侵犯中小股东利益，或者企业违法或侵害社会利益等事情发生，那么在投票决定这些事情的时候，独立董事反对或者持保留意见并记载于会议记录，或者事后公开发表独立意见表示异议的话，独立董事无须承担责任，否则独立董事要承担连带责任。

（4）违法行为所应承担的责任。当独立董事违反《公司法》或《刑法》或其他法律规定的时候，独立董事就应对自己的违法行为承担刑事责任。

2）独立董事民事责任的免除

依据我国《公司法》相关规定和最高人民法院相关规定，结合国外的司法实践，独立董事能举证证明存在下列事由之一的应予免责：

（1）对董事会决议曾提出保留意见、反对意见、无法发表意见的，应予免责。独立董事发表的意见包括：同意；保留意见及其理由；反对意见及其理由；无法发表意见及其障碍。除同意以外，其他意见均应视为对董事会决议提出异议。只要独立董事要求董事会秘书记录在案或者会后递交书面意见的，均应予免责。这是因为独立董事对董事会决议提出异议已经表明有不赞成意思，如果要求独立董事每次都明确表示反对几乎不可能。

（2）对董事会决议发表同意意见、关联交易认可和独立意见是基于某些专家具有认可效力的结论做出的，应予免责。专家包括会计师、审计师、资产评估师、律师、工程师等因其本身的职业、资格或经验使其做出的陈述具有权威性的人员。按民法代理理论，中介机构的专家是受独立董事之托，如果专家结论出错，导致独立董事判断出错的，对公司和投资者而言，应由作为被代理人的独立董事先承担责任。但对此独立董事已尽了诚信和勤勉义务，独立董事本人无过错的，应予以免责。

（3）对董事会决议发表同意意见、关联交易认可和独立意见是基于独立董事已进行的适当调查做出的，且有理由相信交付表决的内容是真实的，不具有误导性的，对导致损失的遗漏事项的省略是适当的，应予免责。担任独立董事的人员通常是专家、学者，他们有渊博的理论知识和丰富的实践经验，只要独立董事忠实履行诚信、勤勉义务，经过适当的调查研究，以必要的证据材料、正确的逻辑思维所做出的判断，应予免责。在此，不应以虚假陈述发生的客观事实为标准，而应以独立董事是否存在主观过错为标准。如独立董事对虚假陈述的发生既非疏忽大意过失，又非过于自信过失，更非故意，而是由于公司及关联公司的执行董事、经理等内部管理人员未尽"积极配合，不得拒绝、阻碍或隐瞒"之责所致，其赔偿责任应由这些内部管理人员承担。

（4）对董事会决议发表同意意见、关联交易认可和独立意见是基于援引了政府公开文件中的陈述或政府官员的陈述做出的，且该援引是正确的，应予免责。根据行政行为的先决原理，在未被撤销或宣布作废之前，行政行为具有法律拘束力，上市公司及其董事均应遵照执行。独立董事只要正确援引了政府公开文件的陈述和政府官员的陈述均不应认为具有过错，应认定履行了诚信、勤勉义务而免责。如因援引了政府公开文件中的陈述或者政府官员陈述导致独立董事表意错误的，应由公司先承担赔偿责任，再由公司向负有责任的行政机关提起行政诉讼索赔。

（5）在招致索赔的董事会决议发表同意意见后，独立董事及时发表修正表决意见的独立意见，受害人在独立意见公开发表后进行投资或者交易的，应予免责。当董事会的表决意见与独立意见不一致时，应以后者的独立意见为准。

（6）在董事会决议执行中，发生了"重大"的新事实，对决议做了"重大"调整，独立董事凭借自己的知识、经验和执业资格，有合理理由相信无须递交补充意见的，应予免责。"重大"新事实和调整的"重大"程度在客观上以是否影响理性投资者的投资决策为标准确定，足以影响即为"重大"。但在判断独立董事的主观过错上，应以"诚信与勤勉"为标准，独立董事有合理理由相信就该项新事实所做的调整仍在合理的度之内，没有对原决议作原则性修改而无须公开披露的，应予免责。

本章思考题

（1）公司高管追责制法规有哪些？

（2）什么是异体问责模式？加大权力追责力度的方法有哪些？

（3）国企高管民事责任制度包括哪些？

（4）如何实施国企高管民事责任的追究？

（5）独立董事选任程序有哪些？独立董事的责任如何分类？

（6）独立董事责任追究有哪些措施？比较国企高管责任追究与独立董事责任追究的异同。

案例分析题

一位国企高管的蜕变轨迹
——云南锡业集团（控股）有限责任公司原党委书记、董事长雷毅贪腐案

2013年3月，一封封反映云南锡业集团（控股）有限责任公司（以下简称"云锡集团"）党委书记、董事长雷毅有关问题的信访举报信不断寄往云南省纪委，引起了云南省纪委的高度重视。自此，一名国企老总的辉煌人生因贪婪的欲望而走向滑铁卢……

私欲膨胀，廉洁底线失守

"贪如火，不遏则燎原；欲如水，不遏则滔天。"雷毅，1962年生，1984年参加工作，凭着踏实苦干的劲头先后担任了云锡集团研究所副所长，个旧选矿厂厂长，集团经理助理、副总经理，省政府副秘书长，玉溪市政府副市长，省医药集团党委副书记，最后走上云锡集团党委书记、董事长岗位。

这个46岁即晋升为正厅级领导的政坛明星，在政界上能如此一帆风顺，由一名普通的工人子弟一步步走上云南省属十大企业集团的掌舵人，在全省来说极为鲜见，也实属不易。然而，随着职务的升迁，欲望像野草一样不断疯长，他的人生从此黯然失色。

雷毅刚任云锡集团党委书记、董事长的时候，也曾怀有一腔热情，理思路、谋发展。但是在清理矿山劳务承包业务的过程中，他发现其中存在巨大利益，一些矿老板因矿一夜暴富。同时，一些人把跟雷毅的交往作为他们投机钻营、发家致富的途径，不择手段地拉拢、腐蚀他。加之雷毅在官场和商界混迹多年，关系越来越广，找他办事的人也越来越多。在金钱的不断刺激之下，在纸醉金迷的花花世界里，雷毅的世界观、人生观发生了偏移，拜金主义思想开始膨胀，私欲开始填补他的心灵空白。他认为这些人是靠着自己这棵大树才发财的，自己应该也从中分一杯羹。于是，在与矿老板的半推半就中，在"我已经帮企业争取到比以前更多的利益"的自我安慰中，在一些不怀好意的阿谀奉承中，在觥筹交错中，雷毅的廉洁底线逐渐被瓦解，彻底迷失了人生方向，丧失了理想信念，一点一点编织起自己的"铁篱笆"。

雷毅曾说："第一次受贿时，自己也心慌，感到害怕，睡不着觉。"可是，当他收受几次贿赂后，就由紧张转为欣然笑纳了。此后，雷毅不择对象地疯狂敛财，只要送上门的一律照收，凡是与云锡集团有业务往来的，他都要分一杯羹。例如，在转让某参股公司股权时，雷毅就利用职权赤裸裸地向对方索贿1 000万元，讨价还价下对方分三次共给了他830万元，而对方每付一次钱，雷毅就将转让程序向前推进一步。短短几年时间里，雷毅就利用担任云锡集团党委书记、董事长的职务便利，在云锡集团的配股增发、股权收购和转让、矿山劳务承包、房地产开发等业务中为他人谋取利益，多次收受杨某、李某某等14人贿赂，共计人民币2 910余万元。受贿数额之大，受贿次数之多，十分罕见，极度的贪欲导致了雷毅廉洁底线一次次失守，最终走向万劫不复的罪恶深渊。

恃权轻法，法律底线失守

权力是腐败行为发生的先决条件，绝对的权力导致绝对的腐败。雷毅身兼党委书记、董事长两职，集企业党务、决策权于一身，位高权重，大权独揽，作风霸道，听不

进其他人的不同意见，经常在董事会上强行做出决策。而同时又心存侥幸，自以为手段很隐蔽、高明，朋友不会出卖自己，办案机关不会查自己或难以查实，千方百计钻法律空子。事实证明这种想法非常幼稚，法律是一把高悬的利剑，任何恃权轻法的人都要付出应有的代价。

2012年，云南省纪委在调查另一起案件时，曾经找雷毅谈话核实相关情况，雷毅不但不收敛行为，积极向组织坦白交代，还认为是在查其他人，绝对不会查到自己身上，因而在调查期间继续大肆收受不义之财，还向某证券公司杨某索要了100万元人民币的贿赂，其贪欲之心令人咋舌。

雷毅在疯狂敛财的过程中，为逃避党纪国法的惩处，可谓是"用心良苦"。如让他人代收，只收现金和第三方银行卡，及时转移赃款等。他自认为手段高明，行为隐秘，反调查手段高。例如，在向某教育科技有限公司董事长李某某收取一笔830万元的贿赂款时，雷毅让另一行贿人杨某前往收取，并让杨某分多次交给雷毅的弟弟雷某。在境外收受了外币贿赂款后，雷毅让其弟雷某以办公司的名义将该款存于境外账户。雷毅还多次让其弟雷某采用办公司、投资股权、购买房产等方式转移赃款。

雷毅视国家党纪政纪为儿戏，藐视党纪国法，不顾国家三令五申，仍然违规购买、使用一辆价格为279.8万元人民币的"奔驰S600"轿车和一辆价格为118万元人民币的"路虎发现者4"越野车等超标车辆。

在作案之初，他就多次向法律界人士咨询和求助，寻找逃避法律惩处的方法。然而，他的一切规避手法都是枉费心机，他精心构筑的"防火墙"在办案人员的分化瓦解下迅速被击破，他"苦心经营"的不义之财不但没有发挥他想象中的作用，反而成为让他钻进牢笼的铁证。从一名普通工人一步步成为云南十大企业集团之一的掌舵人，又急速沦为贪污案中的阶下囚，云南锡业集团原党委书记、董事长雷毅的"堕落曲线"令人扼腕，也应为世人警示。

资料来源　杨大庆. 一位国企高管的蜕变轨迹［N］. 中国纪检监察报，2014-08-22.

思考

（1）结合上述案例，分析雷毅落马的主要原因有哪些。

（2）国有企业高管失职应承担何种法律责任？

（3）在公司治理不断完善、公司经营日益规范的今天，如何构建公司高管人员的追责制度？

推荐阅读资料

（1）布鲁克E，费希尔D. 公司法的经济结构［M］. 张建伟，罗培新，译. 北京：北京大学出版社，2005.

（2）徐晓松. 国有企业治理法律问题研究［M］. 北京：中国政法大学出版社，2006.

（3）国务院办公厅. 关于上市公司独立董事制度改革的意见［Z］. 2023-04-07.

网络资源

（1）公司治理-FT中文网：http：//www.ftchinese.com

（2）中国董事局网，http：//www.dongshiju.com

（3）中国法院网，http：//www.chinacourt.org.cn

参考文献

［1］李维安．公司治理学［M］．4版．北京：高等教育出版社，2019.

［2］童兆洪．公司法法理与实证［M］．北京：人民法院出版社，2003.

［3］赵立新，汤欣，邓舸，等.走出困境：独立董事的角色定位、职责与责任［M］．北京：法律出版社，2010.

［4］李曙光．企业国有资产法释义［M］．北京：法律出版社，2012.

［5］徐晓松．国有企业治理法律问题研究［M］．北京：中国政法大学出版社，2006.

［6］吴洁．中国上市公司独立董事制度有效性分析［M］．北京：中国金融出版社，2013.

［7］王凯．上市公司独立董事制度有效性研究：基于独立董事功能分类的视角［M］．北京：中国社会科学出版社，2017.

［8］赵旭东．上市公司董事责任与处罚［M］．北京：中国法制出版社，2004.

［9］王天习．公司治理与独立董事研究［M］．北京：中国法制出版社，2005.

［10］崔如波．公司治理：制度与绩效［M］．北京：中国社会科学出版社，2004.

［11］谢朝斌．独立董事法律制度研究［M］．北京：法律出版社，2004.

［12］KE B，MAO X，WANG B，et al. Top management team power in China：Measurement and validation［J］．Management Science，2021，67（10）：6602-6627.

［13］MA J，KHANNA T. Independent directors′ dissent on boards：Evidence from listed companies in China［J］．Strategic Management Journal，2016，37（8）：1547-1557.

第8章　公司治理与员工参与制度

学习目标

- 理解员工参与公司治理的理论；
- 理解员工参与公司治理的形式，了解员工参与对公司治理的作用；
- 重点掌握美国员工持股计划的运作，了解其他国家的员工持股计划；
- 理解我国员工持股计划的实践发展；
- 了解工会在员工参与公司治理中所起的作用。

思政引领

员工持股计划 点亮深化国企改革之路

员工持股计划作为国有企业改革"十项试点"之一，将在深化国有企业改革中发挥重要作用。

2018年8月9日-10日，证监会系统全面从严治党会议在京召开，会议在明确下一阶段重点工作时指出，坚持以改革为主线，继续深化发行和并购重组、股份回购、员工持股、公司治理、退市等基础性制度改革。此前，在证监会党委会和主席办公会上也提出，鼓励包括国有控股企业、金融企业在内的上市公司依法实施员工持股计划，强化激励约束，更好服务深化国有企业改革和金融改革。

监管层对员工持股计划的积极态度以及将要引入的先进有效的激励体制，将有效增强相关企业的经营活力，是服务深化国有企业改革和金融改革的有力举措。

员工持股计划作为企业一项有效的激励措施，其发展历程也颇为曲折，但在党的十八届三中全会提出"允许混合所有制经济实行企业员工持股，形成资本所有者和劳动者利益共同体"后，员工持股制度再次随着国有企业混合所有制改革受到社会各界的广泛关注。

2016年8月19日，国资委印发《关于国有控股混合所有制企业开展员工持股试点的意见》，进一步明确国有企业员工持股计划的各项原则和方向，为国有控股混合所有制企业开展员工持股试点提供了政策依据，为国企员工持股破冰。首批试点选择10家中央企业和5家至10家地方企业开展首批试点。2018年6月6日，证监会发布《关于试点创新企业实施员工持股计划和期权激励的指引》，对创新企业员工持股计划和期权激励有了突破性规定。

从企业角度来看，员工持股计划有利于公司股权和治理结构的完善。职工以股东身份，可参与到国有企业的公司治理中，企业一线人员股东的参与有利于企业作出更好的经营决策。此外，员工代表可进入公司董事会、监事会、管理层等公司治理的各方面，参与公司的重大经营决策，有利于激励约束机制的建立和公司治理结构的完善。

从员工利益方面讲，员工持股计划可以激发持股人员的积极性，进一步激发企业创新发展的动力。员工信心的源泉是拥有本企业的股权。员工通过持有公司股票，以股东的身份成为企业的所有者，企业和员工之间结成产权纽带关系，员工更加重视长期发展，提高了企业核心竞争力。

当前，员工持股是国有企业混合所有制改革的重要内容，是建立中长期激励机制和改进公司治理的重要手段。因此，我们在积极稳妥推进员工持股发展的同时，应结合国企改革的总体方案统筹规划，根据持股者和持股企业的特点分类实施，通过创新机制解决员工持股面临的主要矛盾，放松员工持股的限制，激发员工的积极性和创造性。

资料来源 佚名.员工持股计划 点亮深化国企改革之路〔EB/OL〕.〔2018-08-13〕.http：//gzw.xiangtan.gov.cn/13877/13883/13888/content_652627.html.

8.1 员工参与公司治理

引 例

新三板挂牌企业汇元网科技实行员工持股计划

汇元网科技股份有限公司是一家综合营销支付服务提供商，它为产业链上下游合作伙伴提供全程一站式整合营销支付解决方案，同时也为终端用户提供便捷安全的支付体验，其支付服务类型包括互联网支付、通用预付卡支付、数字产品B2B交易平台、数字产品B2C交易平台、水电煤气便民缴费平台等。汇元科技以支付为基础，围绕移动营销、征信、大数据、移动安全、互联网金融边界进行扩张，致力于成为中国最优秀的综合营销支付服务商、顶级支付服务定制商、互联网金融资金融通信息服务商，为互联网数字娱乐行业参与方、互联网金融行业参与方提供一站式、全方位、高效的平台服务及支付解决方案。

2014年，经管理层研究新三板的相关政策后，一致决定登陆新三板。在中介机构帮助下，公司顺利完成股份改制、申报准备，并正式更名为"北京汇元网科技股份有限公司"。经过半年时间，终于在2015年2月12日成功挂牌，成为两市及三板首家挂牌支付公司、中国支付第一股。2015年7月，《关于促进互联网金融健康发展的指导意见》出台，对于正在从支付布局互联网金融的汇元科技来说是个好消息。汇元科技全面开展普惠金融，包括互联网支付、网络借贷、股权众筹融资、互联网基金销售、互联网保险、互联网信托、互联网消费金融七大模式。2016年，汇元科技启动全新互联网金融资产交易平台——慧金融产品，通过自身成熟的支付体系、账户体系、商户体系、用户体系，通过以宽支付、聚合支付、创新支付的方式为互联网金融提供定制化解决方案。

　　汇元科技属于 IT 行业，更重视企业的技术研发，而技术研发必须依靠人才。因此，公司依靠具有长久影响的员工持股计划来留住员工。公司在 2012 年正式实行员工持股计划。2014 年 6 月，中国证监会制定并发布《关于上市公司实施员工持股计划试点的指导意见》，掀起了一阵实行员工持股的热潮，许多上市公司如伊利股份、大富科技等纷纷制定员工持股计划实施方案并进行公告。汇元科技当时恰好在为挂牌新三板进行股改，于是就参考这些上市公司的具体方案，对员工持股计划的操作方式在原有的基础上做出了调整：员工出资 30% 认购股权，公司总经理以个人名义将剩下的 70% 资金无息借给员工，帮助员工完成认购；员工在公司工作满五年，股票一次到账，在这五年里，设置绩效等考核标准，每年完成相应的指标，股票解禁 20%，同时有一些调节措施，持股员工业绩达到指标的 70% 则可以拿到原持股票的 70%，剩余 30% 会用来奖励业绩超额的持股员工。经过这样的调整，持股多少与员工的业绩有了更加紧密的联系，有利于激发员工的工作热情。

　　2015 年 2 月，汇元科技成功挂牌新三板，持股员工手中的股票可以实现协议交易，但员工几乎都没有股票套现的行为，只有少数人迫于经济压力或是想尝试一下交易的感觉进行过极少份额的交易。2015 年 11 月，公司发布股票发行认购公告，此时公司的股价已经大幅上升至 60 元/股，员工仍旧相信公司未来发展前景良好，未来股票的价值会更高，所以纷纷继续与做市商一起认购公司的股票。截至 12 月 17 日，员工与外部做市商共同完成了对公司 700 万股的股票认购，令人欣慰的是实施员工持股计划以来，持股员工范围不断加大，发展至今，400 多人的公司已有 90 多名持股员工，而这些持股员工的流失率也是比较低的。持股员工离职以后，其所持股票以规定价格全部转让给其他股东，但公司会以银行利率给予相应的补贴，这样的退出机制既考虑了公司的利益，在一定程度上也算是给持股员工之前在公司努力工作的回报。

　　资料来源　吕峰，陈丽金. 新三板挂牌企业实行员工持股计划——以汇元科技为例［G］. 中国管理案例共享中心，2016.

　　问题：

　　（1）汇元科技为什么要实施员工持股方案？

　　（2）分析员工持股对汇元科技的治理结构的作用。

　　20 世纪 90 年代以来，伴随着公司治理问题的日益突出，公司治理结构的改革与创新，企业员工以各种形式参与公司治理成为一大趋势，在公司治理结构的改善与治理绩效的提高中起着越来越重要的作用。

8.1.1　员工参与公司治理的理论基础

1）双因素经济理论

　　双因素经济理论是在 20 世纪 50 年代由路易斯·凯尔索提出来的，他认为：生产要素只包括资本和劳动两种，资本和劳动都是财富的创造者。但是在工业化过程中，资本对生产的边际贡献要大于劳动，因此工人仅能够从劳动中获得收入，由此资本主义制度在创造高的经济效率的同时也带来了贫富差距问题。为了解决经济上的公平问题，他提出：生产资料个人所有制带来的收入增长不应超过临界点，即让无机会获得资本收入的劳动者取得基本的生存收入，同时建立一种新的机制，在不触及原有资本所有者的利益上，实现财富的再分配，使广大员工不仅能获得劳动力的收入，而且还能获得资本收入，同时也缓解了劳资双方的冲突，提高了劳动生产率。双因素理论为员工持股计划奠定了理论基础。

2）人力资本理论与新增长理论

20世纪60年代，美国经济学家舒尔茨和贝克尔创立了人力资本理论。该理论认为资本不仅包括物质资本，而且包括人力资本，特别是人力资本已成为现代社会经济增长的主要动力和决定性因素。舒尔茨在其《人力资本投资》一书中指出："劳动者成为资本拥有者不是由于公司股票的所有权扩散到民间，而是由于劳动者掌握了具有经济价值的知识和技能。这种知识和技能在很大程度上是投资的结果，它们同其他人力投资结合在一起是造就技术先进国家生产优势的重要原因。"罗默和卢卡斯进一步将人力资本理论引入新增长理论，他们认为，知识和人力资本是现代经济增长的新源泉和决定性因素，一国的经济增长取决于特殊的知识的增长和专业化的人力资本的增长，而传统的资本（物质资本）对经济增长和企业收益的主导作用开始动摇。因此，人力资本理论与新增长理论也就成为人力资本参与公司治理的重要依据。

3）人力资本投资理论

布莱尔认为股东并不是企业的唯一投资人和风险承担者，员工也提供了特殊的投资，并与股东承担着企业的风险。员工即人力资本在企业通过自身学习或专业培训形成的特殊的工作能力、技术、方法以及特定的信息，使他们具有更高的生产效率，给企业带来了发展机会；但是也正是由于这种技能所带来的专用性，使得员工与企业所有者都承担了企业的经营风险，企业一旦经营失败，员工原有的专用性资本也就不复存在。同时员工的退出会给员工本人以及用工企业带来很大的损失：对员工而言，退出企业意味着原有的专用性价值会降低或荡然无存；对企业而言，则需要承担原有员工的培训费、新旧员工的替换成本以及新员工工作的效率损失等。布莱尔指出："在公司专用化人力资本已成为财富创造的关键因素的企业里，解决公司治理问题的一个重要方案是增加员工的所有权和公司财产的控制权。"因此员工也应该分享企业的所有权，参与公司治理。人力资本投资理论是员工参与公司治理的重要依据。

4）利益相关者理论

利益相关者是指影响企业目标的实现或被企业经营所影响的个人或团体。伴随着公司制企业的发展，企业要想取得经营成功，必须处理好各种关系，包括供应商、顾客、员工、社区等各方利益关系。其中企业员工就是企业要妥善处理的重要相关者之一。同时企业的员工由于其利益与企业发展紧密相关，而且他们身处企业内部，相比分散的股东更容易掌握企业的真实状况，因此员工可能是比股东更有效的公司监管者。

5）分享经济理论

分享经济理论是由美国经济学教授魏茨曼提出的，用以解决资本主义经济运行中的滞胀问题。他认为现行的资本主义工资制度使得员工得到的报酬与厂商追求利润最大化的经营目标没有联系，导致工资的固定化。当总需求缩减时，厂商为了维持既定的产品价格而削减产量，这样会引起社会的普遍失业；而要帮助失业者摆脱困境，政府必须实行福利政策从而导致通货膨胀。因此，对付滞胀要采取分享经济制度。他把员工的报酬制度分为工资制度和分享制度。工资制度是指厂商支付给员工的报酬，与厂商经营甚至同厂商所做或能做的一切无关的外在的核算单位相联系，如生活费用指数。分享制度是指"员工的工资与某种能够恰当反映厂商经营的指数相联系"，如厂商的收入或利润。员工的工资由固定的基本工资和分享的利润组成。在总需求发生剧烈变化时，企业可以通过分享利润的比例或数额来降低价格，从而一方面抑制了通货膨胀，另一方面保证了充分就业。

6）经济民主理论

民主的首要含义就是参与，经济民主意味着人人都有参与经济生活的权利。然而现行的公司治理理念围绕股东利益最大化，员工除了得到劳动报酬外，没有权利参与公司的经营决策，因此民主只是股东的民主、资本的民主，而员工却享受不到真正的民主。因此伴随民主观念从政治不断向经济的渗透，必然要求员工也要参与公司治理。

民主公司制理论是由美国经济学家艾勒曼提出来的。艾勒曼认为"经济民主可以简单地定义为混合的市场经济，其中处于支配地位的经济企业是民主的工人拥有的公司，工人和公司之间的关系是成员关系，即一个经济版的'公民身份'，而不是雇佣关系"，他认为"人人拥有与生俱来的不可剥夺的享有自己劳动成果的权利和民主自治权利"，他认为民主的公司制应当是蒙德拉贡式合作社和美国的员工持股计划中最有价值思想的混合物。①

"职工主体论"是由蒋一苇提出来的。他认为职工是社会主义的主体。"全民所有制企业的职工被认为是国家的职工，由国家进行招工，所谓用工制度，在全民所有制企业来说就是国家招工，类似于国家雇工，因此很难消除在职工中存在的雇佣观念。"②他指出，"社会主义公有制决定了劳动人民是生产资料的主人，从而也是社会的主人、国家的主人，这是调动亿万劳动人民社会主义积极性的基础。但是，劳动人民的主人翁地位，还不能只就全国范围、全社会范围而言。如果不能在生产上，在他所参与的生产单位里有当家作主的权利，他就不能在经常的现实生活中发挥主人翁的责任感"。而要具体实现职工在企业中的主体地位，就必须对传统的所有制进行改革。蒋一苇认为，应该通过广义的企业民主，如劳动制度的民主化、产权制度的民主化、经营制度的民主化、分配制度的民主化、领导制度的民主化来实现。其中产权制度的民主化是核心。它是指改革全民所有制的实现形式，采取股份制的形式，使职工拥有本企业的股票，成为本企业部分所有者，实现职工对企业资产的关心。通过建立在经济利益基础上的"自由人的

---

① 杨欢亮，王来武. 中国员工持股制度研究 [M]. 北京：北京大学出版社，2005：64-66.
② 蒋一苇. 我的经济改革观 [M]. 北京：经济管理出版社，1993. 转引自丁长发. 职工持股制度（ESOP）的理论研究与实证分析 [D]. 厦门大学，2002.

联合体"，成为企业的主体，使劳动者"成为自己的社会结合的主人，从而也成为自然界的主人，成为自身的主人——自由的人"①。

8.1.2　员工参与公司治理的方式

《二十国集团/经合组织公司治理原则》在解释利益相关者在治理机制中的作用时指出：员工参与公司治理的程度取决于国家法律和实践，并因公司不同而有所不同。在公司治理中，员工参与机制可直接或间接地使公司受益，因为员工会有更大的积极性向公司投入特定技能。员工参与机制包括：员工代表列席董事会、在治理程序（如企业职工委员会）的特定关键决策中考虑员工意见。国际惯例和国内规范也承认员工的知情权、咨询权和谈判权。就绩效强化机制而言，在许多国家可以看到员工持股计划或其他利润共享机制的实施。②

在实践中，员工参与公司治理的方式主要包括：

1）工人自治

这是最高层次的工业民主形式，是工人共同所有、共同管理企业的制度和组织形式。这是早期工业民主思想家们所追求的形式，是马克思主义工业民主的理想，也是当代从产权结构研究企业民主理论的学者们的向往。③工人自治彻底实现了员工对企业的治理。

2）集体谈判

在西方国家，集体谈判是劳资双方进行磋商的一种主要形式，它既是签订集体合同的过程，又是工人参与企业管理的一种手段。过去集体谈判的内容仅限于工资和劳动条件，现在扩大到了诸如人事、公司投资等传统上被认为是资方管理权的问题。集体谈判在英美国家比较流行，在美国已经有60多年的历史，是美国员工参与企业管理的主要形式。④

3）决策参与

员工代表进入公司董事会，直接参与公司经营管理和决策，实现决策参与。如我国《公司法》第四十四条规定："两个以上的国有企业或者两个以上的其他国有投资主体投资设立的有限责任公司，其董事会成员中应当有公司职工代表；其他有限责任公司董事会成员中可以有公司职工代表。董事会中的职工代表由公司职工通过职工代表大会、职工大会或者其他形式民主选举产生。"第六十七条规定："国有独资公司……董事会成员中的职工代表由公司职工代表大会选举产生。"

4）监督参与

员工代表进入公司监事会，对公司的经营、管理、决策行使监督权，实现监督参与。如我国《公司法》第一百一十七条规定：监事会应当包括股东代表和适当比例的公司职工代表，其中职工代表的比例不得低于三分之一，具体比例由公司章程规定。

① 蒋一苇. 职工主体论［N］. 工人日报，1991-06-21.
② 经济合作与发展组织. 二十国集团/经合组织公司治理原则［M］. Paris：OECD Publishing，2016.
③ 谢玉华，何包钢. 西方工业民主和员工参与研究述评［J］. 经济社会体制比较（双月刊），2007（2）.
④ 苏晓红，侯朝轩. 中外员工参与企业管理的比较分析［J］. 河南师范大学学报（哲学社会科学版），2004（5）.

监事会中的职工代表由公司职工通过职工代表大会、职工大会或者其他形式民主选举产生。如德国《企业组织法》规定，500人以上的企业，职工在监事会中的比例不得少于三分之一。监督参与体现了职工的真正权利，因此监督参与是非常重要的参与治理的形式。

5）员工以经理身份参与公司治理

这是指员工进入经理层，影响公司的经营与管理。例如，在日本，员工通过内部晋升，成为中高级经理人员，从而参与公司治理。

6）员工以股东身份参与公司治理

随着企业员工持股的普遍，员工拥有公司的股票，兼有员工与股东的双重角色，从而更好地参与到公司的经营与管理中。

7）员工通过民主组织实行民主管理

在我国，员工组成工会组织，通过职工代表大会、职工大会或其他形式的民主组织，与公司进行平等协商，提出意见和建议。我国《公司法》第十八条规定："公司依照宪法和有关法律的规定，通过职工代表大会或者其他形式，实行民主管理。公司研究决定改制以及经营方面的重大问题、制定重要的规章制度时，应当听取公司工会的意见，并通过职工代表大会或者其他形式听取职工的意见和建议。"

8.1.3　员工参与制度的模式

1）德国的员工参与共决制

共决制（Co-determination）即共同决定制，是指雇员选举自己的代表，依法进入公司的决策层，与所有者代表一起共同组成公司的决策机构。德国是共决制的典范，原因在于欧洲是社会主义思想的发源地，而且工人运动非常活跃，欧洲一直就有重视工人权益的传统，共决制使工人不需要拥有实物资产就可以参与到公司治理中。20世纪50年代以来，德国制定了一系列促进员工参与共决制的法律，如1951年颁布的《煤钢行业参与决定法》、1952年颁布的《企业职工委员会参与管理法》和《企业组织法》、1976年的《参与决定法》。职工参与的最高形式就是职工派代表直接参加监事会、管理理事会和职工委员会，主要规定如下：

《煤钢行业参与决定法》规定：员工在1 000人以上的公司中，监事会和理事会中必须有员工代表；监事会由11人组成，劳资双方各出5名代表，联合提名1名中立者担任主席；管理理事会通常由4～7人组成，其中要有一名劳工经理。《参与决定法》规定：员工超过2 000人的大企业，监事会由12、16或20名成员组成，其中股东代表、员工代表各占一半，主席由股东推选的人员担任。《企业组织法》规定：凡是员工在500人以上的企业，员工在监事会中的比例不得少于三分之一。另外，《企业组织法》还规定：拥有员工5名以上的企业必须经本企业职工选举成立企业职工委员会，职工委员会在企业福利、劳动、人事和经济事务方面参与企业民主管理。员工参与共决制是德国社会市场经济体制的重要组成部分，它在一定程度上促进了德国社会各个阶层的平等和劳资关系的和谐，激发了员工的工作潜能，对提高企业竞争力发挥了一定作用。①

2）日本的终身雇佣制和年功序列制

终身雇佣制主要是指日本的年轻人在走出校门后，一经被某一家企业正式录用，将一直在同一家企业工作，直至退休，中途一般不会解雇。员工很少更换雇主，而企业在经济不景气的时候也很少解雇员工，使得员工的利益和企业的利益牢牢拴在一起，员工与企业形成了长期稳定的合作关系，强化了员工在公司中的地位，提高了员工的安全感和对企业的忠诚度及归属感，员工时刻把公司的利益放在首位。年功序列制是指员工的工资待遇随着员工在企业的资历逐年提高，而资历条件也是员工晋升的主要条件，经理人员通常都是由企业内部员工提升而来的，这使得所有的员工为了提薪和晋升很少更换雇主，并且使员工之间、员工与经理层之间得以相互配合，共同促进企业的发展和繁荣。

但是随着日本经济的持续低迷，特别是1997年亚洲金融危机，终身雇佣制和年功序列制也暴露出了许多弊端。终身雇佣制增加了企业的负担，同时，企业一旦发生危险，员工无法分散风险；而年功序列制注重资历，不太注重工作业绩和能力，特别不利于主张竞争和自由的年轻一代的发展，影响了企业的创新发展。尽管如此，日本的终身雇佣制和年功序列制相结合，有力地调动了员工的积极性，使员工积极地参与到公司的管理和决策中，也为员工参与公司治理奠定了基础，在促进了企业发展的同时，也促进了日本经济的迅速发展和崛起。

3）西班牙的蒙德拉贡合作社

西班牙的蒙德拉贡合作社由琼斯·马里亚·阿里斯梅迪创办，贯穿的理念就是社会公平和合作相协调。其前身是1956年24名工人和提供资金的96名当地人开办的生产移动取暖器的小厂乌列戈尔。到1985年，已经发展到由近2万名工人和业主组成的众多生产合作社集团，所有合作社都是工人所有制。到1995年，该公司拥有工业、金融、销售三大集团，总资产为120亿美元，销售额55.7亿美元，出口额9.7亿美元，有近百家合作企业和2.9万名员工。

合作社制度的特点是：

（1）由全体成员组成的社员大会，是企业最高权力机构，实行一人一票，决定企业的重大决策，如审议通过发展规划、重大投资事项的决定、修改章程、选举委员会成员等。管理委员会是合作社的最高管理机构，是社员大会闭会期间的常设机构。管理委员会主要负责经理、厂长的任命、监督和撤换；批准成员的加入或辞退；确定工作等级；提交年度报告和统计报表；向社员大会建议利润的分配方案；审批财务经营计划和业务；审批管理计划等。合作社总经理由管理委员会聘任。社会委员会负责社会事务，并参与合作社的管理。审计委员会负责审计合作社的年度财务报告。②

（2）合作社由个人账户和集体账户组成。工人加入合作社，须交纳相当于个人1年

① 胡寒军，郭娅娟. 企业员工参与公司治理：国外的实践与我们的对策 [J]. 中州大学学报，2005（7）.
② 李海岩，宋葛龙. 发展现代合作经济在我国仍有重要意义——西班牙蒙德拉贡合作社的经验与启示 [J]. 中国经贸导刊，2006（11）.

收入的资金，作为他成为合作社成员的保证金及社费，同时也就拥有其个人内部资本账户。个人账户的利息按照固定利率计算，并随国家通货膨胀指数进行调整。合作社每年的纯利润被分配到每个个人账户和集体账户两个账户上——70%归个人账户，30%归集体账户。合作社利润在个人账户中的分配，是按其总预付工资额和利息收入的比例进行的，而不是依据股本金的多少来分配。每个社员的预付工资额是分等级的，等级一般根据合作社成员的资历、责任、工作的艰苦和危险程度等指标计算出来的"分数"来决定。当工人退休或离开企业时，账户上的余额在几年内向其付清。集体账户上的资产不可分配，在合作社解散时，用于偿付外债和内债后，其剩余资产归地方政府或所有过去和现在的合作社。①

4）员工持股

员工持股是指员工通过认购或购买公司股票从而以员工和股东的身份参与到公司治理中。员工持股目前的主要形式有员工持股计划（Employee Stock Ownership Plan，ESOP）、员工股票期权（Employee Stock Option，ESO）和员工股票购买计划（Employee Stock Purchase Plan，ESPP）等。

员工股票期权是指公司按照一定的程序授予员工购买本公司股票的权利，该权利允许员工在未来的某一时间以某种价格购买公司一定数量的股票。员工股票期权限于经理或管理者时，则称为经理股票期权（Executive Stock Option）。目前将股票期权普及到所有员工的企业还比较少，主要是经理股票期权。

释例　　　　　　　　　　　**星巴克的员工股票期权**

1987年，舒尔茨购买了星巴克咖啡公司，建立了美国历史上第一个星巴克"期股"，即公司所有员工都将获得公司的股权，获得健康保险，尽管"刚开始是有亏损的"。而对中国员工的股票期权计划是从2006年11月开始实施的，名为"咖啡豆股票计划"。

该计划规定无论是公司高层还是普通员工，或者是兼职员工，只要在2006年4月1日前加盟星巴克，每周工作时间超过20小时的全职或半职员工，都有权获得星巴克的股票期权。每年公司董事会将确定一个比例，2007年的比例是14%，即有权享受该福利的员工将获得相当于年薪的14%价值的公司股票期权。星巴克在中国内地拥有4 000名员工。不过，这项计划仅限于星巴克直营店范围内的员工，上海统一星巴克公司苏浙沪范围内的员工暂时还无法享受这项权利。由于星巴克在中国直营的历史并不长，第一家直营店是在2005年5月份在青岛开业的，资历最久的员工在中国也只能享受一年的期权。

资料来源　杰夫 D. 星巴克要给中国员工股票期权［N］. 何黎，译. 金融时报，2007-02-08，有改编。

员工股票购买计划是一种面向全体员工的持股计划，员工可以将一定比例的指定薪酬用于购买公司的股票，购买价略低于股票市价，一般是股票市价的85%，股票来源一

---

① 张昕海，于东科. 股权激励［M］. 北京：机械工业出版社，2000：101-104.

般为董事会授权增发的新股或公司从证券二级市场上回购的股票，员工认购后可以出售获利，因此，员工股票购买计划是一种短期激励性质兼具福利的计划。

员工持股计划也称员工股票所有权计划，是指企业员工通过贷款或现金等方式购买或认购企业的股票，从而以劳动者和所有者的双重身份参与到企业的生产经营与企业治理中。员工持股计划的基本内容是：在企业内部或外部设立专门机构（员工持股会或员工持股信托基金），这种机构通过信贷方式形成购股基金，然后帮助员工购买并取得本企业的股票，进而使本企业员工从中分得一定比例、一定数额的股票红利，同时也通过员工持股制度调动员工参与企业经营的积极性，形成对企业经营者的有效约束。

对于员工股票期权和员工股票购买计划，员工大多数会行权或在得到股票后进行抛售，所以，这两种计划是短期的激励，而不是长期的激励，因此员工对公司治理的参与效果没有员工持股计划好。从公司治理的角度看，员工持股计划有效地把员工的长远利益与公司的利益相结合，从而使员工在公司治理中发挥积极的作用。

释例   **微软公司员工薪酬的构成**

微软公司员工的薪酬主要由三部分构成：一部分是工资，一部分是公司股票认购权，最后一部分是奖金。微软通常不付给员工很高的薪酬，但是有15%的一年两度的奖金、股票认购权以及用工资购买股票并享受折扣。每一名微软员工工作满18个月就可获得认股权中的25%的股票，此后每6个月可获得其中的12.5%，10年内的任何时候员工可以兑现全部认购权。微软每两年还配发一次新的认股权，员工可用不超过10%的工资八五折优惠价格购买公司的股票。

8.2 员工持股计划

8.2.1 起源

员工持股计划（ESOP）是20世纪60年代初由美国著名律师路易斯·凯尔索首先提出并予以实施的。经过路易斯安那州参议员拉塞尔·朗的努力推动，1974年《美国雇员退休收入保障法案》明确提出了公司实行员工持股计划的问题，并就各种税收优惠政策做出了法律规定，员工持股计划在美国得到了广泛的应用并取得了成功。其基本思路是，在公司财务上给员工赊账，使其获得资本所有权，以后员工利用这种资本所有权的收益来偿还赊账。员工持股计划从根本上打破了物质资本一元垄断的局面，它主张劳动力资本化，这给员工提供了一条凭自己的劳动、技术、知识分享利润的途径，从而比简单的让员工出资购买公司的股份大大前进了一步。

8.2.2 员工持股计划的种类

1）杠杆型员工持股计划和非杠杆型员工持股计划

按照员工购买股票的资金来源，员工持股计划可以分为杠杆型员工持股计划和非杠杆型员工持股计划。

杠杆型员工持股计划是指企业员工通过借款购买公司股票，一般由公司担保向银行借款，用以购买公司股票，可以是借给员工，也可以借给公司。然后公司每年以现金的形式向员工持股计划缴纳贡献金，员工持股计划再用此资金偿还借款。借款还清后，公司的股票即被分配到参加员工的个人账户上。

非杠杆型员工持股计划则是通过员工自有资金逐步获得公司的股票，但员工并没有直接支出，也即公司每年向该计划贡献一定数额的现金或股票，一般占员工工资总额的15%，最高可达25%。

2）福利型、风险型和集资型员工持股计划

按照员工持股计划的功能，员工持股计划可以划分为福利型持股计划、风险型持股计划和集资型持股计划。福利型持股计划目的是通过增加员工福利来留住人才。美国的员工持股计划多是福利型。风险型持股计划目的是提高企业的经营效率，特别是资本效率，只有企业效率提高，员工才能受益。集资型持股计划目的是缓解企业筹集资金的压力，因此通常员工一次性出资数额较大。

8.2.3　实施员工持股计划的意义

员工持股计划在一些国家得到一定程度的发展，一方面缓解了社会财富分配严重不公、劳资矛盾突出的问题，有利于社会的稳定，另一方面对企业的成长和发展有着重要的意义。员工分享了企业的所有权和收益权，增强了员工的满意度，调动了员工的积极性和主动性，特别是员工也承担了部分风险，使员工积极参与到公司治理中去，从而提高企业的治理水平，有助于企业业绩的提升。

1）增强企业的凝聚力

人才是企业发展的原动力，目前人才的流失已经成为普遍现象，如何留住人才成为所有企业面临的急切任务。由于企业员工持有公司股份，特别是员工持股计划将员工的未来收益和养老计划与公司股票的未来价值紧密联系在一起，既调动了员工的积极性，特别是高素质人才的积极性，也使得员工更加重视企业的发展，防止了人才流失，增强了企业对员工的凝聚力。

释例　　　　　　　　**微软公司留住人才的奖励制度**

在互联网发展的高峰中，作为软件业巨头，就像其他成熟的技术公司一样，微软的管理人员和工程师也纷纷跳槽到互联网新创企业和风险投资企业。微软公司为了留住顶尖人才，推出了一系列新的奖励制度，包括超过往常数量的员工股票期权和额外的休假等。微软的ESOP分配给高级管理人员和重要的软件工程师，最多可达200 000股。此外，其在刚进入中国之后，就对中国员工实施了不同程度的员工持股，使微软逐渐成为中国优秀软件和计算机人才理想的"打工天堂"。

2）有效防止企业被兼并对手兼并或收购

一方面，公司的部分股份分散在员工手上，加大了敌意收购的难度；另一方面，由于员工持股，企业的利益与员工的利益紧密联系在一起，员工担心被敌意收购后可能遭裁员，激起了帮助企业抵制敌意并购的决心，从而防止企业被收购。

释例   宝丽来反收购战

1988年7月，迪士尼家族的投资公司三叶草控股以每股45美元的价格面向宝丽来的股东收购其持有的公司股票，宝丽来当时的股价是30~35美元。宝丽来的管理层采取了回购公司股票、推行员工持股方案、发行优先股等措施，成功地打赢了与三叶草控股的反收购战。宝丽来的员工持股方案的具体运作方式是：宝丽来贷款3亿美元，用于以市场价格向公司购买增发的股票；员工的薪水被定期扣除8%以换购这部分股票，同时公司则将扣除下来的工资分10年偿清这3亿美元贷款。

资料来源 根据网络资料整理改编.

3）提高企业业绩

员工持股计划能够充分发挥员工在参与公司管理方面的能力，改善企业经营管理，分散企业经营风险，从而提高企业的业绩。

释例   美国西北航空公司的员工持股

美国西北航空公司是美国第三大航空公司，总资产近50亿美元，员工3万多人。20世纪80年代末90年代初，由于美国政府取消对航空业的管制，油价上涨、航空业市场竞争激烈等多种因素导致西北航空公司亏损严重。1993年12月公司负债高达47.36亿美元。为了挽救企业，西北航空公司的债权人、股东、员工代表（飞行员、技师、空姐三个工会）三方经过激烈的谈判，在相互妥协的基础上达成了调整股权结构、实行员工持股的协议：

（1）员工持股计划的实施：美国西北航空公司的员工在3年内以自动降低工资的方式，购买公司30%的股权。具体方式是：按比例降低工资。年薪1.5万美元以下者不降低工资；年薪2万~2.5万美元者降低5%工资；年薪3万~4.5万美元者降低10%工资；年薪5万~8万美元者降低15%工资；年薪8万美元以上者降低20%工资。2003年全部偿还债务后，如果员工想卖出股票，公司有义务从员工手中回购全部股票。

（2）美国西北航空公司的股权结构为：公司原有两个股东持股占32.5%；员工持股占30%；荷兰皇家公司及澳大利亚和美国的两个公司分别持股14%、8.8%和7%，合计持股29.8%；银行持股7.7%。在30%的员工持股中，飞行员持股42.6%，技师持股39%，空姐持股9%，其他地勤人员持股9.4%。公司董事会由15人组成，其中员工董事3人，分别由飞行员工会、技师工会和空姐工会选举产生。

员工持股为有投票权的特殊优先股。员工股股息年利率为5%。员工股可由优先股转为普通股，并可以在股市上自由转让。公司在2003年之前可随时收回员工股，但必须提前60~90天通知员工。员工股也有投票权，由托管机构代理行使投票权。美国西北航空公司的员工股托管机构每年向员工通报股票数量与市价。在每次召开股东大会前，托管机构把股东大会上要表决的问题发到员工手中，员工填好意见后交给托管机构，由托管机构根据员工意见行使投票权。

（3）实行员工持股计划的效果。美国西北航空公司成功利用员工持股计划，扭亏为盈后又成为上市公司，股票增值很快。股票增值到每股24美元时，即可完全补偿所减少的雇员工资，现在每股已增值到37美元，持股员工的收入大大增加。

资料来源 百度文库. 美国西北航空公司的员工持股 [EB/OL]. [2014-06-20]. http://www.wen/cu.baidu.com/view/eqc185f3284ac850ad02425d.html, 有改编.

4）改善股权结构，实现权利平衡

员工持股改善了股权结构，发挥员工对管理层的监督作用，有利于公司治理中的权利平衡。特别是员工持股可以为国有企业混合所有制改革提供一个比较好的渠道，盘活国有资本，有利于实现国有资本的保值和增值，使其及时从缺乏竞争力的行业退出，实现国有经济布局优化和结构调整，推动国有资本和国有企业做强做优做大，提升企业核心竞争力。改善我国国有股"一股独大"的现状，使国有控股企业的股权结构更为合理。

释例 **SDFC有限公司的股权变更**

SDFC有限公司成立于2011年11月，2013年正式建成投产，是由CL集团与SDF集团共同成立的合资公司，主要竞争对手为福田雷沃、东方红、久保田等。公司旗下有来自意大利的农机品牌"道依茨-法尔"和合资后收购的国产"沭河"两大主力品牌，同时也销售母公司SDF的"兰博基尼"系列拖拉机。公司致力于大马力拖拉机以及配套农机具的制造和销售，公司业务范围涵盖大马力拖拉机整车以及相关零部件的研发、制造、销售和服务，拥有临沂临沭及黑龙江绥化两个整车制造基地。

2015年时，由于CL集团内部出现危机，加上自身运营成本和经营管理上的问题不断涌现，这一年由于CL集团股份占比由原来的51%变为5%，公司由CL控股转变为意大利SDF控股，同时，对临沭BE股份有限公司、绥化CH股份有限公司两家企业的资产并购重组也在进行中。面对这样大的变故，公司原有的信息系统等已与现有的业务运营流程严重脱节，如果再不对公司整体进行转型变革，公司恐怕很难再维持下去。

SDFC有限公司是CL集团和SDF的合资公司，2015年公司由CL控股转变为SDF控股，同时，又对临沭BE股份有限公司、绥化CH股份有限公司两家企业进行资产并购重组，股权的变更和企业的重组使得SDFC建立起自己的信息化体系，脱离CL集团信息化约束。

资料来源 王建国，王飞，华连连. SDFC集团：业务流程规划助力企业前行 [G]. 中国管理案例共享中心，2016.

8.2.4 标准的员工持股计划

标准的员工持股计划是指杠杆型员工持股计划。

1）主要内容[①]

（1）设立员工股份信托基金。这是一个可以控制员工股份的独立、合法的实体，掌握和控制这个计划的所有资产。

（2）设置悬置账户。员工股份信托基金从银行借款购买公司股票，但不直接发放给员工，而是放在一个悬置账户内，偿还借款时，再按照确定的比例分次转入员工个人

---

① 杨欢亮，王来武. 中国员工持股制度研究 [M]. 北京：北京大学出版社，2005：208-209.

账户。

（3）员工广泛参与。至少应该有70%的非高薪阶层的员工参与这个计划，而且非高薪阶层参与该计划所得平均收益不得低于高薪阶层所得平均收益的70%。

（4）参与各方的收益限制。员工股份信托基金归还借款的减税额不得超过工资总额的15%~25%，每个参加该计划的个人从中得到的收益不得超过其工资总额的25%。

（5）获得股权的限定。参与员工持股计划的员工获得独立的股权须工作满5年后，或工作3年后获得应有份额的20%，以后逐年增加20%，7年之后获得全部股份。

（6）投票权。已经分配到股票的员工以个人名义行使表决权，尚未分配到参与者手中的股票由基金执行人行使表决权。

（7）多样化投资选择。对接近退休年龄的员工，允许将其账户的资产投资到其他行业，对接近55岁的参与该计划10年以上的员工可将其25%的股份向外投资。

（8）分红及利益分配。如果员工账户的股票价值超过50万美元，则每年只能分到10万美元，利益分配可以采取股票形式，也可以付给等额现金。

（9）员工股份的价值评估。对于非上市公司的股票，该计划执行人在按照规定将股票分配给员工时，信托基金必须请独立的评估机构按美国劳工部的规定进行评估，且以后每年进行一次。

（10）回购规定。对于员工参加持股计划而得到的股票，如果员工希望变现，公司有以当前公平的市场价格购回这些股票的责任。

（11）信托基金的资格和标准。员工持股信托基金可以是一个或多个，也可以是一个独立的银行或信托公司。其主要任务是购买该公司股票，保护参与者利益。

2）特点

（1）这种员工股不同于一般的上市股票。首先，许多推行员工持股计划的企业并不是上市公司，甚至不是股份有限公司，员工通常也无法用归属于自己的这类股票进行股票交易，具有相当浓厚的"内部员工股"的味道。其次，这种股票一般是由企业以某种形式"赠送"给员工的，而不是由员工直接掏钱购买的。

（2）这类员工股股东拥有收益权和投票权，可以依其所拥有的股份数额获得股利收益，参与公司重大问题的投票，但在股票转让上则受到一定的限制。通常只有在员工因故离职或退休时，才将属于自己的那一部分股份按照当时的公平市价转让给本公司其他员工，或由公司收回，自己取得现金收益。

（3）员工持股计划与员工的养老和保险计划相关联，员工在退休时得以兑现的股票收益构成员工养老收益的重要组成部分。

（4）税收优惠。为鼓励美国企业推行员工持股计划，美国国会通过了一系列法律，为实行员工持股计划的企业及有关各方（即员工持股计划四种参与者：实行ESOP的公司、实行ESOP公司的员工、发放贷款的银行和出售股权的股东）提供税收优惠。首先，向员工持股计划提供贷款的银行或其他金融机构，因发放员工持股计划贷款而获得的利息收益的50%可免收联邦所得税；其次，员工持股计划基金分得的用于归还贷款的股份收入可以减免税收；再次，参加员工持股计划的员工，在离开公司或退休得到股份收益时，可享受税收优惠；最后，非公众公司的股东把股份卖给员工持股计划，并使员工持股计划拥有30%以上的股份，且将其因出售这部分股份而获得的收益用于国内再投资，政府缓征其在出售股份时的资产收益税。

8.2.5　员工持股计划的缺点

1）存在投资风险

通常员工持股计划与退休养老计划合在一起，这使得员工的投资过于集中于本企业，一旦企业经营状况发生变化，员工将面临巨大的投资风险。如美国安然事件导致数千名员工在该股票价格的下挫中损失惨重，特别是退休和养老金化为乌有。这一事件后，戴尔公司随即要求员工尽量减少其账户中持有的本公司股票。此前，戴尔公司员工中大约有58%的退休养老计划投资于戴尔公司股票。

2）员工持股计划有一定的适用范围

尽管员工持股计划有着巨大的优势，但不是所有的企业都适合实施。一是因人力资本密集型企业和资本密集型企业不同，员工持股计划主要适用于人力资本比较集中的企业，如高新技术企业、咨询企业等。对于资本密集型企业，由于资本的贡献比较大，相应的员工持股计划不能起到真正的激励作用。二是因企业的发展前景不同。对于那些已走下坡路的企业，如果不改变经营方式，仅靠实施员工持股计划并不能改变企业的命运，只能是延长企业的寿命。

3）员工持股计划的实施受到一定的环境制约

员工持股计划的成功实施受企业的内外部环境的影响，如国家的经济政策、行业背景、竞争环境，以及企业的经营状况等因素，并不是每一个企业的员工持股计划都能够成功实施。如1997年君安证券员工持股计划未能实施，2002年海通证券员工持股计划也没有获得中国证监会批准。

4）员工持股计划的激励效果受员工持股比例的影响

如果员工持股比例太小，就不能调动员工的积极性，影响员工在公司治理中的作用的发挥。但如果员工持股比例大，由于员工兼有股东的身份，而大多数员工通常没有经营层的管理和决策能力，容易产生短视行为，反而影响了企业的长远发展。特别是员工兼有股东的身份，员工以股东自居，从而影响了企业的正常管理。

8.3　国外员工持股计划的发展

8.3.1　美国的员工持股计划

美国员工持股的实践最早可以追溯到18世纪末，美国"员工所有制之父"阿尔伯特·盖莱丁提出，民主不应该仅限于政治领域，也应当扩展到经济生活中来。1797年，他在宾夕法尼亚州自己的玻璃工厂里尝试实行了员工持股。为了缓和劳资矛盾，1916

年美国出现了第一个员工持股计划（当时还没有这个名字）。零售商西尔斯和罗巴克公司决定用公司的股票资助员工退休计划。员工通过这一计划持有公司的股票，从而得到更多的退休补助金。这一计划不光能激励和留住员工，也提高了公司的盈利能力。20世纪20年代，美国掀起了被称为"新资本主义"的员工所有制运动。到1930年，美国当时约有25%的员工购买了10亿美元的公司股票。但是，正当这种做法开始为人们所接受的时候，美国爆发了经济危机，股票市场崩溃，许多员工失去了其股票账户的价值，员工持股制遭受了美国历史上最严重的挫折。

直到20世纪50年代末，美国员工持股计划的现代创始人路易斯·凯尔索提出了双因素理论，并在加利福尼亚州将自己的理论付诸实践，成功地实施了美国第一个员工持股计划。他的理论得到了美国国会和政府中一些有识之士的支持，其中起关键作用的是路易斯安那州参议员拉赛尔·朗。他努力推动国会立法，终于使国会在1974年通过了《美国雇员退休收入保障法案》。其后，美国国会和政府又相继颁布了20多项法律，50个州中也有一半颁布了鼓励员工持股的立法。这些法律颁布后，极大地推动了美国员工持股计划的施行。

8.3.2　日本的员工持股计划

日本的员工持股计划就是在股份公司内部设立本企业员工持股会，由员工个人出资，公司给予少量补贴，帮助员工个人积累资金陆续购买本企业股票的一种制度。日本的员工持股计划主要是基于日本高速增长的经济与日本资源特别是劳动力资源极其贫乏的背景，20世纪60年代后期，日本经济开始高速发展，对外经济逐步扩大，而高素质的劳动力资源非常贫乏，为了稳定高素质人才，增强企业的凝聚力，提高企业的经营业绩，同时防止企业被外资并购，日本开始借鉴美国的员工持股计划。但是到了70年代中期以后，增加个人财产变成员工持股制度实施的首要目的。除了帮助员工形成个人财产，该制度也是帮助员工增加退休后收入的制度。

日本的股票发行和买卖制度是员工持股产生的直接原因。日本上市企业的股票，一般以1 000股为买卖的基本单位，1 000股以下是不能购买的。每股的票面金额为50日元，一个单位股票的面额合计为5万日元，但每股交易是按时价计算的，时价一般为票面额的几倍甚至几十倍。这样，要购买一个单位的股票需要几十万、上百万日元的资金。一般来说，员工个人购买也不是那么轻而易举的。建立员工持股制度，就可以由持股会从员工每月工资里拿出一定比例的资金，集中起来以持股会的名义统一购买本企业的股票。购买股票的出资一是按月从工资中扣缴，钱数以"份"为单位计算，一般每份为1 000日元；二是用奖金积累，即从年中和年末奖金中扣缴。份数通常按每月扣缴份数的3倍计算。所购股票由持股会统一管理和运作，员工按照所持股份享有分红权。股票所有权因上市公司和非上市公司的不同而有所不同。对于上市公司，员工个人持股数达到一个单位时，就可以取出成为个人股票；而非上市公司则限制较严。上市公司的股票经常有买入和卖出，持股会可以随时购买，而非上市公司的股票只有在公司增资时才能取得。

8.3.3 英国的员工持股计划

英国第一个员工持股计划由威尔斯康特勋爵于1829年在他的戈尔韦农场实施，但是从那以后，员工持股计划进展非常缓慢。直到20世纪70年代，由于石油价格上涨引起英国经济严重衰退，相比大多数企业濒临破产，英国帝国化学工业公司由于实行员工持股计划而成功抵抗危机。因此为摆脱经济困境，英国政府开始借鉴美国的员工持股计划，鼓励推行员工持股计划。1978年英国议会通过了一项财政法案，批准实行递延式员工持股的企业和个人实行税收减免。英国员工持股计划得到很快发展是在撒切尔夫人上台之后。撒切尔夫人在任期间，以"民众资本主义"方式出售国有企业，很快在全英国掀起私有化浪潮。在私有化过程中，50万名员工转移到私营部门，其中90%的员工购买了本公司的股份，英国私人股东的人数增加了3倍。英国全国货运公司是撒切尔政府第一个实行私有化的国有企业。到90年代中期，英国员工持股人数已达200万人，全国股票持有者高达900万人，占成年人口的20%。1999年，英国政府又宣布扩大员工持股的范围，并在2000年对金融法进行了一系列修改，使新加入员工持股计划的人数又增加了60万人。

英国的员工持股计划主要包括三种：

1）利润分享计划

公司用不高于5%的税前营业利润委托信托单位购买股票（可从现有股东手中购买股票或按市场价格认购新股），然后分配给有资格的员工，员工对象主要包括在公司连续服务满5年的所有全日制员工（包括经理人员），对于非全日制员工以及服务年限较短的人员由公司决定是否参与。

2）股票储蓄计划

1980年英国财政法规定，工作满5年的员工可以同国家储蓄部门或住宅互助协会签订"发工资时扣存储蓄款"契约，同意从工资中逐月扣取一定金额后，就被授予按不低于股票市价九折的价格认购公司普通股股票的权利，满5年就可以行使该项权利，并可出售所取得的股票。如果放弃该项认购权利，也不影响其储蓄本金和红利。但是如果契约签订后不满3年就离开企业，则不能享有股票的认购权。对于股票储蓄计划，英国还实行税收减免优惠。

3）股票购买权

这项措施主要针对经理人员，即公司授予有资格的员工在将来某个日期购买其股票的权利，该股票具有一定的税收减免优惠。按购买权利所购买的股票价格不得低于市场价格。

8.3.4 法国的员工持股计划

法国员工持股的思想萌芽诞生于19世纪中叶，但当时法国多数雇主和工会都比较保守，而且相互敌视，所以直到20世纪50年代末，法国仅有个别企业进行过员工持股的尝试。20世纪70年代后，员工持股才得到了迅速的发展，这主要是由于政府出面进行强制推行。法国政府通过立法和税收优惠鼓励企业推行员工持股计划和员工持有公司股票。

具体做法是：股东特别代表大会在听取了公司行政委员会和审计院的报告后，按要求确定新增资本的数额和股票认购的价格。股东特别代表大会规定的数额，即5个财政年度出售的股票总额不得超过公司资本的20%，员工可以个人方式或集体方式认购。以个人方式认购时，员工必须在本企业工作至少半年以上。认购资金不必一次缴齐，可以从每月工资中扣除，企业还可以发放补贴，但不高于每年3 000法郎的限额。认购时必须按时、足额交款，如不能履约，公司则催促其出售股票，并从卖股票所得中扣除所欠公司数额。员工认购金额不得超过其一年所缴社会保险费的50%。股票为记名股票，除特殊情况外，从购买之日起5年内不得转让。以集体方式认购时，每个员工有一个账户，由银行等金融机构管理账户及股票。

释例　　　　　　　　　　　　法国雷诺公司的员工持股

1993年7月，法国政府对雷诺汽车公司成功进行了私有化，国家持股从79%减持到53%，并采取了"稳定投资股东集团"和员工持股方式，稳定投资股东集团由与其在经营业务上有着密切关系的大企业组成，所持有的股票在两年内不得转让，两年后在得到有关部门允许的情况下，只能在"稳定投资股东集团"内的成员间进行转让。政府规定公众股和法人股占公司股份的28%，员工股占5%，员工股价格低于公开售价的20%，员工股5年后才能够转让。由于价格优惠，占公司61%的人，大约10.2万名的员工购买了股票，绝大多数人选择5年期的股票。

8.4　我国员工持股的实践

8.4.1　我国员工持股计划的发展过程

我国员工持股最早可以追溯到清末的山西票号，后主要是伴随着企业股份制的改革而发展起来的。我国员工持股经历了内部职工股、公司职工股、职工持股会直到今天的职工持股信托。

1）内部职工股

内部职工股是最早出现的员工持股形式。1992年5月，国家体改委颁布《股份有限公司规范意见》，其中规定，采取定向募集方式设立的公司，可向其内部职工发行不超过公司总股份20%的股份；采取社会募集方式设立的公司，本公司职工认购的股份不得超过公司向社会公众发行部分的10%。于是在我国出现了近千家的定向募集股份有限公司，这些公司发行了大量的内部职工股，采取的方式是职工自愿出资购买。为了解决上市公司存量大、涉及面广的内部职工股问题，证券监管部门采取了内部职工股配售3年后上市、职工股占用新股发行额度上市和职工股从新股发行之日起满3年后可上市流通等解决方法。

但是由于内部职工股获取成本极低，上市造就了一批富翁，大量、集中的抛售对股市造成了严重的危害。同时当时内部职工股运作并不规范，产生了大量的腐败现象。因此1994年6月，国家体改委通知各地方、各部门立即停止审批定向募集股份公司，在规范内部职工股的新办法出台之前，暂停内部职工股的审批和发行工作。1998年底中国证监会又发布通知，停止上市公司内部职工股的发行。

2）公司职工股

取消了内部职工股后，我国又开始试行新的员工持股形式，即公司职工股。1994年2月，原国家体改委和国家证券委联合下发了《国家体改委、国务院证券委关于社会募集股份有限公司向职工配售股份的补充规定》，其中规定：公司在向社会公开募集股份时，从股票公募额度中拿出10%，供公司内部职工认购从而形成公司职工股，在公司普通股上市后6个月，公司职工股可以上市流通。由于公司职工股认购成本较低，且限制期短，因此在实质上是一种短期的福利，没有把员工的长远利益与企业利益挂钩，所以达不到长期激励的效果。因此在1998年11月，中国证监会发布了《关于停止发行公司职工股的通知》，股份有限公司公开发行股票一律不再发行公司职工股。

3）职工持股会

鉴于职工股在运作过程中存在许多问题，而企业又需要通过员工持股来提高企业业绩，因此各地、各部门借鉴西方员工持股的做法，结合实践，进行了有益的探索，主要是采取职工持股会这一组织形式代表职工统一持有股份，行使各项权利。1997年后职工持股会在全国各地普遍推行。但是职工持股会也出现了问题，主要是由于职工持股会的地位问题。有些职工持股以社团法人的形式存在，有些作为企业内部的组织由企业工会领导，由于职工持股的营利性与职工持股会组织的非营利性产生矛盾，并且我国公司法规定公司对外投资不得超过净资产50%的比例，因此到2000年民政部暂停审批新的职工持股会，对原有的职工持股会不予年检，不换发新的社团法人资格证书，同时在创业板的上市审批过程中，有关政策对职工持股会持股的公司不予支持，由职工持股或工会持股的公司被列为暂不考虑上市的范围，职工持股会开始减少。

4）职工持股信托

我国信托法规定：信托是指委托人基于对受托人的信任，将其财产权委托给受托人，由受托人按委托人的意愿，以自己的名义为受益人的利益或特定目的进行管理或处分的行为。信托应当采取书面形式。信托公司为企业设计一个员工持股信托（ESOT）。由ESOT向金融机构借款，企业为借款出具担保，ESOT从企业股东手中购买股权。由于企业负有担保责任，在它担保的借款额被还清之前它不会将股票真正转移到ESOT名下。一般在ESOT中设置两种账户：一个是个人股权账户，记载职工实际持有的股权；另一个账户是悬置账户，记载职工还没有偿还借款时尚未真正拥有的股权，随着借款本息的偿还，股票也会逐步转移到ESOT名下，并划入个人股权账户，偿还金融机构借款本息的资金来自企业股息分红。在西方，还包括企业为职工定期交付的养老计划供款。

8.4.2　我国员工持股计划的设计

1）员工持股计划的对象

员工持股计划的实施必须是本企业的员工，非本企业员工不得以任何方式参股，否则就失去了员工持股的真实意义。认购数额通常是按照员工的岗位、职称、贡献来确定。

2）员工持股计划的资金来源

员工个人：以现金出资购买股票，或从工资或奖金中扣除一定比例购买股票。

借款：由公司担保借款购股或从公司的公益金中划出部分资金借给员工。

3）员工持股计划的股票来源

从现有的股东手中购买股份，或者从二级市场上购买流通股票，或者通过增发新股获得股票。

4）员工持股计划的认购价格

认购价格的确定有三种方式：以每股净资产适当浮动一定比例定价，以某一短时间内上市公司股票的二级市场平均价格为准定价，以每股净收益为基础乘以一定的市盈率定价。

5）员工持股计划的股份管理

员工所持股份一般通过工会或专门设立的员工持股会进行管理，员工按照所持股份，享有收益权，但没有转让权和继承权，对于决策权则依各公司具体情况而不同。

6）员工持股股票的管理

（1）员工持股会管理：员工持股会主要是伴随着员工持股计划的实施而建立和发展起来的，在我国则是随着企业的股份制改造建立起来的。员工持股会代表的是企业内部员工的利益，保证员工的权利得以行使，维护了员工的权益。员工持股会集中了分散员工的股权，然后以一个大股东身份参与到公司治理中去，持股会选出员工代表进入股东大会、董事会和监事会，直接参与企业重大决策，从而对经营者进行强有力的监督。同时员工持股会具有双重身份，一方面是股东，另一方面是员工的集合体，有助于企业股东、管理层、员工的双向沟通。员工通过持股会了解企业经营管理的状况，并提出建议，同时，持股会可以把员工的建议、员工动态传递给董事会和管理层，加快企业的管理民主化的进程，同时有助于改善企业的经济效益和效率。在实践中，主要有以下几种模式：

① 明确为社会团体法人，需要在民政管理部门登记。

② 明确为依托工会，以工会法人开展活动。

③ 明确为依托工会，但需要进行工商登记。

④ 委托思路，但不限于工会。

⑤ 托管思路，即海南模式。员工持股通过委托共同受托人进行，共同受托人可以是企业内部员工，也可以是企业外部的自然人或法人。

⑥ 员工出资，通过建立有限责任公司来收购和持有企业股份，实行员工持股。

释例　　　　　　　　　　　　华为的员工持股会

　　1987年任正非先生集资2.1万元人民币成立华为公司，到2013年华为成为世界上最大的通信设备制造商，2016年营业收入超过5 000亿元，超过BAT互联网三巨头的营收总和！其实华为投资控股有限公司只有两个股东，任正非，是唯一的自然人股东，而任正非仅持有1.14%的股份；另外一个股东就是"华为投资控股有限公司工会委员会"，持股98.99%，华为投资控股有限公司工会委员会是工会法人，也就是华为员工的持股平台，并且华为是一家没有任何政府机关或机构持股的公司，完全由员工持股。截至2018年12月31日，华为员工持股计划参与人数达96 768人。华为并没有上市的打算，因此采取了工会持股的方式，将利润回馈给员工。2017年华为虚拟每股利润达2.7元，每股分红为1元；2018年华为拿出240亿元进行分红。

　　资料来源　根据相关报道综合整理.

　　（2）委托信托公司托管：员工持股交由信托公司管理，信托公司依法行使与信托财产相联系的投票表决权。由于信托公司有专门的富有经验的人员从事信托管理，从而解决了员工单个个体无力发挥股东监管公司经营管理的问题，改善了企业的法人治理结构，同时解决了原来员工持股会或工会持股的法人地位问题。

释例　　　　　　　　　　　　TCL员工持股信托变迁

　　TCL集团系由广东省惠州市政府控股的拥有家电、信息、通信、电工四大产业的特大型国有公司。自1997年实行国有资产授权经营以来，经惠州市政府批准，公司建立了员工持股制度，先后以奖金折股、业绩奖励转股、管理层人员和技术骨干现金增资、市政府因员工出资而配发股份等形式实现员工持股。历经几次股权转让和受让，截至2002年2月9日，工会工作委员会仍为1 300余名员工利益共持有TCL集团14.79%的股权。为了妥善解决员工持股问题，工会作为委托人，以其持有的14.79%的股权为信托财产，以原有员工持股制度的参与人为受益人，以委托人和受益人共同信赖的自然人杨利为受托人设立信托。原持股员工转化为信托受益人，其股权份额记载为信托中的按份受益权。2002年2月8日，工会和杨利签署民事信托合同并于其后完成工商变更登记，股权过户至杨利名下。后因TCL集团整体上市的申请遭遇到监管部门对其以信托方式实现员工受益制度的质疑，工会与原受托人杨利终止了信托协议。2003年10月14日，工会同意接受原信托受益人之委托，以信托方式受托持有该集团14.79%的股权。同时，工会还与国信证券有限公司（以下简称国信证券）签署了《信托财产委托资产管理合同》，根据合同约定，工会以受托人的身份仅作为公司章程、工商登记、股东名册和法定信息披露中的信托财产名义持有人，其他职责均委托国信证券行使；建立员工受益计划管理委员会，对信托事务进行核查与监督，确保受托人及其代理人忠实履行信托合同的职责和义务；国信证券作为工会的代理人，经员工受益计划管理委员会同意，代为履行与第三方签署协议、行使公司股东的权利。

　　资料来源　林嘉，李敏. TCL集团职工持股信托方案评析——运用信托方式解决职工持股问题的法律思考［J］. 法学杂志，2005（5）.

8.4.3　我国员工持股计划的模式

我国的企业因所有制形式、规模大小的不同以及我国特殊的制度背景，员工持股计划在实践中与西方持股计划有所不同，且形式多样，各有特色。

1）四通员工持股[①]

四通集团是中国最早的民营高科技企业之一，1998年，为解决产权问题困扰，先由公司管理层和内部员工成立员工持股会，然后分别由原四通集团和员工持股会以及外部股权投资人出资成立北京四通投资有限公司，通过购买香港上市的香港四通以及原四通集团系统集成、信息家电、软件开发等业务，达到以清晰的增量调动模糊的存量的目的。四通改制模式引进MBO方式，同时进行四通的产权重组、业务重组和机制重组，通过产权清晰的新四通收购原四通的资产，解决了产权混乱的问题，同时调动了员工的积极性，增强了企业的凝聚力。

2）金地员工持股[②]

深圳金地集团是我国率先实现员工持股理论与实践双重突破的国有中小型企业。为了解决国有企业的弊端，建立长期有效的激励机制，留住人才，改善企业经营状况，1994年金地集团领导班子拟订了以产权多元化为突破口、内部员工持股为基本特色的方案。1995年，该集团出台实施了《金地集团员工持股制度实施方案》，具体措施如下：

公司股份的70%为国有股和法人股，30%为内部员工股。在员工股中，70%供现有员工认购，30%作为预留股份，用于奖励公司优秀员工红股、供符合持股资格的公司新增员工认购以及原持股员工增加持股额的认购，奖励及认购数额由管委会根据预留股份变动及公司发展情况讨论决定。

首批持股员工按规定程序和标准出资认购公司股份，所需资金的来源，依照个人自愿出资和多渠道集资相结合的原则。对首批认购员工持股总额70%的员工，采取以下三种形式：35%由员工个人出资；35%由公司划出专项资金，借给员工，利率按同期借款较低利率，借款本息在每年分红或工资中直接扣回；30%由公司工会从历年积累的公益金中划转，作为员工持股股金提供给员工，不足部分由员工个人出资。以后待批持股员工均采取以下两种形式：50%由员工个人出资；50%由公司借款给员工，借款利率按同期借款较低利率，借款本息在每年分红或工资中直接扣回。

员工所持股份委托公司工会作为社团法人参股公司，并进行运作；持股员工依法选举董事、监事，进入公司董事会、监事会，参与公司的决策和监督。

内部员工个人股不得转让、交易和继承，员工离开公司或退休就要退股。

金地员工持股计划有效地解决了国有股一股独大的局面，改善了企业股权，建立了投资分红和劳动报酬相结合的激励机制，同时该计划有效地解决了员工持股计划实施中普遍遇到的资金问题。

① 胡军，潘申彪，胡菊勇. 美国企业员工持股计划的经验及对我国的启示 [J]. 北方经济，2006（6）.
② 尹智雄. 企业制度创新——公司员工持股制度研究 [M]. 北京：经济科学出版社，1997：283-284.

3）联想的员工持股计划[①]

联想集团成立于1984年，由中科院计算所11名科技人员创办，到今天登上了中国IT业的顶峰，发展成为一家在信息产业内多元化发展的大型企业集团，2006年时联想已经连续十年占据中国市场份额第一的位置。1994年，为了解决联想创业者的薪酬与所创造的价值不对称问题，并且使企业未来的发展与员工的利益相结合，激励创业者和员工，联想开始实施产权制度改革，确定了中科院占20%，计算所占45%，联想集团的管理层和员工以员工持股会的形式占有其余35%股权的方案。1998年，中科院和联想正式确定按1994年分红比例确定股权，即中科院拥有联想65%的股权，联想员工持股会占有其余的35%。1999年联想又在集团内部推行员工持股计划。这个员工持股计划是进一步明确员工持股会所持35%股权的分配。联想员工持股会将所持有的35%股权进行再分配，其中35%分配给公司创业员工，共15人，主要是1984年、1985年创业时的骨干，20%分配给核心员工，主要是1984年以后到1988年6月1日以前进入公司的老员工，约160人，45%根据贡献分配给未来的员工，包括现有员工。联想的股权改革是将35%的股权切割分成两份：一份用于激励老员工，这部分占55%；另一份是对联想未来的留成，这可以看成是联想的"未来激励"，它占45%。这一方案的最大特点正是兼顾了企业的过去和未来，既妥善地解决了早期创业人员的历史贡献问题，又适当地考虑了企业的发展前途，因而是一个富有创新意识，比较公平、合理的股权改革方案。在2000年联想将其转化为股权，使员工真正成为企业的主人，这是联想得以再次腾飞的动力。

4）山东肥城矿业集团的员工持股计划[②]

山东肥城矿业集团在2006年底即已完成下属13个单位的主辅分离改制，2.5亿多元资产进入山东产权交易中心交易。针对改制企业的股权结构，集团设计了颇具特色的持股比例，即在一般职工、中层干部、高管及主要经营者之间保持适度利益差序。山东肥城矿业集团发明了3个50%的原则：员工持股50%，中层干部和高管持股50%，主要经营者占高管的50%。这就避免了很多地方出现的经营者持大股或卖给外来投资者的做法。通过国有资产的置换和职工身份的置换，彻底解决了国家对国有企业承担无限责任和国有企业对职工承担无限责任这两个问题，使企业走向市场，职工走向劳动力市场，实现了生产要素的自由有序流动与优化配置。

5）华为的员工持股计划[③]

华为从1988年成立到现在，共经历了5个阶段的股权激励。第一个阶段是1990年，华为选择了用实股，让员工用现金认购的方式做股权激励。十年后，华为做了第二次股权激励。当时华为做股权激励的时候，想要解决的是管理层的控制权太分散的问题，之前给的都是实股，把公司股权分散了，所以在第二个阶段进行了虚拟股的激励方式。

第三个阶段是2003年，这是一个比较特殊的时期，当时发生了非典，同时华为在

---

① 整理自佚名. IT公司高管薪酬解读：股权激励典型案例推荐 [N]. 21世纪人才报，2003-06-11，以及相关报道。
② 陆洲. 山东省管国企主辅分离有序推进 [N]. 中国证券报，2008-02-25.
③ 根据相关报道整理。

美国及其他国家遇到了和思科的知识产权诉讼。华为为了解决给高管、核心层配股问题，用了限制股+虚拟股（限制股票指激励对象只有在工作年限或业绩目标符合股权激励计划规定条件的，才可出售限制股，并从中获益）的模式，解决了稳定住高管和核心层的问题。

第四个阶段是2008年，同时也是美国次贷危机出现以后，全球经济受到很大的影响。华为作为在全球发展的公司，也受到影响，为了稳定住整个华为的团队，采取了虚拟股+饱和股（饱和股，指不同工作级别匹配不同的持股量。比如级别为13级的员工，持股上限为2万股，14级为5万股。而若达到其级别持股量上限的老员工，不参与配股。华为2008年年底的内部融资就采用此方法）的激励方式。

第五个阶段是2013年，华为做了一次股权激励，这个方式叫TUP模式，递延、递增的概念。做股权激励的时候做了5年的激励期：第一年给你配股，但是没有分红；第二年开始有分红，但是每年分红只有1/3；持续到第5年，可以拿到饱和股的分红。到第5年结束之后，重新归零，重新来一遍。它解决的是给外籍员工的激励问题，同时也是为了解决公司发展到一个时间段之后，创始团队的一些创始人员躺在华为股票的利益上混日子，为了解决这个问题，重新来一遍股权激励。

8.5　员工利益的代表——工会与公司治理

伴随着员工代表参与董事会或监事会，人们以为工会在公司治理中的地位无足轻重，公司所做出的决策就不需要经过工会和职代会的同意。特别是一直以来工会主要是从维护员工权益的角度出发，主要关注工资、福利等与工作相关的问题，而不涉及公司的治理水平，但是实践证明工会更有助于推动员工参与公司治理。

8.5.1　工会在公司治理中的作用

1）在国际上工会在推动机构投资者能动主义方面的作用

在20世纪70年代，机构投资者在公司治理中的行为还只是消极的和被动的。而到了80年代机构投资者开始转变消极的行为，一部分原因是机构投资者用脚投票的代价比较大，迫使机构投资者在公司治理中采取积极的行动，另一部分原因就是工会的推动作用。

各国工会在公司治理方面积极谋求国际合作，采取一致立场。1998年11月工会国际联盟（International Confederation of Free Trade Unions，ICFTU）成立了一个专门小组对股东能动主义战略进行研究，并起草了关于养老基金在全球市场中的核心职能原则。1999年，ICFTU战略会议在斯德哥尔摩召开。与会者达成协定，推动劳动者股东在公司治理上的能动主义。

在英国，工会联合会（Trade Union Congress，TUC）发起了一个推动劳动者作为养老基金收益人，积极对养老基金施加影响的运动。工会联合会为工会养老基金信托人制定了模范公司治理指南，要求他们敦促上市公司在董事会中引进独立董事，公司治理报酬建立在业绩基础上，推动广泛的员工持股计划等。在美国，工会在监督基金经理投资方面也日益活跃。机构投资者和工会联盟理事会（The Council of Institutional Investors and the Trade Union Federation）督促基金经理按照工会的推荐意见投票。[①]

2）工会在公司治理中的作用

从职工董事、职工监事在董事会和监事会中的比例来看，员工参与公司治理的程度不够，员工作为单个个体来说，在公司治理中发挥的作用有限。而工会作为员工利益的代表，其法定的身份和地位更有助于员工在公司治理中发挥应有的作用。因此，工会在公司治理中起着重要的作用。

8.5.2　我国员工参与公司治理的探索

1）加强公司治理文化建设

公司治理应树立人力资本理念，重视员工在公司治理中的地位及作用。[②]只有这样，员工才能真正地从思想上把企业的利益与自己的利益相结合，真正地参与到公司治理中去，真正发挥自己参与公司治理的作用，从而在企业和员工之间达到一种良性的互动，企业才能够不断发展壮大。

2）建立健全相关的法律制度

要建立健全相关的法律制度，特别是完善对员工持股的相关政策，确立员工持股的法律地位。员工持股有利于改善公司治理结构，同时发挥员工的主观能动性，使员工的利益与公司的利益相结合。

3）加强和完善职工代表大会制度

加强和完善职工代表大会制度，以加强员工参与企业管理和民主监督的力度。《公司法》第十八条规定："公司依照宪法和有关法律的规定，通过职工代表大会或者其他形式，实行民主管理。"一方面，要加大职代会对生产经营决策的参与力度，尤其是增加职代会对企业合并、分立、组织形式变更及破产等重大生产经营决策的参与；另一方面，必须赋予职代会较大的监督权力，加大职代会的监督力度，使职代会真正成为员工对企业实施民主管理和监督的机构。

4）加强和发挥我国工会在公司治理中的作用

（1）我国对工会参与公司治理有着明确的法律规定。《公司法》第十八条规定："公司研究决定改制以及经营方面的重大问题、制定重要的规章制度时，应当听取公司工会的意见，并通过职工代表大会或者其他形式听取职工的意见和建议。"

（2）我国工会依照法律规定，在积极推动公司制企业职工董事、职工监事进入董事会、监事会，行使职工参与决策和监督职能方面发挥了重要的作用。截至2015年9月底，全国已建工会的公司制企业建立职工董事制度的有166 340家，建立职工监事制度

①　贺绍奇. 经济全球化背景下的公司治理与公司法改革［M］. 北京：中国政法大学出版社，2006：311-312.
②　安德山，赵艳艳. 关于公司治理与员工参与的思考［J］. 当代经济，2006（12）.

的有 161 822 家，与 2010 年相比，分别增加了 104.3% 和 100.3%。

（3）我国工会还重视在非公有制企业推行民主管理工作。根据《中华人民共和国工会法》第三十七条关于"国有、集体企业以外的其他企业、事业单位的工会委员会，依照法律规定组织职工采取与企业、事业单位相适应的形式，参与企业、事业单位民主管理"的规定，积极探索非公有制企业职工参与民主管理的制度、形式和方法。数据显示，截至 2017 年年底，全国已建立工会的非公企业中，单独建立厂务公开制度的有 398.7 万家，单独建立职工代表大会制度的有 409.1 万家。

本章思考题

（1）分析中外员工参与制度的不同及其原因。
（2）如何看待中国的员工持股计划的发展和不足？
（3）分析工会在公司治理中的作用。

案例分析题

广发证券员工持股始末

广发证券的前身是 1991 年 9 月 8 日成立的广东发展银行证券部。1993 年末设立公司，2001 年改制为广发证券股份有限公司。公司是国内首批综合类证券公司，2004 年 12 月获得创新试点资格。截至 2006 年 12 月 31 日，公司注册资本 20 亿元，资产总额达 342.65 亿元，净资产 36.49 亿元。自 1994 年开始，公司一直稳居全国十大券商行列，凭借着管理规范，风险控制机制完善，发展战略正确，已发展成为市场上具有较大影响力的证券公司之一。2006 年实现主营业务收入 37.27 亿元，实现利润总额 18.12 亿元，实现净利润 12.27 亿元。全系统营业网点规模达到 200 余家，员工总数逾 3 000 人，服务客户近 300 万，托管客户资产 2 000 多亿元。

公司控股广发华福证券有限责任公司、广发基金管理有限公司、广发期货经纪有限公司及广发控股（香港）有限公司 4 家子公司，并参股易方达基金管理公司，初步形成了跨越证券、基金、期货领域的金融控股集团架构。

广发证券是中国第一个成功地实施了员工持股计划的券商，实施员工持股计划半年以后，2005 年在整个股市低迷的状况下，广发证券实现净利润 3 307 万元，盈利水平位居同行业第三，并且依靠员工持股计划有力地抵御了中信证券的收购。广发证券的员工持股计划周期时间长并且中间一波三折，大致可以分为以下几个阶段：

一、成立员工创业贡献基金，从而为此后的员工持股奠定了基础

1999 年 11 月，广发证券第一轮增资扩股后提出了所谓的"四化目标"，即股份化、集团化、规范化、国际化。其中，股份化除了指成立股份有限公司与上市外，还有一项重要内容，就是让员工成为公司股东。经过股东大会的审议批准，新公司章程规定：一经法律政策允许，股东应以不高于净资产的优惠价格向公司员工或员工持股会转让不少于其出资额 10% 的股权；同时，在公司税后利润中提取一项员工创业贡献基金，用以奖励为公司业绩做出贡献的员工。当年，广发证券的利润分配中就开始提取了占税后利润5.88%的员工创业贡献基金，以1998年度的税后利润319 668 196.46元计，当年提取了员工创业基金1 879.65万元。

二、工会持股——最早的员工持股计划

2000年广发证券启动工会持股计划。6月广发证券将所持4 682.88万股辽宁成大法人股（由当年2 560万股配售增持而来），全部转让给广发证券工会委员会，转让价为每股1.5元，总价7 024.32万元。公司工会收购的资金来源主要有三部分：主要部分是来自从1998年开始提取的"员工创业贡献基金"，包括1999年度的可支配额度及基金原有的节余，这部分共有几千万元，主要的所有者是公司中高层；此外还有工会的福利节余，以及工会向公司的一笔借款。

三、创立吉富公司

2004年，广发证券向广发系统包括广发证券本部、广发华福、广发北方、广发基金与广发期货在内的五个公司的员工募集资金，所募集的资金就是用于设立吉富公司的。此次募资最终获得了近2.5亿元，人均出资约10万元，股东出资最高者出资800万元，最低者出资1万元。吉富公司将通过直接与间接形式持有广发证券相当数量的股份，从而实现员工间接持股广发证券。

由工会将所持辽宁成大股份折价转让给吉富公司，而吉富公司所出受让款将主要用于偿还当年工会为受让股份而向广发证券所借之款。吉富公司受让辽宁成大的股份后，将按本公司股东出资比例配售给股东。2004年12月21日广发工会与广发证券员工持股公司——深圳吉富创业投资股份有限公司（吉富公司）签订了股份转让协议书，将其所持有的本公司8 429.184万股法人股以6 327.866 0万元的总价款转让给吉富公司。2 126名广发证券员工将共同成为辽宁成大第二大股东。特别是吉富公司此次受让的每股转让价仅为0.75元，远远低于辽宁成大2004年三季度每股2.32元的净资产。此外，这一价格也比当初广发工会受让的金额低了近700万元。

四、中信证券收购失败

2004年9月17日，中信证券发出公告，以每股净资产溢价10%~14%的价格即每股1.25元向广发证券的所有股东发出收购要约，拟收购51%的广发证券股份。

员工持股计划对于广发人来说有着相当重要的意义，它直接关系到广发未来的股权走向。吉富公司的《募股章程》规定："员工入股吉富公司，并间接持股广发证券，可以实现与战略股东共同控制广发证券，保持公司股权结构的稳定，增强员工在广发证券发展上的话语权，防止敌意收购，从而保持广发证券的长治久安，保障员工的长远利益。"以此来看，基于对公司未来的良好期许，广发人对来自外部的收购力量保持着相当的警惕。中信证券发出的收购要约遭到广发证券约2 230名员工的极力反对。2004年9月4日，广发证券2 000多名员工联名抗议书如下：

2004年9月2日，奋斗在中国证券市场第一线的2 000多名广发证券员工惊悉中信证券意欲收购广发证券，对于这种不宣而战的敌意收购行为，我们表示强烈愤慨和坚决反对！

十年默默耕耘，十年辛勤奉献。广发人通过不懈的拼搏与努力，使广发证券由一个地方性银行的证券部发展为全国性的大券商，为中国证券市场的发展做出了自己应有的

贡献。我们 2 000 多名广发人筚路蓝缕，呕心沥血，铸造了中国资本市场上这个有着一定含金量的品牌，形成了我们独树一帜的企业文化。这里，承载着我们的光荣与梦想，这里，是我们用心血筑就的家园！如今，当光荣与梦想面临着一场非理性的空前劫难之时，我们 2 000 多名广发人无法再保持沉默！

在中国证券市场最为低迷、股民心境最为惨淡之时，中国证券市场最需要什么？是稳定，以及在此基础之上的创新发展！而中信证券最近发出这样的收购公告，不仅扰乱广发证券的正常经营，损害了广发证券的声誉，引起了无数股民的焦虑和疑惑，而且还严重地破坏了市场秩序，试问这难道是一个负有社会责任的上市证券公司的应有行为吗？

中信证券和广发证券同为国内十大证券公司，双方在投资银行、经纪、基金与资产管理等业务领域几乎完全雷同。面对如此严重的同业竞争，试问怎能做到"强强联合"？

中信证券和广发证券的企业文化、管理模式差异如此之大，根本不存在所谓的"优势互补、文化相近"。在如此严重的文化冲突下，怎样去实现"整合"？敌意收购导致双方抵触情绪如此之强，如何能达到"双赢"？

可以想象，如果中信证券一意孤行收购广发证券，中国证券业界一个管理规范、具备良好品牌和独特文化、充满活力的优秀公司将受到严重伤害，一大批高素质的证券人才将会流失。这不仅是广发的损失，也是中国证券市场的损失。在敌意收购使广发证券遭受严重伤害的同时，作为实力与广发基本相当的中信证券又如何能够独善其身！

这样的收购不是"强强联合"，没有双赢，只有两败俱伤，最终的结局只能是"1+1<1"！企兴我荣，企衰我耻。在公司面临生死存亡的时刻，广发证券 2 000 多名员工在此郑重声明：

我们坚决反对中信证券的敌意收购，并将抗争到底！我们期待与我们一起历经风雨的股东做出对自身长远利益、对历史和中国证券市场负责任的理性选择！我们将一如既往，严守岗位，以优质的服务回报客户，以良好的业绩回报股东、回报社会、回报一切支持和爱护广发证券的人！

广发证券股份有限公司 2 230 名员工

2004 年 9 月 4 日

一周内广发员工曾两度出手购买本公司的股票，从而使员工持股增至 12.23%，最终迫使中信证券的收购计划破产。2004 年 10 月 14 日，中信证券正式对外公告，由于公司要约收购广发证券的股权未达到 51% 的预期目标，要约收购因此解除。至此，其通过市场化并购产生本土第一大券商的计划也暂告破灭。

广发证券有关人士说，鉴于证券业经营的高风险，如果在股权结构中，加入公司员工，特别是经营者的股权份额，使经营者（包括员工）不仅是董事会的代理人，同时作为股东又是董事会（通过股东大会）的委托人，这样就能形成一个互为委托-代理关系的循环链，使委托人与代理人之间相互制约，有助于实现整个证券公司利益相关者的"目标函数兼容性"，从而成为公司利益相关者的一个利益共同体。

资料来源 尹美群，黎来芳. 员工持股制度的是是非非——广发证券员工持股计划评析 [J]. 会计师，2005（10）以及相关报道.

思考

（1）对比君安证券员工持股计划的失败，分析广发证券员工持股计划成功的原因。

（2）分析中信证券收购广发证券失败的真正原因。

推荐阅读资料

（1）艾勒曼 D P. 民主的公司制［M］. 李大光，译. 北京：新华出版社，1998.

（2）凯尔萨 L，凯尔萨 P. 民主与经济力量［M］. 赵曙明，译. 南京：南京大学出版社，1996.

（3）舒尔茨 T. 论人力资本投资［M］. 吴珠华，等译. 北京：北京经济学院出版社，1992.

（4）布莱尔 M. 所有权与控制——面向21世纪的公司治理探索［M］. 张荣刚，译. 北京：中国社会科学出版社，1999.

（5）FAUVER L，FUERST M E. Does good corporate governance include employee representation? Evidence from German corporate boards［J］. Journal of Financial Economics，2006，82（3）：673-710.

网络资源

中国人力资源网，http://www.hr.com.cn

参考文献

［1］杨欢亮，王来武. 中国员工持股制度研究［M］. 北京：北京大学出版社，2005.

［2］张剑文. 公司治理与股权激励［M］. 广州：广东经济出版社，2001.

［3］黄志伟. 华为管理法：任正非的企业管理心得［M］. 苏州：古吴轩出版社，2017.

［4］余胜海. 用好人，分好钱：华为知识型员工管理之道［M］. 北京：电子工业出版社，2019.

［5］邹海峰. 中国职工持股制度研究［M］. 北京：中国经济出版社，2011.

［6］徐永前. 员工持股、股权激励与主协调律师制度［M］. 北京：法律出版社，2016.

［7］徐芳. 股权激励：让员工为自己打工［M］. 北京：中国铁道出版社，2018.

［8］贺绍奇. 经济全球化背景下的公司治理与公司法改革［M］. 北京：中国政法大学出版社，2006.

［9］胡寒军，郭娅娟. 企业员工参与公司治理：国外的实践与我们的对策［J］. 中州大学学报，2005（7）.

［10］郭雷. 管理层收购中国实践：企业改制与员工持股操作指南［M］. 北京：电子工业出版社，2004.

［11］ 段亚林. 股权激励制度、模式和实务操作［M］. 北京：经济管理出版社，2003.

［12］ 王玫. 发达国家的职工持股制评析［J］. 当代世界与社会主义，2003（5）.

［13］ 迟福林. 中国职工持股规范运作与制度设计［M］. 北京：中国经济出版社，2001.

［14］ 张昕海，于东科. 股权激励［M］. 北京：机械工业出版社，2000.

［15］ 王斌. 企业职工持股制度国际比较［M］. 北京：经济管理出版社，2000.

［16］ 孟庆斌，李昕宇，张鹏. 员工持股计划能够促进企业创新吗？——基于企业员工视角的经验证据［J］. 管理世界，2019，35（11）：209-228.

［17］ BLAIR M M， ROE M J. Employees and corporate governance［M］. Washington D.C.： Brookings Institution Press， 2010.

第9章 公司治理的外部制约机制

学习目标

• 理解证券市场的概念并掌握证券市场的主要特征；
• 了解证券市场有效性的概念，重点掌握如何加强和提高我国证券市场的有效性；
• 重点掌握机构投资者的概念及现状，掌握机构投资者参与公司治理的思路；
• 理解我国商业银行公司治理的内涵，重点掌握我国商业银行公司治理的思路；
• 了解公司治理中的各种基本法律制度，包括信息披露制度、投资者利益保护制度、防止内部人控制制度和禁止内幕交易制度，掌握各种法律制度在公司治理中的作用。

思政引领

建设全国统一大市场本质上是推进治理体系现代化的改革

2022年3月发布的《中共中央 国务院关于加快建设全国统一大市场的意见》（简称《意见》）要求，加快建立全国统一的市场制度规则，打破地方保护和市场分割，打通制约经济循环的关键堵点，促进商品要素资源在更大范围内畅通流动，加快建设高效规范、公平竞争、充分开放的全国统一大市场。

在过去一段时期内，由于省际之间、市区之间的政策差异，劳动力、资本等要素仍未能完全实现自由流动，甚至商品货运物流也偶有因为区域间一些临时性政策的不同而中断的情况，这不仅会影响供应链和正常的商品交易，也会对国民经济循环产生冲击。化解这类问题的关键是由中央政府制定统一的规则，避免各自为政从而影响物流人流资金流的畅通。这些现象和问题的出现，更加凸显了《意见》的重大意义，即防止产权、商品以及劳动力、资本、技术、数据等要素被地方性政策人为造成市场分割，互不相通。

建立全国统一大市场，是建立一个开放的统一的国内市场，统一不是集中，更不是中央政府收回权力而实施计划管理，而是中央政府制定统一的规则和标准，即市场基础制度规则统一，市场设施高标准联通，要素和资源市场统一，商品和服务市场统一，市场监管公平统一，本质上是推进治理体系现代化的改革。

过去，在实施经济增长追赶战略的过程中，叠加了计划经济向市场经济转轨，在客观上产生了治理的地方主义以及条块分割等问题，再加上管理模式差异，形成了治理碎片化现象，以及市场分割的问题。当我们想要依靠超大规模优势构建双循环新发展格局时，如果不能形成一个超大规模的统一市场，就很难利用和发挥超大规模经济体的优势。因此，必须尽快制定全国统一的规则和标准，形成一个规则的、开放的、要素自由流动、企业公平竞争的统一大市场。维持市场秩序的不是"政出多门"与"九龙治水"，也不是由中央行政权力集中管理，而是统一的法律和规则。

我们的经济工作，正因为坚持党中央集中统一领导，才有可能打破各地各部门各行业的利益阻碍，为形成国内统一大市场提供政治保障。党的十八大以来，党中央一直为建立国内统一大市场作出各种改革安排。党的十八届三中全会明确提出，使市场在资源配置中起决定性作用和更好地发挥政府作用。强调发挥法治的引领、规范、保障作用，推进治理能力与治理体系的现代化，为建立统一大市场奠定了基础。党中央集中统一领导是中国独特的体制优势，能够有效进行顶层设计与政策落实，避免出现其他发展中国家在经济增长后产生特殊的利益集团阻碍改革的现象，避免由此导致的市场化与法治化遭到破坏，跌入中等收入陷阱。

建立全国统一大市场，并不等于地方政府不再承担经济职能而只有服务监督职能。过去，地方政府往往会通过各种手段刺激本地经济增长，现在，在统一的规则和标准之下，地方政府不能随意干预市场以及制定招商引资特殊优惠政策。但是，通过完善考核评价体系，可以引导地方政府和企业从旧的轨道转向创新、质量、效率等目标，并通过法治手段在本地区建立公平竞争的市场环境，促进各地以良好的营商环境吸引投资。

资料来源　21世纪经济报道.建设全国统一大市场本质上是推进治理体系现代化的改革〔EB/OL〕.〔2022-04-13〕.https://www.sfccn.com/2022/4-13/5MMDE0ODlfMTcxMjE5Mw.html.

9.1　证券市场的治理

引　例

证券市场的发展带领中国进入财富增长新时代

伴随着中国市场经济体系的日趋完善、对外开放程度的不断深化，我国证券市场也经历了从无到有、不断壮大、不断规范的过程。中国证券市场的发展大致可划分为以下五个阶段：

第一阶段：中国证券市场的建立。20世纪80年代，中国国库券开始发行。1986年9月26日，上海建立了第一个证券柜台交易点，办理由其代理发行的延中实业和飞乐音响两家股票的代购、代销业务，这是新中国证券正规化交易市场的开端。1990年12月，新中国第一家经批准成立的证券交易所——上海证券交易所成立。1991年4月，经国务院授权中国人民银行批准，深圳证券交易所成立。以沪深交易所成立为标志，中国证券市场开始其发展历程。

第二阶段：全国统一监管市场的形成。1992年中国证监会和国务院证券委员会的成立，标志着中国证券市场开始逐步纳入全国统一监管框架，全国性市场由此开始发展。中国证券市场在监管部门的推动下，建立了一系列的规章制度，初步形成了证券市场的法规体系。1993年以后，B股、H股发行出台，债券市场品种呈现多样化，发债规模逐年递增。与此同时，证券中介机构在种类、数量和规模上迅速扩大。1998年，国务院证券委员会撤销，中国证监会成为中国证券期货市场的监管部门，并在全国设立了派出机构，建立了集中统一的证券期货市场监管框架，证券市场由局部地区试点试验转向全国性市场发展阶段。

第三阶段：依法治市和市场结构改革。1999年至2004年是证券市场依法治市和规范发展的过渡阶段。1999年7月《中华人民共和国证券法》实施，以法律形式确认了证券市场的地位，奠定了我国证券市场基本的法律框架，使我国证券市场的法治建设进入了一个新的历史阶段。2001年，证券业协会设立代办股份转让系统。在这一阶段，全国人大常委会及证券监管机构制定了包括《中华人民共和国证券投资基金法》（2003年）在内的一系列的法律、法规和政策措施，推进上市公司治理结构改善，大力培育机构投资者，不断改革完善股票发行和交易制度，促进了证券市场的规范发展和对外开放。

第四阶段：深化改革和规范发展。2004年至2008年是改革深化发展和规范发展阶段，以券商综合治理和股权分置改革为代表性事件。2004年2月，国务院发布《关于推进资本市场改革开放和稳定发展的若干意见》，明确了证券市场的发展目标、任务和工作要求，是资本市场定位发展的纲领性文件。2006年1月，修订后的《证券法》《公司法》正式施行。2006年9月，中国金融期货交易所批准成立，有力推进了中国金融衍生产品的发展，完善了中国资本市场体系结构。

第五阶段：多层次资本市场的建立和创新发展。2009年10月创业板的推出标志着多层次资本市场体系框架基本建成。2010年3月、2010年4月，融资融券和股指期货的推出为资本市场提供了双向交易机制，这是中国证券市场金融创新的又一重大举措。2012年8月、2013年2月，转融资和转融券业务陆续推出，有效地扩大了融资融券发展所需的资金和证券来源。从2013年至今，中国证监会发布了一系列规范性办法，推进新一轮新股发行制度改革、证券经营机构创新发展、监管转型、全国股转系统创新发展、我国A股发行注册制改革。随着多层次资本市场体系的建立和完善，新股发行体制改革的深化，新三板、股指期货等制度创新和产品创新的推进，中国证券市场逐步走向成熟，证券市场为中国经济提供投融资服务等功能将日益突出。在当前围绕促进实体经济发展、激发市场创新活力、拓展市场广度深度、扩大市场双向开放等政策的积极引导下，我国证券行业面临巨大的发展机遇。

资本市场的发展将带领中国进入财富增长新时代。随着机制的不断完善，中国资本市场将从繁荣走向成熟，步入可持续发展的轨道，证券市场活跃度明显提高，资本市场将成为居民投资性收入增长最主要的渠道。截至2017年年末，我国证券市场投资者数量达13 398.30万个，其中自然人投资者总数为13 362.21万人，非自然人投资者总数为36.08万个（根据中登公司公布的数据）。股票成交量方面，2017年度沪深两市股票全年成交量为8.85万亿股，较2001年增长27.07倍；2017年度两市股票全年成交金额为112.81万亿元，较2001年增长27.55倍（根据上交所和深交所统计数据）。2017年度全球证券交易所股票交易金额合计82.74万亿美元，上海证券交易所和深圳证券交易所分别位列第五和第四名（根据世界证券交易所联合会统计数据）。

　　随着我国证券业的稳定发展，股票市场在资金融通方面发挥的作用愈加显著，逐渐发展成为企业股权融资的重要渠道。2017年度沪深两市股权筹资金额合计17 223.86亿元，较2001年增长15.79倍（根据Wind资讯统计）。2017年度，我国证券市场首次公开发行募集资金合计2 301.09亿元，增发募集资金合计12 705.31亿元，配股募集资金合计162.96亿元，优先股募集资金合计200.00亿元，可转换债券募集资金合计602.72亿元，可交换债券募集资金合计1 251.78亿元。

　　中国将成为全球金融博弈的主战场。中国将成为世界资本趋之若鹜的地方，境内外资本将在中国展开一场不见硝烟的"货币战争"。随着全面对外开放进程的加快，中国金融业面临的挑战将日益加剧，外资金融机构参股控股的风险、金融机构混业经营的监管风险、证券市场波动风险、外汇储备贬值风险、资本账户开放风险、人民币升值风险、金融衍生工具市场风险等不断加大。

　　资料来源　佚名. 2017年中国证券业发展现状及未来发展趋势分析［EB/OL］.［2018-03-28］. https://www.chyxx.com；佚名.中国证券行业市场规模、成交量及成交额情况分析.［EB/OL］.［2018-11-02］. http://free.chinabaogao.com/gonggongfuwu/201811/1123M0942018.html.有整理.

　　问题：

　　（1）通过上述资料，如何理解证券市场对我国经济的影响？

　　（2）如何发挥证券市场在完善公司治理方面的作用？

9.1.1　证券市场的发展和作用

　　新中国的证券市场是伴随着我国改革开放而逐步发展壮大起来的。经过三十多年的稳定发展，我国证券市场规模不断扩大。截至2021年年末，我国沪深京三市（包括A、B股）共有上市公司4 697家，两市总市值91.93万亿元，流通市值75.15万亿元。目前，我国上市公司市值位居全球第二位。截至2021年年末，在全球81个主要证券交易所中，上海证券交易所股票市值排名第三，深圳证券交易所股票市值排名第六（根据世界证券交易所联合会统计数据）。同时，2021年9月北京证券交易所成立，该交易所坚持服务创新型中小企业的市场定位，逐步打造成为服务创新型中小企业的主阵地。我国多层次资本市场体系逐步形成，资本市场服务实体经济的广度和深度进一步扩展。截至2021年11月15日，北交所81家上市公司正式挂牌上市。可以说，我们用三十多年的时间就走完了西方发达国家证券市场上百年的历史，为下一步完善市场建设、开创未来证券市场新局面打下了良好的基础（见图10-1）。

　　证券市场的建立和发展是我国社会主义市场经济体制改革的重要成果之一，证券市场已经成为我国社会主义市场经济体系的一个重要组成部分，为我国的经济体制和国有企业改革以及国民经济发展发挥了重要作用。

　　1）发挥了为国家和企业融资的功能

　　在过去三十多年时间里，证券市场的建立和发展对我国国企改革和国民经济的发展起到了重要的支撑作用。它为企业特别是国有企业的发展筹集了大量宝贵的资金，解决了企业生产经营所需要的资金问题，并促进和初步实现了企业法人治理结构的建立和企业经营机制的转变。一大批大中型企业通过改制上市，在建立现代企业制度的改革实践中起到了先导和示范作用，积累了大量宝贵的经验，为我国国有企业的下一步深化改革打下了良好的基础。

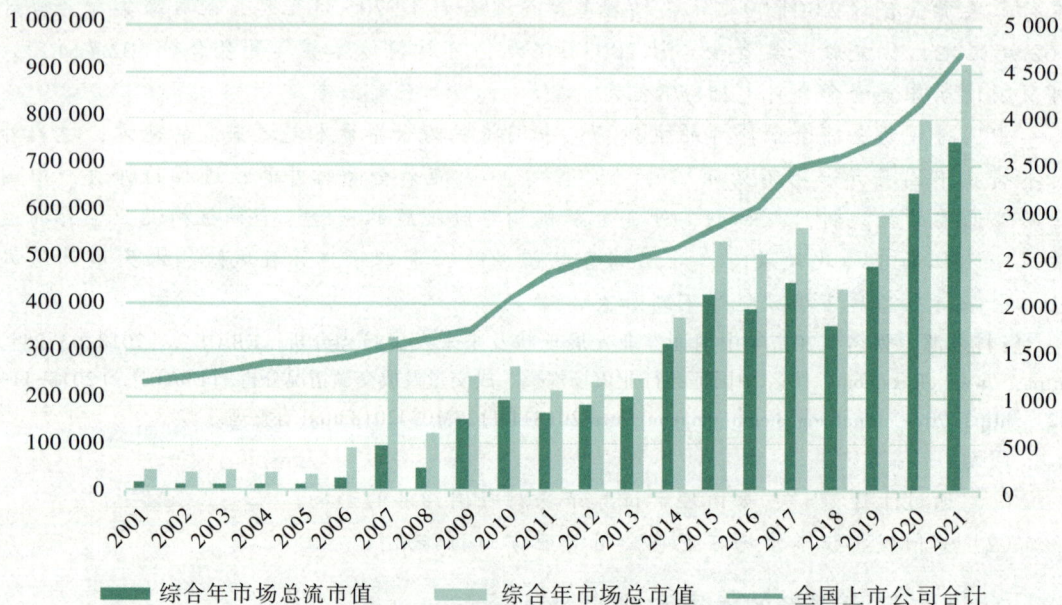

图9-1　2001—2021年我国股票市场总市值及上市公司数量

资料来源　整理自国泰安数据库。

2）发挥了证券市场在资源配置方面的作用，提升了企业价值

一方面，企业上市的过程就是资源配置的过程。近年来，一大批国家重点和鼓励发展的、对产业升级换代有重要作用的国有企业成为优先扶持上市的对象，并成功地发行上市，充分发挥了证券市场在资源配置中的作用。另一方面，在证券交易市场上，大量资金流向收益率高的行业和上市公司，企业价值得到了充分的体现。与此同时，证券市场上的兼并重组活动也日趋活跃和规范，使社会资源进一步向优势领域和优势企业集中。

在近些年的发展历程中，一批优秀企业和优秀企业家通过证券市场获得更为广阔的发展空间，4 000多家上市公司不仅已经成为中国国民经济的中坚力量，更在向世界一流企业的目标不断加速前进。同时，在中国这一高储蓄率的国家，证券市场在引导资金从消费转向企业投资方面发挥了积极的作用，进一步加快了我国的资本积累速度。

3）融资渠道多样化，有效地减轻了我国国有银行的借贷压力和经营风险

国有企业在"拨改贷"改革过程中，不少呆账坏账沉淀在国有银行，加剧了银行的

经营风险。发展证券市场，扩大直接融资比例，化解了银行系统的风险。

与此同时，经过十几年的发展，证券业已成为我国国民经济中的一个重要行业，对推动国民经济增长作出了重大的贡献。伴随着市场的发展，一大批证券公司、基金管理公司、投资咨询公司等市场中介机构如雨后春笋般涌现出来并获得了迅猛的发展，它们创造的价值已成为拉动国民经济增长的重要新兴力量。

9.1.2   证券市场的有效性与公司治理

1）证券市场有效性的基本含义

市场的有效性是指根据某组已知的信息作出的决策不可能给投资者带来经济利润。显然证券市场的有效性是指证券市场效率，包括证券市场的运行效率与证券市场的配置效率，前者指市场本身的运作效率，包含了证券市场中股票交易的畅通程度及信息的完整性，股价能否反映股票存在的价值；后者指市场运行对社会经济资源重新优化组合的能力及对国民经济总体发展所产生的推动作用能力的大小。

有效性的基本假设是证券存在一种客观的均衡价值，股价已反映所有已知的信息，且价格将趋向于均衡价值。这一假设意味着投资者是理性的，其购买和出售行为将使证券价格趋向其内在价值，并且调整到均衡的速度，依赖于信息的可利用性和市场的竞争性。高度竞争且又有众多掌握完全信息的参与者的市场，将会快速地调整到均衡；相反，只有很少参与者又只具有很不完全的信息的市场，则可能要经历一个相当缓慢的调整过程。1965年美国芝加哥大学教授法玛在《商业周刊》上发表了《股票市场价格走势》一文，提出了有效市场假说，指出了市场的公平博弈，信息不能在市场上被用来获取利润。如果收益是随机的，市场则是有效率的，即"随机游走"的市场一定是有效率的市场。

根据信息对证券市场的反映程度，可将证券市场的信息分为三种不同层次类型：历史的信息（证券公司过去的价格和成交量）、已公开的信息（包括盈利报告、年度报告、财务分析人员公布的盈利预测和公司发布的新闻、公告等）、所有信息（包括所谓内幕信息）。根据股票对相关信息反映的范围不同，相应地将市场效率分为三个不同的层次：弱有效市场、半强式有效市场、强有效市场。在这三种市场中，股票的价格都具有随机游走的特征。

除股票价格反映各类信息外，交易成本也是判断证券市场金融效率的重要参数，包括直接的交易成本和间接的交易成本。直接的交易成本，包括交易佣金、税收等，间接的交易成本是指投资者能否在证券市场上获得有效的信息及投资者是否按自己的意愿买卖股票，实现理想的投资效率组合。此外，在证券市场上可供投资者选择的证券投资品种是否丰富，也会影响证券交易的连续性，从而影响市场的有效运作，因此金融创新的目的是有效地降低交易成本和规避管制，保证证券交易的连续性，提高市场的有效性。

2）证券市场的有效性对证券市场运行的影响

流动性、有效性、交易成本、稳定性和透明构成了证券交易制度目标的五个方面，它们有着既统一又矛盾的辩证关系。证券交易的本质在于证券的流动性，证券通过流动以反映市场化的资本关系，反映特定的财产权利的交易关系，静止不动的资本是无法满足其要求不断增值的本性的。以交易价格的形成过程为主线，证券交易制度可分为交易委托方式、价格形成机制、委托匹配原则、信息披露方式、市场稳定措施、其他选择性手段等六方面内容。前三项内容是证券交易制度所必须具备的基本要素，其中价格形成机制是证券交易制度的核心。

（1）弱有效市场对证券市场运行的影响

弱有效市场理论认为当前股票价格充分反映市场的历史信息，包括证券的历史价格序列、收益率、交易量数据和其他一些市场产生的信息，如零售交易、批量交易和股票交易所专家、证券商或其他特别的组织进行的交易。由于它假定当前市场价格已经反映了过去的收益和任何其他证券市场信息，所以弱有效市场假设意味着过去的收益率和其他市场数据应该与将来的收益率没有什么关系（收益率应该是独立的），这样，遵照根据过去的收益率或者任何其他过去的市场数据得出的交易规律进行买卖的话，是得不到超额收益的。我国股票市场近年来总体发展是趋向于规范而有效的，但其有效程度还不高。

（2）半强式有效市场对证券市场运行的影响

半强式有效市场理论认为证券价格能迅速调整反映所有可公开信息，也就是说证券市场价格全面反映所有可公开的信息，包括弱有效市场假设所考虑的所有市场信息，如股票价格、收益率、交易量等，还包括所有非市场的信息，如收益与股息分配公告、市盈率（P/E）、股息收益率（D/P）、账面价值比（BV/MV）、股份分割、有关经济新闻和政治新闻，表明从这些公布的重要信息中，投资者不会从其交易中获得超过一般水平的收益，因为证券价格已经反映了所有这样的公开信息。所公布的信息分为三个时间段：市场估计期、信息公布期、事后检验期。证券投资基金作为证券市场的主要机构投资者具有信息披露的完整性、准确性、及时性和投资运作的规范性。从实证检验结果来看，在基金公布投资组合公告前后，累积超常收益率基本呈下降的趋势，没有出现预期的超常收益率的情况，表明信息公布前市场价格对信息的反应是过度的，半强式市场的有效性不成立。超常收益率下降，主要是与基金投资组合公告的时滞性有关。

（3）强有效市场对证券运行的影响

强有效市场理论认为股票价格反映了所有公开的和未公开的信息（内幕消息），这意味着任何投资都不可能从独占的渠道获得有关价格形成的信息，它包含了弱有效市场和半强式有效市场的假设。迈克尔（Malkiel）把1971—1991年专业投资机构或内幕人士（投资者关系广泛，研究力量雄厚）的投资收益与正常投资情况下的收益相比较，发现基金的总收益和扣除管理费用后的净收益都低于市场平均水平，表明美国证券市场已是强有效市场。但在我国信息披露制度还不健全，获得内幕消息的人往往从股市获得超常经济利润，阻碍了我国证券市场健康、快速的发展。例如"银广夏事件"，在证券市场中引起了巨大的连锁反应，它采取了虚拟无形资产的手段，以高科技为幌子，使其股票受到追捧；其天津的分公司，还以拥有"神奇科技"的谎言欺骗数万股民一年之久，数家基金与上市公司不同程度遭到牵连，众多的股民遭到重大损失。这说明我国证券市场信息披露不规范，还不具备强有效市场特征。

3）强化市场的有效性，提高证券市场的运作效率的途径

（1）加强监管，保证证券市场公平、有效和透明，提高证券市场的有效性

证券市场稳定机制的核心问题是证券市场的稳定性，经济稳定、公平和有效地配置资源是证券市场监管的三个目标，市场监管应尽可能提高市场透明度，使所有参与者能及时获得交易前后的信息。

（2）引进做市商机制，促进证券市场的良性运行

做市商作为专业证券分析者优先掌握信息，对做市证券进行信息处理并据此提出报价，这种报价进而又成为投资者进行信息处理的重要参考指标，有利于股价向公平价格趋近，还使投资者的信息成本大为降低；同时，做市商与投资者之间是纯粹的买卖关系，他们之间交易无须支付佣金，同样的买卖价差，投资者的交易利润较竞价市场高。因此，美国NASDAQ市场在实行做市商制度方面的经验，值得我国借鉴。

（3）实行投资组合，提高证券市场的有效性

投资组合的基本原则就是分散化。在一个有效的市场中，理性的证券选择要求一个投资者所具有的系统风险水平的充分分散化的资产组合。这就要求我国证券市场要逐步完善理性的投资政策，反映税负、年龄、风险厌恶程度以及职业等因素对投资组合的要求。根据投资者的不同年龄，考虑其风险承受能力而进行不同的投资组合。

9.1.3　证券市场的治理机制

证券市场失灵及其经济损害在理论上验证了政府对证券市场实施监管和干预的必要性与合理内核。同西方成熟市场相比，证券市场具体监管制度的实施受制于监管者的职能定位，而后者实际上又受制于市场经济国家的国情和经济发展状况，市场需要更广泛、更深入的政府介入。这些客观因素决定了证券市场上的监管目标和监管制度中所透露出的不同于发达市场的特性。比较我国证券市场与成熟市场的特性以及进行理论剖析，对中国证券市场进行科学、公正、合理、有效的全方位监管具有借鉴意义。

1）我国证券市场监管与西方成熟市场监管的差异

从实证的角度看，无论是西方成熟的规范市场还是正在发育中的我国证券市场，都要遵循若干具有共性的基本监管原则，即"公开、公平、公正"原则。然而各国证券市场的各个方面和各个环节通常不存在唯一绝对的规范。所有这些市场在交易、清算、交割、过户、证券中介机构、证券发行、证券上市、上市公司、信息披露、市场监管体系等各个方面和环节都存在差异。就实质来说，我国证券市场监管与成熟市场监管相比，具有以下三个层面的差异：

（1）监管任务与重点不同

在成熟市场，政府监管的主要任务是清除西方经济学所描绘的市场经济制度本身所无法逾越的那些障碍，如垄断和操纵行为、信息失灵所导致的内部性问题等。相对于我国证券市场而言，美、英等国监管者一般较少从"发展"的角度来审视其监管职能，更多的时候，这些问题被留待市场自身解决，市场"发展"依靠"看不见的手"自发调节。我国证券市场则不同，我国证券市场监管除履行监管职能外，还要多一个"发展"

职能，而且被政府放在优先位置。证券市场"发展"职能有两层含义：一是指政府对证券市场的制度创新和培育，同时，"积极地"为保证证券市场发展而营造宏观经济环境。二是指政府"有意识地"更多地关注于与证券市场相联系的其他社会经济层面，我国证券市场的监管制度选择面临更严格的约束条件。

（2）政府干预呈现逐步弱化趋势

随着市场机制的逐步确立，政府对于证券市场的"发展"职能将逐步弱化，而"规范"职能将相对增强。越是处于市场早期阶段，证券市场上的政府干预就越强，且越具有干预的现实合理性，但市场化进程的演进必然要求政府逐步淡化过多的直接干预，尤其是放松纯粹出于筹集资本等目的而形成的管制过度。伴随着市场成熟和机制完善，政府干预的范围必将逐步缩小，而促使市场机制更有效地发挥作用。

（3）监管目标与理念的侧重要求

从成熟市场的发展过程和监管历史来看，保护投资者利益始终是各国政府监管的基本宗旨。围绕这一宗旨，对于监管目标来说，这些政府相对地更偏重对这几项目标的关注：市场主体之间的公平竞争和公平待遇；垄断、操纵、欺诈行为和内幕交易的克服以及投资者利益的保护；投资风险的分散；信息完全性和市场信息效率；投资者的信心等。而对于某些目标，诸如资本形成量、现代企业机制的构建、外部效应中的某些方面等来说，西方政府则较少关注并不予主动干预，而是听凭市场的自发调节和市场的自由发展。

而我国证券市场监管则表现出政府干预的明显倾向。我国证券市场中的政府及监管部门更广泛、更直接、更具体地干预和介入证券市场有其社会、经济、政治、体制等方面的内在原因。由于我国证券市场的特殊性，我国证券市场监管者一般把资本形成量、现代企业机制的构建、过度投机的抑制、证券市场的外部效应、投资者理性及其培育等方面放在优先考虑地位。

2）我国证券市场监管机制的选择

我们认为，证券市场失灵问题存在的必然性和经济社会对证券市场的正常作用的客观需要决定了监管存在的必要性。由于证券市场失灵的存在，政府理应积极介入证券市场。但政府在处理与证券市场的关系上，主旨是要在市场失灵和政府失灵之间实现均衡，计算政府放任自流和政府干预之间的成本。

我国证券市场究竟采取一项证券监管制度还是若干项监管制度的组合，实际上取决于一国政府监管者在一定历史条件下对各项效果指标的目标定位，以及执行和实施这些监管制度所需要的成本。一国政府在一定历史阶段和特定国情条件下由于经济发展水平和结构、社会政治与文化、金融体系状况、社会经济发展和改革战略、法规建设和人文观念等诸方面的客观限制和主观考虑，将决定其对于实施监管制度所带来的各项效果的目标期望。这样，证券监管制度的最优选择就在于：在满足一国政府在一定历史条件下对各项效果指标的既定目标或既定偏好的前提下，追求监管制度的总执行成本最低。

证券监管的成败关键在于政府的设计妥当与否。或许某些问题的确是由监管失灵或者说是由政府失灵所造成的，但这并不成为放松管制的理由，而是政府的管制设计和实施方面存在问题。需要做的不是减少或否定管制，而是调整和改善管制。正如一些学者所主张的，重要的是政府的干预要被很好地设计，确立适当的监管目标、监管原则和监管范围，并加以谨慎实施。

9.1.4 完善证券市场，促进公司治理

信息披露、公平公正对待股东和防止内部交易、有效实施法律制度对证券市场公司治理结构的设立标准和执行标准的确定有很大作用，通过信息披露影响投资决策，提高运营透明度，防止内部交易，建立高标准的治理结构，强化法律执行力度，促进诚实经营。因此，完善我国证券市场，促进公司治理可从以下四个方面来考虑：

1）完善信息披露制度，加强证券监管

建立完善的信息披露制度，可以减少经营者与所有者之间的信息不对称，保障外部投资者公平获取信息的权利。它是证券监管部门保护投资者特别是中小投资者利益的核心任务。为此，要促进我国现有会计制度的国际化和信息披露规则的完善；要大力加强证券监管，规范上市公司的信息披露行为；要大力加强投资者教育，引导投资者树立理性投资理念。

2）优化上市公司股权结构

要实现上市公司股权结构的多元化，消除证券市场的分割状态，公布上市公司收购兼并实施细则。

3）完善证券市场的激励约束功能

首先，要全面实行股票发行核准制和退出机制市场化；其次，要出台相关制度和措施，实现退出机制的规范化和制度化；最后，要推进市场退出机制的国际化，建立符合国际惯例的市场退出制度。

4）发挥机构投资者在公司治理结构中的积极作用

在规范现有证券投资基金的同时，大力发展不同类型、所有制和投资理念的投资者，改变机构投资者与公司治理的成本收益严重不对称的状况，建立激励与风险对称的法人治理结构，使之成为能对风险和收益作出灵敏反应的市场主体。

9.2 信贷市场的治理

引例

包商银行破产案

2020年11月23日，银保监会网站公布《关于包商银行股份有限公司破产的批复》称，原则同意包商银行进入破产程序。包商银行应严格按照有关法律法规要求开展后续工作，如遇重大情况，及时向银保监会报告。同日，北京市第一中级人民法院发布民事裁定书显示，法院受理包商银行股份有限公司的破产清算申请。被接管一年半以来，包商银行信用风险事件反映出公司治理失败的惨痛教训，值得警醒。

而据全国企业破产重整案件信息网消息，北京市第一中级人民法院11月23日发布民事裁定书显示，11月17日，包商银行以无法清偿到期债务并且资产不足以清偿全部债务为由，向该院申请进行破产清算。

该院认为，依照《中华人民共和国企业破产法》第二条第一款、第三条、第七条第一款，《中华人民共和国商业银行法》第七十一条，《最高人民法院〈关于审理企业破产案件若干问题的规定〉》第一条，《最高人民法院关于适用〈中华人民共和国企业破产法〉若干问题的规定（一）》第三条之规定，裁定如下：受理包商银行股份有限公司的破产清算申请。裁定自即日起生效。

此前包商银行65亿元二级资本债全额减记引发市场讨论。中国货币网消息显示，11月13日，包商银行发布关于对"2015年包商银行股份有限公司二级资本债"本金予以全额减记及累积应付利息不再支付的公告。公告称，11月11日该行接到《中国人民银行 中国银行保险监督管理委员会关于认定包商银行发生无法生存触发事件的通知》。根据《商业银行资本管理办法（试行）》等规定，中国人民银行、银保监会认定该行已经发生"无法生存触发事件"。

公告明确，该行根据上述规定及《2015年包商银行股份有限公司二级资本债券募集说明书》（该债券简称"2015包行二级债"）减记条款的约定，拟于11月13日（减记执行日）对已发行的65亿元"2015包行二级债"本金实施全额减记，并对任何尚未支付的累积应付利息（总计：585 639 344.13元）不再支付。

2019年5月24日，包商银行因出现严重信用风险，被中国人民银行、银保监会联合接管。根据2015年包商银行发行的二级资本债募集说明书，截至2015年6月30日，包商银行的"不良贷款率为1.60%，拨备覆盖率168.86%，资本充足率10.82%"，"所有者权益243亿元"。

2017年5月专案组介入"明天系"案件后发现，包商银行自2005年以来仅大股东占款就累计高达1 500亿元，且每年的利息就多达百亿元，长期无法还本付息，资不抵债的严重程度超出想象！在此后的两年时间里，明天集团和包商银行开展自救，用尽一切手段，四处融资防范挤兑，直到2019年5月被依法接管。

央行此前发布的2020年第二季度中国货币政策执行报告显示，2019年6月，为摸清包商银行的"家底"，接管组以市场化方式聘请中介机构，逐笔核查包商银行的对公、同业业务，深入开展资产负债清查、账务清理、价值重估和资本核实，全面掌握了包商银行的资产状况、财务状况和经营情况。清产核资的结果，一方面，印证了包商银行存在巨额的资不抵债缺口，接管时已出现严重的信用风险，若没有公共资金的介入，理论上一般债权人的受偿率将低于60%；另一方面，也为接管组后续推进包商银行改革重组工作奠定了坚实的基础。

2019年10月，包商银行改革重组工作正式启动。2020年1月，接管组按照市场化原则，委托北京金融资产交易所，遴选出徽商银行作为包商银行内蒙古自治区外四家分行的并购方，并确定了新设银行即蒙商银行股东的认购份额和入股价格。

2020年4月30日，蒙商银行正式成立并开业。同日，包商银行接管组发布《关于包商银行股份有限公司转让相关业务、资产及负债的公告》，包商银行将相关业务、资产及负债，分别转让至蒙商银行和徽商银行。

包商银行公司治理最突出的特点是"形似而神不至"。从表面上看，包商银行有较为完善的公司治理结构，股东大会、董事会、监事会、经营层的"三会一层"组织架构健全、职责明确，各项规章制度一应俱全。但实际上，包商银行有的只是形式上的公司治理框架。"大股东控制"和"内部人控制"两大公司治理顽症同时出现，加之地方"监管捕获"、贪腐渎职，导致形式上的公司治理架构和机制基本失灵，给各类违法违规和舞弊行为提供了滋生土壤和宽松环境。

从包商银行经营失败和付出的代价看，商业银行特别是具有一定系统重要性银行的风险具有很强的外溢性，一个有效的公司治理，首先要对公众负责，对存款人负责，对银行安全稳定负责，其次才谈得上对股东负责，对投资人负责。这一点万万不可颠倒。从完善公司治理的角度看，构建形式上的股东大会、董事会、监事会最容易做到，但从公司治理有效性的角度看，必须实质重于形式。

在金融企业公司治理中，有三点最为关键：一是充分发挥党组织的领导作用，选好党委书记和董事长这两个"一把手"。二是建立有效制衡的股权结构，实现股权结构的合理化和多元化，提高公司治理实效。三是强化外部监管，完善信息披露机制，培育健全的商业银行公司治理文化，提高公司透明度。

资料来源　整理自《中国证券报》微信公众号. https://mp.weixin.qq.com/s/omkRnsTZGElgYYJHZ9DkCA.

9.2.1　我国商业银行公司治理的内涵

加入WTO后，中国银行业竞争的实质是现代银行制度的竞争，而现代银行制度的核心是银行公司治理结构，其优劣成败直接决定了银行的市场竞争力。多年的实践证明，在中国纯粹依靠银行自律机制构建公司治理结构是远远不够的，必须寻找银行公司治理的突破点，也就是说要实现银行从自律型公司治理结构到监督型公司治理结构的转变。

我国《商业银行公司治理指引》第三条规定：商业银行公司治理是指股东大会、董事会、监事会、高级管理层、股东及其他利益相关者之间的相互关系，包括组织架构、职责边界、履职要求等治理制衡机制，以及决策、执行、监督、激励约束等治理运行机制。第四条规定：商业银行公司治理应当遵循各治理主体独立运作、有效制衡、相互合作、协调运转的原则，建立合理的激励、约束机制，科学、高效地决策、执行和监督。

由此可见，银行公司治理是一整套赖以指导和控制银行运作的机制与规则。狭义的银行公司治理结构主要指公司董事会的结构与功能，董事长与经理的权利和义务，以及相应的选聘、激励与监督方面的制度安排等内容。广义的银行公司治理结构还包括公司的人力资源管理、收益分配与激励机制、财务制度、内部控制和风险管理系统、企业战略发展决策管理系统、企业文化和一切与企业高层管理控制有关的其他制度。银行公司治理结构的产生是因为现代企业的发展出现了所有权和经营管理权的分离，其根本目的是保护中小股东的利益。

9.2.2 银行治理模式分析

由于各国的经济、政治和法律存在差异，造成了各国在公司治理方面也形成了不同的特点。当前有代表性的公司治理结构主要有三种，即英美的市场主导型治理模式、日德的银行主导型治理模式和东南亚的家族主导型治理模式。

1）英美的市场主导型治理模式

这种治理模式的最大特点是股权高度分散，以经营者控制为特征，高度依赖资本市场的外部治理。股东一般不直接参与公司的管理，他们更关心股票的收益，通过股票的买卖来"参与"公司的治理，这就是"用脚投票"。在美国和英国，股票市场为公司控制权的转移提供了市场，因此，敌意接管频繁发生。

2）日德的银行主导型治理模式

在日本，银行与公司之间保持长期的关系，银行大量地持有企业的债权和股票，银行作为被委托监督者的身份，有助于解决管理者和公司之间的代理问题，这就是日本的主银行制度。在德国，主要是开户银行制度，即许多银行客户将他们的股份存入银行，并允许银行代表他们行使代理权，因此银行所控制的企业投票权比例以及在董事会的代表比他们直接持股所能得到的要高。无论是日本的主银行制度还是德国的开户银行制度，在有效行使监督权、解决代理问题方面都发挥了重要的作用。

3）东南亚的家族主导型治理模式

该模式的资本结构以家族为核心，家族以合资和合股等形式形成家族控制企业，公司与家族合一。

应该说，这三种治理模式各有其优点和缺点。这三种治理模式的不同，最根本的是由他们的文化根源和法律渊源造成的。与英美的市场主导型治理模式相对应的是英美法系，机构投资者开始成为主导性的投资者，并且更为积极地参与公司事务，监督公司管理层。与德日的银行主导型治理模式相对应的是大陆法系，德日模式中来自外部的监督也在增强，养老基金、共同基金等机构投资者在稳步发展，许多大型公司也开始公开上市，信息披露在不断加强，中小股东的合法权利不断增多。而东南亚国家由于法律体系不健全，从而形成了特殊的家族治理模式。中国的传统文化和法律基础又具有自己的特点，因此中国应该采取哪种公司治理模式，不能简单地套用三种方式中的一种，而必须从我国转轨经济条件下的特殊制度和法律体系出发，建立适合我国的公司治理模式。

9.2.3 目前我国商业银行公司治理结构的缺陷

在中国金融体系中，占据主体地位的商业银行的经营效率，不仅影响到商业银行体系的经营状况和市场竞争力，而且还在宏观上影响到金融资源的配置效率和经济增长的潜力与质量。而在影响商业银行经营效率的众多因素中，公司治理结构问题已经成为关键性因素之一。但摆在我们面前的事实是，随着我国金融体制改革的深化发展，特别是加入世贸组织后中外银行业竞争态势的加剧，我国商业银行公司治理结构中存在的问题正日益凸显，有些则成为制约其进一步发展的瓶颈。国有商业银行虽然经过公司制改造，但公司治理仍待提升，股份制商业银行虽然具有现代公司制度的外壳，但治理和管理水平与市场经济国家现有水平相距甚远。

比较国有商业银行、股份制商业银行与国外商业银行的治理结构，我们可以比较清晰地看出我国商业银行在公司治理结构上存在着一系列缺陷。

1）治理目标单一

从政治经济学角度来分析，我国商业银行公司治理目标在追求效益最大化的同时，更应突出社会整体利益。与此相反，我国商业银行尤其是股份制商业银行公司治理目标却一味追求效益最大化，忽视了社会整体利益。

2）产权过于集中

长期以来，我国政府几乎都是国有独资商业银行产权的唯一主体，在股份制商业银行中，绝大多数也是国有股占控股地位。产权高度集中，政府的干预和影响力大，不利于商业银行市场化和商业化经营，不利于建立现代企业制度。按照委托-代理理论，政府作为所有权的主体，是委托-代理关系的最终接受者，委托代理人（董事会、经理）经营。政府以产权主体的名义实施转委托，却无须对代理人的经营结果向所有者承担责任，最终会产生"产权主体虚位"，进而导致"代理人缺位"的问题。而在国家产权缺位的情况下，商业银行的最终经营绩效只能依赖管理层自身的约束。这不利于商业银行市场化和商业化经营，不利于建立现代企业制度。

3）组织结构不健全

我国国有商业银行和股份制商业银行在形式上都建立了"股东大会-董事会/监事会-经营者"的治理结构，但实际上却普遍缺乏良好公司治理的基本要素。在我国商业银行中，绝大多数是国有股占控股地位，或者大股东为政府，或者成立时有政府（或政府部门）背景，银行董事和高级管理人员的人选很大程度上由政府（或主管部门）决定或受其影响，董事会缺乏保护股东权益的手段和激励，形同虚设的情况普遍存在。

4）激励机制不合理

一是国有商业银行"内部人控制"现象比较明显，即经理人员和下级行员工基本上无须承担财产风险，却共同取得了对国有银行资产事实上的控制权和支配权，这种控制权和支配权使得经理层和员工有机会合谋运用银行的资产为个人谋取利益。二是对广大员工的薪酬激励、职位激励机制不合理，竞争上岗推行的层面较低，公正性不足，透明度低，广大员工参与公司治理的积极性不高。三是对国有商业银行的实际经营状况难以进行清晰有效的考核和评估。同时，由于缺乏人格化的产权和清晰的选择标准，对于代理人（管理人员）的选择基本上采用行政化的干部考核制度。此外，国有商业银行的员工薪酬体系类似于公务员，收入水平基本上是事前确定的，与业绩水平的相关程度不明显，对其难以形成有效的激励。再者，国有商业银行尚未建立针对管理层的股票期权制度、员工持股计划等，因而从激励机制上导致银行的管理人员只注重短期利益而忽视了对长远利益的追求，造成国有商业银行普遍缺乏实质性的长期发展规划。

5）管理流程不科学

现代商业银行高效率的扁平化和矩阵型管理模式要求上下级行间管理层次少，管理链条短，总部的管理职能突出，省行、二级行管理职能都放入经营职能中。而目前我国商业银行总行对省行，省行对二级行，都存在着直线式管理部门和职能，纵向管理链条多，管理职能弱化，管理的漏洞很多，这也是多年来基层行发案率高的重要原因之一。

6）信息披露制度不完善

金融信息的正确、及时披露，是强化市场约束、增强商业银行经营透明度、保护客户权益的重要手段。成功的公司治理越来越将开放和透明的信息披露作为实施有效投资关系战略和宣传公司优势的重要方式。过去，我国商业银行基本上没有进行过公开的信息披露。我国商业银行信息披露几乎没有适当的规范可遵循，缺乏可比性。会计、统计制度基础薄弱以及信息系统的低标准，使得银行经营业绩和风险评估缺乏科学性。在披露中的权责规定过于简单，对利害关系人和非确定性公众了解披露的信息缺乏有效的保障机制，造成银行公司信息对股东和利益相关者不透明；同时，对于银行的消极披露或隐瞒披露缺乏有效的监督制约机制，难以做到全面、准确、及时地将公司信息送达给所有相关者。虽然中国银监会成立后，已明确要求商业银行做好信息披露工作，但披露信息的范围、及时性以及某些信息的真实性等都还需要进一步提高。

释例   **中国银行业的公司治理任务并不轻松**

周正毅事件引出的刘金宝问题，再次给中资银行敲响了警钟。当中资银行忙于筹划上市美好前景的时候，千万别忘了公司治理任务还相当不轻松。

刘金宝曾于1993—1997年担任中国银行上海分行行长，关于他与周正毅的巨额问题贷款有牵连的传闻，已在媒体上广泛传播。近几年，中资银行内部挖出的"蛀虫"可谓不少，级别较高的银行官员有王雪冰、朱小华、段晓兴等。分行级的银行行长发生道德风险的则更多。例如，原中国银行海南分行行长王黎明携款逃往国外、原中国银行港澳办事处主任梁小庭受贿和洗钱案、原中国银行安徽分行副行长赵安歌贪污受贿案等。国家反贪总局官员曾表示：目前有4 000多名贪污受贿犯罪嫌疑人携公款50多亿元在逃，其中，在金融系统任职的居多。在资金出逃案中，发生在中国银行广东开平支行的案子最为典型。

家贼最难防。中资银行内部"蛀虫"如此之多，存在多方面的原因。从风险源头上说，与中资银行所有者长期缺位有关。看似在银行内部建立了严格的管理制度，每一笔贷款的发放和资金的转移都经过层层控制，但由于所有者缺位的弊病存在，制度和措施实际上形同虚设。银行行长较多采取行政任命，职务上更像一个行政官员。而从严格意义上说，行长是经理人，应该受到来自所有者的压力，以及监事会或独立董事的监督。在中资银行分支机构的经营层中，专业素质也非常欠缺。欠佳的专业素质与糟糕的公司治理捆绑在一起，难怪有个别中资银行发生道德风险，因为内部控制机制漏洞百出。

此外，中资商业银行的信息披露制度也有待改进。像中银香港现已是一家上市的公众公司，其高级管理人员的非正常变动及可能卷入贷款客户涉嫌的骗贷案，都属于对股价和业绩产生影响的重大事件，公司必须及时向股东作信息披露。而此次中银香港对刘金宝事件的信息披露，与香港上市公司通常的要求还有差距，很容易导致投资者对公司提出有隐瞒事实真相之嫌的质疑。事实上，信息披露制度的要求，不仅是为了保护中小投资者的利益，而且可增加外界对公司规范经营的约束力。以往正是由于我们对经营者道德风险和问题贷款采取内外有别的做法，造成了公司治理极其糟糕或者索性没有的状况。倘若在信息披露上不转变观念，其公司治理的有效性势必要遭到质疑。

9.2.4　我国商业银行公司治理的对策

我国商业银行有效公司治理结构的构建，会涉及众多的利益主体，既要充分借鉴国际经验，也要立足于我国的实际状况，采取切实可行的措施。下面我们分别从央行监管、国有商业银行、股份制银行三方面阐述我国商业银行公司治理问题。

1）央行监管和外部审计在银行公司治理结构中的作用

2004年6月，巴塞尔银行监管委员会发布了《新巴塞尔资本协议》，该协议提出了以三个互为补充的支柱为基础的资本充足率监管框架：最低资本要求、监管机构的监督评价过程和市场纪律，这确立了银行治理的三个层次，即银行自律行为、中央银行监管和外部审计师（注册会计师）的检查评价。作为《新巴塞尔资本协议》的两大支柱，央行监管和外部审计在促进银行公司治理、提高治理效率和质量方面发挥了极其重要的作用。

（1）央行监管的作用

央行监管的主要目标是确保金融体系安全、稳健地运行，保持公众对金融体系的信心，由此降低存款人和贷款人的损失风险。央行监管是建立在许可证制度基础之上的，它可以让监管人识别受监管的人员并控制金融业的市场准入。

为实现有效监管目的，央行应当充分认识公司治理的重要性及对银行运作的影响，要求银行建立起相互制衡的组织管理结构，确保银行董事会和高级管理层全面履行其职责，重视银行建立健全与其业务性质、范围和规模相配套的内部控制系统，并通过现场检查和非现场监测，及时识别、判断和预警银行经营管理活动中存在的潜在问题并提请银行管理层注意，以采取纠正措施化解金融风险。为促进对银行公司治理结构和运营系统的了解，一些国家的监管当局通常采取的做法是定期与银行审计委员会举行联席会议，从而能够使监管机构了解审计委员会的有效程度。

综上所述，央行监管在银行公司治理中的作用可归纳为：确立最低监管标准，监督银行管理层的运作，并在银行管理失效时采取必要的补救行动。但必须注意的是，要严格区分监管（Supervision）和治理（Governance），不可让央行监管越俎代庖，因为归根结底公司治理的有效与否还是取决于银行的自我约束和自律机制是否形成。

（2）外部审计的作用

银行审计职能是公司治理结构的组成部分，是银行控制和约束机制的重要力量。作为外部独立审计师的注册会计师对银行进行审计的主要目标，是就银行已公布的财务报表是否在所有重要领域进行了披露，是否遵守了本国财务会计报告制度等情况发表意见。注册会计师出具的审计报告一般提交给股东或董事会，但其他有关各方，如存款人、其他贷款人和监管者，也可以获取该报告。注册会计师的意见有助于确立财务报表的可信度，有效防止银行管理层的舞弊与错误。银行董事会和管理层可以通过及时、有效地利用注册会计师的审计报告，让注册会计师判断和评价银行内部控制系统的有效性并采取措施纠正管理漏洞来加强和促进公司治理的质量。巴塞尔银行监管委员会要求，银行董事会应当把注册会计师看作他们最重要的代理人，尤其是董事会应当利用注册会计师的工作对从管理层那里获得的有关银行经营管理信息进行独立的审核，以有效制约和监督管理层的行为。因此，外部审计在银行公司治理中起到了不可或缺的作用。

在我国已经加入 WTO 的新形势下，建设良好的商业银行公司治理结构是树立市场信心、鼓励更加稳定的长期的国际投资流入、业务稳健发展、抵御风险的重要保证。因此，如何建设有效的公司治理结构是当前我国商业银行必须正视和亟待解决的重要课题。

2）建立和完善我国国有商业银行公司治理结构的建议

国有商业银行改革已经成为举世瞩目的工程，中央政府给予了高度的关注。中央政府动用外汇储备向中国银行、中国建设银行注资 450 亿美元，这表明了政府对四大国有商业银行改制的决心和信心。对国有商业银行的公司治理结构建议，首先要解决两大问题：一是要建立银行的外部监控体系；二是健全银行的激励约束机制。

（1）完善配套的公司法律制度

国有商业银行改革要确保公司治理制度的健全并且贯彻执行，需要我国《公司法》等相关制度的完善来保障，并借鉴国际经验，构筑银行公司治理规则。

（2）完善信息披露机制

在国有商业银行改革的进程中，银行内部和外部都期待银行成为公众上市公司，以克服其治理上的弊端。要促成国有商业银行改革后能真正完善公司治理，仅仅依靠股权结构的改变或者上市，是远远不够的，我们应借鉴我国香港特别行政区以及美国银行信息披露的制度经验，为商业银行制定一套具有约束力的健全信息披露制度。

（3）解决控股股东滥用权力与关联交易问题

境内外上市公司治理实践表明，控股股东滥用权力以及关联交易问题是摧毁形式完备的治理规则的重要力量。四大国有商业银行改制上市后，国有持股人仍然是大股东，这种大股东的身份一方面可以引发大股东滥用控制权以及关联交易问题，滥用控制权的最重要表现是执行政府的经济政策而可能损害银行以及小股东的权益；另一方面则可能因为国有持股人的超脱性，疏忽行使大股东权利，以致公司的董事或者管理人不能尽职，最终导致公司、小股东或者公司债权人权益受损害。为了防范这些弊端，《公司法》《商业银行法》以及银行公司治理的专门性规章，都有必要就控股股东控制权的行使问题加以规范。

（4）完善内外部监督机制

为了促成国有商业银行改革后公司治理的规范、高效，监管法规必须高度关注银行内部、外部审计机制的重要性。《商业银行公司治理指引》所规范的董事会下属专门委员会要求设立 "审计委员会"，《上市公司治理准则》对董事会下属审计委员会也有所规范。同时为了弥补现有监事制度的不足，有必要进一步加强独立董事制度建设，尤其是国有股权在未来较长的时期仍然占据控股地位的国有商业银行更有必要如此。

释例　　　　　　　　　中国建设银行的公司治理

按照《公司法》《证券法》等相关法律、法规的要求，中国建设银行股份有限公司建立了由股东大会、董事会、监事会以及高级管理层组成的现代公司治理架构和制度体系，形成了符合现代金融企业制度要求的权力机构、决策机构、监督机构以及执行机构。机构之间各司其职、有效制衡、运行有序。

该行董事会下设5个委员会，分别为战略发展委员会、审计委员会、风险管理委员会、提名与薪酬委员会和关联交易控制委员会。监事会下设2个委员会，分别为履职尽职监督委员会和财务与内部控制监督委员会。

目前，该行董事会由13名董事组成，均按照公司章程的有关规定，经股东大会选举产生。其中，执行董事2名、非执行董事5名、独立非执行董事6名。

中国建设银行股份有限公司公司治理的特色及主要做法：

（一）规范公司治理

中国建设银行股份有限公司深入研究"三会一层"（股东大会、董事会、监事会和高级管理层），以及控股股东与董事会、监事会和高级管理层，控股股东与委派董事、股东代表监事以及其他股东等公司治理相关各方之间的关系，并作出了积极的探索。

（二）修订完善公司治理文件

根据该行成立以来的公司治理实践，依据国内相关监管规定，该行于2007年全面修订了《公司章程》《股东大会议事规则》《董事会议事规则》《监事会议事规则》和董事会、监事会专门委员会工作细则等多个公司治理文件。

（三）深化内部管理体制改革

强调深化内部管理体制改革是实现战略转型的关键，该行致力于转换经营机制，并通过深化机构和人力资源改革、探索专业化团队建设、启动会计和运营管理体制改革、推进六西格玛管理方法等措施深化内部管理体制改革。

（四）健全风险内控机制

自股份制改革以来，该行风险管理改革不断取得新成效，风险管控能力有了质的提升，并通过全面加强风险管理、积极应对次级债危机、推进新资本协议的实施、加强内控体系建设等措施继续健全风险内控机制。

（五）推进与战略投资者的合作

引进境外战略投资者的主要目的并非引进资金，而是引进先进的管理经验和技术手段，促进国有银行建立和完善公司治理结构，提高经营管理水平。该行董事会将战略合作视为推动该行深化内部体制改革的重要外部力量，与战略投资者的合作取得显著成效。

（六）有效传导公司治理理念

为了确保战略决策贯彻落实，该行董事会全力推进扁平化管理和条线管理等改革措施，强化统一法人制度建设。

（七）加强投资者关系与信息披露工作

该行将投资者关系与信息披露工作视为战略管理的组成部分，遵循上市公司信息披露的相关规则与惯例，建立与投资者的双向交流机制，构建良好的投资者关系，以提高信息披露的专业水平。

（八）全面履行企业公民责任

该行董事会确定的企业使命之一是"为社会承担全面的企业公民责任"。积极承担各项社会责任成为本行经营理念的一部分，并贯穿于经营管理全过程。该行对社会公益事业的贡献得到社会各界的认可，被中国红十字会总会授予"2007年度最具责任感企业"，获得中国扶贫基金会颁发的"第二届中国消除贫困特别贡献奖"，获得中国香港上市公司商会颁发的"企业社会责任奖"。

中国建设银行股份有限公司治理的成功经验告诉我们：第一，所有权到位，是形成有效公司治理的重要条件。因为所有权到位是公司治理的灵魂，离开了所有者的激励和约束，很难避免公司其他参与者的非正常行为，所有者自身的权益就无法保证。第二，董事会是公司治理的核心机构。因此，要优化董事会结构，包括设立外部董事、独立董事；设立以外部董事、独立董事为主组成的审计委员会、提名委员会、薪酬委员会等。要认真实行董事会"集体决策、个人负责"的决策机制，强调董事会的独立性，强化董事的个人责任。第三，公司的目标必须集中于投资回报。公司治理的要义是保护投资者利益。公司目标集中于投资回报，才能建立财务预算硬约束，才能准确评价公司的经营业绩。第四，建立具有纠错功能的选人用人机制。第五，提高公司透明度，强化信息披露。

资料来源 上海证券交易所.关于"加强上市公司治理专项活动"的自查报告和整改计划〔EB/OL〕．〔2007-09-06〕．http://www.sse.com.cn.

问题：

如何克服国有商业银行"一股独大"问题？

3）对建立和完善我国股份制商业银行公司治理结构的建议

（1）逐步调整和优化股权结构

目前，有的股份制商业银行大股东持股过多，应适当减持，以便能吸收更多中小投资者，特别要引导具有现代银行管理经验的国际战略投资者参股，逐步实现股权结构的国际化。外国银行的参股，不但可以引进部分外国资金，更重要的是有利于引进外国成熟的银行管理技术、金融产品创新经验、客户服务理念及处置不良资产的方法等，从而有助于国内股份制商业银行整体素质的提高。

（2）进一步保护中小股东的利益

公司治理中的一个核心问题是中小股东的利益是否得到充分保护，因此要逐步建立能使众多中小股东利益得到更加切实维护的机制。同时，还要建立健全对管理层的长期激励和约束机制。应借鉴西方国家银行管理的经验，通过外部力量强化监管来约束经营者的行为或提高高级管理人员的素质。

（3）优化董事会结构，真正发挥董事会的决策作用

目前，美国修改后的公司治理规则要求上市公司董事会中独立董事占大多数，同时强化和严格对"独立性"的要求。印度等一些发展中国家规定上市公司的董事会成员中独立董事人数占1/3以上。我国商业银行独立董事的比例显然不够，要逐步增加，提高质量。

（4）建立有效的长期激励和约束机制

在完善公司治理结构时，一方面必须建立有效的激励约束机制。合理的绩效评价制度和有效的激励制度，是使管理者和员工的行为与银行的经营成果紧密结合、确保落实银行经营目标的有效保障。另一方面必须完善稽核评价机制。依据审慎会计原则加强透明度建设，有效运用由内外部审计人员所作出的工作指导，在绩效评价的基础上建立起董事、经理人员的薪酬与公司绩效和个人业绩相联系的激励机制，以鼓励董事勤勉尽责，保持经理人员的稳定，并且保证付酬办法与银行的战略目标、管理环境和企业文化的一致性。

（5）努力把银行内部职工培育成一个独立的产权主体

为调动职工作为银行主人翁的积极性，吸引和留住优秀人才，一要选举职工代表进入董事会，二要实行独立封闭的内部员工持股模式，克服目前一些企业内部员工持股的"开放性和流动性"弊端。这样做的目标是使内部职工在持股期内获取的利益与所有者、经营者的利益趋同，从而使企业的即期盈利与长期发展紧密结合。

（6）尽快完善公司治理的外部环境

公司治理重点靠内部制度完善和利益相关者素质的提高，但同时也离不开有效的外部约束（主要是法律约束）。安然事件出现后，美国国会通过了关于会计和公司治理一揽子改革的《萨班斯－奥克斯利法案》，该法案进一步提高了法律约束力。目前，我国还未制定此类法规，即使有关部门作出一些规定也失之过宽。建议全国人大或国务院尽快制定公司治理结构的相关法规，为完善我国公司治理创造良好的外部环境。

综上所述，公司治理问题归根结底是要在投资者、经营者、劳动者、相关利益者之间寻求利益的平衡，这是一个永无止境的课题。世界上也许不存在一种统一的、完美的或一成不变的公司治理结构模式。事实上，由于经济、社会和历史、文化等方面的原因，各国公司的所有制模式和公司治理模式有很大差异，但是公司治理还是存在一些普遍的规则。随着我国加入世界贸易组织和中国市场的逐步开放，我国国有商业银行在借鉴国际规则的基础上建立和完善自己的公司治理，既是一个必然选择，也是一项紧迫的任务。

释例　　　　　　　　　　**中国民生银行的公司治理**

公司治理结构是一个有法律保障、公司章程和合同约束、制度严谨的分权、分责、制衡体制。它所形成的一套有效的委托－代理关系，可以保障投资者的最终控制权，可以维系公司各个利害相关者之间的平衡。有效的公司治理可以为投资者激励和监督经营管理者提供体制框架，为经营管理者施展才能提供舞台。公司治理是公司制度发挥作用的基础，是现代企业制度建设中最重要的问题之一。

中国民生银行（以下简称"民生银行"）是一家以发起设立方式组建的全国性股份

制商业银行。成立10年来，民生银行不断丰富和完善公司治理结构，创造了非凡的业绩。民生银行的快速发展，其最根本原因是形成了有效的公司治理，科学地配置了公司的控制权，确保分权－分责－制衡的有效性，保证了股东大会的最终控制权，保证了董事会独立决策权，保证了经理层自主经营管理的权力。

一是明确职责。民生银行成立伊始，就确立了较好的公司治理架构，明确并严格规定了"三会"和高级管理层的职责：股东大会是公司的权力机构；董事会对股东大会负责，执行股东大会的决议，决定公司的经营计划和投资方案，决定聘任或者解聘行长；监事会负责对银行财务以及董事、高级管理人员执行公司职务的行为进行监督；行长对日常经营管理全面负责。2003年，公司参照国际经验制定通过了《董事会议事规则》和《股东大会议事规则》两个规定。按法定程序设立了董事会战略发展及风险管理委员会、审计及关联交易委员会、提名委员会、薪酬与考核委员会，进一步完善了公司的分权制衡机制。

二是理顺关系。对于股份制企业来说，一个十分容易出现的问题就是大股东控制。为了破解这一难题，民生银行成立之初，就积极推进股权多元化，并严格规定银行与大股东之间在业务、人员、资产、机构、财务5个方面完全独立，从而有效地保证了银行的自主经营。同时，还出台了《关于股东贷款问题的意见》及严格控制关联交易的若干规定，规定股东贷款没有优惠权，股东贷款必须经过独立评审专家的严格评审。这使得在某些股份制商业银行还因为巨额关联贷款问题遭到指责时，关联贷款在民生银行已经不是问题了。

三是完善监管。2000年，《公开发行证券公司信息披露编报规则》第1至第6号正式公布，对金融企业发行上市过程中的信息披露进行了全面规定。新规则出台后仅仅一周，民生银行就完全按照其要求，公开发布招股说明书。在上市过程中，民生银行在公司治理方面最超前的举措就是在行业内率先聘请外部董事，也就是后来的独立董事。独立董事对于民生银行完善公司治理起到了很重要的作用。上市后，民生银行参照国外上市公司先进经验，积极开展季报披露工作，成为国内首家披露季报的上市公司，进一步增强了公司的透明度。

四是注重激励。2004年，民生银行高级管理人员实行新的年薪制管理办法，进一步将管理人员薪酬收入与管理水平、经营业绩挂钩。同时，在考核中增加了内部风险控制等内容，引导高级管理层重视资产风险、内部控制、综合管理，从而有力地推动了民生银行的持续健康发展。

有效的公司治理是现代企业制度建设的核心，是企业竞争力最重要的基础。从国际经验来看，国际上效益突出的金融企业大都重视公司治理。完善的公司治理结构，对于企业赢得投资者信赖、走向资本市场、保护投资者权益、防范金融风险，进而推动经济社会又好又快发展具有重要意义。麦肯锡企业顾问有限公司的一项调查显示，对同等盈利水平的公司，投资者愿为公司治理机制良好的公司股票多支付20%以上的溢价。专家们分析，导致美国安然公司倒闭的"安然事件"之所以发生，一是由于信息披露制度不完善，一些应该披露的信息没有披露，对股东造成了很大误导；二是由于有关方面监管严重缺位。而这两个方面都是公司治理的重要内容。民生银行作为金融企业做强做大的一个成功典型，其完善公司治理的经验值得深入研究和总结。

　　启示：形成有效的公司治理，就要着力建立健全内部治理机制、激励约束机制和外部监督约束机制，建立健全股东大会、董事会、监事会和经理班子治理架构，使决策、监督、执行分工明确、相互制约、相互监督。在完善公司治理结构的基础上，加强内部控制，加强内部授权授信管理，充分发挥内部审计、内部合规性检查的作用，同时合理发挥外部审计的作用。金融企业要进一步强化审慎经营理念，采用国际通行的审慎会计制度、风险拨备制度和损失核销制度，不断提高金融资产质量，降低不良资产比率，提高经营的稳健性。

　　资料来源　殷孟波，胡军.完善公司法人治理结构 民生银行的调研与思考［N］.经济日报，2006-09-04.

9.3　机构投资者的治理

引　例

美国的股东权利运动

　　1984年以反对Texaco公司管理层高溢价回购公司股份为发端，美国第二大养老基金CalPERS领导了股东权利运动，并创建了机构投资者委员会（CII），促进了"资本革命"的机构投资者积极主义的形成。随着机构投资者在资本市场所占份额的不断增加，机构投资者积极参与公司治理成为主流，并承担起确保美国资本市场最大、最重要的公司表现出色并取得成绩的重要使命。在机构投资者的压力下，美国许多著名公司，诸如IBM、通用汽车、康柏电脑、AT&T、美国捷运等，都先后解雇其名声显赫但业绩欠佳的总裁或首席执行官。这一切促使美国的企业制度从"经理人资本主义"向"投资人资本主义"转变，形成了有效的股权文化。

9.3.1　机构投资者概述

1）机构投资者的定义

　　从广义上讲，机构投资者是指用自有资金或者从分散的公众手中筹集资金专门进行有价证券投资活动的法人机构。在西方国家，以有价证券收益为其主要收入来源的证券公司、投资公司、保险公司、各种福利基金、养老基金及金融财团等，一般称为机构投资者。其中最典型的机构投资者是专门从事有价证券投资的共同基金。在中国，机构投资者目前主要是具有证券自营业务资格的证券自营机构，以及符合国家有关政策法规的各类投资基金等。在2006年8月中国人民银行、中国证监会和国家外汇管理局联合发布的《合格境外机构投资者境内证券投资管理办法》中，将合格境外机构投资者定义为：符合有关条件，经中国证监会批准投资于中国证券市场，并取得国家外汇管理局额度批准的中国境外基金管理机构、保险公司、证券公司以及其他资产管理机构。而伴随进一步扩大金融业对外开放的需求，2020年5月，中国人民银行、国家外汇管理局发布《境外机构投资者境内证券期货投资资金管理规定》明确并简化境外机构投资者（QFII和RQFII）境内证券期货投资资金管理要求，进一步便利境外投资者参与我国金融市场。

2）机构投资者的分类

机构投资者可从两方面来定义：一是从投资者资金量大小来进行定义，将机构投资者定义为，资金量大到其交易行为足以影响一段时期某只股票价格的投资者，其中包括个人大户。二是从投资者身份或组织结构出发，机构投资者包括三种类型：

（1）按照《证券法》和相关法规，有明确的法律规定可从事股票交易的证券公司和证券投资基金管理公司。

（2）按照《证券法》和相关法规，可以参加股票交易，但操作受到限制的"三类企业"，即国有企业、国有控股公司和上市公司。

（3）在能否参与股票交易及参与股票交易的方式上缺乏明确法律规定或权利义务不具体的法人，如"三资"企业、私营企业、未上市的非国有控股的股份制企业、社团法人等。

在我国现有的机构投资者中，国家拥有股票市场的大部分股份，是最大的机构投资者；其次是保险公司、证券投资基金、养老基金、私募基金；最后才是企业和富有的个人。

作为市场中最重要的机构投资者，国家应当考虑两方面问题：一是确保上市公司管理层为全部股东创造最大价值的途径；二是在减持国有股的同时培育一个使价值最大化的体系，并融入公司治理的理念。而为了改进公司治理，所有的机构投资者都必须有能力和手段确定公司的内在价值，并采取主动行动促使管理人员提升公司的价值，另外很重要的一点就是，促使公司进行足够的信息披露。

为更好地进行公司治理，我国应当创造多样化的机构投资者和公司。具体可通过凭证方式，允许境外公司在国内市场上市，允许境外机构投资者投资国内股票市场，在未来某一时间，允许小部分基金在全球市场进行资产分配，并逐步增加该种基金的数量，直至人民币可自由兑换等。

3）机构投资者特点

机构投资者与个人投资者相比，具有以下几个特点：

（1）投资管理专业化。机构投资者一般具有较为雄厚的资金实力，在投资决策运作、信息收集分析、上市公司研究、投资理财方式等方面都配备专门部门，由证券投资专家进行管理。1997年以来，国内的主要证券经营机构，都先后成立了自己的证券研究所。个人投资者由于资金有限而高度分散，同时绝大部分都是小户投资者，缺乏足够的时间去收集信息、分析行情、判断走势，也缺少足够的资料数据去分析上市公司经营情况。因此，从理论上讲，机构投资者的投资行为相对理性化，投资规模相对较大，投资周期相对较长，从而有利于证券市场的健康稳定发展。

（2）投资结构组合化。证券市场是一个风险较高的市场，机构投资者入市资金越多，承受的风险就越大。为了尽可能降低风险，机构投资者在投资过程中会进行合理投资组合。机构投资者庞大的资金、专业化的管理和多方位的市场研究，也为建立有效的投资组合提供了可能。个人投资者由于自身的条件所限，难以进行投资组合，相对来说，承担的风险也较高。

（3）投资行为规范化。机构投资者是一个具有独立法人地位的经济实体，投资行为受到多方面的监管，相对来说，也就较为规范。一方面，为了保证证券交易的"公开、公平、公正"原则，维护社会稳定，保障资金安全，国家和政府制定了一系列的法律、法规来规范和监督机构投资者的投资行为。另一方面，机构投资者本身通过自律管理，从各个方面规范自己的投资行为，保护客户的利益，维护自己在社会上的信誉。

9.3.2　对我国机构投资者参与公司治理的思考

美国机构投资者参与公司治理的传统做法主要是通过技术分析或股价走势判断去获取短期资本溢价，奉行的是"用脚投票"的华尔街原则。20世纪80年代，机构投资者公司治理战略出现了明显的转变，以养老基金、共同基金与银行信托等机构投资者为主导，积极介入到公司的内部治理。

自20世纪70年代，美国机构投资者得到了迅猛的发展。随着机构投资者持股比例的不断上升，大的机构投资者已不可能随意出售其持有的业绩较差的股票了，因为其他的机构投资者也已评估到了该股票的投资价值，从而没有满意的买方，而大量抛售又必然引起股价的大幅下跌，从而使自己蒙受更大的损失。因此，机构投资者只能放弃短期交易行为，静下心来关注公司的长期发展，作为公司的长期投资者而积极参与公司的治理，推动企业的长期稳定发展，以取得长期投资价值回报。

国外机构投资者特别是发达国家机构投资者比较普遍地使用金融衍生工具，以获得更广泛的投资机会，并提高风险管理的效能。如欧盟国家61%的养老基金公司和保险公司直接或通过外部基金管理者使用衍生工具，其中75%使用衍生工具是为了有目的地配置资产，25%是为了规避现金风险。但在我国证券市场上，系统性风险占据了总风险的大部分，甚至达到80%左右，分散化投资对于风险规避的作用十分有限，而能够规避系统性风险的股票指数期货和期权等金融衍生工具不能按照市场的要求推出，致使机构投资者抵御风险的能力十分薄弱。另外在我国证券市场上，能够供投资者购买的基金品种十分有限，即使是发展到具有一定规模的股票基金也有很大缺陷，集中表现在这些基金公司操作模式雷同，没有形成独有的风格，无法得到普通投资者的青睐。

释例　　　　　　**雪佛龙德士古公司股权结构与机构投资者**

2001年10月15日，为进一步增强竞争实力，美国第二大石油公司雪佛龙公司同意用大约351亿美元以股票交易的形式收购美国第三大石油公司德士古公司，创建了继埃克森美孚、荷兰皇家壳牌集团与BP阿莫科石油公司之后的世界第四大石油公司。2001年10月9日，公司正式宣布合并完成，新公司的名称为雪佛龙德士古公司。雪佛龙公司和德士古公司在纽约证券交易所也进行了合并，标识为"CVX"。

根据雪佛龙德士古公司披露的信息，其在证券市场上流通的只有普通股。截至

2004 年 9 月 13 日的公司基本数据显示，公司发行在外的普通股有 2 130 149 000 股，其中机构投资者所持股份占发行在外普通股的 60.9%，机构投资者最多的股权仅占公司总股份的 4.09%，雪佛龙德士古公司的股权是相当分散的。大部分股份都由机构投资者持有，同时雪佛龙德士古公司鼓励股东积极参与公司治理，并期待机构投资者在公司治理中"扮演一种积极和负责任的角色"。

虽然雪佛龙德士古公司机构投资者的持股份额并不高，但是相对于个人股东而言，他们已经算是相当高份额的持股者了。由于存在着委托-代理关系，让单个的股东监控公司的经理层是不实际的，因为这样，个人股东会承担过高的监控成本却只能获得自身股份额度的利益。相对而言，机构投资者就更有动机参与公司治理，对经理层进行监控。例如，2004 年持有雪佛龙德士古公司价值超过 3.5 亿美元股票的机构投资者在厄瓜多尔展开了一个星期的调查，提出了一份股东解决方案，并且希望雪佛龙德士古公司提交一份关于其在厄瓜多尔经营而对当地环境和居民健康造成影响的报告。机构投资者将在年度股东大会上提交这份股东解决方案，希望雪佛龙德士古公司增强环保意识。这样的参与公司治理的方式是比较直接的，是机构投资者对公司长期发展考虑后所作出的行动。

该案例告诉我们，尽管机构投资者参与公司治理的利益动机并不是非常一致，但是机构投资者参与公司治理很有潜力。最重要的是要为其提供比较好的环境，并且不断激励其参与公司治理，这样才能使机构投资者把自己当作被投资公司的所有者，而不是仅仅把投资的股票当作一种短期获利工具。

根据雪佛龙德士古公司的实例，对我国证券市场机构投资者的公司治理的启示，我们认为应该从三个方面来加强和发挥我国机构投资者在公司治理中的作用：第一，健全我国关于机构投资者管理的法律，为机构投资者参与公司治理提供一个有法可依的法律环境。第二，进一步完善证券市场，使机构投资者的定位更加理性。让机构投资者不再对公司目标保持距离，而是积极投资并主动参与公司治理。第三，公司本身应该对机构投资者予以重视，充分发挥其参与公司治理的潜能。

　　资料来源　苏琦，姜岳新.公司治理经典案例［M］. 北京：机械工业出版社，2006.

我们应借鉴发达国家的成功经验，尽快构建合理的股权结构，提高机构投资者实力和上市公司质量，同时在法律限制和政府管制方面作相应的调整，为机构投资者参与公司治理创造有利条件。从机构投资者对上市公司治理的参与角度看，机构投资者参与公司治理可以有以下四个方面：

第一，在机构投资者参与公司治理的领域里，目前我国机构投资者应该关注的重点是上市公司的投票权问题、董事会结构问题、内部人控制问题、大股东滥用控制权从事某些关联交易和进行担保的问题、中小股东保护问题、信息披露问题、资产重组问题、公司收购中的反收购措施的正当性问题，以及股东、董事、经理层及各利益相关者之间的关系协调问题。

第二，在机构投资者参与公司治理的对象选择上，重点应放在对两类公司的治理上：一类是流通股份额较大的上市公司；另一类是业绩差却有潜质可挖的上市公司。

第三，在机构投资者参与公司治理的方式上，应该主要通过股东大会这种正式途径来参与公司治理。

第四，我国应从以下方面对机构投资者参与公司治理的市场环境和配套制度加以完善：逐步解决我国国有股一股独大的问题和流通股比例过低的问题，实现股权结构的合理化和全流通，这是我国机构投资者参与公司治理目前遇到的最大障碍；放宽对机构投资者参与公司治理的限制，目前我国资本市场对机构投资者参与公司治理有严格限制，比如对基金的两个10%的限制；完善机构投资者参与公司治理的相关法律制度和市场环境；机构投资者能否积极有效地参与公司治理，还取决于机构投资者自身的规范发展和不断完善。

中国的机构投资者刚刚开始关注公司治理，在上述一般性的公司治理方面还有很多工作可做。未来关于"机构投资者在公司治理中的作用"的政策取向和制定对于保障上市公司的质量至关重要。它是中国经济健康发展的关键，是中国作为负责任大国的国际义务。

9.3.3　我国机构投资者的发展

在证券市场发展初期，市场参与者主要是个人投资者，即以自然人身份从事有价证券买卖的投资者。20世纪70年代以来，西方各国证券市场出现了证券投资机构化的趋势。有关统计数据表明，机构投资者市场份额70年代为30%，90年代初已发展到70%，机构投资者已成为证券市场的主要力量。在我国，机构投资者近年来有所发展，但与个人投资者相比，机构投资者所占比重仍然偏低。为了改变这种投资者结构失衡的状况，我国正采取措施，在完善立法的前提下，逐步培育和规范发展机构投资者，发挥证券投资基金支撑市场和稳定市场的作用，促进证券市场健康持续稳定地发展。

1）机构投资者在我国发展的三个阶段

第一阶段，1990—1997年，机构投资者处于萌芽状态。这个时期的机构投资者以证券公司为主，虽然市场上也有一些基金，但并不是真正意义上的证券投资基金，其规模较小，投资偏于保守，很多是以实业投资为主，证券投资部分比例较小。这些"老基金"在1996年后逐渐处于边缘地带。

第二阶段，1998—2005年，市场调整和机构更替阶段。1998年3月23日第一批证券投资基金启动，基金金泰和基金开元分别在上交所和深交所上网发行。4月7日基金金泰和基金开元分别在上交所和深交所上市，成为首批上市的证券投资基金。一些不规范的证券公司、信托公司被市场淘汰，主管部门出台了一系列鼓励机构投资者发展的政策和措施。2002年12月，合格境外机构投资者制度引入中国资本市场。2004年年初，国务院发布了《国务院关于推进资本市场改革开放和稳定发展的若干意见》，明确要求大力发展机构投资者；2004年10月，经国务院批准，中国保险监督管理委员会、中国证券监督管理委员会联合发布并实施《保险机构 投资者股票投资管理暂行办法》。这标志着我国保险资金首次获准直接投资股票市场。

第三阶段，2006年至今，机构投资者进入快速发展时期，初步形成了以证券投资基金为主，证券公司、信托公司、保险公司、合格境外机构投资者、社保基金、企业年金等其他机构投资者相结合的多元化格局。随着我国机构投资者数量的不断增加、投资规模的扩大以及整体质量的提高，证券市场投资主体的机构化日益明显。[1]

2）我国完善及促进机构投资者发展的着力点

随着资本市场的改革和发展及各项工作的稳步推进，我国资本市场内外部环境也发生了新的变化，上市公司质量逐步提高，产品结构和市场结构日益完善，机构投资者比重稳步上升，证券期货法律体系日趋完善，市场监管和执法力度不断加大。而随着我国资本市场总体规模的迅速扩大，运行基础的逐步巩固，机构投资者队伍也不断扩大，影响力日益增强，已经成为我国资本市场的重要参与力量，在我国国民经济和资本市场改革发展中发挥了重要的作用。

资本市场的健康发展离不开社会资金的投入和参与，同样资本市场也能为社会资金的保值增值提供一个平台。要抓住有利时机促进我国机构投资者又好又快发展，必须进一步推动机构投资者发展壮大，必须不断提高机构投资者的整体质量，必须进一步强化机构投资者的风险控制机制。为完善鼓励社会资金投资资本市场的政策，促进机构投资者又好又快发展，应主要从以下几个方面着手：

（1）继续强化市场基础，为机构投资者队伍持续发展壮大创造有利的环境。要进一步加强市场基础性建设，完善市场功能，提高市场运行效率，积极推进多层次市场体系建设，逐步形成各层次市场有机联系的资本市场体系。循序渐进地推动公司债券、金融衍生产品的发展，为包括机构投资者在内的各类市场参与主体提供有效的风险管理工具，进一步提高监管水平，严厉打击市场上的违法违规活动，从根本上保护投资者的合法权益。

（2）推动各类机构投资者的协调发展，进一步增强专业投资机构稳定市场的作用。要在发展壮大机构投资者整体规模的同时，进一步调整和优化机构投资者的结构，改变证券投资基金发展较快，企业年金、社保基金等机构发展相对滞后的局面。不断完善各项政策制度，继续扩大保险资金、企业年金和社保基金投资资本市场的资本比例和规模，鼓励和引导以养老金为代表的长期机构投资者进入资本市场，形成多元化、多层次、相互竞争的专业化机构投资者队伍。

（3）加强机构投资者监管和风险防范，推动产品的业务创新。要加强对机构投资者行为的监管，推动建立科学、高效的风险控制和风险管理制度，防止利益输送和操纵市场等行为。推动完善机构投资者激励的约束机制，切实改变机构投资者投资行为短期化和同质化的取向，在此基础上使机构投资者随着市场发展有序地实现投资多元化，主要是增加公司债券等固定收益类产品投资，拓宽资产配置渠道。在风险可控的前提下，拓宽基金公司业务范围，推出基金的机构理财业务试点，时机成熟后逐渐向其他公司推广。

---

[1]　根据网上资料整理.

（4）积极发挥机构投资者的专业优势，提高投资者教育的针对性和有效性。创新教育方式，拓宽教育渠道，健全工作机制，进一步把投资者教育融入企业运作和市场营销的各个环节，引导投资者树立正确的理财投资理念。

（5）循序渐进地扩大对外开放，不断增强机构投资者在开放环境下的竞争实力，推动基金业开辟境外投资市场。学习和借鉴成熟市场机构投资者的投资理念、投资环境、投资技能，促使我国机构投资者大而强、强而优，在竞争合作中走向成熟。

9.4　公司治理中的基本法律制度

9.4.1　信息披露制度

引　例

信息披露违法　ST博元被终止上市

2011年9月，ST博元发布重组预案，计划卖出壳资源。此方案获得股东大会通过，但由于重组方业绩出现下滑，双方对交易价格调整幅度分歧较大，未能形成一致意见。2012年7月，ST博元发布定增预案，后来进行了二次修订。根据修订稿预案，ST博元将以27亿元向贵州林东煤业发展有限责任公司增资。增资完成后，ST博元将持有林东煤业51.92%的股权，成为控股股东。2014年2月12日，ST博元再次披露定增预案，拟以每股5.2元的价格，向珠海富锦天佑投资管理中心、珠海颐和天成投资管理中心、珠海元天锦华投资管理中心非公开发行股票不超过1.54亿股，募集资金总量不超过8亿元，所得资金将全部用于偿还公司逾期借款本金、利息及补充公司流动资金。然而不幸的是，三次重组和增发计划最终都成了泡影。ST博元的融资梦一次次破碎，当初的一个谎言只能用无数个谎言去圆。为了掩盖华信泰已经履行及代付的股改业绩承诺资金3.8亿元未真实履行到位，2011—2014年间，ST博元多次伪造银行承兑汇票，虚构用股改业绩承诺资金购买银行承兑汇票、票据置换、贴现、支付预付款等重大交易，并披露财务信息严重虚假的定期报告，金额特别巨大。2011—2013年年报中，分别虚增资产3.47亿元、3.64亿元、3.78亿元，分别占其同期总资产的69%、62%、62%；虚增负债1 223万元、876.26万元、1 017万元。2012年、2013年年报，2014年半年报中，虚增利润1 893万元、2 364万元、317.4万元，分别达到其同期实际净利润总额的90%、258%、1 327%，严重违规。东窗事发后，2014年6月17日，中国证监会对ST博元涉嫌信息披露违规行为进行立案调查。2015年3月26日，该案件被中国证监会依法移送公安机关。公司股票简称也变成了*ST博元。

*ST博元股票于2015年3月31日被实施退市风险警示，并在风险警示板交易30个交易日，之后被暂停上市。然而在这30日内，该股票从连续七个跌停到连续八个涨停，行情上演惊天逆转。持股市值超过100万元的股东户数从916户增加至976户，

但持股量却从 8 930 万股下降至 4 596 万股；持股市值在 100 万元以下的自然人账户从 17 287 个增加至 29 033 个，持股数量从 5 427 万股增加至 12 204 万股，占*ST 博元总股本的 64.12%。由此可见，散户成了这场豪赌的主力。中小投资者对*ST 博元尚且如此"不离不弃"，博元的高管更要展现出与众不同的一面。

2015 年 4 月 30 日，踩着年报披露的大限，*ST 博元同时披露了 2014 年年报和 2015 年第一季度季报。两份报告开篇都赫然提示："本公司董事会、监事会及董事、监事、高级管理人员无法保证年度报告内容的真实、准确、完整，不存在虚假记载、误导性陈述或重大遗漏，并不承担个别和连带的法律责任。"报告一出，令人瞠目结舌！很快上交所就此事发出了询问函。*ST 博元的解释是：新一届董事会、监事会全部成员系经 2015 年 1 月 23 日召开的公司第一次临时股东大会选举产生，除 3 位监事外，其他人此前均未在公司履行任何职务。公司此前出现的问题，不在本届董事会任职期内。部分外部监事也未在公司任职，对公司情况不清楚。而事实上，*ST 博元新董事会成员彼此存在关联关系，其中 5 人具有同一单位工作背景，而且他们不愿保真的年报信息是这样的：截至 2014 年 12 月 31 日，公司逾期借款及利息 4.13 亿元，2014 年度归属于母公司股东的净利润 - 9 885.32 万元，流动负债大于流动资产 4.89 亿元，经营活动产生的现金流量净额 - 4638.99 万元，净资产 - 3.87 亿元。

2015 年 5 月 25 日，上交所依据《关于改革完善并严格实施上市公司退市制度的若干意见》和《上海证券交易所股票上市规则》相关规定，决定公司股票暂停上市。

资料来源 赵宇恒. 不死鸟之"死"——一只老八股的前世今生 [G]. 中国管理案例共享中心，2017.

1）信息披露制度的概念

信息披露制度，也称公示制度、公开披露制度，是上市公司为保障投资者利益、接受社会公众的监督而依照法律规定必须将其自身的财务状况、经营状况等信息和资料向证券管理部门和证券交易所报告，并向社会公开或公告，以便使投资者充分了解情况的制度。它既包括发行前的披露，也包括上市后的持续信息公开，它主要由招股说明书制度、定期报告制度和临时报告制度组成。从世界范围来看，信息披露制度主要存在完全信息披露制度和实质性审查制度两种模式。

信息披露制度源于英国和美国。英国的"南海泡沫事件"（South Sea Bubble）导致了《1720 年诈欺防止法案》（Bubble Act of 1720）的出台，而后《1844 年英国合股公司法》（The Joint Stock Companies Act of 1844）中关于"招股说明书"（Prospectus）的规定，首次确立了强制性信息披露原则（The Principle of Compulsory Disclosure）。

2）信息披露制度的特征

（1）信息披露制度是以发行人为主线、由多方主体共同参加的制度

从各个主体在信息披露制度中所起的作用和所处的地位看，它们大体分为四类：第一类是信息披露的重要主体，这类主体包括证券市场的监管机构和政府有关部门。第二类是信息披露的一般主体，即证券发行人，它们依法承担披露义务，所披露的主要是关于自己的及与自己有关的信息，是证券市场信息的主要披露人。第三类是信息披露的特

定主体，它们是证券市场的投资者，一般没有信息披露的义务，只是在特定情况下，它们才履行披露义务。第四类是其他机构，如股票交易场所等自律组织、各类证券中介机构，它们制定一些市场交易规则，有时也发布极为重要的信息，如交易制度的改革等，因此也应按照有关规定履行相应职责。

（2）持续性

信息披露制度在信息公开的时间上是个永远持续的过程，是定期与不定期的结合。

（3）强制性

有关市场主体在一定的条件下披露信息是一项法定义务，披露者没有丝毫变更的余地。证券发行人的自主权是极为有限的，它在提供所有法律要求披露的信息之后，才有少许自由发挥的余地。同时，它必须对其中的所有信息的真实性、准确性和完整性承担责任。

（4）权利和义务的单向性

信息披露人只承担信息披露的义务和责任，投资者只享有获得信息的权利。无论在证券发行阶段还是在交易阶段，发行人或特定条件下的其他披露主体均只承担披露义务，而不得要求对价。而无论是现实投资者还是潜在投资者，均可依法要求有关披露主体提供必须披露的信息材料。

3）信息披露制度的内容

信息披露主要是指公众公司以招股说明书、上市公告书以及定期报告和临时报告等形式，把公司及与公司相关的信息，向投资者和社会公众公开披露的行为。

（1）证券发行的信息披露制度

在此期间最主要的就是招股说明书和上市公告书。在采取注册制的发行审核制度下，发行和上市是两个独立的过程，即公开发行的股票不一定会在证券交易所上市。从证券市场的实际操作程序来看，如果发行人希望公开发行的股票上市，各交易所一般都要求发行公司在公布招股说明书之前取得证交所的同意。该招股说明书由于完备的内容与信息披露，成为公司发行上市过程中的核心。而上市公告书在许多发达的证券市场中并非必然的程序之一。许多市场中的招股说明书实际上就是上市公告书。

2001年1月20日，中国证监会发布《关于首次公开发行股票公司招股说明书网上披露有关事宜的通知》，要求发行人及其主承销商除须按规定将招股说明书的书面文本备置在发行人公司住所、主承销商公司住所和拟上市证券交易所外，同时还应按照拟上市交易所的有关规定在其指定网站上披露，以供公众查阅。

（2）证券交易的信息披露制度

证券交易的信息披露也称持续阶段的信息披露，是指证券发行上市后，发行人所要承担的信息披露义务。上市公司的信息披露主要分为定期报告和临时报告两类，定期报告包括中期报告和年度报告。

①中期报告

上市公司在年中或每季度向国务院证券监管机构和证券交易所提交的反映公司基本经营情况及与证券交易有关的重大信息的法律文件，包括半年度报告和季度报告。

其内容包括：公司财务会计报告和经营情况，涉及公司的重大诉讼事项，已发行的股票、债券变动情况，提交股东大会审议的重要事项，国务院证券监管机构规定的其他事项。

②年度报告

年度报告是指上市公司在每个会计年度结束时，向国务院证券监管机构和证券交易所提交的反映公司基本经营情况及与证券交易有关的重大信息的法律文件。其内容包括：公司概况，公司财务会计报告和经营情况，董事、监事、经理及高级管理人员简介及持股情况，已发行的股票、债券变动情况，持有公司股份最多的前10名股东名单和持股数额，国务院证券监管机构规定的其他事项。

③临时报告

临时报告指上市公司在发生重大事件后，立即将该信息向社会公众披露，说明事件的实质，并报告给证券监管机构和证券交易所的法定信息披露文件。临时报告包括以下三种：

A.重大事件报告

在我国，当判别某项信息是否重大时，法官依据的是法律与规章。正因为这样，证券立法采纳的重大性标准必须保持两方面的平衡：一方面该标准必须达到发信人具有可以合理地决定何谓重大信息从而满足及时披露义务的能力；另一方面该标准也应充分考虑到投资者作出理性投资决策的需要。

我国现行的证券法律、法规将重大事件的信息披露作为信息披露体系的一个重要内容，对重大事件进行了明确的规定。对于重大事件的解释，我国的证券法律、法规采用了直接定义和穷举定义两种方式，无论是我国《证券法》《股票发行与交易管理暂行条例》，还是《公开发行股票公司信息披露实施细则（试行）》《禁止证券欺诈行为暂行办法》，都将重大事件定义为"上市公司发生的，可能对上市公司股票的市场价格产生较大影响"的事件。根据我国《证券法》的相关规定，重大事件的信息披露必须遵守真实、充分、准确、及时的原则。

释例　　　　　　　　　　　兴业房产重大事件的披露

在1999年的年度报告中，兴业房产称公司无重大关联交易事件，也没有将担保情况作为重大事项进行披露，只是在财务报表附注中进行了披露。在附注中，兴业房产披露截至1999年12月31日，公司为关联方及其他单位提供担保5.94亿元，占公司总资产的60%，公司净资产的159%。另外在此之前，兴业房产也没有对每笔担保的发生及进展情况进行详细披露，投资者对此一无所知。逾期未清偿的重大债务以及5亿多元担保的逾期问题，将对兴业房产的经营带来极大的影响，但兴业房产却在事隔2年后才将其披露出来。2000年发生的第一大股东的变更，兴业房产在2000年年度报告中却只字未提，公告中也未作补充说明。2001年度的业绩预亏公告刊登得也不及时。最终，上海证券交易所发布公告，对兴业房产进行了公开谴责及处罚，认定其有关董事未勤勉尽责，侵害了广大中小投资者利益，属重大失职行为。

资料来源　陈启清，等.信息披露案例 [M]. 北京：中国人民大学出版社，2003.

B.收购报告书

收购报告书是投资者公开要约收购、协议收购或者在证券交易所集中竞价收购上市公司的过程中，依法披露有关收购信息的文件。在上市公司收购过程中，由于收购人为控制上市公司的股权必然通过证券市场大规模收购股权，由此势必会对上市公司的股票交易及价格产生重大的影响，为了使广大中小投资者能够及时了解这种大规模股权收购的信息，防止虚假陈述、操纵市场等违法行为，必须确立在上市公司收购过程中的信息披露制度。披露的文件主要包括上市公司收购报告书、要约收购报告书、被收购公司董事会报告书。

证券市场信息披露是否准确、及时和充分，是整个证券市场建立的根基，尤其是在上市公司收购过程中的信息披露，因此各国对于上市公司收购过程中的信息披露行为的监督也更加严格。对于我国来讲，收购主体的信息、资金来源、收购目的和计划、与目标公司及股份相关的交易信息都应该进行及时、全面的披露。

C.公司合并公告

根据《公司法》第一百七十三条规定，公司合并，应当由合并各方签订合并协议，并编制资产负债表及财产清单。公司应当自作出合并决议之日起十日内通知债权人，并于三十日内在报纸上公告。债权人自接到通知书之日起三十日内，未接到通知书的自公告之日起四十五日内，可以要求公司清偿债务或者提供相应的担保。

9.4.2　投资者利益保护制度

1）股东大会制度

股东大会制度前已述及，这里不作赘述。

2）知情权保护制度

股东知情权是指法律赋予股东通过查阅公司的财务报告资料、账簿等有关公司经营、决策、管理的相关资料以及询问与上述有关的问题，实现了解公司的运营状况和公司高级管理人员的业务活动的权利。股东知情权包括：财务报告查阅权、账簿查阅权、询问权。此三项权利内容虽然有所不同，但都是为了保障股东及时准确地获取公司经营管理信息，是保障股东行使对公司业务的监督纠正的必要前提和手段，是全面保护少数股东权利的重要一环。

3）表决权保护制度

（1）累积投票制度

我国《公司法》第一百零五条规定："股份有限公司股东大会选举董事、监事，可以依照公司章程的规定或者股东大会的决议，实行累积投票制。"这样，可有效地保障少数股东将代表其利益和意志的代理人选入董事会和监事会，在一定程度上平衡了大小股东之间的利益关系，对实现股东平等起到最切实有力的保障作用。这种投票制度赋予了中小股东与大股东博弈胜出的机会，改变了一股一票制度下大股东的绝对话语权。

（2）表决权回避制度

股东表决权回避，是指当某一股东与股东大会讨论的决议事项有特别的利害关系时，该股东或其代理人均不得就其持有的股份行使表决权的制度。例如，《欧共体第5号公司法草案》第34条就规定，在股东大会决议事项涉及公司与股东间的四种利益冲突时，股东及其代理人均不得行使表决权，要求少数无利害关系股东中的多数批准。

《公司法》没有直接规定股东表决权回避制度，但在"上市公司组织机构的特别规定"中规定了以下条款："上市公司在一年内购买、出售重大资产或者担保金额超过公司资产总额百分之三十的，应当由股东大会作出决议，并经出席会议的股东所持表决权的三分之二以上通过。"第一百二十四条规定："上市公司董事与董事会会议决议事项所涉及的企业有关联关系的，不得对该项决议行使表决权，也不得代理其他董事行使表决权。该董事会会议由过半数的无关联关系董事出席即可举行，董事会会议所作决议须经无关联关系董事过半数通过。出席董事会的无关联关系董事人数不足三人的，应将该事项提交上市公司股东大会审议。"这虽然是对董事回避制度的规定，但是从某种程度上体现了排除股东表决权的立法精神。

释例　　　　　　　　　　表决权回避

S先生因滥用资本多数决，其提议全部被司法机关认定为无效，他认为经营公司法律障碍太多，不能随意行事，即产生了退意。经L小姐（持股30%的股东）同意，S先生把50%的股权转让给了自己的儿子，自己尚留有20%，并由其儿子接替他在公司的职务。S先生欲安度晚年，在某海滨城市斥资千万购买了一幢豪华别墅，要想入住，尚需100万元装修费用，但其手中现有资金不足，就决定向朋友借款，而他的朋友要求其公司提供担保。S先生回到公司后，让其儿子主持召开了股东会，S先生表达了自己退休、购房装修借款的意思，L小姐欣然同意。当S先生提出要求公司提供担保时，L小姐认为不妥，婉言拒绝。儿子唯命是从，当然不敢反对，儿子遂让公司秘书制作了一份股东会会议记录，以出席会议的股东所持70%表决权通过而形成决议。公司对S先生的借款提供了担保。

当表决的事项与股东有利害关系时该股东应当回避，不得行使表决权。股东本人不但要回避，受该股东支配的其他股东也应当回避。因此，S先生和儿子的70%的表决权对决议没有任何效力。只要L小姐表示反对，该议案即不能通过。

4）独立董事制度

在《国务院办公厅关于上市公司独立董事制度改革的意见》的规定中，要求上市公司董事会成员中有1/3以上是独立董事，在《上市公司治理准则》中更明确要求上市公司建立独立董事制度。《公司法》第一百二十二条规定："上市公司设立独立董事，具体办法由国务院规定。"有关独立董事制度的详细内容，详见本书4.3节。

5）异议股东股份回购请求权制度

《公司法》第七十四条规定："有以下情形之一的，对股东会该项决议投反对票的股东可以请求公司按照合理的价格收购其股权：（1）公司连续五年不向股东分配利润，而公司该五年连续盈利，并且符合本法规定的分配利润条件的；（2）公司合并、分立、转让主要财产的；（3）公司章程规定的营业期限届满或者章程规定的其他解散事由出现，股东会会议通过决议修改章程使公司存续的。自股东会会议决议通过之日起六十日内，股东与公司不能达成股权收购协议的，股东可以自股东会会议决议通过之日起九十日内向人民法院提起诉讼。"法律赋予该股东以公平的价格请求公司回购其股权，以得到合理补偿。该制度设计的意义就在于对异议股东（少数股东）利益的特别保护。

6）司法救济制度

（1）决议瑕疵诉讼制度

《公司法》第二十二条规定："公司股东会或股东大会、董事会的决议内容违反法律、行政法规的无效。股东会或者股东大会、董事会的会议召集程序、表决方式违反法律、行政法规或者公司章程，或者决议内容违反公司章程的，股东可以自决议作出之日起六十日内，请求人民法院撤销。"《公司法》赋予股东对瑕疵股东会或股东大会决议一定的撤销权和确认无效的权利，这对保护股东，尤其是保护小股东的权利提供了更加完备的机制。

（2）股东派生诉讼制度

一般认为公司诉讼主要分为直接诉讼和派生诉讼两种。前者是指公司股东基于其公司所有权人的身份而提起的旨在强制执行其请求权的诉讼。这种诉讼提起权是一种自益权，完全是为了自身的利益而提起。《公司法》第一百五十一条规定："董事、高级管理人员有本法第一百四十九条规定的情形的，有限责任公司的股东、股份有限公司连续一百八十日以上单独或者合计持有公司百分之一以上股份的股东，可以书面请求监事会或者不设监事会的有限责任公司的监事向人民法院提起诉讼；监事有本法第一百四十九条规定的情形的，前述股东可以书面请求董事会或者不设董事会的有限责任公司的执行董事向人民法院提起诉讼。监事会、不设监事会的有限责任公司的监事，或者董事会、执行董事收到前款规定的股东书面请求后拒绝提起诉讼，或者自收到请求之日起三十日内未提起诉讼，或者情况紧急、不立即提起诉讼将会使公司利益受到难以弥补的损害的，前款规定的股东有权为了公司的利益以自己的名义直接向人民法院提起诉讼。他人侵犯公司合法权益，给公司造成损失的，本条第一款规定的股东可以依照前两款的规定向人民法院提起诉讼。"

有学者归纳出股东派生诉讼具有以下两个方面的重要功能：

① 事后救济功能，即在公司受到董事、高级职员及控股股东、公司实际控制人的非法侵害后，通过股东提起派生诉讼的方式，来及时获得经济赔偿或其他非经济救济，以恢复公司及其股东原有合法利益。

② 事前抑制功能，即事前监督功能。从理论上讲，股东派生诉讼制度的存在，增加了公司上述内部人从公司谋取不正当利益的奉献成本，起到了预先制止该类行为的作用。

9.4.3　防止内部人控制制度

1）"内部人控制"概述

所谓"内部人控制"，是指独立于股东或投资者（外部人）的经理人员（执掌公司董事会经营行政大权的董事长、董事，以及由董事会聘任的高层管理者等"内部人"），掌握了企业实际控制权，在公司战略决策中充分体现自身利益，甚至内部各方面联手谋取各自的利益，从而架空所有者，摆脱其控制和监督，使所有者的权益受到侵害。

"内部人控制"问题，是由美国斯坦福大学的青木昌彦针对俄罗斯国有企业股份制改造特有的情况而提出来的，是指从前的国有企业的经理和工人在企业公司化的过程中获得相当大一部分控制权的现象。他在分析转轨国家的公司治理时指出：在转轨国家中，在私有化的场合，大量的股权为内部人持有，在企业仍为国有的场合，在企业的重大决策中，内部人的利益得到有力的强调。

"内部人控制"是一个自公司制诞生以来就存在的难题，又是公司制必须解决和限制的课题。现代公司治理结构要求在产权主体多元化的基础上所有权与经营权（控制权）分离，两权分离产生效率，但获取这种效率必须支付一定的成本，即代理成本。由于所有者与经营者利益的不一致，任何一种不完善的委托-代理只会导致委托方与代理方的机会主义行为，从而造成治理结构的失效，"搭便车"、"逆向选择"、"大股东掠夺"和"内部人控制问题"就是不完善的委托-代理的典型后果。实践中，管理层人员在公司的股东大会上当选为公司的董事长、总裁，集公司经营权和所有权于一身是很普遍的现象，可以说是位高权重，由此导致了经营者控制公司，筹资权、投资权、人事权等都掌握在公司的经营者手中，即内部人手中，股东很难对其行为进行有效的监督。从我国的银广夏、郑百文，美国的安然、世界通信、施乐等东西方不同层次公司暴露的问题看，内部人控制已经成为现代股份制企业最大的问题，尤其是国有企业改制中存在的显著问题。

2）内部人控制的表现形式及成因

一般认为，内部人控制问题主要表现在：过分的在职消费；信息披露不规范，不及时，而且报喜不报忧，随时进行会计程序的技术处理，导致信息失真；经营者的短期行为，拒绝对企业进行整顿；绩效很差的经理不会被替代；过度投资和耗用资产；新资本不可能以低成本筹集起来；工资、奖金等收入增长过快，侵占利润；转移国有资产；置小股东利益和声誉于不顾；大量拖欠债务，甚至严重亏损等。这些问题都在不同程度上损害了股东的长远利益，提高了代理成本，导致公司治理失效。如美国亨兹曼公司的一位经理人在7年多的时间里，通过发票造假之类的欺诈手段，贪污了1 000多万美元。而国有资产流失、会计信息失真是我国国企改革过程中的内部人控制的主要表现形式，如银广夏、郑百文的财务造假事件及"中石油事件"背后"内部人"控制下的高管滥用职权。

内部人控制问题的形成，实际上是公司治理中"所有者缺位"和控制权与剩余索取权不匹配的问题。在两权分离的条件下，不掌握企业经营权的分散的股东成为企业的外部成员，由于监督不力，企业实际上由不拥有股权或只拥有很小份额股权的经理阶层所控制，经理人员事实上掌握了企业的控制权。以我国国企改革为例，造成内部人控制问题的主要成因有：

（1）国有资产产权主体缺位。名义上，国有股的产权是清晰的，国有股也是明确的，可事实上，没有一个真正的主体对国家的这部分股权负责，包括国有资产管理公司。我国的国有资产一直实行的是"国家所有、分级管理"的原则，国有资产实际上由各级政府机构代表国家进行具体管理。经过层层代理之后，国家所有权的代理人并不享有剩余索取权，剩余索取权归国家所有，因此代理人没有动力对企业实施监督，国家所有权就成了"廉价投票权"（张维迎，1996）。从根本上说，国有企业不存在严格意义上的委托人，由此使得"内部人"实际上变成了新的所有者，这种新的"所有者"，通常有两种赚钱的方式——增加公司价值，或者偷走公司现有资产。后一种方式通常是比较容易而且被广泛采用的，从而造成国有资产的巨大损失。

（2）国有资产债权主体缺位。国有企业的最大债权人是国有商业银行，但我国国有商业银行债务约束功能是微弱的。国有商业银行的资本归国家所有，不属于法人，损失也由国家来承担。一方面由于国有企业也是非独立产权主体，银行和企业之间的债权债务关系实际上体现为同一主体之间的内部借贷关系，银行常常受到行政干预，无法完全按市场行为自由地选择交易主体；另一方面国有银行作为特殊的债权人，其自身也没有明晰的产权边界，也存在着所有者缺位的现象，因此现有的银行制度也很难刺激其对债务人实施有效的监督。

（3）剩余索取权和控制权的不匹配。拥有剩余索取权和承担风险的人应当拥有控制权，或者反之，拥有控制权的人应当承担风险。国有企业拥有剩余索取权，承担风险的股东和债权人由于主体缺失，导致其控制权变成为一种廉价的控制权。而内部人作为企业的经营成员，他们对企业的经营决策有着"自然"的控制权，由于企业外部监督和控制权的弱化，导致了内部人控制问题的产生。

释例　　　　　　　　　　　　丽珠集团的管理层收购

在丽珠集团的董事会内，大股东仅派1人担任董事长一职，管理层占据了多数董事席位。丽珠集团的管理层，通过其控股90%的丽士投资有限公司实施管理层收购（MBO），实现了间接持有丽珠集团7.31%的股份。不仅在董事会中过分地坚持管理层的意志，而且出于对继续实施MBO的考虑，在第一大股东（光大集团持有12.73%的股份）的股权转让问题上，一直强调新进入者要保证公司的管理层不变，明显有违其管理层的身份，根本没有认识到或者说忽视了资本对公司的话语权。此外，管理层通过持股得到了一定的收益，这种收益明显是以物质资本（股权）的投入而产生的剩余索取，与管理层的人力资本产权的剩余索取权利却没有任何联系。

（4）治理结构薄弱，企业内外缺少能够对管理层形成压力和约束的任何力量。在我国外部监督和控制权市场本来就不完善，中小股东治理缺位和国有股的所有者虚位的情况下，个别所有者成为全体所有者的控制权代理人、经营权代理人。出于防止权柄落入外人手里的担忧，配备股份制公司董事会董事时，外董、独董的数量不会达到中国证监会要求的"不少于50%"的标准。个别董事会选取独董时放弃"独立性"标准，只找听话的人担任独董。这样势必造成公司内外监督力量的消失，从而姑息、纵容"内部人"控制，有悖于现代公司治理制衡与效率的原则。

这种没有约束或者说约束很少的公司治理结构有可能导致内部人控制董事会，更有可能由总经理兼任董事长，较少可能拥有一个审计委员会。除了管理层的利益有保障外，其他任何所有者的权益都处在很危险的境地，包括参股或控股的国有资产在内。由于我国国有企业的特殊性，以财务监督为核心的监事会作用弱化，在内部人控制的公司治理中常常无法发挥其正常的职能，反而常常附和董事会的意见，使《公司法》规定的"三会"相互制衡的初衷并没有实现。当前公司治理中存在的内部人控制问题，即经营者滥用职权、监督失控的状态，可以说问题出在企业内部，而其根源在企业外部，即外部职责的懈怠和外部治理功能的缺失。

3）防止内部人控制的制度措施

防止内部人控制的关键是建立规范有效的法人治理结构，实质在于协调与明确所有权与经营权分离所产生的代理问题。第二次世界大战后，西方各国对治理模式的理念变革经历了从主张"缩减股东权力、扩大经营者权力"到提倡"重视外部股东和市场参与企业治理，强调股东对经理监督和控制"的过程。为了防止"内部人控制"现象，我国《公司法》《证券法》等法律、法规都在公司治理方面规定了相关的一些重要制度。

（1）建立符合现代市场经济要求的法人产权制度，理顺国有产权委托-代理关系

所有者缺位的原因在于国家所有权的特殊性，解决的有效办法就是实行国有股权的私有化。在产权明晰的基础上，通过公司股权结构的多元化，完善产权委托-代理制，强化所有者的约束。目前，国家已出台关于国有股减持的具体方案，我国大中型企业应建立以公有制法人（各种代表公众的机构）为主、自然人持股为辅，符合现代市场经济要求的法人产权制度。所谓代表公众的机构持股为主的股份制，是指"以养老基金、社会基金会、保险公司、信托投资公司、开发银行、各级国有资产经营机构持股，大学、科研单位、医院等非行政的公共事业机构持股以及企业交叉持股为主的股份制度"。

同时，建立产权的企业性国有资产委托-代理制。各级政府通过委托-代理制将国有产权委托给国有投资控股公司，由国有投资控股公司再按照委托-代理制，将国有资产交由企业进行运作。国有投资控股公司是作为企业性国有产权所有者代表，其主要功能是国有产权管理与资本经营，使企业真正获得法人财产权，为企业建立法人产权制度奠定基础。可以借鉴俄罗斯的做法，对规模不大，但在经济中具有重要作用的企业，国家规定通过"黄金股份"实行监控。

（2）建立健全法人治理结构，强化公司内部监督机制

《公司法》中关于股东大会、董事会、监事会和经理层的职责的规定是一组相互联系并规范公司法人中相应的所有者、支配者、管理者相互权利、责任、利益等的制度安排，公司应依法规范运作，建立健全法人治理结构，强化公司内部监督机制，避免产生内部人控制问题。

① 强化股东大会的职能。《公司法》赋予了少数股东的股东大会召集权、股东的建议权以及质询权；提倡股东大会采取累积投票制，增加中小股东积极参与的机会，避免

国有股"一股独大"造成的种种弊端，优化股权结构，平等对待所有股东；设立"股东代表诉讼制度"，确保股东加强内部监控，行使参与公司治理的权利。

② 健全独立董事制度。董事会中需要一批强有力的称职而独立的董事，才能对经理形成真正有效的监督及制约，否则，董事会与经理层之间就可能转化成缺乏约束力的"合谋"关系。为此，要从外部引入董事，以法律的形式规定独立董事的权利以及责任。《公司法》及2022年修订的《上市公司章程指引》已将独立董事制度正式引入我国公司治理结构，对缓解上市公司的内部人控制现象，保护中小股东利益能够起到一定的作用。健全独立董事制度，要在保证独立董事数量的同时，解决好独立董事的任职资格、提名、薪酬和保险等问题。将独立董事的推荐制改为委派制，并建立健全相关的独立董事的职责、问责、监督等管理制度，使独立董事的职位名副其实。

③ 健全对经营者的约束与激励机制。良好的约束和激励机制能够避免管理当局不顾股东利益一味追求个人私利，也可以避免他们只追求短期利润，而不注重企业长期发展。在约束机制方面，对于许多由国有企业改制上市的公司制企业，要取消经理人员的行政任命制度，全面推行聘任制，尽快形成一个经理人的竞争市场，避免行政干预代替公平竞争。建立健全经营者资格认定制度和选聘制度及考核制度，将企业的销售收入、利润总额、净资产利润率、人均利润率、劳动生产率等经济指标和国有资产的保值增值情况作为衡量企业经营管理者业绩的主要依据，并建立决策失误责任追究制度，坚决追究失误者的经济及法律责任。在激励机制方面，可以借鉴国外经验，推行适当的经营者持股制度，实施长期激励。如我国的上海贝岭、联想集团、方正（香港）有限公司逐步实施了经理人股票期权计划，有效地激励了经营者工作的积极性。公司将年薪制和给予经理人员一定份额的公司股份或股票期权等几种分配形式结合起来，合理地扩大经理人员与企业一般职工的收入差距，使经理人员个人资产的积累和增长与企业的长远发展紧密地联系在一起。

④ 加强监事会的监控职能，健全企业内部监督机构。鉴于我国监事会独立性差，监控职能较弱的问题，要增强监事会的独立性，并赋予其更大的监督权力。加强对董事会行为和活动的制约效能，提高监事会的监控力度，如前文提到的监事会召集股东大会的权力安排制度设计。同时，要建立审计委员会、职代会民主监督、职工参与决策等多种内部监督制度，不仅仅是对企业内部各成员进行监督、评价，还应对企业的内部控制和经营管理活动提供咨询和提出建议。各个监督机构独立运作，相互制约，相互支持。企业的董事长、总经理不能兼任监督部门的负责人。

（3）构筑对"内部人控制"进行外部监督的外部治理机制

以约瑟夫·斯蒂格利茨（1999）为代表人物的新经济发展理论提出了"利益相关者理论"（Stakeholder Theory）这一广义公司治理理论。该理论认为，广义上的公司"所有者"，除了涵盖所有者和管理者外，还应该考虑利益相关集团，包括员工、银行和地方政府。需要一些最重要的经济制度以减少代理环节，以降低"内部人"对企业的控制以及减少代理人违背代理关系产生的不良后果。例如，用于执行股权人和其他利益相关人权利的法律机制，流动性强的股票市场，开放式投资基金，竞争政策的法律框架，整个会计审计的监督体系，以及管理阶层的职业素养等。许多公司的外部人，如大股东（核心股东）、投资基金、战略性投资者、银行等，都通过其在董事会中的代表在公司治理中起着积极作用。为此，需拓宽公司治理改革的思路，构筑对"内部人控制"进行外部监督的外部治理机制。

① 加强债权人对公司的监控作用，建立主银行制度。针对目前我国证券市场流通比例不高，股民投机意识强，股市对上市公司的监控职能无法完全发挥的情况，发挥债权人监督作用，可以通过银行的信用监督规范企业经营项目的事前选择，通过实行破产威胁对企业行使事后相机控制权，由此可导致公司预算约束的硬化，在一定程度上减少信息不对称，改善公司治理。此外，法律还可赋予银行检查企业账目的权利，银行可以利用事中控制来确定一个企业是否有生存危机，为银行及时发现企业存在的问题提供了良好的条件。因此，建立主银行制，让银行这一债权人参与公司治理，加强债权人对公司的监控作用，有助于克服国有公司"内部人控制"的弊端，有效推动公司的发展。随着银行业监督管理委员会的成立，贷款五级分类制度和银行考核评价体系的确立使银行业监管有章可循。银行内部治理的完善和银行内调查分析人才的增加，将有利于银行在公司治理中进一步发挥监督作用。

② 发展和规范资本市场，促进证券市场的发育，培养积极的、有影响力的股东。放开国有股和法人股的产权交易，实现国有股的适当上市流通。国有股通过产权置换来保值增值，"用脚投票"的约束机制因此形成，经理人因为面临公司价值的评判和被接管的威胁而恪尽职守。

③ 充分发挥利益相关者的监督作用。在新经济条件业态下，为了应对频繁变化、日渐复杂的经营环境，企业相互之间的依存关系变得更为紧密，形成一种网络型的组织业态，因此股东以外的其他利益相关者，诸如员工、债权人、政府、社区、供应商等，参与公司治理变得更为必要。信息技术的迅速发展，也为这些主体更便利地参与公司治理提供了可能。现代通信手段的发展，使得小股东完全可以通过电视会议、网上投票等形式参与到对公司重大决策的票决中，从而有效遏制"内部人控制"。

④ 经济、行政、法律手段相结合，构建对国企经营者的外部监督机制。各级党委及政府监察部门应积极承担相关的监督责任，国务院和省级政府派驻国有重点大型企业的监事会、财务总监（人员），应依法履行监督职责，并定期将企业资产运营情况、生产经营重大决策等事项向资产主管部门、纪委及监察部门汇报。另外，要制定能够保证股东在董事会中居控制地位的公司法规。

9.4.4 禁止内幕交易制度

引 例

罗高峰泄露内幕信息获刑

2008年2月4日上午，浙江省丽水市中级人民法院作出一审判决，被称为"牛市内幕交易第一案"的杭萧钢构案中的罗高峰（浙江杭萧钢构股份有限公司证券办副主任、证券事务代表）犯泄露内幕信息罪，被判处有期徒刑一年零六个月；陈玉兴（原系浙江杭萧钢构股份有限公司证券办主任，2006年12月辞职）、王向东（与陈玉兴合作炒股）犯内幕交易罪，分别被判处有期徒刑两年零六个月和有期徒刑一年零六个月，缓刑两年，并各处罚金人民币4 037万元；陈玉兴、王向东的违法所得人民币4 037万元予以追缴，上缴国库。

据公诉机关指控，2006年11月，杭萧钢构股份有限公司与中国国际基金有限公司（以下简称中基公司）开始接触洽谈安哥拉公房项目由混凝土结构改成钢结构事宜。2007年2月17日，经过多轮谈判，双方签订了相关合同，该项目整体涉及总金额300多亿元人民币。2007年1月底至2月，时任杭萧钢构证券办副主任、证券事务代表的罗高峰在工作中获悉公司与中基公司正在洽谈"安哥拉项目"的有关信息。2007年2月，罗高峰违反证券法有关规定，向原杭萧钢构证券办主任陈玉兴透露了自己知悉的相关信息。陈玉兴指令合作炒股票的王向东分多次买入杭萧钢构股票共计6 961 896股，并在3月15日全部卖出，非法获利4 037万余元。

丽水市中级人民法院对此案公开审理后认为，被告人罗高峰身为内幕信息知情人员，在涉及证券的发行、交易，对证券的价格有重大影响的信息尚未公开前，故意泄露内幕信息给知情人员以外的人，造成他人利用内幕信息进行内幕交易，情节严重，其行为已构成泄露内幕信息罪；被告人陈玉兴、王向东非法获取内幕信息并利用内幕信息进行股票交易，情节严重，其行为已构成内幕交易罪。

资料来源　根据网上资料整理.

1）内幕交易的概念

根据我国《证券法》及中国证监会《内幕交易认定办法》的界定，内幕交易行为是指内幕信息知情人和非法获取内幕信息的人，在内幕信息公开前买卖相关证券，或者泄露该信息，或者建议他人买卖相关证券的行为。欧盟1989年4月20日签订的《反内幕交易公约》（the Convention on Insider Trading）的第1章第1条则对内幕交易作了如下定义："证券发行公司的董事会主席或成员、管理和监督机构、有授权的代理人及公司雇员，故意利用尚未公开、可能对证券市场有重要影响、认为可以保障其本人或第三人特权的信息，在有组织的证券市场进行的'非常操作'。"

2）知情人员的界定

所谓知情人员，是指由于持有发行人的证券，或者在发行人或与发行人有密切联系的公司中担任董事、监事、高级管理人员，或者由于其会员地位、管理地位、监督地位和职业地位，或者作为雇员、专业顾问履行职务，能够接触或者获得证券交易内幕信息的人员，包括：

（1）发行人的董事、监事、高级管理人员。公司董事会进行经营决策，执行股东会的决议，公司经理进行日常经营管理，必然知悉公司的各种情况，知悉该股票或者公司债券交易的内幕信息。公司的监事会在对公司的财务和董事、经理执行职务的活动进行监督的过程中，监事也会知悉该公司股票或者公司债券交易的内幕信息。因此，董事、监事、高级管理人员都是知情人员。

（2）持有公司百分之五以上股份的股东及其董事、监事、高级管理人员，公司的实际控制人及其董事、监事、高级管理人员。他们在公司的经营决策中具有举足轻重的作用，比小股东较容易获得有关公司的各种信息。

（3）发行人控股的公司及其董事、监事、高级管理人员。控股公司作为法人股东，其意思表示是通过其董事、经理等负责人的活动来实现的，所以，控股公司及其负责人，在其履行职责的过程中，知悉发行股票公司的股票交易的内幕信息，因此是知情人员。

（4）由于所任公司职务可以获取公司有关内幕信息的人员。公司中有一些职员，虽然所担任的职务不高，但他们可以获取本公司有关证券交易的信息。例如，公司职能部门的工作人员、秘书、打字员，以及其他可以通过履行职务接触或者获得内幕信息的人员。

（5）证券监督管理机构工作人员以及由于法定职责对证券的发行、交易进行管理的其他人员。国务院证券监督管理机构及其派出机构工作人员在对证券市场进行监督管理时，必然要了解证券交易各方面的情况，制定证券交易的规章制度，对违反证券监督管理法律、行政法规的行为进行查处。因此，证券监督管理机构的工作人员是知情人员。此外，还有一些由于法定职责对证券交易进行管理的其他人员，如发行人的主管部门和审批机关的工作人员，以及市场监督管理、税务等有关经济管理机关的工作人员等，他们在履行职责的过程中，也会了解证券交易的各方面情况，因而他们也是知悉证券交易内幕信息的知情人员。

（6）保荐人，承销的证券公司、证券交易所、证券登记结算机构、证券服务机构的有关人员。这些人员和机构在为发行人提供专业服务或者进行证券投资的咨询、资信评估的过程中，可以获知公司的有关情况，所以，他们是知情人员。

（7）国务院证券监督管理机构规定的其他人员。如由于法定职责而参与证券交易的社会中介机构，对发行人的资产、财务或者经营活动等情况或者证券交易活动的情况进行查验，知悉证券交易的内幕信息，以及由于本人的职业地位、与发行人的合同关系或者工作联系，有可能接触或者获得内幕信息的人员，包括新闻记者、编辑、电台主持人以及编排印刷人员等。

3）内幕信息的内容和特征

所谓内幕信息，是指在证券交易活动中，涉及公司的经营、财务或者对该公司证券的市场供求有重大影响的尚未公开的信息。内幕信息不包括运用公开的信息和资料，对证券市场作出预测和分析的信息。内幕信息具有两大特征：重要性和未公开性。

所谓重要性，是指该信息被公开后，极有可能被理智的投资者看成是改变了自己所掌握的信息的性质，会影响到证券市场相关股票、债券的价格，从而对证券交易活动产生重大影响。一般说来，内幕信息都被列入"机密"的范围。

所谓未公开性，即公司未将信息载体交付或寄送大众传播媒介或法定公开媒介发布或发表，未让广大投资者广泛知晓并运用它进行证券买卖。已经依法公开的信息，不是内幕信息。如果信息载体交付或寄送传播媒介超过法定时限，即使未公开发布或发表，也视为公开。通常认为，如果股价曾受有关情报通知的影响而波动，但很快趋于稳定，则该稳定时间可以认为是该情报已公开的时间。内幕交易的实质即抓住内幕信息公开前后的时间差牟利，因而界定内幕信息已公开化的时间十分重要。《内幕交易认定办法》为此规定了"内幕信息敏感期"，指从内幕信息形成之时起，至内幕信息公开或者该信息对证券交易价格不再有显著影响时止。一旦内幕交易主体在内幕信息敏感期内买卖相关证券或建议他人买卖相关证券，或泄露该信息，则被认定为内幕交易。

4）内幕交易的特点及表现形式

（1）特点

① 内幕交易是一种和证券交易相关的行为，是自己或参与他人对证券进行买卖的行为。

② 交易者身份特殊，一定与内幕信息有直接或间接的关联。

③ 交易双方信息不对等，交易者凭借的条件是未曾公开的能够影响证券价格的内部信息。

④ 内幕交易发生的场所既包括上市公司股票证券交易市场，也包括场外的交易场所。

（2）表现形式

根据我国《证券法》第五十二条的规定，证券交易活动中，涉及发行人的经营、财务或者对该发行人证券的市场价格有重大影响的尚未公开的信息，为内幕信息。本法第八十条第二款、第八十一条第二款所列重大事件属于内幕信息。

前款所称重大事件包括：

① 公司的经营方针和经营范围的重大变化；

② 公司的重大投资行为，公司在一年内购买、出售重大资产超过公司资产总额百分之三十，或者公司营业用主要资产的抵押、质押、出售或者报废一次超过该资产的百分之三十；

③ 公司订立重要合同、提供重大担保或者从事关联交易，可能对公司的资产、负债、权益和经营成果产生重要影响；

④ 公司发生重大债务和未能清偿到期重大债务的违约情况；

⑤ 公司发生重大亏损或者重大损失；

⑥ 公司生产经营的外部条件发生的重大变化；

⑦ 公司的董事、三分之一以上监事或者经理发生变动，董事长或者经理无法履行职责；

⑧ 持有公司百分之五以上股份的股东或者实际控制人持有股份或者控制公司的情况发生较大变化，公司的实际控制人及其控制的其他企业从事与公司相同或者相似业务的情况发生较大变化；

⑨ 公司分配股利、增资的计划，公司股权结构的重要变化，公司减资、合并、分立、解散及申请破产的决定，或者依法进入破产程序、被责令关闭；

⑩ 涉及公司的重大诉讼、仲裁，股东大会、董事会决议被依法撤销或者宣告无效；

⑪ 公司涉嫌犯罪被依法立案调查，公司的控股股东、实际控制人、董事、监事、高级管理人员涉嫌犯罪被依法采取强制措施；

⑫ 国务院证券监督管理机构规定的其他事项。

公司的控股股东或者实际控制人对重大事件的发生、进展产生较大影响的，应当及时将其知悉的有关情况书面告知公司，并配合公司履行信息披露义务。

而第八十一条规定，发生可能对上市交易公司债券的交易价格产生较大影响的重大事件，投资者尚未得知时，公司应当立即将有关该重大事件的情况向国务院证券监督管理机构和证券交易场所报送临时报告，并予公告，说明事件的起因、目前的状态和可能产生的法律后果。

前款所称重大事件包括：

① 公司股权结构或者生产经营状况发生重大变化；

② 公司债券信用评级发生变化；

③ 公司重大资产抵押、质押、出售、转让、报废；

④ 公司发生未能清偿到期债务的情况；

⑤ 公司新增借款或者对外提供担保超过上年末净资产的百分之二十；

⑥ 公司放弃债权或者财产超过上年末净资产的百分之十；

⑦ 公司发生超过上年末净资产百分之十的重大损失；

⑧ 公司分配股利，作出减资、合并、分立、解散及申请破产的决定，或者依法进入破产程序、被责令关闭；

⑨ 涉及公司的重大诉讼、仲裁；

⑩ 公司涉嫌犯罪被依法立案调查，公司的控股股东、实际控制人、董事、监事、高级管理人员涉嫌犯罪被依法采取强制措施；

⑪ 国务院证券监督管理机构规定的其他事项。

同时，《证券法》第五十一条对证券交易内幕信息的知情人也进行了界定，证券交易内幕信息的知情人包括：

① 发行人及其董事、监事、高级管理人员；

② 持有公司百分之五以上股份的股东及其董事、监事、高级管理人员，公司的实际控制人及其董事、监事、高级管理人员；

③ 发行人控股或者实际控制的公司及其董事、监事、高级管理人员；

④ 由于所任公司职务或者因与公司业务往来可以获取公司有关内幕信息的人员；

⑤ 上市公司收购人或者重大资产交易方及其控股股东、实际控制人、董事、监事和高级管理人员；

⑥ 因职务、工作可以获取内幕信息的证券交易场所、证券公司、证券登记结算机构、证券服务机构的有关人员；

⑦ 因职责、工作可以获取内幕信息的证券监督管理机构工作人员；

⑧ 因法定职责对证券的发行、交易或者对上市公司及其收购、重大资产交易进行

管理可以获取内幕信息的有关主管部门、监管机构的工作人员；

⑨ 国务院证券监督管理机构规定的可以获取内幕信息的其他人员。

释例   **涉嫌内幕交易刑事犯罪行为**

上投摩根基金经理唐建自担任基金经理助理起便以其父亲和第三人账户，先于基金建仓前买入新疆众和的股票（其父的账户买入近6万股，获利近29万元，另一账户买入20多万股，获利120多万元），总共获利逾150万元。后被中国证监会查实，成为中国证券市场内幕交易被查处的第一人。这即是民间俗称的"老鼠仓"，也是典型的涉嫌内幕交易刑事犯罪的行为。

当然，如证券买卖者不知悉内幕信息，买卖行为与内幕信息无关，有正当理由相信内幕信息已公开，事先不知道获取的信息为内幕信息，为收购公司股份依法进行的正当交易及监管部门认可的其他正当交易行为，不构成内幕交易。

5）内幕交易行为的防范和制裁

内幕交易在世界各国都受到法律明令禁止，打击证券内幕交易已成为全球证券监管机构面对的重要课题。

（1）从技术上构建内幕操纵的动态监管体系

内幕信息操纵行为的确认主要依靠证券交易所的动态监测得来的金融市场微观结构的证据，所以，监管技术层面水平的提高被认为是非常重要而急需的。这需要从技术上构建内幕操纵的动态监管体系，包括针对基金管理人员及其直系亲属证券投资个人信用体系的监控体系，对内幕交易和市场操纵行为进行有效、及时的甄别，及时发现并防止内幕操纵事件。

根据有关规定，凡是重大事项之前股价有异动的公司，重大等待审批事项获得批准的概率将大大降低，特别是那些不能自证股价异动与己无关的公司，监管部门将以其涉嫌内幕交易为由，对他们上报的方案说"不"。因此，监管部门在处理内幕交易或疑似内幕交易行为时，可以抓住股价表现这一线索，及时出手，对利用内幕消息事先"潜入"上市公司股票的不法利益群体予以无声的打击。

美国对内幕交易管得非常严，电话、邮件、股票账户都被监控并记录在案，所以内幕交易的风险很高。一般情况下，美国的监管机构甚至会主动去检测内幕交易的迹象。比如，在任何一项重大交易公布的前后，股票市场肯定都会出现异动，像交易价格剧烈波动或者交易量异常放大或缩小，监管机构会直接抓住这些迹象进行反向调查，查出这些异常交易是谁做的，并调查是否涉嫌内幕交易。美国之所以这么做，是因为20世纪80年代美国的内幕交易非常普遍，当时很多人涉嫌其中，所以现在才花这么大力气去检测网络。

释例   **董事涉嫌内幕交易被拘捕**

摩根士丹利（亚洲）有限公司（简称大摩）的前董事总经理杜军因在买卖中信资源股票时涉嫌内幕交易被拘捕。杜军作为参与中信资源提供意见的小组成员，提前知晓公司收购资产消息后，于2007年2月15日至4月30日期间，先后9次进行中信资源的股票买卖，并指示其妻李馨买卖过该股票。而当时，恰值中信资源筹划收购其母公司中信集团在哈萨克斯坦的石油资产以及天时集团能源有限公司90%的权益。而中信资源是于2007年5月9日才公布该消息的。中国香港证监会指出，杜军以8 600万港元的成本购入合计2 670万股的中信资源的股份，其平均持有成本为3.22港元。而股价在收购消息发布当日，上涨至4.19港元，升幅达13.86%。按平均成本来计算，当日的浮盈高达2 590万港元。涉及的资金数额巨大，中国证监会以涉嫌内幕交易等9项罪名控告杜军。而这个案件最早就是由大摩内部监测系统揭发并主动举报的。

另外，我国证券市场违规行为的监管稽查职责主要集中于中国证监会。有必要在中国证监会、证券交易所、司法部门、证券登记结算公司之间完善并强化证券联合监管机制，通过合理的合作机制和工作流程，加大证券监管稽查力度，联合防范和打击证券市场内幕操纵行为。

（2）制度上构建禁止内幕交易的一套完整的法律制度

美国是最早制定反内幕交易法的国家，美国证券交易委员会（SEC）执法坚忍而执着，对内幕交易制裁严苛，同时也注重灵活务实。中国目前也基本构建了从法律、行政法规到相关规定的一套较完整的禁止内幕交易的法律制度，主要有：

① 《证券法》：该法第五十条明文规定："禁止证券交易内幕信息的知情人和非法获取内幕信息的人利用内幕信息从事证券交易活动。"同时，该法对内幕交易主体的范围予以界定；采用列举的方式列举知情人的构成；对内幕信息予以定义，并采用列举的方式列举哪些信息构成内幕信息；规定了内幕信息的知情人和非法获取内幕信息的人的义务及内幕交易的行政法律责任和民事赔偿责任。最高人民法院在《民事案件案由规定（试行）》中，已规定有证券内幕交易纠纷的案由，现最高人民法院正在制定内幕交易民事赔偿的司法解释，并明文开放了此类案件的受理。这意味着内幕交易行为的民事索赔终于解禁。

② 《中华人民共和国刑法》：规定了内幕交易罪的构成要件和刑罚标准，对内幕交易行为进行更加严厉的刑事查处和打击。加大了对泄露证券交易内幕信息行为的惩罚力度，重点堵住一些知情者自己不从事内幕交易，而是把信息透露给别人进行交易，一旦案发，泄露信息者往往难以定罪的法律漏洞。

③ 《上市公司信息披露管理办法》（证监会令第182号）：规定了发行人、上市公司及其他信息披露义务人公开披露信息的要求和禁止情况。

④ 《上市公司董事、监事和高级管理人员所持本公司股份及其变动管理规则》：明确规定，上市公司董事、监事和高级管理人员在下列期间不得买卖本公司股票：第一，上市公司年度报告、半年度报告公告前三十日内；第二，上市公司季度报告、业绩预告、业绩快报公告前十日内；第三，自可能对本公司证券及其衍生品种交易价格产生较大影响的重大事件发生之日或在决策过程中，至依法披露之日内；第四，证券交易所规定的其他期间。

此外，2001年4月，党中央、国务院发布《关于党政机关工作人员个人证券投资行为若干规定》，对于那些不掌握内幕信息以及与股票的发行、交易没有任何关系的党政机关工作人员，放宽买卖股票的禁令，允许其依法买卖股票；而对于掌握内幕信息或者与股票的发行、交易有关系的，可能利用其职权在股票发行、交易中谋私的党政机关工作人员，则限制得更加严格，不仅限制其本人不准买卖一定范围的股票，也限制其父母、配偶、子女及其配偶不准买卖一定范围的股票。

（3）加大打击力度，提高违法成本

在中国，目前违背诚信进行内幕交易所需要付出的成本太小，缺乏应有的威慑力，大量的内幕人因而铤而走险。如中国的《证券法》对没有"违法所得"情形的行政罚款最高额只有500万元，只占到美国最高额250万美元的不到1/3。而证券交易所最多只对上市公司进行信息披露谴责，或对股价异常波动进行停牌。

释例　　　　　　　　　　　　王某、李某内幕交易案

被告人王某，系国某节能服务有限公司（以下简称"国某公司"）财务部主任；被告人李某，系王某前夫。

2014年间，王某受国某公司总经理郭某指派，参与公司上市前期工作，并联系中某证券股份有限公司（以下简称"中某证券"）咨询上市方案。2015年间，经国某公司与中某证券多次研究，对重庆涪某电力实业股份有限公司（以下简称"涪某公司"）等四家上市公司进行重点考察，拟通过与上市公司资产重组借壳上市。王某参加了相关会议。2015年10月26日，国某公司召开上市准备会，研究借壳涪某公司上市相关事宜。会后，郭某安排王某了解涪某公司的资产情况。2015年12月30日，经与国某公司商定，涪某公司公告停牌筹划重大事项。

2016年2月25日，涪某公司发布有关其与国某公司重大资产重组事项的《重大资产购买暨关联交易草案》，该公告所述事项系内幕信息，内幕信息敏感期为2015年10月26日至2016年2月25日，王某系内幕信息知情人。2016年3月10日，涪某公司股票复牌。

国某公司筹划上市期间，王某、李某于2015年5月13日离婚，但二人仍以夫妻名义共同生活。在内幕信息敏感期内，李某两次买入涪某公司股票，累计成交金额412万元，并分别于涪某公司股票停牌前、发布资产重组公告复牌后卖出全部股票，累计亏损9万余元。

之后，重庆证监局经立案调查于2017年8月24日对李某作出罚款15万元的行政处罚决定，并由中国证监会将李某涉嫌犯罪案件移送公安机关立案侦查。

经公安部交办，北京市公安局侦查终结后以王某涉嫌泄露内幕信息罪、李某涉嫌内幕交易罪，向北京市人民检察院第二分院移送起诉。侦查及审查起诉过程中，王某、李某均不供认犯罪事实，王某辩称自己不是内幕信息知情人，李某辩称基于独立专业判断买入股票；二人还提出，因感情破裂已经离婚，双方无利益关联，否认有传递内幕信息及合谋进行内幕交易行为。针对上述辩解，经公安机关补充侦查和检察机关自行侦查，查明王某确系单位负责资产重组财务工作的人员，李某无其他信息来源；王某、李某虽办理了离婚手续，但仍以夫妻名义共同生活，二人的资金也呈共有关系。检察机关认为，上述证据表明，王某系内幕信息知情人，王某、李某互相配合完成内幕交易，均构成内幕交易罪。

2019年10月25日，检察机关以王某、李某构成内幕交易罪提起公诉。王某、李某在审判阶段继续否认犯罪。2019年12月23日，北京市第二中级人民法院经审理作出一审判决，认定王某、李某均犯内幕交易罪，各判处有期徒刑五年，各并处罚金人民币1万元。王某、李某提出上诉，北京市高级人民法院经审理于2020年10月30日作出终审裁定，驳回上诉，维持原判。

资料来源　中国证券监督管理委员会陕西监管局.证券犯罪典型案例之四：王某、李某内幕交易案［EB/OL］.［2022-09-22］.http://www.csrc.gov.cn/shaanxi/c105609/c5724998/content.shtml.

本章思考题

（1）中国证券市场有哪些特征？

（2）什么是证券市场有效性？如何加强和提高我国证券市场有效性？

（3）我国的机构投资者如何参与公司治理？

（4）我国国有商业银行公司治理的现状及存在的问题是什么？应如何解决？

（5）信息披露的内容有哪些？证券的发行和交易过程中的信息披露有何不同？

（6）投资者利益包含哪些？都有哪些具体的保护制度？

（7）如何从健全公司治理结构方面防止内部人控制？

（8）你认为禁止内幕交易制度包括哪些方面？

案例分析题

中国工商银行：公司治理任重而道远

中国工商银行成立于1984年1月1日，是目前国内最大的全国性商业银行，拥有其他国内银行无法比拟的网点、客户资源和市场份额优势。2006年10月，工商银行A+H股同步发行，成为全球最大规模的IPO。截至2006年年底，中国工商银行已经成为紧随花旗银行之后的全球第二大市值银行。

一、全方位的股份制改造

2005年，中国工商银行为积极筹备上市展开一系列动作，实现增资扩股、转让可疑类贷款和损失类资产、发行次级债券提高资本充足率，最终于当年10月完成股份制改造，全方位动了一次"大手术"。

（一）公司治理结构改造

中国工商银行从国有独资银行改制为股份制银行，按规范的现代公司治理结构新设股东大会和董事会，完善监事会职能；调整专业委员会为战略与提名、审计、风险、薪酬四大委员会。

（二）管理体制和经营机制转变

进行以客户为中心、以风险控制为主线的流程再造与机构调整；实施以价值创造为导向的新的资源配置与经营绩效考评办法；投入应用按产品、部门、分机构划分的业绩价值管理系统；完成新旧财务会计体系的转换；建立资本管理和全面风险拨备制度框架；进行财务集中、资金集中改革；初步建立信息披露制度；运作直接对董事会负责的独立内部审计体系和覆盖全领域、全流程的内控合规管理体系。

（三）财务重组

2005年4—8月，完成了由中央汇金向中国工商银行注入资本金150亿美元；按拨备前原账面价值向中国华融资产管理公司出售损失类信贷资产及非信贷资产共计人民币2 460亿元；与四大资产管理公司签署协议，转让了可疑类贷款共计人民币4 590亿元；在银行间债券市场公开招标发行2005年首期次级债券人民币350亿元，用以补充资本金。

二、改制上市增强了公司竞争力

经过重组改制，2005年中国工商银行的财务实力显著增强，不但主要财务指标达到了监管要求，有些指标还达到或接近国际银行业的良好水平。2005年，中国工商银行净利润达到337亿元，比上年增长12.4%；资本利润率达到13.3%；资本充足率达到9.89%，核心资本充足率达8.11%；不良贷款率降至4.69%。同时，中国工商银行借助于上市改制，其经营结构不断得到调整优化，成本收入比控制在40.71%，达到国际银行业先进水平；信贷资产占总资产的比重降至49.7%，资产结构发生较大改变；电子银行业务交易额达到46.8万亿元，业务收入同比增长79.1%，多元化盈利模式开始形成。

除去这些财务指标上的增长，就企业自身的核心竞争力而言，上市也给中国工商银行带来诸多益处。

（一）有利于明确界定产权

上市最大的好处是改变了中国工商银行产权关系，实现了股权多元化，变国有"官营"为现代公司治理经营机制。而所有投资者产生投资意愿的前提是明晰投资标的的资产和产权状况，因而外部压力会推动中国工商银行进一步明晰产权。

（二）有利于加强外部约束和监督

上市后，进行严格的信息披露，有市场、媒体监督，还有成千上万股东的监督，对解决国有商业银行预算软约束问题有极大帮助；同时，长期困扰国有商业银行的行政干预在透明度不断增大的情况下有望得到改善。

（三）增强了资本实力和盈利能力

中国工商银行上市后，从资本市场筹集资金近2 000亿元人民币，改变了它长期依靠财政的筹资局面，从而分散了风险，有利于形成良性资本金补充机制；同时也获得了多种融资渠道，包括采用拆股、送股、增发等各种工具和手段进行市场筹资，有利于提高资本充足率。

（四）有利于提升经营管理水平

股权多元化、强制性的信息披露等都会使中国工商银行的经营管理透明度不断增加，从而推动工行进一步完善公司法人治理结构，使其经营管理决策传导机制更为有效；有利于监督银行经营管理者不断强化管理、提高管理质量和效率；有利于进一步完善内部激励机制。

三、经营效率的提升仍任重道远

上市前的股份制改造工作极大地提高了中国工商银行的管理水平，但并未从根本上改变中国工商银行的经营效率。作为中国最大的商业银行，虽然规模庞大、拥有广泛的营业网点、具有开展各项业务的客户资源便利，但其地域分布的低效、零售存款成本高于同业、在经济发达地区贷款集中度偏低、饱受批评的服务质量等劣势，使其在盈利能力、资产质量、业务的地域分布、市场声誉、服务水平等方面与同业相比表现平平甚至口碑较差。中国工商银行最大的竞争优势仍然是资产规模和垄断地位带来的市场份额，而不是市场化的公司治理、管理机制抑或优越的服务质量。但是，上市仍然是中国工商银行开展市场化改革的关键一步，从国有独资公司到股份制公司再到上市公司，其市场化改革步伐正在加快。

总之，上市是推动中国工商银行市场化改革的外力和起点，但也仅仅是万里长征的第一步，它只是提升核心竞争力的手段和工具，而远远不是终极目标。对国有商业银行而言，推进市场化改革，真正实现股权多元化，变垄断性的服务态度为竞争性的服务理念，改善服务质量，才能有效提升其核心竞争力。因此，上市更大的意义在于通过增加透明度和市场监督，形成强有力的外部压力和外部约束，依靠外部力量推进多年来内部动力不足而停滞不前的市场化改革。

资料来源　刘燕.工商银行：市场化变革远未成功［J］.探索与研究，2007（2），有改编.

思考

（1）如何完善我国国有商业银行的公司治理问题？

（2）工商银行A+H股同步发行上市对提高我国国有商业银行的核心竞争力有何影响？

推荐阅读资料

（1）吴冬梅.公司治理概论［M］.北京：首都经济贸易大学出版社，2006.

（2）苏琦，姜岳新.公司治理经典案例［M］.北京：机械工业出版社，2006.

（3）陈冬华，陈信元，万华林.国有企业中的薪酬管制与在职消费［J］.经济研究，2005（2）.

（4）李维安，郝臣.公司治理手册［M］.北京：清华大学出版社，2015.

（5）HETTLER B，FORST A，CORDEIRO J，et al. Excess insider control and corporate social responsibility：Evidence from dual-class firms［J］. Journal of Accounting and Public Policy，2021，40（6）.

网络资源

（1）中国公司治理网，http：//www.cg.org.cn

（2）中小股东权益保护网，http：//www.gudongclub.com

参考文献

［1］李维安.公司治理学［M］.4版.北京：高等教育出版社，2019.

［2］马连福.公司治理［M］.北京：中国人民大学出版社，2017.

［3］ 仲继银.董事会与公司治理［M］.2版.北京：中国发展出版社，2014.

［4］ 蒙克斯 R，米诺 N.公司治理［M］.5版.北京：中国人民大学出版社，2017.

［5］ 张维迎.理解公司：产权、激励与治理［M］.上海：上海人民出版社，2018.

［6］ 胡晓明，许婷，刘小峰.公司治理与内部控制［M］.2版.北京：人民邮电出版社，2018.

［7］ 苏琦，姜岳新.公司治理经典案例［M］.北京：机械工业出版社，2006.

［8］ 宋伟.德意志银行公司治理及其启示［J］.金融时报，2002（12）.

［9］ 杨海群.公司治理与银行控制［M］.北京：中国金融出版社，2001.

［10］ 许年行，于上尧，伊志宏.机构投资者羊群行为与股价崩盘风险［J］.管理世界，2013（7）.

［11］ 许运凯.机构投资者参与公司治理：美国的经验与启示［J］.中国金融，2002（12）.

［12］ 青木昌彦.转轨经济中的公司治理结构［M］.张春霖，等译.北京：中国经济出版社，1995.

［13］ 张明远.股东派生诉讼法律制度研究［EB/OL］.［2008-10-13］.http：//www.minshangfa.com.

［14］ 陈启清，葛敏，等.信息披露案例［M］.北京：中国人民大学出版社，2003.

［15］ 王保树.投资者利益保护［M］.北京：社会科学文献出版社，2003.

第10章 经营风险管理与控制制度

学习目标

- 理解企业风险的概念、特点及分类；
- 了解法律风险的概念、特性，理解法律风险的成因与分类；
- 重点了解并掌握企业全面风险管理与控制的运行机制；
- 了解董事会风险管理的作用、职责以及实现风险管理的途径。

思政引领

精准施策防范化解重大风险

"备豫不虞，为国常道。"习近平总书记深刻洞察外部环境的复杂变化和我国改革发展稳定面临的新情况新问题新挑战，把增强忧患意识、防范化解风险挑战摆在突出位置。以习近平同志为核心的党中央统筹发展和安全，着力防范化解重大风险，保持了经济持续健康发展和社会大局稳定。

河北省财政厅日前披露，2023年1月份，经国务院同意，财政部下达该省用于化解地方中小银行风险的新增专项债务限额150亿元，拟一并列入2023年省级年初预算，全部转贷市县使用。这是继2021年完成96亿元专项债发行补充中小银行资本后，河北省再获此项新增额度，进一步提升了相关领域抗风险能力。

应对风险挑战，重在精准施策、靶向发力。党中央将"防范化解重大风险"置于三大攻坚战之首，不回避矛盾，不掩盖问题，积极实施了一系列务实举措并取得显著成效。

宏观杠杆率回到稳定轨道。中国人民银行有关负责人介绍，自第五次全国金融工作会议以来，中国人民银行坚决管好货币总闸门，遏制了宏观杠杆率的快速上升势头，为后续抗击疫情、加大逆周期调节力度创造了政策空间。尤其是疫情防控形势稳定后，前期应对疫情的支持政策进一步优化，宏观杠杆率回到基本稳定轨道。

高风险机构得到果断处置。针对风险程度高、资产负债规模大，严重威胁金融体系稳定的企业集团，有关部门"精准拆弹"。同时，稳妥处置锦州银行、恒丰银行等一批对金融体系有较大风险外溢性的中小金融机构风险。地方中小法人机构改革化险取得突破，辽沈银行、山西银行、四川银行顺利开业。

金融秩序得到全面清理整顿。通过集中整治互联网金融乱象，P2P网贷平台已全部退出经营。虚拟货币交易炒作风气得到有效遏制，中国境内比特币交易量全球占比从

90%以上迅速下降至10%。严厉打击"无照驾驶"等非法金融活动，开展打击非法集资犯罪专项行动，5年来累计立案查处非法集资案件2.5万起。互联网平台企业的金融业务被全部纳入监管，持牌机构与互联网平台公司业务合作持续规范，强化了金融反垄断和反不正当竞争。

地方政府债务管理不断规范。我国不断加强对地方政府债务尤其是隐性债务的规范管理，相关制度设计日趋完善，开启了"开前门、堵后门"的地方政府投融资管理新思路。通过坚持遏增量、化存量，强监管、严追责，地方政府债务风险总体可控，隐性债务风险缓释可控。

一系列工作举措"精准拆弹"，有效防范化解了各类"黑天鹅""灰犀牛"事件，守住不发生系统性金融风险的底线。

资料来源　贺浪莎，陆敏. 精准施策防范化解重大风险［EB/OL］.［2023-03-04］. htttp：//news.youth.cn/gn202303/t20230304_14360921.htm.

10.1　企业风险

引　例

阿克苏诺贝尔公司（AKZO NOBEL NV）利用内部及外部力量发展风险管理

阿克苏诺贝尔公司的总部设于荷兰，是"《财富》全球500强"企业之一，客户遍布世界各地。公司业务分为三个部分——人类和动物医疗保健、涂料及化学品，共分设13个业务单元，附属机构遍布全球80多个国家。阿克苏诺贝尔的雇员约有61 900人，2006年的年收入达138亿欧元。

老阿林克自2004年起担任阿克苏诺贝尔公司的企业风险经理，这是该公司当年新设立的职位，负责领导风险管理部门。于1992年加入阿克苏诺贝尔公司之前，老阿林克是荷兰银行的一名金融、保险和理赔管理专员。据老阿林克称，公司多元化和分权化的业务管理模式促使阿克苏诺贝尔建立了风险管理职能。

四个主要驱动因素

尽管公司已经建立了控制和审计制度，以下四个主要驱动因素仍促使其逐步建立正式的风险管理体制：

■动态和复杂的商业环境

■不断变化的风险领域

■股东和利益相关者的期望

■公司治理要求

与很多同行一样，这家跨国公司所面临的风险领域不断变化，表明风险正逐渐变得捉摸不定和无法预知。这些风险包括声誉受损，未能及时、有效地应对变化，未能对业务中断做好准备和应对，以及与产品责任、环境风险因素及计算机失窃和舞弊相关的许多风险。

第一步

"了解到这些驱动因素后，我们在业务单元层面开始举办风险研讨会，并制订行动计划来实施我们的风险管理措施，"老阿林克说，"借此我们有机会了解公司业务，同时也确保业务部门能够清楚地了解企业风险管理将如何帮助他们执行管理流程。"

随着风险管理措施的逐步开展，老阿林克和他的团队开始深化他们的工作，更直接地与公司各个生产领域的管理人员合作。"我们与世界各地的管理团队打交道，"他说，"从2004年到现在，我们已将风险管理完全整合到我们的业务团队和各地工厂当中。"

成功的关键要素之一是每年与业务单元管理层举行会议。会上，老阿林克和他的团队会陈述风险管理工作的表现，向管理层展示其团队的成绩以及未来的工作安排。"我们认为这是一个不错的交流方式。"他说。

风险评估

老阿林克认为，识别和准确评估风险是最关键的。"我们不想在财务、声誉、合规工作或商业原则上出现任何意外，"他说，"我们预防意外的方法是将公司某些业务领域的管理团队召集起来，共同探讨有哪些情形会影响到他们的整体业务目标的实现。识别出这些情形后，我们使用公开、互动的投票方式评估这些潜在风险对业务目标的影响。投票结果会立即显示在屏幕上向所有人展示。我们通过这种方式来协助管理团队就风险识别和评估进行有意义的讨论。"

对阿克苏诺贝尔而言风险管理的效益举不胜举，其中包括有助于公司明确且睿智地将重点放在实现业务目标上，以及排列相关风险的优先次序。"风险管理是不可或缺的，因为它明确了我们的业务目标以及公司未来的发展方向。"老阿林克说。

此外，一个有机的风险管理方案能激励不同风险的负责人，朝着共同目标迈进。"他们群策群力，自然能取得更佳成绩，"他说。

阿克苏诺贝尔公司通过以下步骤建立风险管理方案：

■识别业务目标并将其分类（战略性、运营性或合规性）；
■管理层的自我评估，包括评估风险特征；
■针对每个风险制订风险应对措施或行动计划；
■根据各业务单元和场所之间的互动交流和协作情况，将风险进行合并与汇总；
■提高风险透明度，对最重要的10个风险进行详细的描述和分析，并说明相关的风险应对措施。

阿克苏诺贝尔落实风险管理计划的重大挑战，是获得公司各个层面的管理层的支持，从而实现自上而下的风险管理方案，同时采用自下而上的方法来接触每一个业务单元和场所。"两者缺一不可，"老阿林克说，"风险管理的成功取决于日常业务规划、报告与管理，以及战略愿景之间的紧密联系。"正基于此，他认为年度管理层会议是十分重要的，因为会议有助于沟通并使公司各管理层保持前进的动力。"我们在阿克苏诺贝尔创立了风险管理知识中心，这样公司各个层面都能够及时、准确和有效地获取与风险相关的信息。"他说。

风险管理计划的关键成功因素包括：

■自上而下的方案及管理层的认可

■在所有层面执行

■与业务规划和报告紧密联系

■自下而上的报告规则

■在管理层会议中加入风险管理研讨环节

■针对流程和内容的改进

■获得认可的知识中心

愿望

老阿林克有两个愿望。一是在商业风险和商业机会之间建立起更加清晰和透明的联系。"我们公司的确需要加强两者的联系，在风险和机会之间取得平衡，"他说。二是持续证明全面风险管理在阿克苏诺贝尔的必要性和价值。"我们必须增加透明度并提供保证，从而不断地将我们的目标、风险和控制联系起来，"他说，"由于内部或外部的发展，我们的目标经常变化。因此控制不能一成不变，我们需要使用具有足够灵活性的控制，这样我们才能够真正管理风险。高风险需要更多的控制，低风险所需要的控制则较少。这种动态的风险管理需要全面的透明度。"

资料来源　佚名.企业风险管理运用实践［EB/OL］.［2019-07-25］. http: //www.protiviti.cn，有整理.

问题：

（1）阿克苏诺贝尔公司是如何建立并实施全面风险管理体制的？

（2）对于老阿林克的企业风险管理方法与模式，有哪些值得我们借鉴的地方？

企业的经营总是在动态的环境下进行的，使企业在经营过程中存在着大量的不确定性。所谓不确定性，就是指影响企业目标实现的事件发生的可能性。这种不确定性可能来自企业外部，也可能来自企业内部。不确定性的存在，使得企业无时无刻不面临目标无法实现的风险。

10.1.1　企业风险的概念

企业在追求价值增长的过程中，都要面临各种无法确定的事情，这些不确定的事件可能带给企业价值的增长，同时也潜藏着对价值增长的破坏。不确定性既可能损害企业的价值，也可能增加企业的价值；不确定性既代表着风险，也代表着机会；可能破坏价值增长的不确定性代表着风险，可能带来价值增长的不确定性代表着机会。因此，企业风险是那些可能给企业价值增长造成破坏的事件发生的可能。

我国国资委在《中央企业全面风险管理指引》中对企业风险的定义为，指未来的不确定性对企业实现其经营目标的影响。企业风险，是指企业在其经营活动过程中由于各种事先无法预料的不确定因素带来的影响，企业经营者的实际经营效果与预期效果发生一定的矛盾或偏差，从而蒙受损失或获得额外收益的不确定性。①

关于风险管理的定义，目前普遍比较认可的是威廉姆斯在《风险管理与保险》一书中对风险管理所作的定义，风险管理是指根据组织的目标或目的以最少费用，通过风险识别、测定、处理及风险控制技术把风险带来的不利影响降到最低程度的科学管理。从本质上讲，风险管理是所有针对各种风险的管理活动的总称。②

10.1.2　企业风险的特点

任何事物都是有其内在特征的，也有人将这些特征称为属性。对风险的不同理解和定义，使得风险具有多种多样的属性和特征，但是，基于对风险本质属性的理解，风险还是具有其本质的特征的。风险的特征也具有多样性。风险具有不确定性、客观性、相对性、可变性和可认识性等特征。其中，风险的不确定性是其本质特征。

1）风险具有不确定性

企业在经营管理过程中，随时面临各种不确定性。这种不确定性表现为事项的发生与否的不确定，也表现为事项发生之后其结果的不确定。也就是说，风险事件是否发生、何时发生以及发生之后会造成什么样的后果等，都是不确定的。企业是在一个变化的、多样化的、复杂的环境中进行经营活动的。在企业经营所处的环境中，任何一项因素，诸如全球化、技术、重组、变化中的市场、竞争和管制等，都会导致不确定性。这种不确定性来源于不能准确地确定事项发生的可能性以及所带来的影响。不确定性也是主体在经营过程中各种战略、战术的选择所带来和导致的。

释例　　　　　　　　　　　　　　企业风险的不确定性

一个企业制定了向其他国家拓展业务的经营战略，而所选择的这个战略带来的是该国政治环境的稳定性、资源、市场、渠道、劳动力技能和成本等方面的风险与机会。这些都是不确定的。企业风险的不确定性可分为客观不确定性和主观不确定性。客观不确定性是事件结果本身的不确定性，也就是该事件按自身运动规律发展出现的各种可能性，是不依赖人们的主观意识而存在的，它是客观环境或客观条件变化的产物。主观不确定性是人们对事件认识或估计上的不确定性。当人们有意识地观察事件时，会对事件发生与否、发生的时间、发生状况及未来结果等作出种种的推测，由于个人的认识、经验、精神和心理状态的不同，对于相同的客观风险，不同的人会有不同的主观预计，从而形成主观的不确定性。

2）风险具有客观性

风险是客观存在的，是不以人的意志为转移的。任何非客观存在的事物都不在实证的研究范围之内。风险只要产生，其大小多少，都是客观存在的。企业的任何实现目标的活动中，都或多或少伴随着风险的发生、风险的增长或者风险的消解。风险是企业经营活动过程各种能给企业带来不确定性结果的事项的集合体，而任何事项，都只能是客观存在的事项。

---

①　国务院国有资产监督管理委员会.中央企业全面风险管理指引（国资发改革〔2006〕108号）.2006-06-06.
②　威廉斯 C A.风险管理与保险〔M〕. 马从辉，刘国翰，译. 北京：经济科学出版社，2000.

3）风险具有相对性

没有绝对的风险。相对于主体而言，不同的主体对同一事件的感受和处理方式不同，风险便不相同。不同的主体对风险的承受能力不同，风险事件所产生的风险也不相同。而主体的承受能力受时间、空间的限制，具有个体差异。风险也只是相对于机会而言的风险。从相对论的意义上讲，没有机会，也没有风险。从风险与收益的相关性上讲，一般而言，风险大，收益也大；风险小，收益也相对减少。风险的这种相对性，使得我们应对风险保持正确的态度和认识理念。

4）风险具有可变性

任何风险都是一定条件下的风险，是一定时空内的风险。当条件发生变化时，风险便随之变化。风险的可变性表现为风险性质的变化、风险量的变化和风险结果的变化。风险既可能从无到有，也可能从有到无；既可能从大到小，也可能从小到大。对风险的这种可变性认识的最大的价值在于，风险在一定条件下可以转化为机会。有人将风险的这种可变性称为风险与收益一体共生性，也不无道理。

5）风险具有可认识性

如果对一种事物无法认识，便会陷入神秘主义的泥潭。人们既可以认识风险的性质和大小，也可以认识风险的结果。人们可以运用科学技术手段和各种调查研究方法，认识和判断企业在经营管理活动中是否存在风险，存在哪种风险，以及风险发生的概率和结果。随着社会的发展，人们的生产经验在不断积累，人们的文化积累在不断增加，人们对风险的认识也越来越接近客观实际。只有人们意识到风险是可以而且能够被认识的，人们便会采取各种手段和方法来回避、降低或者转化风险。对风险的可认识性特征的认识价值，存在于风险一旦是可认识的，便是可测的，也是可控制的。

10.1.3 企业风险的分类

根据不同的分类标准，企业风险一般可分为以下五种：

1）以对企业目标实现产生的影响为标准

针对企业制定的目标，可以根据对不同目标实现产生影响的因素，将企业风险分为战略风险、财务风险、市场风险、运营风险和法律风险。一般情况下对企业风险进行风险发生原因分析及风险管理策略制定时，参照此分类方法进行。

（1）战略风险

战略风险影响整个企业的发展方向、企业文化、信息和生存能力或企业效益的不确定因素。

（2）财务风险

公司财务结构不合理、融资不当使公司可能丧失偿债能力而导致投资者预期收益下降的风险。

（3）市场风险

未来市场价格（利率、汇率、股票价格和商品价格）的不确定性对企业实现其既定目标的影响。

（4）运营风险

企业在运营过程中，由于外部环境的复杂性和变动性以及主体对环境的认知能力和适应能力的有限性，而导致的运营失败或使运营活动达不到预期的目标的可能性及损失。

（5）法律风险

在法律实施过程中，由于企业外部的法律环境发生变化，或由于包括企业自身在内的各种主体未按照法律规定或合同约定行使权利、履行义务，而对企业造成负面法律后果的可能性。

2）以风险的来源为标准

根据风险的来源可以将企业风险分为内部风险和外部风险。一般在进行风险初始信息收集及风险识别时，采取此分类方法。

（1）外部风险

外部风险包括法律风险、政治风险和经济风险。法律风险、政治风险和经济风险是相互影响、相互联系的。一个国家法律健全稳定，政治也会相应比较稳定，同时，市场竞争也会在法律法规的框架内运行，竞争会更公平和规范，企业的整体经营环境会更好一些，决策和行动具有可预期性。

（2）内部风险

内部风险包括战略风险、财务风险、经营风险等。企业的内部风险源自企业自身的经营业务，包括企业战略的制定、财务的运行和经营的活动等方方面面的风险。与外部风险相比，内部风险一般更容易识别和管理，并可以通过一定的手段来降低风险和控制风险。

3）以是否为企业带来盈利为标准

以能否为企业带来盈利等机会为标志，可以将风险分为纯粹风险（只有带来损失这一种可能性）和机会风险（带来损失和盈利的可能性并存）。一般对企业风险进行初步定性分析时，采取此分类方法。

4）以应对风险的层面为标准

根据对风险作出应对策略所在层面的不同，可以将风险分为流程层面风险和公司层面风险。一般情况下，编制内部控制手册，主要针对流程层面风险进行分析和控制，而对公司层面风险，要制定专项风险管理策略。

5）以风险产生的后果对象的不同为标准

（1）人身风险

在金晓彤主编的《经营理财与风险防范实务》中，人身风险是指作用于人体，影响人们身心健康所引起的风险。这类风险来自两个方面：一方面是人的生理规律，即生、老、病、死引起的风险，这种风险一般是不可避免的；另一方面是由自然、社会政治、军事、治安等原因所引起的人身伤、残、亡等风险。人身风险的特点是直接作用于人体，一旦发生即刻造成对人的某种伤害，会给人体、家庭和经济单位带来很大损失和危害。而企业经营中的人身风险，是指在企业运营过程中由于各种原因人体生命和健康受到损害的风险。

（2）财产风险

财产风险是指使财产发生毁损、灭失、贬值和减少的风险。企业财产风险，是企业在运营过程中，由于发生自然灾害、意外事故、工作疏忽或者其他原因而发生的财产毁损、灭失、贬值和减少的风险。

（3）责任风险

责任风险是个人或者团体违反法律、合同或者道义上的规定，构成侵权行为或者违法行为从而造成国家的、集体的、他人的人身伤害和财产损失，需要负担的经济赔偿或者法律责任的风险。通常这种责任风险表现为民事责任、行政责任和刑事责任。

（4）信用风险

信用风险是指企业或企业中的个人在经营过程中，由于违反约定或者违反公共信用，导致企业信用降低而影响企业其他经营活动的风险。其通常表现为因为不遵守合同约定而发生的合同违约行为，同时，也导致企业信用受到威胁的风险。

10.2　企业法律风险

引　例

天元生物：专利侵权困局

天元生物于2010年创立，为了建立个性鲜明、品位高雅的品牌形象，公司聘请专业设计师，通过精心设计和反复比选，最终确定了以树叶图案为主体的商标。然后又与日本厂商多次商谈，在对方续签合作协议时，改由日本厂商提供酵素原液，由全然公司在国内进行分装和销售，这样公司不仅能提升市场知名度，也能积累产品生产的技术和经验。为弥补工艺研发和检测能力的不足，天元生物借助研究院所的技术力量，于2011年培育出一种新的纳豆菌种，在高温强酸环境中仍能保持活性，这是发酵工艺的一项关键的技术，能提高发酵工艺的产出和质量。2012年6月，天元生物生产的酵素产品批量上市，由于价格低于进口分装产品，借助于原有的销售渠道，产品顺利进入市场，并受到消费者的青睐。随着替代进口产品的生产销售，天元生物逐步淡出进口分销，凭借成本优势和销售渠道，终于在国内酵素市场站稳脚跟。

2016年，天元生物通过高新技术企业认定，企业所得税减按15%的税率征收，在认定的过程中，专利起到了重要作用。然而，在2016年第三季度，市场部却传来一条坏消息，多肽系列产品较第二季度销量出现了明显下滑，下降幅度近30%，进入第四季度，原来是保健品的销售旺季，多肽系列产品的销量却还在继续下滑。公司市场部迅速展开调查，结果发现市场中涌入了一批相似产品；这其中两家公司的销量较大，一家是本地公司，另一家是外地公司。为了搞清楚问题，市场部专门购买了这两家公司的产品，安排公司的技术人员对产品进行化验分析，结果发现与天元生物产品的成分基本相同；而公司产品已经申请获批了发明专利，公司总经理判定自己公司已经被侵权，可以考虑发起专利诉讼。

总经理咨询公司的法律顾问，依然希望能发起专利诉讼，得到的答复却是："专利侵权诉讼属于民事诉讼，当事人提出诉讼请求时需要提供相关证据；即便能拿出证据，诉讼结果也不一定乐观。"总经理一听就急了："这是为啥？我也是学法律出身的，知道谁主张、谁举证。"法律顾问回答道："您先别急。是这样的，这几款产品主要采用的是发酵工艺，产品是多组分的混合体，专利权利要求的描述比较模糊，所以法院审判结果就不确定了。"

随后总经理召集部门主管进行专题讨论，指出公司产品被仿冒应该如何维权应对的问题。技术部经理作为被侵权专利的主要发明人，对此比较敏感，主张尽快发起专利诉讼。市场部经理就专利诉讼提出了新思路，他说道："两家公司的包装瓶也模仿了咱们，根据我的仔细观察，相似度还是很高的，既然申请了外观设计专利，大家就不要只想到发明专利，外观设计专利也有文章可作。"对此，公司外聘的法律顾问认为很有价值，他提醒大家："仿冒品不仅存在发明专利侵权的嫌疑，外包装也有外观设计专利侵权的嫌疑；现在发明专利的侵权证据收集比较困难，而外观设计专利侵权举证比较容易，我们可以考虑先从外观设计专利入手，争取尽快打开突破口。"

办公室主任对此却有不同看法，从业多年的经验告诉他，并非只有起诉一条路，他说："这两家企业也不是善茬儿，诉讼拖起来对大家不是好事；能不能考虑采取和解，收取专利许可费，或者他们的专利也让咱使用。"生产部经理深表赞同，支持道："我们生产用房很紧张，想要扩大产能，涉及厂房和贷款，没两三年根本下不来，最好让他们为我们代工，等过几年有更好的新产品，干脆把老产品转给他们生产，我们收专利许可费，这次也许是个机会。"

听着大家各抒己见，总经理觉得都有一定的道理，但似乎又难以拍板决定。曾以为自主创新有好产品就能在市场中赢得先机，拥有专利就能防止侵权行为；但现实却是，仿冒品正蚕食着公司的市场，由于生物制剂的产品特点，专利诉讼又面临举证难。公司的产品和包装遭遇侵权，对此公司该何去何从呢？

资料来源 根据相关报道综合整理.

问题：

（1）导致天元生物面临诉讼难局的根本原因是什么？

（2）你认为各部门经理的观点是否正确？公司在面临产品侵权问题时应注意哪些法律风险？

企业在市场经营活动中不论遭遇什么样的风险因素，其结果最终都有可能导致法律风险的产生，产生的法律风险最终都将导致企业承担相应的法律责任。因此，重视和加强企业法律风险管理是中国企业适应市场环境变化的客观需要，是中国企业争取市场竞争优势的一项基础性工作。

10.2.1 法律风险的概念

社会学理论的研究对风险有如下定义："个人和群体在未来遇到的伤害的可能性以及对这种可能性的判断与认知。"按照风险分布的领域，可以把风险分为政治的、经济的、社会的、个人的等，而法律作为社会上层建筑的内容，是社会发展的主观方面，其在社会生活中的规制作用则不可避免地带来了相应的风险——法律风险。

法律风险，是指在法律事实过程中，由于行为人作出的具体法律行为不规范导致的，与其所期望达到的目标相违背的法律不利后果发生的可能性。2004年颁布的《国有企业法律顾问管理办法》第一次在正式文件中提出了"企业法律风险"的概念，企业法律风险是指企业在设立、经营过程中，导致企业承担不利法律后果，使企业合法利益受到损害的与法律相关的风险或因素。[①]

对法律风险的认识要掌握以下几个要点：首先，我们必须清楚地认识到法律风险并不是违法风险，所谓违法风险仅仅是法律风险的一种最常见的形式。不能盲目地认为合法了就没有任何法律风险了。控制、预防法律风险是一个复杂的、综合的问题，任何一个法律实施环节出现误差都可能导致法律风险的产生。其次，法律风险是风险，不同于法律责任，法律责任是行为人由于不当行为或者由于法律规定而应承受的某种不利的法律后果。法律风险中包含了法律责任的不利后果因素，但是这种责任本身仍然只是可能性。法律风险也不等同于法律问题，法律问题是法律风险发生的现实状态，而这种状态仅仅是法律风险发生的基础。

10.2.2 法律风险的特性

对于法律风险特征的把握有助于我们准确地认识法律风险，法律风险具有以下特征：

第一，法律风险产生于法律实施过程中。法律实施的过程也就是法律实现的过程，是指法律权利和义务落实于主体生活中的过程，它既包括被人们所运用和享有的方面，也包括义务被人们所遵守和履行的方面，是法律在有效期间内动态延展的过程。所有生活与法律关系的实现都发生在这种法律实施过程之中，没有行为就没有与法律相关的活动，也就不会有法律风险的产生。

第二，法律风险产生于法律实施中的某种非规范性。法律风险产生并不要求违反法律规定，但所有导致法律风险的行为都具有非规范性。这种非规范性行为，既可能是违法行为，也有可能是由于对法律理解的偏差，在合法行为下选择方式不同而导致的非规范行为；或者是法律相关管理中的非规范行为，比如由于合同管理制度的欠缺，导致合同缺乏系统管理，在诉讼时不能找到原来订立的合同原件等。企业法律运作的规范，不仅仅是简单的合法经营，其中涉及大量的具体法律行为的行为选择、证据管理、综合考虑等，任何一个步骤缺乏了系统、规范的运作都有可能产生法律风险。

---

① 国务院国资委.国有企业法律顾问管理办法.2004年5月颁布，自2004年6月1日起施行.

第三，法律风险导致的后果可能是人们非预期的结果。法律风险作为一种风险，其具有产生不利后果的可能性，这种不利后果一旦产生必然是与人们的意愿相违背的，即结果具有非预期性。如果企业在从事某种行为时，已经充分考虑到不利结果的发生，并且认为这种不利结果是企业必须付出的代价，此时虽然有法律上的不利结果，却已经不属于法律风险了。这种选择承担不利法律后果的现象并不少见，一些企业虚张声势的诉讼并非个别现象。企业为了获取更多市场竞争筹码，提起一些无法获得胜诉结果的诉讼，在实际中时常发生。

第四，法律风险产生的不利后果是一种不确定状态。法律风险产生不利后果仅仅是一种可能性。正是由于法律风险的这种属性，决定了法律风险可以通过相应措施来预防和化解。如果法律风险必然导致法律危害结果的话，对这种风险进行认知和评估就失去了意义，当然法律风险在各个阶段有不同的表现形式。

释例 <center>**规避合同法律风险**</center>

在签订合同时如果对合同条款没有准确的把握，面对这种法律风险时，最理想的方法是请专业律师介入，对合同进行规范；然而已经签订的合同，则可以采用签订补充协议弥补；如果已经履行，并且发生了纠纷，诉讼中怎么收集分析证据，如何应对诉讼等同样属于法律风险。

10.2.3　法律风险的成因与分类

对企业法律风险进行研究的目的在于锁定法律风险源，采取恰当的法律风险化解和弥补措施，这要求我们揭示法律风险的成因。一个企业在进行经营活动过程中，首先是确定自己行为的方式，即法律方案的选择和确定；其次是法律方案的实施，包括与交易对方的谈判、合同签订、内部法律实施等；再次是交易履行，即针对已经签订的合同按照法律规定履行具体权利义务，实现交易；最后涉及权利义务实现后的归档、备案等。这些环节和问题任何一环出现误差或者有忽略都将给企业造成法律风险。

1) 按照风险产生的原因分类

（1）违法风险

违法风险是企业法律风险的一种，即某种尚未转化为实际法律纠纷的潜在风险。从法律风险的严重性，以及法律风险的影响力来说，最严重的法律风险就是违反法律规定所产生的法律风险。违法行为必然造成法律风险的产生，而这种法律风险通常都必须通过主动的修正、弥补才能避免实际危害的发生。就经营者而言，决策上的失误导致公司经营陷入困境而被追究法律责任者屡见不鲜；甚至其作出某些自认为有利于公司的行为，却必须背负损害赔偿责任。

（2）不确定性的法律风险

法律的确定性有助于个人对自己的行为进行预先评价，从而作出理智的决策。然而法律的确定性并不像人们想象得那么有效，由于法律的不确定性导致的法律风险随处存在。在我国，法律的现代化尚未完成，在此状态下，法律的不确定性很大程度上是它的未完成状态。在法治建设加速的今天，企业在对待这种不确定性的法律风险时要有更科学的观念，把不确定性的法律风险通过自身行为尽量确定，比如通过合同的制定等手段。

（3）监控中的法律风险

法律监控是指对每个与法律相关的环节进行复核的控制、监督、审查，从而保障法律方案顺利实施的一系列行为的总称。合同管理是最常见的法律监控，合同管理指企业对自身为当事人的合同依法进行订立、履行、变更、解除、转让、终止以及审查、监督、控制等一系列行为的总称。除了合同管理，各项谈判、起草或者审查各种法律文件、办理各项法律手续、商标的注册、专利的申请、商誉的维护、广告审查、投融资方案选择、证据的收集和整理、证据管理等流程都属于法律监控的范围。

（4）其他企业法律风险

企业经营活动千差万别，经营活动同时也是企业的法律行为，这些行为都可能导致法律风险。除了上面提到的法律风险的成因外，企业涉及的其他类型的法律风险更具有个性，缺乏统一的成因。其大致有以下几类：

第一，企业商业博弈产生的法律风险，指企业为了博取更多的利益而自甘冒险，为了商业活动采用商业博弈，选择了承担某种法律风险。

第二，法律环境带来的法律风险。我国法律环境存在地方立法不统一的现象，各地之间存在法律差异，包括对法律适用理解上的差异。这种法律环境带给企业的法律风险存在于企业之外，但又对企业行为有着深远影响。此外，中国企业开始走出国门，不同国家法律制度，以及不同法系的制度给企业的跨国战略提出了更高的要求，同时也给企业带来了更多的法律风险。

第三，事件法律风险和人员法律风险。事件法律风险是指发生的可能性较小，但一旦发生却有严重影响的单一事件所产生的法律风险。不属于不可抗力的客观事件可以通过对人的行为的调整来实现风险的防范和化解。人员法律风险是企业雇员缺乏法律意识给公司造成的法律风险。

2）按照风险来源分类

（1）外部法律风险

外部法律风险环境信息是指与企业法律风险管理相关的政治、经济、文化、法律等各种相关信息。企业应根据本行业和企业业务经营管理的特点，具体明确外部法律风险环境信息的收集范围和分析方式，为法律风险评估和应对提供充分的信息保障。

外部法律风险包括政府风险和市场法律风险。其中政府风险主要包括：①政策变动；②法律规则变动；③政府违约；④国有化/征收；⑤其他政府行为。市场法律风险主要包括：①违约及债务/责任等；②知识产权侵权；③诉讼/仲裁；④售后服务；⑤市场竞争。

（2）内部法律风险

企业内部法律风险，是指企业内部管理、经营行为、经营决策等因素引发的法律风险。由于引发因素是企业自身能够掌控的，所以企业内部法律风险是防范的重点。

内部法律风险包括管理法律风险和经营法律风险。其中管理法律风险主要包括：①合同管理；②知识产权管理；③人力资源管理；④纳税管理；⑤企业变动；⑥公共关系管理。经营法律风险主要包括：①审批许可；②产品质量；③采购；④金融活动；⑤资产产权。

案例   中铝遭遇协议撕毁的法律风险

2009年2月12日，中铝公司与力拓集团签署了合作与执行协议，中铝宣布将通过认购可转债以及在铁矿石、铜和铝资产层面与力拓成立合资公司，向力拓注资195亿美元。如果交易完成，中铝持有的力拓股份最多将上升到18%。中铝公司已经就此项交易完成了210亿美元的融资安排，并已陆续获得了澳大利亚竞争与消费者保护委员会、德国联邦企业联合管理局、美国外国投资委员会等各国监管机构的批准。

但同年6月5日力拓集团董事会宣布撤销2月12日宣布的双方合作，并将依据双方签署的合作与执行协议向中铝支付1.95亿美元的分手费。中铝收购力拓以失败告终。

并购重组协议关系到双方今后的权利义务，是整个并购重组的核心。因此，并购双方对于协议的主体、双方权利义务、履行方式、履行期限、违约、争议解决等诸多细节条款的设计，均需要防范不必要的法律风险的发生。

问题：

结合上述中铝案例，讨论企业如何防范日常经营中的法律风险。

10.3 企业风险管理与防控

引 例

松下电器（PANASONIC）的企业风险管理之旅

松下电器由松下幸之助于1918年建立，当时称为松下电子工业有限公司。今天，拥有超过600家公司的松下已经是世界上最大的电子产品生产商之一。松下生产和销售的产品超过15 000种，旗下知名品牌包括乐声牌（Panasonic）、乐信牌（National）、Technics和Quasar等。

松下集团公司风险管理办公室总经理宫崎由树（Yuki Miyazaki）表示，公司在2005年着手开展企业风险管理措施。松下实施企业风险管理主要基于四个因素。

第一个因素是《萨班斯-奥克斯利法案》。鉴于公司在纽约证券交易所上市，所以必须遵守该法案的规定。为了合规，松下前所未有地实施了一个统一且全面的风险评估方案。

第二个因素是经常出现的与产品质量和责任以及信息安全有关的问题。

第三个因素与松下创办人松下幸之助的管理哲学有关。他于20世纪20年代建立了一套管理哲学，将问责制和学习视为管理的核心价值。今天的松下团队认识到这些理念正是推动组织实施有效企业风险管理程序的重要原因。

第四个促使松下建立企业风险管理措施的因素是为了实现一个非常重大的、富有挑战性的业务目标。"为了实现目标，我们必须努力达到更高要求，同时亦需要降低风险"，宫崎说。

松下成立了全球及集团风险管理委员会，由9名董事组成，负责特别职能，例如环境和产品责任。宫崎的公司风险管理办公室是该委员会的秘书处。"我们为全部39个业务领域建立了同类的风险管理委员会,"他说,"完成该步骤后,我们就展开了全球和集团的风险管理评估。"

风险评估采用调查问卷的方式,涵盖了40个有可能在公司范围内存在的标准风险。问卷被分发到全球所有业务部门。宫崎的团队收集了问卷结果后,便要求松下总部的每一个业务职能部门就结果进行评估,并将他们的意见和信息汇总。

风险评估

宫崎和他的团队以财务影响为标准来评估部分风险:"极高"表示风险对财务的影响大于100亿日元;"高"表示影响在10亿至100亿日元之间;"中"表示影响在1亿至10亿日元之间;"低"表示影响小于1亿日元。此外,评估了以下四个核心要素:

(1) 股东意见

(2) 品牌及社会信任

(3) 生命安全

(4) 合规情况

松下将风险发生的可能性分为三个等级:高、中和低。"高"代表每年发生一次或以上;"中"代表在每年一次和10年一次之间;"低"代表少于10年一次。

实施情况

目前,企业风险管理的实施主要围绕着两个要素:风险和业务风险。风险是存在不可预知的因素或事件,影响业务目标的实现,因此必须进行评估。业务风险是存在不可预知的因素或事件,影响业务政策、计划及战略的执行。宫崎和他的团队每年都会对业务风险进行评估以强化业务计划,确保管理层的目标得以实现。

企业风险管理和松下业务计划的联系十分明显:首先,公司所有39个业务领域的总办事处均会收集其辖下部门的信息,进行分析并整合得出结论。每个业务领域在12月中旬之前将这些风险评估结果上报至公司总部。"每年3月都会举行会议,讨论业务风险问题,期望就风险达成共识,并了解如何采取具体措施来降低风险及其影响程度。"宫崎说。

2007年12月上旬,公司总部的会计分部就会公布业务计划,将业务领域的风险评估嵌入业务计划之中。

预期效益

宫崎认为,松下集团所采用的企业风险管理方案能带来四大效益:

(1) 所有不利因素解除后,便能更容易实现公司的企业战略和行动计划。

(2) 企业风险管理可以预防那些损害公司的不可接受事件或情况出现,从而降低潜在损失。

(3) 松下的业务领域能够作出更充分的准备,管理因商业环境变化而出现的新风险。

(4) 有效的企业风险管理能改善公司的业务计划和财务目标。

"要让高级管理层,包括各个业务领域的管理人员相信可以从企业风险管理中受益是一项很大的挑战,"宫崎说,"我们成功的关键就是我们公司创办人的管理理念。我们仔细研究这套理念并将其与我们的企业风险管理理念相结合，作为我们的企业风险活动基础。"

宫崎和他的团队正在这条道路上继续前行，致力于实现企业风险管理在松下集团的成功整合。他们的目标是在业务领域层面上整合企业风险管理，并将企业风险管理融入公司全球经营场所的日常业务流程和业务循环之中。

资料来源　黄益建.企业风险管理制度与流程设计［M］.北京：机械工业出版社，2011：181.

问题：

（1）松下电器是如何设计风险管理制度与流程的？

（2）结合上述案例，讨论企业的风险管理制度得以有效执行需要考虑哪些因素？

10.3.1　企业风险管理构成要素

企业风险管理分为内部环境、目标制定、风险评估、事项识别、风险反应、控制活动、信息与沟通、监控等八个相互关联的要素，各要素贯穿于企业的管理过程之中。其内容可以用图10-1表示，该图也表示企业风险管理的业务流程。

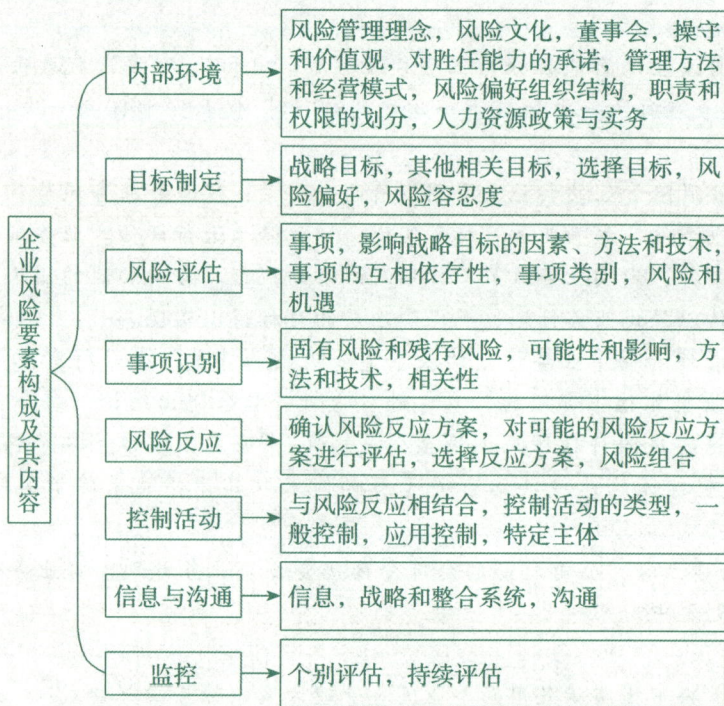

图10-1　企业风险要素构成及其内容

企业风险管理框架新增了三个风险管理要素——目标制定、事项识别和风险反应。此外，针对企业将管理的重心移至风险管理，风险管理框架更加深入地阐述了其他要素的内涵，并扩大了相关要素的范围。

（1）目标制定。在风险管理框架中，由于要针对不同的目标分析其相应的风险，因此目标的制定自然就成为风险管理流程的首要步骤，并将其确认为风险管理框架的一部分。

（2）事项识别。企业风险管理和内部控制框架都承认风险来自企业内、外部各种因素，而且可能在企业的各个层面上出现，并且应根据对实现企业目标的潜在影响来确认风险。企业风险管理框架采用一系列技术来识别有关事项并考虑有关事项的起因，对企业过去和未来的潜在事项以及事项的发生趋势进行计量。

（3）风险反应。企业风险管理框架提出对风险的四种反应方案：规避、减少、共担和接受风险。作为风险管理的一部分，管理者应比较不同方案的潜在影响，并且应在企业风险容忍度范围内的假设下，考虑风险反应方案的选择。在个别和分组考虑风险的各反应方案后，企业管理者应从总体的角度考虑企业选择的所有风险反应方案组合后对企业的总体影响。

10.3.2　企业全面风险管理控制机制

以内部控制为基础的全面风险管理的运行机制主要包括设立全面风险管理目标、构建以风险为导向的内部控制体系、实施风险管控、开展全面风险管理考评、建立全面风险管理预警体系和建立全面风险管理报告体系等。

1）设立全面风险管理目标

基于内部控制的企业全面风险管理应该围绕支持企业战略目标的实现而开展工作，使风险管控与企业战略目标相适应，并将风险控制在企业可承受的范围内，为确保企业战略目标的实现提供合理保障，以实现"企业价值最大化"。因此，需要在企业战略目标的指引下，设立全面风险管理目标。

第一，进行企业环境分析。采用"SWOT"和"PEST"分析法，全面分析集团企业所处的内外部环境，并形成环境分析报告。

第二，制定企业风险管理方针。基于环境分析报告，制定企业对各种重大风险和重要风险领域的风险管理方针。

第三，设定企业战略目标。为了保证企业建立科学、合理的战略目标，将企业战略与风险管理有机结合起来，将风险偏好与集团企业战略相联系。在企业战略目标设定过程中，需要充分考量各种风险的影响，使企业战略目标与风险管理方针相吻合，保证企业战略目标与其风险偏好相一致，确保企业发展战略、风险管理方针与价值创造相一致。

第四，制定企业运营目标。以企业风险管理方针和战略目标为依据，设定运营目标，据此确定三年或五年滚动经营计划。在运营目标的设定和经营计划编制过程中，要充分考量各种运营风险，并使运营目标、经营计划与风险管理方针和战略目标相容。

第五，建立企业全面风险管理目标体系。根据运营目标，制定企业全面风险管理总目标以及分子公司、各部门和业务单位的具体风险管理目标，形成企业全面风险管理目标体系。

2）构建以风险为导向的内部控制体系

内部控制要以风险为导向，分析、设计和实施内部控制活动，旨在全面降低和管控企业风险。

（1）开展内部控制现状诊断评价

以企业全面风险管理目标体系为指导，采用问卷调查、访谈、制度审核、流程测试等方法，了解企业业务运作、经营管理现状，分析评估内部控制事项是否符合相关的内部控制要求，是否符合企业制定的全面风险管理方针，诊断内控薄弱环节，评价内控有效性。通过以上诊断以及评价，揭示风险管理的主要问题，确定基于内部控制的集团企业全面风险管理体系建设的重点。

释例　　　　　　　　　　　　**JZ 能源集团内部控制诊断**

2013 年，JZ 能源集团按照上述诊断评价方法，对"投资、融资、担保、销售、采购"五个重要业务环节，共设置了 446 个检查点，全面剖析经营管理及内部控制现状，查找不足。通过内部控制现状诊断评价发现五个重要业务环节的总体完善度为 64.57%，属于中等；检查点的执行有效率为 85.20%，结果良好；制度的总体合规率为 75.78%，属于中等。由此可知，其内部控制还存在缺陷，需要强化内部控制体系建设和提升内部控制执行力。

（2）建立风险识别分类框架

结合企业生产、经营与管理现状、实际业务板块特点、外部环境以及内部条件，运用访谈、研讨、资料研究、发放调查问卷、审阅所有重要的管理制度以及制度与流程相结合的形式，建立风险识别分类框架，规范风险描述语言，统一对风险的认识和理解，并明确各类风险的责任管理部门。

例如，2013 年 JZ 能源集团按照上述方法，从"战略、法律、运营、财务、市场、投资"方面建立了风险识别分类框架，如图 10-2 所示。

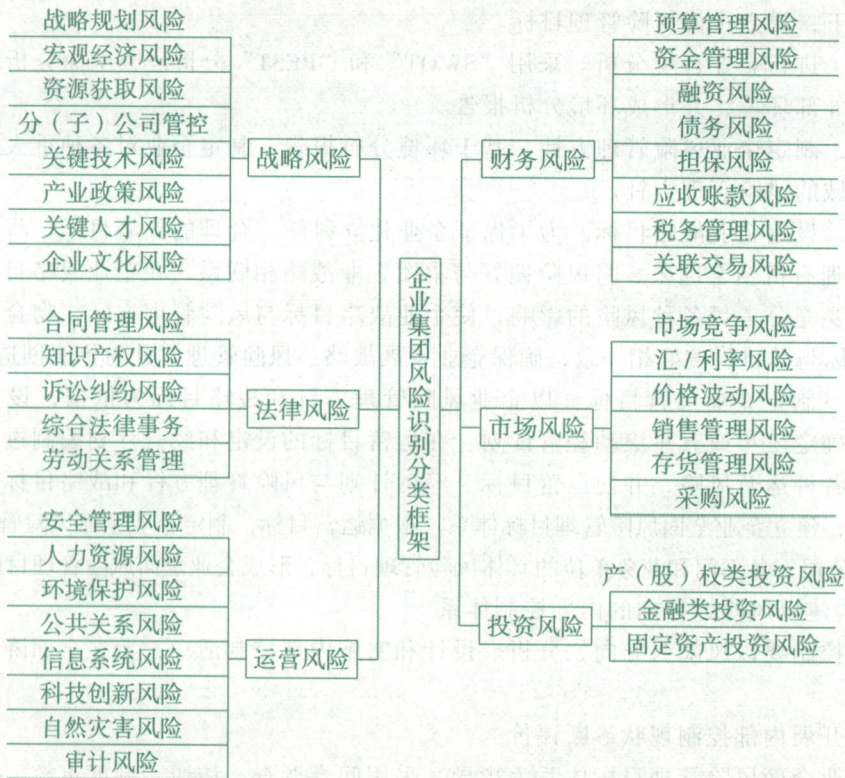

图 10-2　JZ 能源集团总部风险识别分类框架与二级风险目录

（3）进行风险辨识

根据风险识别分类框架，对各类风险进行分类细化，辨识出企业需要关注的风险事件，形成企业风险事件库，找出各风险的关键影响因素，揭示风险发生的内外部原因、暴露状态以及潜在的不利后果，明确各项风险管控的关键责任部门与个人，对接企业的有关业务流程、管理流程和制度，确定关键业务流程、管理流程的风险事项。

释例　　　　　　　　　　**JZ能源集团风险辨别**

JZ能源集团企业根据上述风险辨识流程与方法，初步建立了包含137个风险事件的风险事件库，形成了集团企业总部层面风险库，涵盖了集团企业内外部的主要风险表现。总部层面风险库的一级风险目录6个，分别为"战略风险、投资风险、市场风险、财务风险、运营风险、法律风险"。一级风险目录下又分为38个二级风险子类别，其中战略风险8个，风险事件18个；市场风险7个，风险事件36个；财务风险8个，风险事件21个；运营风险8个，风险事件20个；法律风险5个，风险事件33个；投资风险3个，风险事件9个。该集团企业风险整体分类框架见图10-2。

（4）进行风险评估

针对辨识出的风险事件，从风险发生的可能性和风险发生对战略目标、经营管理目标的影响程度两个维度进行风险评估，确定其风险水平，找出面临的重大风险、重要风险、中等风险和低风险，确定各项风险的重要性排序和管控重点，绘制风险坐标图。

释例　　　　　　　　　　**JZ能源集团风险评估**

JZ能源集团通过风险评估，明确了2013年的重大风险和重要风险——9个重大风险和3个重要风险。9个重大风险分别为：战略类——资源获取风险、分子公司管控风险、产业政策风险；市场类——销售管理风险、采购风险；财务类——融资风险、担保风险；运营类——安全管理风险；投资类——产（股）权类投资风险。3个重要风险分别为：投资类——固定资产投资风险；运营类——环境保护风险、信息系统风险。

（5）制定风险管控策略

根据风险评估结果，制定企业层面的总体风险管控策略，明确每一类重大风险的风险偏好、风险承受度。一般来说，重大风险的风险偏好是企业愿意承担风险的重大决策，应该由董事会决定。风险承受度就是企业风险偏好的边界，即能够承担的风险水平。

释例　　　　　　　　　　**SH能源集团风险管控策略**

2013年SH能源集团确定，安全管理风险偏好为：不能发生铁路颠覆、电力事故、瓦斯爆炸、港口淤泥等任何安全事故，确保安全运行；安全管理风险的风险承受度为：力争达到原煤生产百万吨零死亡率的目标，力争安全生产创造历史最好水平。

（6）构建风险导向的内部控制环境

风险导向的控制环境包括全面风险管理组织体系、全面风险管理信息系统、全面风险管理文化和全面风险管理制度体系。通过建立完善的风险导向的内部控制环境，塑造全面风险管理文化，进而培养员工的全面风险意识，形成人岗匹配、授权有度、运行有序、监控到位的内控环境。

第一，建立权责清晰的全面风险管理组织体系。全面风险管理组织体系是有效实施全面风险管理的组织保障。其主要包括规范的法人治理结构、风险管理职能部门、内部审计部门和法律事务部门以及其他职能部门、业务单位的风险管理组织领导机构及其职责。通过合理的组织结构设计和职能安排，将全面风险管理责任落实到每个部门和岗位，明确界定每个部门和岗位的职责并进行有效的传达沟通。

第二，搭建畅通的全面风险管理信息系统。基于内部控制的企业全面风险管理体系必须设置全面风险管理信息系统，以便建立起顺畅的内外部风险信息传递与沟通机制，将风险管理相关的所有资讯集成到全面风险管理信息系统中，使相关个人、部门能及时获得履行风险管理相关职责所需的资讯。主要包括风险数据信息的采集、存储、加工、统计、评估、图谱分析、监控、预警、应对等功能。

第三，塑造先进的全面风险管理文化。全面风险管理文化是风险管理的世界观与方法论，是基于内部控制的集团企业全面风险管理体系的灵魂。因此，必须以塑造先进的全面风险管理文化为先导，把全面风险管理文化融入企业文化建设和全面风险管理的全过程，建立具有风险意识的企业文化，统一风险语言，培育员工的风险意识，营造风险管理氛围，使风险管理理念贯穿于从战略目标设定到日常运营的各项活动中，固化在员工的行为之中。

第四，建立执行有力的风险管理制度体系。有效的全面风险管控必须建立完善的执行有力的制度体系，以此来规范每一个员工的行为。全面风险管理制度体系应在企业的各项管理制度中嵌入风险管控的制度条文。这些制度主要包括公司治理、战略计划、技术管理、财务管理、采购管理、物资管理、人力资源管理、法律管理、安全环保、行政管理、销售管理、内部控制、信息技术和工程管理等制度。

3）实施风险管控

企业应主要从以下几个方面实施风险管控：

（1）梳理企业的重要业务流程、管理流程，进行流程描述，分析流程所涉及的主要风险点和潜在的隐患，同时确定各种风险涉及的责任部门与岗位。

（2）确定重要业务流程、管理流程的关键控制点，针对关键控制点，明确风险控制工具、控制方法、控制程序与措施、控制活动及其检验方法。

（3）编制企业岗位风险管控手册，明确每个岗位的风险管理职责和权限等，促进全面风险管理机制在企业内部得到有效实施，切实强化日常风险管理，使全面风险管理真正落到实处。

4）开展全面风险管理考评

要有效地执行基于内部控制的企业全面风险管理体系，需要制定《全面风险管理工作考评办法》，明确考评的组织机构、范围对象、内容标准、方法程序，对企业各个层面的重大和重要风险事项及管理流程、业务流程的管控效果进行考评，评价其有效性。如果考评结果不满足所确定的全面风险管理目标，要按照 PDCA 循环及时检查内部控制体系，分析风险管控缺陷，并对全面风险管理体系加以完善和改进.开始新一轮以内部控制为基础的全面风险管理循环，还需要评估全面风险管理目标的合理性，以不断完善企业全面风险管理。

5）建立全面风险管理预警体系

要有效地执行基于内部控制的企业全面风险管理体系，还需要制定《风险监控预警工作指引》，建立风险监控预警指标体系，制定风险监控预警应对策略，利用全面风险管理信息系统，通过连续观测各项预警指标，将数据导入预警模型，计算其综合风险分值，并获取相应的预警信号。按照一定的风险转换矩阵，综合判断各种风险预警等级，分别给出正常、蓝色、橙色和红色预警信号。

6）建立全面风险管理报告体系

全面风险管理报告体系是企业利益相关者之间实现风险信息充分沟通的有效保障，健全的基于内部控制的企业全面风险管理体系，必须建立规范的风险管理报告体系，全面风险管理报告体系的核心就是要根据利益相关者的信息需求，建立满足风险管理目标要求的风险管理工作报告机制，包括风险管理工作汇报的内容、形式及程序、报告负责人、报告周期、覆盖范围、报告内容、形式、程序及报告分送名单等。

全面风险管理报告体系不仅包括风险管理流程中应形成的各种类型的风险管理报告及其内容要求，还要建立这些报告如何在企业利益相关者之间、风险管理各职能机构之间传递的风险管理报告机制。

10.4　董事会风险管理

引　例

雷曼兄弟破产：董事会风险监督不力

美国第四大投资银行——雷曼兄弟控股公司2008年9月15日根据美国《银行破产法》，向美国联邦破产法庭递交破产保护申请。以资产衡量，这是美国金融业最大的一宗公司破产案。具有158年历史的雷曼兄弟控股公司在破产之前是一家全球性的投资银行，其总部设在美国纽约市，在伦敦和东京设有地区性总部，在世界上很多城市都设有办公室和分支机构。它在很多业务领域都居于全球领先地位，包括股票、固定收益、交易和研究、投资银行业务、私人银行业务、资产管理和风险投资。它服务的客户包括公司、国家和政府机构以及高端个人客户等。下面简单回顾雷曼兄弟的破产过程：

2008年3月18日，雷曼兄弟宣布，受信贷市场萎缩影响，其第一季度净收入同比大幅下降57%，股价下挫近20%。

4月1日，为了平息市场对资金短缺的疑虑，雷曼兄弟发行40亿美元的可转换特别股；受此消息激励，雷曼兄弟股价大涨18%至每股44.34美元；投资人表现出对雷曼兄弟的信心，认为其能躲过如贝尔斯登般遭并购的命运。

4月16日，雷曼兄弟CEO理查德·富德表示，信用市场萎缩最坏的时期已经过去。

4月30日，为降低高风险高收益放款头寸，雷曼兄弟出售11亿美元的放款担保凭证。

6月4日，受市场担心雷曼兄弟需要进一步融资的影响，其信用违约互换点差跳升到272基点。

6月9日，信用评级机构将雷曼兄弟的信用等级下调，其他机构也表示了对其信用前景的担忧。

6月10日，雷曼兄弟宣布，预计公司第二季度净损失28亿美元，并透露最新融资60亿美元的计划。

6月13日，因亏损，雷曼兄弟CEO理查德·富德解雇财务总监埃琳·卡伦和总裁约瑟夫·格雷戈里。

6月19日，全球主要银行、券商信贷相关损失已达3 960亿美元，其中雷曼兄弟的损失为139亿美元。

8月1日，报道称，雷曼兄弟试图出售价值达300亿美元的商业按揭资产和其他难以估值的证券。

8月16日，雷曼兄弟考虑出售价值高达400亿美元的商业不动产资产。

8月18日，市场预期雷曼兄弟第三季度净损失将达18亿美元，主要券商的研究报告纷纷调低雷曼兄弟的评级。

8月25日，韩国产业银行重新开始入股雷曼兄弟的谈判，但雷曼兄弟要价太高，同时，雷曼兄弟CEO理查德·富德信誉受损，恐遭内部逼退。

8月26日，美国私募基金KKR表示有兴趣收购雷曼兄弟的资产管理业务。

9月10日，雷曼兄弟与韩国产业银行持续多日的入股谈判最终破裂，因市场对雷曼兄弟的生存产生担忧，雷曼兄弟的股票暴跌45%。

9月11日，雷曼兄弟宣布第三季度的亏损将达39亿美元，并宣布公司的重组计划；雷曼兄弟将采取进一步措施大幅减持住房抵押贷款和商业地产，与Blackrock合作降低住宅抵押贷款风险敞口，优化项目组合；雷曼兄弟股价暴跌46%，至每股4.22美元；信用评级机构穆迪警告要将雷曼兄弟的信用评级大幅下调。

9月12日，雷曼兄弟寻求将整个公司出售，市场产生恐慌情绪，业务伙伴停止和雷曼兄弟的交易和业务，客户纷纷将与雷曼兄弟的业务转移至其他银行和券商；美洲银行和英国巴克莱银行与雷曼兄弟谈判收购计划；美联储介入，召集华尔街主要银行商讨雷曼兄弟和保险巨头AIG的问题；雷曼兄弟股价继续跌至每股3.65美元；其信用违约互换点差跳升至超过700基点。

9月14日，美联储明确表示不会给雷曼兄弟以救助和资金保障，巴克莱银行退出谈判，美洲银行转而与同样陷于困境的美林达成收购协议；同时，高盛、摩根士丹利、巴菲特控股的伯克希尔哈撒韦也表示没有兴趣收购雷曼兄弟，雷曼兄弟命悬一线。

9月15日，无奈之下，雷曼兄弟依照美国《银行破产法》第十一章，向纽约南部的联邦破产法庭提出破产保护。

雷曼兄弟CEO理查德·富德在美国国会听证会上的书面证词中，将雷曼的破产归咎于三大原因的共同作用：虚假市场谣言、过时的市场规则、监管机构反应迟钝助燃的华尔街"恐慌风暴"。但有专家认为，雷曼兄弟倒闭还有一个重要原因——风险管理失效。雷曼兄弟有一套谨慎的风险管理体系，其运作失效最终还是要归结于公司治理的无效，其中，特别是董事会监督的缺失。作为公司治理中制衡管理层的重要角色，董事会应该是最高的风险管理机构，对公司的经营风险承担最终责任，以保障制度的彻底执行，而不被高层管理者所超越。

资料来源　CNBC 2008年4月1日相关报道，以及吴青，等.美国投资银行经营失败案例研究［M］.北京：中国财政经济出版社，2010，有整理.

问题：

雷曼兄弟被视为企业风险管理实施先行者的失败案例，是否意味着风险管理失去效果？风险管理失败的原因何在？

2004年9月，美国著名的反虚假财务报告委员会（Treadway委员会）废除了沿用很久的企业内部控制报告（《内部控制——整合框架》），颁布了一个概念全新的COSO报告，即《企业风险管理——整合框架》，明确提出以风险管理取代内部控制，并将企业风险管理的责任主体定位于董事会。

10.4.1　董事会风险管理的作用

董事会之所以对企业风险管理起着重要作用，是由其在企业中的地位及其在内部控制方面的特殊性作用决定的。

如图10-3所示，现代企业是一个由多层委托-代理关系组成的契约集合。传统上，公司治理研究的重点在于企业所有者（委托人）与内部经营者（受托人）之间的权责安排与相互制衡，董事会与股东之间的委托-代理关系往往被忽略。受其影响，传统观点认为，内部控制是企业内部经营者（主要是总经理）与其下属之间的管理控制关系，是面向次级管理人员和员工的控制，目的是能够使企业按照经营者的意志有效运行，以解除经营者的受托责任。显然，这种观点有悖内部控制设计的初衷，有违企业所有者——股东的利益，它不可避免地会产生一个问题：风险管理按照经理们的意愿进行，但可能会偏离股东的目标，甚至会因经理层舞弊而损害股东的利益。近年来发生的不少案例表明，很多舞弊行为都直接来自公司高级经理层，高层舞弊活动大大限制了传统内部控制的作用。这说明，由经营者充当内部控制和风险管理的主体并非最佳选择。

事实上，董事会也是一个受托责任主体，它与股东全体间同样存在委托-代理关系，并且由于董事会被股东和法律赋予拥有最高决策权的角色定位，使得其决策效率与效果的好坏会更直接、更大程度地影响到公司价值与股东价值。也就是说，一旦董事会出现决策失误，给企业和股东造成的损失会比一般经营者失误造成的损失更大。董事会在维护股东权益、影响企业价值方面如此重要。然而，其在企业内部拥有的至高无上的权力又使得其极易逃脱内部控制的束缚，凌驾于内部控制之上。相对外部股东而言，董事会属于"内部人"，拥有信息优势，其行动不易被外界察觉，因而即便出现董事会脱离内部控制的情况，也很难被外部股东发现。事情一旦败露，则损失早已无法挽回。因此，要防患于未然，就必须把企业风险管理的重点放在防止董事会脱离内部控制、出现重大决策失误上。

```
                        ┌─────────┐
                        │  股东   │
┌─────────────┐         └─────────┘         ┌──────────────────┐
│ 确定企业目标 │◄───────────┬────────┬───────►│ 就风险管理情况与外部 │
│ 与风险偏好   │            │        │        │ 利益相关者进行沟通   │
└─────────────┘            ▼        │        └──────────────────┘
                        ┌─────────┐          ┌──────────────────┐
┌───────────────┐       │ 董事会  │═════════►│ 管理职权范围内主要业 │
│ 对经营者风险管理 │       └─────────┘          │ 务的风险           │
│ 制度的制定与执行 │◄──────────┬───────────     └──────────────────┘
│ 情况进行督导    │           │
└───────────────┘           ▼
                        ┌─────────┐
                        │ 总经理  │
                        └─────────┘
                             │
                             ▼
                        ┌─────────┐
                        │ 部门经理 │
                        └─────────┘
                             │
                             ▼
                        ┌─────────┐
                        │ 执行岗位 │
                        └─────────┘
```

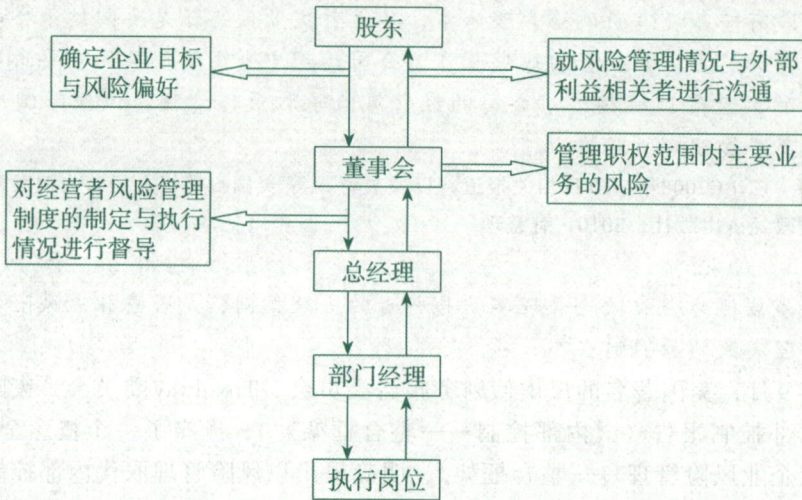

图10-3　企业的委托-代理关系及董事会的风险管理职责

由此可见，董事会在企业中的角色和地位决定了其应当对企业的风险管理负主要责任，这是一种减少代理链条、降低代理成本的最佳选择。而董事会易于脱离内部控制的倾向也迫使我们必须特别关注董事会的风险管理，唯此才有可能提高风险管理的效率与效果，最大限度地降低企业风险。

10.4.2　董事会风险管理的职责

根据公司治理结构，董事会风险管理工作的职责主要包括以下几个方面：

1）企业目标的设定与管理

这一职责是由董事会与股东之间的委托-代理关系决定的。目标对一个组织至关重要。目标是组织期望达到的理想状态，并引领管理者的行动。企业要发展，目标设定是前提和关键。事实上，许多公司出现内控失效和管理失败，往往是由于公司缺乏一个明确的、科学的目标，或者一开始所确立目标就存在错误。目标的模糊增大了管理与决策的风险，并导致企业在经营过程中缺乏必要的对事项的处理和对风险的规避程序，有时即使对高风险事项也往往只是采用一般程序来处理，这无疑增大了内部控制失效和管理失败的风险，而目标设立上的错误注定该项活动从一开始就是无效或失败的。可见，要有效降低风险，目标设定至关重要。董事会在企业中的地位和职责决定了其在企业目标设定方面应当有所作为。董事会在认识到影响企业业绩的潜在事项之前，必须设定一定的目标，并且使选择的目标能支持企业的使命，与其风险偏好相一致。

企业目标设定以后，董事会还要对其进行动态管理。这包含两层含义：一是监督经营者的行动，防止其对企业目标的任意更改甚至背离；二是根据环境的改变，对既定目标进行动态评估，并作出适当反应（必要时进行修订），以确保企业目标的先进性和合理性。董事会必须建立一套有效机制，以保证能够正确地识别影响企业目标实现的内、外部事项，区分哪些是风险，哪些是机会，并通过事项识别引导董事会规避风险、抓住机会，确保战略目标能够始终不发生偏离或保持合理性。

2）管理企业主要业务环节的重大风险

董事会作为企业的最高决策机构，对企业主要业务环节的重大经营活动具有决策权，经理层只是在董事会的授权范围内进行常规的管理，因此，董事会在其职权范围内对企业主要业务环节作出的重大决策，也就成为企业和董事会风险管理的主要内容。这些主要环节的重大风险管理主要包括：

（1）企业重大筹资、投资活动中的风险管理。筹资往往是为了投资，对外投资是企业扩大规模、增加盈利的有效途径。但收益和风险就像一对孪生兄弟，任何一项投资活动都会伴随某种程度的风险。尤其是董事会决策的都是投资额巨大、对企业有长远影响的重大投资项目，一旦发生决策失误，损失巨大。因此，董事会必须加强对企业重大筹资、投资活动中的风险管理。具体来说，在投资之前，要督导有关部门做好投资项目的分析论证和可行性研究，减少投资失误；筹资时要特别注意筹资方式的选择，并在资金使用上持谨慎态度；在初始投资行为发生以后，要及时跟踪投资项目的进展情况以及后续投资情况。通过全程的动态管理，将投资、筹资活动的风险控制在可接受范围之内。

（2）企业日常经营及市场扩展中的重大风险管理。其主要包括重大研究与开发（R&D）活动的风险管理；重大广告及推广政策管理；重大信用政策管理等。对这些活动中的重大支出项目，同样要持谨慎态度，事先考虑到所存在的风险及应对策略。

释例

2006年，家电巨头老牌上市公司四川长虹折戟国际市场，长虹因其合作伙伴美国APEX家电进口公司拖欠4.6亿美元巨款而遭受巨大坏账损失。值得注意的是，长虹是在APEX公司拖欠国内多家公司巨额欠款的情况下，与其签订了巨额赊销合同。试想，如果长虹的董事会有设计合理且运行有效的大额及重要客户的信用风险管理制度，上述情况或许不会发生。

3）对总经理等其他重要风险管理主体进行有效的督导

企业风险管理是企业的董事会、管理层和其他员工共同参与的一个过程：董事会批准企业的风险偏好并依此设定企业目标，从而最终对企业的风险管理负责；总经理等高层管理者则根据董事会制定的风险管理政策确定风险管理的基调，并负责制定其职责范围内的主要控制制度。作为风险管理的责任主体，董事会更要对企业内部其他重要风险管理主体进行有效的监督和指导。督导可以采用在董事会下设审计委员会或内部审计部的方式。董事会对企业内部其他风险管理主体的督导应当是总揽全局，重点关注影响内部控制有效性的主要因素，如考查总经理的风险管理理念和主要管理制度、各部门的具体目标是否与企业总目标相一致、内部审计部门是否能够有效发挥作用等。

4）就风险管理情况与外部利益相关者进行必要的沟通

同其他信息一样，风险管理信息也需要沟通。这种沟通既包括在企业各部门之间的沟通，也包括企业与外部利益相关者的沟通。前者的沟通主体涉及企业内部各个部门，后者的报告主体则是董事会。作为代理人，董事会首先应当识别并批准组织的风险偏好，进而使得其风险管理在企业的风险偏好内进行，并就风险管理情况向外部利益相关者进行报告和沟通。安然事件后，2002年美国制定的《萨班斯-奥克斯利法案》404条款要求 CEO 和 CFO 对主体财务呈报内部控制的有效性进行评价和报告，SEC 为此制定了详细的规则，使得企业对内部控制的披露成为一项法定义务，从一个侧面说明了董事会与企业外部利益相关者进行风险管理等内部控制方面信息沟通的重要性。

10.4.3　董事会实现风险管理的途径

1）提高董事会成员风险管理的意识和能力

一是提高董事会成员的风险管理意识。每一位董事都应明白董事会在企业风险管理中的职责，提高董事在工作中的主动性和服从内部控制的自觉性。二是对董事会成员进行较系统的风险管理训练，熟悉风险管理的策略和方法，提高其工作能力。三是通过改进董事会结构或董事会成员构成来达到提高风险管理水平的目的。比如，可以在董事会内部设立一个风险管理委员会，专门负责对战略委员会提出的方案进行风险评估。也可以参考国外的做法，在公司内部设立"首席风险官（CRO）"，将风险管理的任务和责任进一步分解，并由其监督 CEO 及其他管理者的风险管理进度且进行内部风险报告，董事会则可以通过对 CRO 进行监督来降低监督成本，并提高风险管理的专业化水平和效率。

2）建立一套完整、规范且有效发挥效能的董事会风险管理政策和程序

制度控制是内部控制系统的基础。任何企业、组织在内部管理中，如果没有基本的制度规范作基础，必然会陷入混乱状态，导致经营失败（谷祺、张相洲，2003）。风险管理是企业内部控制的核心，企业应当建立起一套完整、规范、有效的风险管理制度，董事会在这方面应当身先士卒。鉴于董事会在企业中的地位和职责，董事会风险管理制度建设应主要集中在三个方面：一是确定企业风险管理的政策；二是建立董事会决策范围内重大项目的风险识别、评估及风险反应等管理程序；三是对高级经理层建立和落实风险管理制度实施督导程序。

3）建立科学的董事会业绩评价体系和方法

对董事会进行业绩考核是董事会制度建设必不可少的一个重要环节。对董事会的风险管理业绩考核可以从董事会整体和董事个人两个层面展开。对于企业的重大经营失误，若系董事会集体决策所致，应向董事会全体问责；若是因个别董事不称职或违背内控原则等而导致重大失误，则应通过临时股东大会及时对其进行更换。考核的具体方式可以采取自我警醒制度与外部考评机制相结合。但不论是哪个层面、哪种方式的考评，都要注意不仅要看到当期的、显现的业绩，还要看到未来的、潜在的风险，谨防"风险负债"。

4）培育与风险管理相适应的企业文化

在竞争性的经济中，强有力的企业文化对于创造一个成功的企业是十分重要的。要培育与风险管理相适应的企业文化，要求在企业文化要素的构成中至少包括以下两个方面：

（1）谨慎。传统上，企业文化的作用更多地体现在激励方面，具有积极、乐观的特点，这种积极向上的企业文化能够使企业始终保持朝气，对激励士气有着积极作用。但其缺陷也不容忽视，在这样一种文化环境里，容易导致人们忽视风险，过于自信甚至自负。因此，董事会在考虑企业文化要素的构成时，还要考虑风险和谨慎。并且，随着管理层级的提高，对风险和谨慎的考虑也应相应加大。

（2）透明。透明、公开的企业文化有助于减少串通舞弊的机会，有效遏制凌驾于内部控制之上的行为，不仅能够降低企业风险，也符合现代企业信息披露的基本原则。

董事会的风险管理在企业风险管理中占有重要地位，是企业风险管理的重心。董事会必须明确自身进行风险管理的主要职责及管理重点，通过制定相关制度，确保风险管理的到位和有效。

本章思考题

（1）企业风险的特点有哪些？应如何分类？

（2）法律风险的成因是什么？有哪些分类标准？

（3）分析企业应如何运行全面风险管控机制。

（4）为什么说董事会对于企业的风险管理至关重要？

（5）董事会实现风险管理的途径有哪些？

案例分析题

三鹿集团败于管理失控

2008 年 12 月 25 日，河北省石家庄市政府举行新闻发布会，通报三鹿集团股份有限公司破产案处理情况。三鹿牌婴幼儿配方奶粉重大食品安全事故发生后，三鹿集团于 2008 年 9 月 12 日全面停产。截至 2008 年 10 月 31 日的财务审计和资产评估结果显示，三鹿集团资产总额 15.61 亿元，总负债 17.62 亿元，净资产为 - 2.01 亿元，12 月 19 日三鹿集团又借款 9.02 亿元付给全国奶协，用于支付患病婴幼儿的治疗和赔偿费用。至此，三鹿集团净资产为 - 11.03 亿元（不包括 2008 年 10 月 31 日后企业新发生的各种费用），已经严重资不抵债。

反思三鹿毒奶粉事件，我们不难发现，造成三鹿悲剧的，三聚氰胺只是个导火索，而事件背后的运营风险管理失控才是真正的罪魁祸首。

1. 高层管理人员风险意识淡薄

对于乳业而言，要实现产能的扩张，就要实现奶源的控制。为了不丧失奶源的控制，三鹿在有些时候接受了质量低下的原奶。据了解，三鹿集团在石家庄收奶时对原奶要求比其他企业低。

对于奶源质量的要求，乳制品行业一般认为巴氏奶和酸奶对奶源质量要求较高，UHT 奶次之，奶粉对奶源质量要求较低，冰淇淋等产品更次之。因此，三鹿集团祸起奶粉，也就不足为奇。

2.企业快速增长　管理存在巨大风险

作为与人们生活息息相关的乳制品企业，本应加强奶源建设，充分保证原奶质量，然而在实际执行中，三鹿仍将大部分资源聚焦到了保证原奶供应上。

三鹿集团"奶牛+农户"饲养管理模式在执行中存在重大风险。乳业在原奶及原料的采购上主要有四种模式，分别是牧场模式（集中饲养百头以上奶牛，统一采奶运送）、奶牛养殖小区模式（由小区业主提供场地，奶农在小区内各自喂养自己的奶牛，由小区统一采奶配送）、挤奶厅模式（由奶农各自散养奶牛，到挤奶厅统一采奶运送）、交叉模式（是前面三种方式交叉）。三鹿的散户奶源比例占到一半，且形式多样，要实现对数百个奶站在原奶生产、收购、运输环节实时监控已是不可能的任务，只能依靠最后一关的严格检查，加强对蛋白质等指标的检测，但如此一来，反而滋生了层出不穷的作弊手段。

但是三鹿集团的反舞弊监管不力。企业负责奶源收购的工作人员往往被奶站"搞"定了，这样就形成了行业"潜规则"。不合格的奶制品就在商业腐败中流向市场。另外，三鹿集团对贴牌生产的合作企业监控不严，产品质量风险巨大。贴牌生产，能迅速带来规模的扩张，可也给三鹿产品质量控制带来了风险。至少在个别贴牌企业的管理上，三鹿的管理并不严格。

3.危机处理不当导致风险失控

2007年年底，三鹿已经先后接到农村偏远地区反映，称食用三鹿婴幼儿奶粉后，婴儿出现尿液中有颗粒现象。到2008年6月中旬，又收到婴幼儿患肾结石去医院治疗的信息。于是三鹿于7月24日将16个样品委托河北出入境检验检疫技术中心进行检测，并在8月1日得到了令人胆寒的结果。

2008年7月29日，三鹿集团向各地代理商发送了《婴幼儿尿结晶和肾结石问题的解释》，要求各终端以天气过热、饮水过多、脂肪摄取过多、蛋白质过量等理由安抚消费者。

而对于经销商，三鹿集团也同样采取了糊弄的手法，对经销商隐瞒事实造成不可挽回的局面。从2008年7月10日到8月底的几轮回收过程中，三鹿集团从未向经销商公开产品质量问题，而是以更换包装和新标识进行促销为理由，导致经销商响应者寥寥。在2008年8月18日，一份标注为"重要、精确、紧急"传达给经销商的通知中，三鹿严令各地终端货架与仓库在8月23日前将产品调换完毕，但仍未说明换货原因。调货效果依然不佳，毒奶粉仍在流通。

而三鹿集团的外资股东新西兰恒天然在2008年8月2日得知情况后，要求三鹿在最短时间内召回市场上销售的受污染奶粉，并立即向中国政府有关部门报告。三鹿以秘密方式缓慢从市场上换货的方式引起了恒天然的极大不满。恒天然将此事上报有关部门。

另外，三鹿集团缺乏足够的协调应对危机的能力。在危机发生后，面对外界的质疑和媒体的一再质问，仍不将真实情况公布，引发了媒体的继续深挖曝光和曝光后消费者对其不可恢复的消费信心。

资料来源　根据李晓波，杨浩.由三鹿奶粉事件看中国行业协会的发展［J］.财经政法资讯，2010，（维普）整编.

思考

（1）为什么说三鹿毒奶粉事件中，三聚氰胺只是个导火索，而事件背后的运营风险管理失控才是真正的罪魁祸首？

（2）三鹿集团存在哪些管理风险？

（3）三鹿因危机处理不当导致风险失控，如果是你，你会如何处理三鹿的危机？

推荐阅读资料

（1）巴顿 T，等.企业风险管理［M］.王剑锋，寇国龙，译.北京：中国人民大学出版社，2004.

（2）威廉斯 C A，等.风险管理与保险［M］.马从辉，刘国翰，译.北京：经济科学出版社，2000.

（3）林 J.企业全面风险管理［M］.黄长全，译.北京：中国金融出版社，2006.

（4）克里姆斯基 S，戈尔丁 D.风险的社会理论学说［M］.徐元玲，孟毓焕，徐玲，等译.北京：北京出版社，2005.

（5）李维安，戴文涛.公司治理、内部控制、风险管理的关系框架——基于战略管理视角［J］.审计与经济研究，2013，28（4）.

网络资源

（1）风控网：http：//www.fengkong.org

（2）世界经理人：http：//www.ceconline.com

参考文献

［1］吕文栋.公司战略与风险管理［M］.2 版.北京：中国人民大学出版社，2022.

［2］于富生，张敏，姜付秀，等.公司治理影响公司财务风险吗？［J］.会计研究，2008（10）.

［3］COSO.企业风险管理——应用技术［M］.张宜霞，译.大连：东北财经大学出版社，2018.

［4］姜婷婷.上市公司董事责任保险之责任范围界定［J］.保险研究，2022（12）.

［5］宋明哲.现代风险管理［M］.台北：五南图书公司，2008.

［6］李社环.企业风险管理的国际新趋势——整体风险管理［J］.当代财经，2003（11）：79-81.

［7］陈秧秧.COSO《企业风险管理综合框架》简介［J］.国际视野，2005（2）：78-79.

［8］谢志华.内部控制、公司治理、风险管理：关系与整合［J］.会计研究，2007（10）.

［9］向飞，陈友春.企业法律风险评估［M］.北京：法律出版社，2006.

［10］杨有振，王月光，段宏亮.中国商业银行风险预警体系的构建［M］.北京：

经济科学出版社，2006.

[11] 希马皮 P A，等.整合公司风险管理 [M].王瑾瑜，郑海涛，译.北京：机械工业出版社，2003.

[12] 李桂荣.企业风险管理的重心：董事会风险管理 [J].经济管理，2006 (23)：38-41.